SOUNDINGS

사운딩

그 곳에
회색고래가
있 다

도린 커닝햄 지음 | 조은아 옮김

멀리깊이

SOUNDINGS

ⓒ 2022 by Doreen Cunningham

All rights reserved.

Korean tranclation copyright ⓒ 2025 by Murly Books

Karean translation rights arranged with David Higham Associates Limited,

through EYA(Eric Yang Agency).

이 책의 한국어판 저작권은 EYA(Eric Yang Agency)를 통해 David Higham Associates Limited사와 독점계약한 주식회사 멀리깊이에 있습니다.

저작권법에 의하여 한국 내에서 보호를 받는 저작물이므로 무단전재 및 복제를 금합니다

내 아이들,

모든 아이들,

인간과 인간이 아닌 존재들을 위해

차례

프롤로그 : 다시 살아내는 법을 배우기 위하여 : 008

로스앤젤레스 : 세상은 잠시 기다려 줄 것이다 : 019

우트키아빅 : 북극고래의 노래 : 042

라구나 오호 데 리에브레 : 서로의 목소리를 듣는 순간 : 070

우트키아빅 : 기다리는 방법 : 090

스캠몬 라구 : 우리의 수중 세계로 아이가 찾아왔다 : 110

우트키아빅 : 고래 눈 : 129

코르테즈해 : 두려움은 사랑만큼이나 압도적이다 : 153

우트키아빅 : 도망치는 습관을 포기해야 했다 : 178

팔로스 베르데스에서 몬터레이 베이로 : 고대의 고래들이 숨 쉬던 곳을 따라 : 199

우트키아빅	:	내 이름, 도린 칼레악	:	221
디포 베이에서 산후안 제도로	:	저 멀리서 고래들이 폭풍우를 뚫으며 나아간다	:	244
우트키아빅	:	사운딩	:	274
글레이셔 베이	:	우트키아빅의 빙하는 내 안에 있다	:	292
우트키아빅으로 돌아가다	:	내가 여전히 사랑하고 있다는 걸	:	314
코디액섬	:	안녕, '회색고래의 이주'야	:	329
집	:	우리는 고래들에게 노래를 불러줬다	:	339

작가의 말	:	350
감사의 말	:	351
미주	:	355

프롤로그

다시 살아내는 법을
배우기 위하여

바람이 얼굴에 물보라를 흩뿌린다. 우리의 작은 낚싯배가 마구 요동치며 항구를 빠져나가는 동안, 바닷물은 뱃전에 부딪혀 출렁이고 여명은 저 앞에서 수평선 위아래로 불길처럼 피어오른다. 두 살배기 아들 맥스가 선수에 서서 항해를 '돕고' 있다. 내가 크리스 선장을 만난 건 불과 열두 시간 전이었다. 우리는 그를 일일 아빠로 잠시 빌리는 중이다. 바다에서 살아온 그가 이 비밀스러운 바다의 문을 열어줄지도 모른다.

    오늘 일이 잘 풀릴 기회는 단 한 번뿐이다. 내가 할 수 있는 건, 이 너그러운 이방인을 믿고 바람과 물에 나를 송두리째 맡긴 채, 시선을 파도에 고정하고 모든 굽이침과 너울, 소용돌이, 잔물결을 샅샅이 살피는 것뿐이다.

    "저기 낡고 녹슨 양동이 좀 봐." 맥스가 선실 안에서 뭔가를 가리키며 외친다. 우리는 흰색과 파란색 줄무늬가 그려진 녹슨 상업형 어선 옆을 천천히 지나간다. 맥스는 〈페파피그(Peppa Pig)〉라는 만화를 틀어놓고 개 할아버지와 돼지 할아버지가 말다툼하는 장면을 보고 있다. 어선 뱃머리에 믿음(FAITH)이라는 이름이 흰색 대문자로 단호하게 적혀 있다. 나는 그 이름을 제대로 쳐다보지 못한다. 회색고래(grey whale)의 이주를 따라가겠다는 내 계획과 고래들, 무엇보다 나 자신에 대한 믿음을 잃어버렸기 때문이다.

나는 어미들과 새끼들이 멕시코 바하칼리포르니아(Baja California)의 석호에서 북극해까지 수천 마일을 이동하는 과정을 맥스에게 보여주고 싶었고, 우리 둘이서 뭐든 할 수 있고 뭐든 극복할 수 있다는 걸 증명하고 싶었다. 하지만 여전히 내게는 확신이 필요했고, 일은 계획대로 진행되지 않았다.

우리의 최종 목적지인 코디액섬(Kodiak Island)은 회색고래의 이주 경로에서 주요한 이정표이며, 이곳을 떠나기 전에 회색고래를 볼 수 있는 마지막 기회다. 지도상에서 코디액섬은 알래스카 본토에서 무심히 내던져진 것처럼 보이는데, 내가 은행에서 대출받은 1만 파운드를 여행 경비로 홀라당 써버린 것만큼이나 무심하다. 비자도 만료 직전이다. 이번 여행은 내 새 출발을 돕기 위한 것이었다. 한동안은 주의를 딴 데로 돌릴 수 있었지만 그마저 끝나가고 나는 내가 도망쳤던 것들, 실패의 목록을 마주한다.

나는 내가 감당할 만한 삶을 꾸리는 데 실패했고, 우리 가족을 부양하기에 충분한 돈을 버는 데 실패했고, 남들처럼 그럭저럭 살아가는 데 실패했다. 나는 매번 사랑에 처참하게 실패했고, 이번 여행이 얼마나 멍청한 생각인지를 미리 알아차리는 데도 실패했다. 너무 많은 실패에 마음이 어지럽고 다리가 휘청거려서 나는 뱃전을 꽉 잡고 두 손으로 나무를 세게 누른다. 내 손가락은 아무런 자국도 남기지 못한다. 우리는 계류용 밧줄의 맨 끝에 늘어서 있는 선박들인 아크틱 헌터(Arctic Hunter), 레졸루션(Resolution), 프로바이더(Provider), 레이디 코디액(Lady

Kodiak)호를 미끄러져 지나간다.

배가 속도를 올린다. 바닷물이 요동친다. 우리는 갈고리 모양의 육지를 느릿느릿 빠져나간다. 공업용 회색으로 들쭉날쭉한 바다는 나와 달리 비난하지 않는다. 바다는 어떤 인격도 없이 나를 삼켜버릴 수 있다. 그 무심함이 위안을 준다. 얼음장 같은 돌풍이 가슴속 슬픔을 마비시킨다. 먼 절벽에 부딪혔다가 우레와 같은 소리를 내며 물러나는 거대한 파도가 머릿속 잔해를 쓸어낸다.

맥스는 크리스의 무릎에 앉아서 자신의 작은 손을 커다란 손 위에 포개어 타륜을 잡고 항로를 안내한다. 나를 한 번도 찾지 않을 정도로 즐거워하고 있다. 헝클어진 금발과 후드 옷깃에 가려진 통통한 볼, 환한 미소가 살짝 보인다. 맥스가 고개를 돌려 나를 빤히 쳐다본다. 크고 살짝 길쭉한 파란색 눈이 구름에서 새어 나오는 빛을 받아 잿빛으로 옅어진다.

코디액섬이 우리 뒤에서 좌우로 움직인다. 이곳은 알래스카만(Gulf of Alaska)이고, 러시아를 향해 서쪽으로 뻗은 알류샨 열도(Aleutian Islands) 너머는 베링해(Bering Sea)다. 우난간(Unangan), 즉 알류트(Aleut) 원주민•은 열도에 있는 한 섬을 바람이 태어나는 곳이라고 부른다. 크리스는 한때 물고기를 잡다가 지금은 육지에서 전기 기술자로 일하고 있고, 아버지의 날을 맞아 낚시 여행을 하는 중이다. 우리가 너울을 가로지르며 스치듯 달리는 동안, 그의 아내와 어린 두 딸은 선실 벤치 위에서 기분 좋게 들썩거린다. 나와 맥스는 크리스가 회색고래들이 먹이 먹는 곳을 안다는 말에 그를 따라가고 있다.

• 알래스카 서해안 및 알류산 열도에 사는 북극 소수민족 – 옮긴이

코디액섬은 알래스카불곰이라는 불길하고 무시무시한 존재와 말도 안 되게 친절한 가족이 살아가는 터전일 뿐 아니라 해저 진흙으로도 유명하다. 자욱한 안개가 둘러싼 탓에 해양생물을 전혀 찾아볼 수 없어서 낙담하고 있는데, 바다 밑 차가운 진흙이 나를 부른다. 나는 뱃전을 꽉 잡고 눈을 감은 뒤, 여러 겹의 해수층을 거쳐 가라앉는다.

나는 고래처럼 잠수한다. 머리 위로 비치던 햇빛이 반짝거리는 구멍으로 쪼그라든다. 혈액 펌프가 느려지고, 폐가 닫히고, 몸이 작동을 멈춘다. 색이 사라진다. 나는 깊은 안개 속에서 길을 잃는다. 해저에서 뭔가가 뒤틀리고 흘러가는 소리가 들린다. 물이 지글거리며 활기차게 흥얼거리고 새우들이 딱딱거린다. 나는 목소리를 찾아 어둠을 살피다가 소리를 지르며 회색고래를 소환해 본다.

나는 이제 과학자가 되어서 수많은 해양생물이 북적거리는 진흙 도시를 조사한다. 조개는 물살을 타거나 발을 이용해 땅속으로 파고들고, 끈벌레는 온몸을 비틀며 미끄러진다. 꼬리가 두 갈래인 콤마새우는 올챙이새우목에 긴꼬리올챙이새우과로서, 떼 지어 다니며 알을 낳는다. 이 조그만 새우는 장거리를 이동한 고래에게 잔뜩 주어지는 보상이다. 그렇게 거대한 생물이 겨우 몇 밀리미터밖에 안 되는 먹이로 유지된다는 게 잘 믿기지 않는다. 그들은 해저를 빨아들였다가 수염판의 장막으로 토사를 밀어내며 용암류 같은 진흙 기둥을 뿜어낸다. 기후변화로 바닷속 환경이 변하면서 회색고래들은 식단에 유난을 떨 여유가 없다. 회색고래들이 여기서 잡아먹는 올챙이새우목 새우는 회색고래들이 선호하는 새우보다 열량도 낮고 껍질도 딱딱하다.[1] 하지만 운 좋게도 그들은 타고난 진공청소기다.

나는 이번 여행에서 회색고래에 대해 많이 알게 되었다. 맥스가 잘 때마다 책을 읽었다.

너희는 특별하고 눈부신 존재이고, 바다의 파수꾼이자 생태계 엔지니어이며, 우리 모두에게 영향을 미칠 기후변화의 전령들이야. 그런데 도대체 어디 있는 거니? 나를 이렇게 실망시켜도 되는 거야?

아들이 태어나기 전에 나는 런던에 집이 있었고 바쁜 사회생활을 하며 기자로서 성공적인 경력을 쌓았다. 그런데 엄마가 되면서부터 상황이 뒤틀리고 깨지기 시작했다. 맥스가 한 살이던 2012년, 나는 내가 자란 프랑스 북부 해안의 저지섬(Jersey Island)의 한 호스텔에서 살게 되었다. 그곳은 싱글맘을 위한 셰어하우스로 운영되고 있었다. 그동안 저축한 돈은 변호사 수임료로 다 써버렸다. 전 남자친구인 파벨과 맥스에 대한 양육권을 두고 법정 싸움을 해야 했기 때문이다.

호스텔에서 나는 저자세를 유지하고 몸을 갑옷처럼 두른 채 누구에게도 이목을 끌지 않으려고 노력했다. 너무 많은 것들이 한순간에 사라져 버렸다. 급여가 꼬박꼬박 나오는 직장, 수면, 돈이 없어서 연락하기도 힘든 친구들, 내 집. 런던 동부에 빌라가 있었지만, 집값이 대출금보다 낮은 역자산 상태라 팔지도 못하고 그렇다고 대출금을 갚으면서 거기서 살 만한 형편도 아니었다. 그 외에도 런던에서 살 수 없는 이유가 몇 가지 더 있었다.

걷고 말하는 걸 처음부터 다시 배우는 기분이었다. 세상이 나를 알아주지 않는 것 같았고, 그래서 나는 그 중심에 있는 한 살짜리 아들을 돌보는 데 집중했다. 어느 겨울날, 나는 저지의 수도인 세인트헬리어(St. Helier)의 대형 상점가에서 좀 떨어진 골목을 따라, 구세군 자선 가게 위에 있는 푸드뱅크를 찾아갔다. 한 남자가 웃는 얼굴로 앞장서더니 의류 진열대를 지나고 계단을 올라서 2층에 쭉 늘어선 식료품 찬장으로 우리를 데려갔다.

"필요한 건 뭐든 가져가세요." 그가 말했다. "들고 갈 수만 있으면 많이 가져가서도 돼요." 나는 감당이 안 될 정도로 많이 챙겼다. 봉투 하나는 이미 찢어지고 있었다. 한 손으로 통조림이 가득 든 봉투 세 개를 들고 다른 한 손으로는 맥스의 작은 손을 잡고서 가게 초인종을 쨍그랑 울리며 밖으로 나왔다.

친숙한 목소리가 들렸다. "도린!" 학창 시절 친구가 20년 전처럼 편안한 미소를 지으며 길에 서 있었다. 10대 때 친하게 지내던 사이였다. "돌아왔구나."

"안녕! 뭐, 그렇게 됐어." 나는 봉투를 내려놓았다.

"귀여운 꼬마가 있는 줄 몰랐네. 안녕, 멋쟁이." 그가 맥스에게 고개를 까딱하더니 다시 나를 쳐다봤다. "남편은, 영국 사람이야?" 맥스가 폴짝폴짝 뛰면서 내 손을 잡아당겼다.

"남편은 없고, 맥스랑 나, 둘뿐이야. 넌 어떻게 지내? 정말 오랜만이다."

말이 다 끝나기도 전에 다음 질문이 날아왔다. "부모님이랑 같이 지내러 온 거야?"

턱에 힘이 바짝 들어갔다. "아니, 그러기엔 엄마가 너무 아프셔." 나는 바닥에 내려놓았던 봉투를 집어 들었다.

"그럼 지금은 어디에 있는데?" 그가 얼굴을 찡그렸다. "지낼 만은 한 거야? 도와주는 사람은 있고?"

머리가 아프기 시작했다. 비닐봉지를 잡은 손이 끊어질 것 같았다. 나는 맥스가 뒤에서 잡아당기게 놔두었다. "우린 괜찮아. 이렇게 만나다니 너무 반갑다. 미안한데, 늦어서 그만 가볼게."

호스텔로 돌아가는 길에 빵집을 지나는데 유리창 안으로 부드러운 롤 빵이 담긴 쟁반들이 보였다. 유리창 안에는 한 여성 노숙인이 내 옷을 입고 사랑스러운 아이의 손을 꼭 잡고 있었다.

몇 주 뒤, 예상 밖의 만남이 나를 완전히 다른 길 위에 올려놓았다. 나처럼 최근까지 여성 보호시설에 머물렀거나 현재까지도 그곳에서 지내는 엄마들에게 주어지는 특별한 혜택이 있었다. 한 교회 단체가 우리를 위해 운영하는 해방의 날(Pamper Day)이었다. 나는 몇 분 일찍 도착해서 육중한 나무 문을 밀고 교회 안으로 들어갔다. 빛으로 가득한 대형홀이 감탄을 자아냈다.

"주여, 이 가엾은 여인들을 도우시어… 사탄에게서 벗어나서… 옳은 길로…." 여자들은 내가 들어온 걸 알아차리지 못하고 옹기종기 모여 있었다. 다시 밖으로 나갈까 망설이는데, 그들이 어느새 모임을 파하고 웃는 낯으로 인사를 건넸다. 나는 그들을 노려봤다. 나를 구원하시겠다?

한 여자가 맥스를 향해 곧장 다가오더니 우리를 놀이방으로 안내해 주고는 보육 전문 자원봉사자들이 상주한다며 나를 안심시켰다. 맥스는 그의 손을 잡고 장난감을 구경하러 아장아장 걸어갔다. 또 다른 여자는 감청색 줄무늬가 있는 세일러복 상의에 덱 슈즈를 신고 있었는데, 마사지와 손톱 손질, 족욕 부스가 죽 늘어선 곳으로 나를 안내하려고 했다. 나는 불우 이웃이 되어줄 생각이 없었다. 맥스를 다시 데려와야 했다.

나는 주변을 유심히 살피다가 어떤 여자의 무릎에 앉아서 선물을 뜯고 있는 아들을 발견했다. 운전기사와 회전통까지 갖춘 장난감 콘크리트 혼합기였다. 맥스의 얼굴이 기쁨으로 빛났다. 나는 홀 안을 다시 한번 둘러봤다. 다른 가족들이 하나둘 들어오고 있었다. 오후 내내 사탄의 여자로 찍혀 있어야 한다면 그 상황을 최대한 활용하는 편이 나을 것 같았다.

"머리 마사지 좋죠, 고맙습니다." 나는 선원처럼 입은 여자에게 이렇게 말하고 자리에 앉아 눈을 감았다. 내 두피를 어루만지는 그의 손가락이 물처럼 느껴졌다. 처음에는 온천에 있다고 상상했다. 하지만 온천은 곧 바다로 바뀌었다. 그곳은 이제 교회 홀이 아니었다. 나는 다시 어린아이가 되어 저지와 아일랜드의 해변을 정신없이 달렸다. 그러다 머릿속에 또 다른 해안이 나타났다. 북극 해안이었다. 나는 북극을 향해 광활히 뻗어 있는 해빙 너머를 바라보고 있었다.

어느새 나는 7년 전 알래스카를 여행하던 당시로 돌아갔다. 그 시절 나는 배로우(Barrow)로 불렸던 우트키아빅(Utqiaġvik) 시내에서 이누피아트(Iñupiat)• 가족과 함께 살았다. 이 도시는 미국 최북단에 있는 북극해와 맞닿아 있다. 이누피아트는 주기적으로 얼음과 어둠이 뒤덮이는 곳에서 수천 년을 번성했다. 고대 문화와 그들이 사냥하던 동물들, 그중에서도 장엄하고 신비한 북극고래(bowhead whale)와의 관계를 통해 똘똘 뭉쳤다.

나는 거기서 고래만 본 게 아니었다. 눈부신 아름다움과 위험이 공존하는 풍경 속에서 고래를 쫓는 이들의 여정을 함께했다. 나는 그때 내가 살아 있다는 것, 사람들과 자연계에 연결되어 있다는 걸 강하게 느꼈다. 그런 느낌을 다시 가질 수 있다면, 그 느낌을 맥스에게 전해줄

• 알래스카 북부에 사는 이누이트계 원주민-옮긴이

수 있다면 얼마나 좋을까.

"엄마."

북극에서 돌아와 눈을 떠보니 맥스가 내 앞에 서 있었다. 마사지를 해주던 여자가 두피에서 손을 뗐다. 머리가 한결 가볍게 느껴졌다.

"나가자." 맥스가 출입문 쪽을 가리켰다. 나는 마사지사에게 감사 인사를 한 뒤 맥스의 손을 잡고 그 자리를 떠났다.

그날 밤 맥스가 잠든 뒤에 나는 프리랜서로 하고 있었던 연구조사를 내팽개치고 인터넷으로 북극고래에 대해 읽었다. 그리고 대왕고래(blue whale)로 옮겨가서 내가 제일 좋아하는 영국의 동물학자 데이비드 애튼버러(David Attenborough)의 영상을 보았다. 그의 작은 보트 옆에서 거대한 생물이 솟구친다.

그러다 옆길로 새서는 아는 바가 전혀 없는 회색고래라는 종에 관한 기사를 읽었다. 나는 그들이 두 개체군, 즉 서태평양에 사는 개체군과 동태평양에 사는 개체군으로 나뉜다는 걸 알게 되었다. 동태평양 개체군이 매년 북극에서 멕시코의 석호로 이동해 출산을 한 뒤, 새끼를 데리고 다시 북쪽으로 이주하는 과정도 바로 그때 알았다. 왕복 1만 6,000킬로미터 이상을 이동하는 여정으로, 달 둘레를 두 바퀴 넘게 헤엄치는 거리였다. 회색고래들은 보통 해안 가까이에 있는 얕은 해조류 숲으로 이동했고, 사람들은 북아메리카의 서부 해안을 따라 올라가면서 그들을 관찰했다. 어미들은 지구의 반을 헤엄쳐 건너면서 포식자들과 싸워 그들을 물리치고 새끼를 양육하고 젖을 먹였다. 그들은 인내의 화신이었다.

나는 회색고래에 대해 읽으며 새로운 힘을 느꼈다. 기사에 따르면 어미들과 갓 태어난 새끼들은 12월부터 4월까지 바하칼리포르니아에서 볼 수 있었다. 어쩌면 나도 맥스를 데리고 그들을 보러 갈 수 있을지도 모른다고 생각했다. 그러고는 민망함에 큰 소리로 웃었지만, 머리는 쉴 새 없이 돌아가고 있었다. 맥스의 잠재의식에 회색고래를 각인시키고, 자유가 어떤 느낌인지 알려주고, 호스텔 생활에서 얻었을지 모를 폐소공포증이나 절망감을 모두 지워줄 수 있을 것 같았다. 내가 바닷속 생물의 경이로움에서 받았던 영감을 공유할 수도 있었다. 내 성장기를 함께한 애튼버러의 다큐멘터리 같을 뿐 아니라 실제라서 더 좋을 것이다. 이미 1월이었다. 어미들과 새끼들이 벌써 그곳, 바하에 가 있을 게 분명했다.

맥스가 잠들어 있는 매트리스 끝에 컴퓨터를 놓고 구부정하게 앉아 있는데, 빌리의 목소리가 들렸다. 7년 전 알래스카 해빙 위에 나란히 앉아 고래들을 지켜봤을 때처럼 깊고 친밀한 목소리였다.

"가끔 말이야." 그가 천천히 말했다. "회색고래가 보여." 빌리가 우리를 갈라놓은 머나먼 거리를 가로질러 내게 말하는 것 같았다.

그때부터 모든 일이 일사천리로 진행되었다. 끈 하나가 창밖으로, 하늘로, 바다 건너로 나를 끌어당기고 있었다. 다음 날 나는 호스텔을 떠나 친구의 다락방으로 들어갔다. 그리고 대출을 받아 비자를 준비했다. 나는 맥스에게 회색고래 어미들과 새끼들을 따라 멕시코에서 세상 꼭대기까지 갈 거라고 말했다. 고래들은 헤엄쳐 가고 우리는 버스와 기차, 배를 타며 그들과 동행할 것이다.

"기차?" 맥스는 고래들에게는 별 관심이 없었지만, 운송 수단은 종류를 가리지 않고 다 좋아했다. "나 플래시도 데려갈래, 엄마." 맥스가 장난감 개를 집어 들고 문 앞에 서서 나갈 준비를 했다.

나는 엄마가 되는 법, 인내하는 법, 살아가는 법을 고래들에게 다시 배울 거라고 나 자신에게 말했다.
 나는 미 대륙의 최북단 알래스카로, 북극의 혹독한 아름다움 속에서 나를 안전히 지켜준 마을 사람들에게로, 그리고 나를 사랑해 준 고래잡이 빌리에게 돌아갈 수 있기를 남몰래 간절히 바랐다.

로스앤젤레스 : 세상은 잠시 기다려 줄 것이다

〰️

북위 33° 59′ 40″   서경 118° 28′ 57″

로스앤젤레스 입국 심사장의 남자 직원이 나를 노려보다 맥스를 내려다보고는 아름다운 미소를 짓는다. 맥스는 작은 배낭을 메고 펭귄처럼 아장아장 걸어와 이름을 묻는 말에 큰 소리로 대답한다. 마치 사람들을 환히 밝히는 마법의 주문 같다. 직원은 내가 움켜쥔 서류는 쳐다보지도 않고 손을 내저으며 곧장 우리를 통과시킨다.

입국장에서 기다리던 친구 마리가 우리를 발견하고 두 팔을 활짝 펼친다. 그가 끌고 온 유아차에는 6개월 된 아기가 잠들어 있다. 나와 맥스는 그의 차를 타고 로스앤젤레스를 가로지르며 따뜻하고 건조한 바깥 공기에 슬그머니 외투를 벗는다. 호리호리한 야자나무가 우리를 굽어보고, 길게 갈라진 잎사귀들이 바람에 뒤엉킨다. 우리는 베니스 비치(Venice Beach)에 있는 마리의 아파트에 느지막이 도착한다. 마리에게는 아기 말고도 맥스와 동갑인 어린 아들이 있다. 아이들은 분필로 칠판에 낙서를 하고, 나와 마리는 차를 마시며 내가 예약한 여행에 대해 논의한다. 우리는 샌디에이고에서 투어 그룹에 합류한 뒤 차를 몰고 바하로 가서 2주 동안 고래를 관찰할 예정이다.

"그러고 나서 북극으로 가는 거야?" 마리가 말한다. "거긴 너무 멀잖아." 마리는 북부 지역에 대해 잘 안다. 나는 우트키아빅행 여객기에서 그를 처음 만났다. 여객기가 착륙하는 동안 우리는 비좁은 좌석에 나란히 몸을 욱여넣은 채 서로의 스키 재킷에 감탄했다. 어딜 봐도 새하얀 풍경뿐이었고, 비행기에서 10미터도 채 걸어 나오지 못했는데 들고 있던 물병 바닥에 얼음 결정이 맺히기 시작했다.

체류가 끝날 무렵 나는 추위 때문에 완전히 딴사람으로 바뀌어 있었다. 그런 장소들이 있다. 거기서 우리는 전과 다른 모습으로 돌아오거나 아예 돌아오지 않기도 한다. 마리가 우트키아빅에 다녀왔다는 사실은 내게 도움이 된다. 달에 다녀온 우주비행사들도 가끔은 서로를 만나고 싶을 것이다.

"일정을 나눠보고 있어." 나는 그에게 말한다. 맥스를 데리고 한 달 이상 여행하려면 일련의 법적 절차를 밟아야 한다. "한 달짜리 여행을 두 번 가는 거지. 멕시코에 먼저 다녀온 뒤에 고래를 쫓아 다시 북쪽으로 가는 거야."

"그럼 우리 한 번 더 보겠네!" 마리가 비용을 어떻게 감당할지 물었고, 나는 은행에 전화했던 일을 말해준다. 그곳은 해변이었고, 맥스는 맨발로 모래사장을 뛰어다니며 자신을 뒤쫓는 발자국을 향해 꽥꽥 소리를 지르고 있었다. 나는 바람 소리를 막기 위해 전화기를 감싸 쥐고 통화를 했다.

"아직 직원으로 재직 중이신가요?" 콜센터 직원이 물었다. 나는 대출이 가능한지를 태연하게 문의하고 있었다.

"네." 나는 말했다. 그리고 숨을 죽였다. 그는 내 계정을 보고 있었다. 내가 직장도 없고 일도 거의 없다는 걸 확인했을 터였다. 잠시 정적이 흘렀다. 왠지 숨을 참고 있으면 그가 긍정적인 답을 줄 것 같았다.

"알겠습니다." 그가 말했다. "저희가 해드릴 수 있는 건 여기까지입니다. 1만 파운드가 닷새 안에 계좌로 입금될 거예요."

마리가 내게 용감하다고 말한다. "요 녀석들 폭풍우를 그렸구나." 그는 맥스와 자신의 아들이 만든 어지러운 낙서를 보며 감탄하듯 말한다. 그날 밤 나와 맥스는 거실 소파베드에 웅크리고 누워 가정집에서 잠드는 즐거움을 만끽한다.

우리가 들어간 호스텔은 거의 만실이었다. 방은 2층에 있었고, 방화문 네 개와 계단 출입문 여덟 개가 바깥세상과 우리를 단절시켰다. 옆방에 묵었던 애슐리는 남아프리카 출신의 로펌 비서였다. 그에게는 다섯 살짜리 아들이 있었다. 그 옆방에 묵었던 마그다는 세 아이를 키우는 폴란드인이었다. 아래층의 안젤리나는 마데이라(Madeira)에서 왔다. 아이들은 세발자전거와 플라스틱 미끄럼틀이 있는 마당에서 놀았다.

우리는 공용 주방에서 음식을 만들면서 법정에서 겪은 일을 이야기했다. 각자 이곳으로 오게 된 사연을 이야기하며 서로의 상황을 이해할 수 있었다. 나는 빌라를 소유하고 있었고 안젤리나는 이민자 신분이어서 둘 다 지원금을 받을 수 없었다. 그나마 내게는 노트북과 벌이가 괜찮은 프리랜서 일이 있었지만, 안젤리나는 음반 가게에서 최저임금을 받으며 장시간 일할 수밖에 없었다. 그에 비하면 나는 양반이었다. 안젤리나의 전남편이 아이를 봐주기로 해놓고 나타나지 않는 날에는 그가 일할 수 있도록 남은 우리가 딸아이를 맡아줬다. 나는 야근으로 지친 날에도 불평하지 않으려고 조심했다.

새 친구들은 하나둘 공공임대 아파트나 셰어하우스로 거처를 옮겼다. 크리스마스 무렵에는 호스텔에 나와 맥스만 남았다.

호스텔은 다시 채워지기 시작했고, 이때 니콜라가 들어왔다.

"머리 모양이 멋져요." 어느 저녁, 나는 니콜라의 침대에 앉아서 말했다. 그와 네 살배기 아들 윌은 2층에 묵었던 유일한 이웃이었다. 우리 방으로 이어진 문들이 열려 있어서 혹여 이제 18개월이 된 맥스가 깨더라도 복도를 통해 소리를 들을 수 있었다.

"무스를 써봐요, 풍성한 느낌이 날 거예요." 니콜라가 화장대에서 금속 용기를 집어 들며 말했다. 나는 머리 모양에 관심이 없었지만, 미용사였던 그를 친근히 대하며 이야깃거리를 만들려고 노력했다. 니콜라가 호스텔 복도를 걸어갈 때면 그의 머리카락이 적갈색 커튼 앞에서 희미한 빛으로 일렁였다. 그를 보면 학교에서 제일 잘나가던 여자애들이 생각났는데, 운동장에서 마주칠 때마다 깔깔대며 "못생겼다"고 나를 놀려대는 바람에 피해 다녔다. 그는 나와 대화하며 완벽하게 손질된 빨간 손톱을 이리저리 살폈다.

"슬슬 가봐야겠어요." 나는 말했다. "곧 마감이거든요." 그러고 하품을 했다. 마감에 대해 생각하는 것만으로 진이 빠졌다. 니콜라가 턱을 치켜들고 나를 깔보듯 곁눈질했다.

"나는 일에 관심이 없어요." 그는 남자친구와 헤어진 뒤 맨체스터에서 저지로 돌아왔고, 조만간 저지주에서 아파트를 배정해 주기를 바라고 있었다. "알다시피 착하게 굴어서는 인생에서 아무것도 이룰 수 없거든요." 그가 말했다. "책 한 권을 읽었는데요, '억센 여자들이 더 잘 산다'라고. 그걸 읽고 생각했죠. 그게 나다, 내가 바로 억센 여자다."

"억세다고요? 그러니까 그 말은…"

덜커덕거리는 소리에 우리는 동시에 창문을 올려다봤다. 바람이 많이 부는 밤이었다. 니콜라가 슈퍼히어로의 망토처럼 바람에 날리는 머리카락을 나부끼면서, 방 안을 세차게 휘저으며 다니는 모습이 그려졌다.

"'착한 여자가 아니라 억센 여자가 성공한다.' 책 제목이에요." 그가 말했다. 그리고 잠시 멈췄다가 덧붙인다. "꼭 읽어봐요."

나는 고개를 끄덕였다. "그만 일하러 가야겠어요. 무스 고마워요."

줄무늬 잠옷을 입은 맥스가 매트리스에 대자로 누워 있었다. 나는 일을 시작하기 전에 물 한 잔을 마시려고 아래층으로 내려갔다.

케일리가 부엌에 있었다. 나는 새로 온 투숙객 중에 그가 제일 좋았다. 그는 나처럼 입버릇이 고약한 동시에, 나는 꿈도 못 꿀 만큼 세상 물정에 밝았다. 그는 남자친구, 가족과 싸웠던 일에 대해 말해줬다.

"내 인생에서 통제광들을 모조리 없애버리고 싶어요." 그가 말했다. 나는 이해할 수 있었다. 나는 그에게 비단 안감을 댄 검은색 가죽장갑을 주었다. 파벨한테 선물받은 거라 차마 자선 상점에 기부할 수는 없었다. 그가 장갑 낀 손가락을 허공에 대고 춤추듯 움직이더니 백금발을 뒤로 넘겼다. "매릴린 먼로 같아요!"

케일리가 식료품 찬장을 열고 펜네 한 봉지를 꺼냈다. 그는 자꾸만 불러오는 배에도 불구하고 발레리나처럼 우아하게 부엌을 누볐다. 한 무리가 부엌 밖에 있는 콘크리트 마당에서 담배를 피우며 수다를 떨고 있었고, 니콜라도 그들 사이에 껴 있었다. 그들이 우리 쪽을 쳐다보길래 열린 문틈으로 손을 흔들었다. 그러자 니콜라가 홱 돌아섰다. 그가 뭐라고 말하니 무리가 깔깔대며 웃었다. 나는 빈 싱크대 앞에서 공연히 바쁜 척을 했다.

"걱정하지 마요." 케일리가 문 쪽으로 고개를 까딱하고 조용히 말했다. "인생에서 뭔가를 시도하려고 하거나 이곳을 벗어나려는 사람을 가만히 두고 보지 못해서 저러는 거니까."

나는 그의 말이 잘 이해되지 않았다. 그저 미소를 지어 보이며 잘 자라고 인사를 했다. 계단을 올라가는데 가슴이 답답했다. 게다가 아래층 여자가 통화를 하며 소리를 지르는 바람에 맥스가 깨고 말았다. 나는 맥스가 품에 폭 기댈 때까지 젖을 먹였다. 그런데 아래층 여자가 다시 고함을 지르기 시작했다. 무슨 말인지 알아들을 수는 없지만, 무지하게 화가 난 것 같았다. 맥스가 일어나 울기 시작했다. 나는 쾅 하고 발을 힘껏 굴렀다. 아래층이 잠잠해졌다. 그렇게 맥스에게 젖을 물려 재우고 새벽 세 시까지 일했다.

이튿날은 제네바에 있는 의뢰인과 스카이프로 회의를 했다. 호스텔은 와이파이도 없고 휴대전화의 인터넷 접속도 불안정해서 맥스를 데리고 근처 카페로 갔다. 나는 밋밋한 벽 앞에 있는 테이블을 고른 뒤 맥스를 태운 유아차를 맞은편에 두었다. 맥스가 크루아상에 얼굴을 파묻었다. 나는 헤드폰을 쓰고 전화가 오기를 기다렸다.

"맞아요. 월경에 대해 얘기할 필요가 있어요." 나는 회의를 하다 큰 소리로 말했다. 저소득 국가의 소녀들이 월경 기간에 학교를 빠지는 문제를 논의하던 중이었다. 정장 차림의 손님들이 고개를 돌려 나를 쳐다봤다. 그날 아침은 나름 신경을 쓴다고 머리까지 빗었지만 어깨 아래는 후줄근했다. 나는 시선을 외면한 채 화면에만 집중했다. 공중위생 전문가 암리타는 그런 문제에 대한 관심이 너무 적다는 사실에 좌절했고, 일종의 충격요법으로 '똥(shit)'이라는 말을 거리낌 없이 사용했다. 나 역시 적극적으로 공감하는 모습을 보이기 위해 '똥'을 남발해야 했다.

"시골 현황에 대한 수치도 있으세요?" 나는 물었다. "만약 사람들이 들판에 똥을 누고 그게 물에 들어가면… 네, 그 점을 확실히 해두려고요." 내가 말을 마치자 한 손님이 큰 소리로 라테를 주문했다.

"카페에 계세요?" 암리타가 물었다.

"공용 작업 공간이에요." 나는 카페라는 공간이 전문적으로 들릴지 확신할 수 없었다. 크루아상을 다 먹은 맥스가 큰 소리로 울기 시작했다. 나는 마이크를 꽉 틀어막았다.

"전선에 무슨 문제라도 있어요?" 암리타가 말했다.

"네, 혼선이 좀 있는 것 같아요."

통화가 끝날 무렵 땀 냄새가 올라왔다. 상대와 헤어지고 혼자 아이를 키우는 다른 부모들은 도대체 어떻게 살아남은 걸까? 이 짓을 언제까지 할 수 있을까?

반년이 지났다. 호스텔은 작아지고 복도는 좁아지고 계단은 가팔라졌다. 니콜라는 마주칠 때마다 번번이 나를 무시했고 윌은 신나서 맥스에게 달려들었다. 맥스는 나이도 몸집도 두 배인 윌을 당해내지 못했다. 어느 점심시간에 나는 부엌에 들어갔다가 니콜라의 생일파티를 마주했다. 한 무리가 식탁에 둘러앉아 있었다. 내가 준 초콜릿은 가장자리에 놓여 있었다.

"파티야, 엄마!" 맥스가 말했다. 니콜라가 이쪽을 홱 쳐다봤다. 내가 미소를 지어 보였지만 그는 무시하고 대화를 마저 이어갔다. 시선을 어디에 두어야 할지 몰라 난감했다. 나와 맥스는 방으로 돌아가 점심을 먹었다.

나는 틈이 날 때마다 맥스를 데리고 공원에 가서 안젤리나와 애슐리를 만났다. 아이들의 그네를 밀어주고 미끄럼틀 타는 모습을 지켜보다가 놀이터 울타리 너머를 내다보면 엄마들을 위한 우리 안에 갇힌 듯한 기분이 들었다. 가끔 밤에 맥스가 잠들고 나면 우트키아빅에서 빌리에게 받은 털모자를 조심스럽게 꺼내 썼다.

"비버 털이에요." 그가 말했다. "최고로 따뜻해요." 나는 귀덮개를 끌어당겨 세상의 소리를 덮고 그의 목소리를 떠올리거나, 까만 바다가 하얀 모서리에 부딪히며 오르락내리락하는 모습을 해빙 위에서 바라보던 그때를 회상하곤 한다.

1월의 어느 날, 늦은 밤까지 노트북 앞에서 일한 뒤 이튿날 아침 맥스를 데리고 비틀거리며 주방으로 들어갔다. 니콜라를 비롯한 몇몇이 아침 식사를 준비하고 있었다. 그때 윌이 주방을 가로질러 맥스에게 달려들었다. 맥스가 넘어지면서 바닥에 머리를 찧었다. 또 저러네. 윌과 같이 있을 때마다 맥스가 다쳤다.

그날 아침에는 나도 너무 졸려서 반응을 조절할 수가 없었다.

"오, 제발 좀, 윌." 나는 맥스를 들어 올려 울음을 그칠 때까지 안아준 뒤 유아용 안전문을 넘어 식료품 찬장으로 갔다.

"우리 애를 혼낼지 말지는 내가 결정해요." 니콜라가 말했다.

주변 공기가 싸늘해졌다. 평소 내 입장을 분명히 밝히는 편은 아니었지만 어쩐지 사과할 마음이 들지 않았다.

"나한테 하는 말이에요?" 나는 최대한 심드렁하게 대답했다. 나는 마이크 뒤에서는 노련한 싸움꾼이지만, 현실에서는 보통 입을 다물거나 도망치는 전략을 사용했다.

"그래요."

"윌이 맥스를 다치게 하면 그러지 말라고 할 거예요." 숨이 차서 한 단어씩 힘겹게 밀어내야 했다.

"둘이 알아서 해결하게끔 놔두지 않으면 다른 애들한테 괴롭힘을 당할 걸요."

가슴이 덜컥 내려앉았다. 투쟁 도피 반응이었을까?

"웃기지 마." 누군가가 말했다. 사실 내 목소리였다. "얘는 이제 겨우 두 살이라고." 그것은 투쟁이었다. 분노가 치밀어 오르고 피가 솟구쳤다. 나는 전쟁을 벌일 참이었다. 그런 감정을 느껴본 건 열한 살 때가 마지막이었다. 그때 나는 네트볼 경기장에서 내게 계속 욕설을 퍼붓던 리사 클락을 때렸다. "꺼져." 호스텔에서 쫓겨날 줄 알면서도 나는 큰 소리로 덧붙였다. 니콜라가 자리를 떠났다. 어느새 주방에는 나만 남았다. 더는 이런 일을 괜찮은 척 넘기고 싶지 않았다. 엿 먹으라고 해. 니콜라도, 다른 인간들도 다. 빌어먹을 세상, 전부 꺼져버리라지.

소파베드에서 깨어난 지 몇 초가 지나서야 나는 마리의 집이라는 사실을 깨닫고 우리가 얼마나 멀리 왔는지를 떠올린다. 창밖을 보니 오렌지 나무와 레몬 나무가 캘리포니아의 봄볕에 샤워를 하고 있다. 우리는 마리네 가족과 함께 아침을 먹고 그의 남편이 출근한 뒤에 마리를 따라 엄마와 아기가 함께하는 요가 수업에 간다. 로스앤젤레스 피트니스 운동복을 입은 엄마들이 우리를 둘러싼다.

"엄마, 개구리처럼 일어나 봐." 맥스가 이렇게 외치며 견상 자세(downward dog)를 취하는 내게 기어오른다. 다른 사람들이 쉿 하며 주의를 준다. 밖으로 나가고 싶다. 강사가 불같은 열정의 원천에 대해 서로

이야기해 보라고 주문한다. 나는 아들을 향한 사랑을 말하지만 목소리가 너무 작아서 아무도 듣지 못한다. 그렇다고 더 크게 말하지도 못한다. 마리가 뒤로 걸으며 맥스를 혼자 키우는 게 어떠냐고 큰 소리로 묻는다. 그러면서 자기 아들은 늘 아빠를 찾는다고 말한다. 다시 나가고 싶어졌는데 어느새 밖이다.

마리는 직장 동료들과 점심을 먹고, 나와 맥스는 베니스 비치를 향해 걸어간다. 넓고 탁 트인 해변이다. 자잘한 조개껍데기가 많다. 길게 심호흡을 하니 기분이 한결 나아진다. 바닷가에서 파도를 보고 있으면 마음이 편안해진다. 파도 속에 들어가면 더욱 그렇다. 하지만 이곳의 바다는 광활하고 거칠어서 나와 맥스가 헤엄치기에 적합하지 않다.

나는 모래 위에 회색고래의 이동 경로를 그린다. 가느다란 바하 반도(Baja Peninsula)에서 구불구불한 서부 해안을 따라 올라가다가 알래스카만으로 방향을 홱 틀고 나서 알류샨 열도와 대륙 꼭대기에 혹처럼 툭 튀어나온 곳을 지난다. 나는 주머니에서 회양목으로 만든 조그만 향유고래(sperm whale)를 꺼내어 맥스에게 장난감으로 내준다. 향유고래는 그곳이 어디든 나와 동행한다. 부드러운 곡선이 옅은 미소를 띤 입가로 이어지는 정교한 조각품이다. 맥스의 향유고래가 모래사장을 힘차게 가른다.

나는 네 살 때 엄마에게 크고 아름다운 삽화가 그려진 어린이 성경책을 받았다. 첫 장에는 유다와 이스라엘 왕국이 그려진 노란색 지도가 있었고, 지중해 한가운데에 향유고래가 입을 살짝 벌리고 있었다. 그것은 지도에서 유일하게 진짜 같은 캐릭터였는데, 배 안에 줄지어 선 낙타들과 사람들은 너무 작아서 표정을 알아보기 어려웠다.

알파벳을 배우지 않아도 글자가 기호라는 사실을 알아보듯 향유고래는 비밀을 전하는 단서였다. 그것은 유니콘보다 더 매혹적이었다. 어린이 성경책에서 요나와 고래는 구약성서의 마지막 이야기였다. 고래의 배 속에 갇힌 요나가 휘몰아치는 잿빛 소용돌이 속에서 무릎을 꿇고 고개를 숙인 채 기도하는 그림이 있었다. 자애로운 힘을 가진 고래가 세 번의 낮과 밤이 지난 뒤 요나를 안전한 곳으로 데려다줬다는 이야기였다.

웨일스에 살았던 우리 가족은 내가 여섯 살 때 저지로 이사를 했다. 다 쓰러져 가는 화강암 농장의 마구간 건물이었다. 섬 아이였던 나는 어디에나 바다가 있다는 걸 알고 있었다. 나는 조수의 높낮이를 꿰뚫고 있었고 물살 속에서 내 힘을 시험해 보기도 했다. 금요일 저녁마다 아빠가 우리 삼 남매를 수영 강습에 데려갔지만 내게는 그 시간이 두려웠다. 언젠가 강사가 우리에게 손을 놓으라고 소리치는 바람에 물에 빠져 죽는 줄 알았다. 그래서 어느 금요일에 나는 건조용 선반 꼭대기에 몸을 숨겼다.

"도린?" 아빠가 짜증스러운 목소리로 나를 불렀다. 나는 수건과 시트 뒤에 가려진 나만의 동굴 속에서 계단을 오르는 발소리를 들으며 숨을 죽였다. 아빠는 다시 아래층으로 내려가더니 밖으로 나가서 나를 찾았고 이내 차가 출발하는 소리가 들렸다. 나는 몸을 웅크린 채로 들키지 않았다는 사실에 안도하고 행복해했다. 그렇게 성공을 맛본 뒤에는 엄마와 미사에 가지 않으려고 일요일 아침에도 몸을 숨겼다. 하지만 엄마는 더 집요하게 추적해 나를 찾아냈다.

그러다 어느 날부터 아빠는 내가 수영 강습을 좋아하지 않는다는 걸 깨닫고 더는 강요하지 않았다. 대신 탁구대를 예약해 놓고 다른 아이들이 수영을 배우는 동안 나와 탁구를 쳤다. 탁구 실력은 형편없었지만, 아빠와 단둘이 보내는 시간이 너무 좋았다. 그리고 나는 염소로 살균한 수영장이 아닌, 바다에서 시행착오를 겪으며 수영을 배웠다.

아빠는 과묵한 남자였고 세상일을 잊은 채 취미에 몰두하곤 했다. 생물학자인 아빠는 동물을 잘 다뤘고, 나는 그런 모습을 열심히 따라 했다. 아빠는 일을 나갔다가 인사도 없이 집에 들어왔고, 꼭 필요한 질문이나 표현이 아니면 말을 하지 않았다. 보통은 조용히 아침을 먹고 엄마에게 입을 맞추며 출근 인사를 할 때만 입을 열었다.

"저이의 침묵을 표현할 말이 있을까?" 언젠가 엄마가 아빠의 등 뒤로 철컥 하고 닫히는 현관문을 바라보며 말했다. 부모님은 자주 다퉜다. 아빠는 입을 다물었고 엄마는 소리를 질렀다. 나는 엄마처럼 소리치고 비난하는 사람이 되지 않겠다고 다짐했다. 나는 아빠처럼 되고 싶었다.

아빠가 거의 매일 우리를 데리고 수영을 다녔던 때가 있었다. 엄마가 아주 심각한 우울증을 겪던 시기였다. 춥고 파도가 센 날은 바다가 거칠고 거리낌이 없고 아주 제멋대로여서 놀기에 그만이었다. 부서지는 파도 위로 내던져지면 정말 신이 났다. 색이 전부 흐려져서 화려함이라고는 찾아볼 수 없었다. 짙은 녹색과 탁한 갈색, 그리고 흩어진 구름의 짓이겨진 회색. 나는 아빠와 같은 물속에 있는 게 좋았다. 파도가 잔잔해서 물속이 훤히 들여다보이는 날에는 개구리헤엄을 치는 아빠의 길고 하얀 형체를 쫓아가곤 했다.

찬 물살이 피부에 닿으면 해양 포유동물이 된 것 같았다. 손가락들이 지느러미처럼 착 달라붙었다. 우리 삼 남매는 서로의 다리 사이로 헤엄치거나 상어를 본 것처럼 연기해 서로를 놀라게 했다. 엄마를 포함한 온 가족이 인광(phosphorescence)* 속에서 즐긴 야간 수영은 너무 놀라운 경험이었다. 물 밖으로 나와 달빛 아래에 서 있는데도 내가 온전히 다 빠져나왔는지 확신할 수 없었다. 내 일부가 반짝이는 물빛 사이에 남겨져 있는 것 같았다.

20세기 최고의 만조가 찾아온 날, 우리는 차를 몰고 동부 해안의 아치론델(Archirondel)이라는 자갈 해변에 갔다. 긴 장화를 신은 남자들이 주차장에서 낚시를 하고 있었다. 바닷물이 차올라 아스팔트 위에 반짝이는 물웅덩이가 생겼다. 받아들이기에는 너무 큰 변화였다.

나는 환한 밤바다가 넘실거리는 모습에 공포를 느꼈고, 학교와 뉴스의 영향을 받아서 미사 때마다 줄줄이 읊던 기도문에 해수면 상승을 덧붙였다. 일요일이면 그림 속 요나처럼 신도석에서 무릎을 꿇었다. '하느님, 제발 핵폭탄이 터지거나 빙하시대가 오지 않게 해주시고, 도도새처럼 멸종하는 동물이 없게 해주시고, 산성비를 멈춰주시고, 사람들이 고래랑 돌고래랑 바다표범을 죽이지 않게 해주세요.' 목록에서 한 가지라도 빠뜨리면 일주일 내내 불안했다.

내가 태어난 해에 그린피스는 첫 번째 환경보호 캠페인으로 고래살리기(Save the Whales)를 선정했는데, 내가 일곱 살이던 무렵 전성기를 맞이했다. 고래는 파도 아래를 평화로이 미끄러지며 헤엄치다가 지느러미를 쫙 펴고 공중으로 뛰어오르는 푸른 빛 천사이거나, 가공선으로 힘없이 끌어 올려지는 거대하고 무력한 피투성이 사체였다. 가끔 TV에서 조디악 고무보트에 탄 사람들이 캄캄한 바다에 주황색 불빛을 비추는 장면이 나왔는데, 그렇게 작살잡이의 시야를 방해하려고 애쓰는 동안

• 빛의 사극으로 빛을 내던 물질이 자극이 사라진 뒤에도 계속 내는 빛-옮긴이

모습을 드러내기도 했다.

예전에 돛대가 세 개 달린 화려한 그린피스 활동선, 레인보우 워리어(Rainbow Warrior)호가 스페인 포경선단을 방해했다는 이유로 스페인 북부의 해군기지에 억류되었다가 탈출한 적이 있었다. 그 뒤 연료를 넣기 위해 세인트헬리어 항구에 정박했는데, 일반인들도 배에 올라타 볼 수 있었다. 나는 턱수염 난 선원에게 고래를 좋아하면 선원으로 합류할 수 있냐고 물었다. 그가 껄껄대며 웃더니 배 안을 구경시켜 주고 수집품으로 추가할 스티커와 배지도 한 움큼 건네주었다.

나는 그린피스 배지 하나를 아직도 가지고 있다. 원래는 혹등고래(humpback whale), 밍크고래(minke whale), 대왕고래가 포함된 수염고래(baleen whale) 중에서 가장 큰 무리를 이루고 있는 긴수염고래(rorqual)가 가장 많았다. 그중에 뭔지 알 수 없는 배지가 있어서 상자에 넣어 치워놓았더니 그것만 살아남은 것이다. 어미와 새끼가 나란히 헤엄치고 있는 배지다. 그들은 등지느러미 대신 작은 혹을 몇 개 가지고 있고 회색이다.

내 어린 시절과 맞물리는 이 시기에 또 다른 배 한 척이 바다에 떠 있었는데 수십 년 뒤에야 뉴스거리로 떠올랐다. 에소 애틀랜틱(Esso Atlantic)은 세계에서 네 번째로 큰 초대형 유조선이자 엑손 국제 선단의 대표 선박이었다. 이 배가 대서양을 순항하며 혹등고래와 남방긴수염고래(southern right whale)를 우연히 마주치는 동안, 배 밑바닥에서는 정교한 시료 채취기가 돌아갔다. 이 장비는 수면과 대기를 측정함으로써, 탄소의 순환과 이산화탄소의 배출을 저장하는 해양의 역할을 조사했다.[1] 세계적인 과학자들이 주도한 전례 없는 연구였다.

이 프로젝트는 1978년 당시 에소가 제임스 블랙(James Black)이라는 직원의 경고를 받으면서 시작되었다.[2] 그는 임원들에게 화석 연료를 태우면 이산화탄소가 증가하고 대기 상층부에 축적되어 지구가 따뜻해질 거라고 설명했다. '몇몇 국가는 이득을 보겠지만 나머지 국가들은 농업 생산량이 줄어들거나 파괴될 것이다.' 블랙은 발표 자료에 적었다. '5~10년 안에 반드시 필요한 조치를 취해야 한다.'

초대형 유조선 프로젝트의 연구자들은 현재의 이산화탄소 농도와 기온을 놀라울 정도로 정확히 예측했다. 그리고 시간이 흘러 이 연구 결과가 출간되었다. 1982년 엑손의 환경사업부가 준비하고 '외부에 배포하지 말 것'이라고 표시한 브리핑 자료가[3] 그 토대를 이루었다. 이 문서는 몇 가지 불확실한 부분은 더 연구해야겠지만 '비극적 사건이 일어날 가능성을 반드시 고려해야 한다'라고 명시했다. 남극 빙하의 용융과 농업 붕괴도 거론되었다. 5쪽에는 불길한 경고가 적혀 있었다. '몇몇 과학 단체들은 그 결과들이 측정 가능한 수준에 도달하면 돌이킬 수 없을지도 모른다며 우려를 표한다.'

내가 10대 중반이었을 때는 에너지 기업들의 상황이 바뀌었다. 엑손은 초대형 유조선의 이산화탄소 연구 프로젝트를 끝냈다. 그리고 기업 내에서는 커뮤니케이션 전략이 형태를 갖추고 있었다. 1988년에 한 공공사업 담당자는 내부 문건 초안에[4] 당시 온실효과라고 불리는 그것이 '1990년대의 가장 중요한 환경문제 중 하나일 수 있다'라고 적었다. 그 대변인은 '엑손의 입장'을 밝히면서 과학 이론이 예측한 기후 영향의 '불확실성을 강조'했다.

엑손은 〈뉴욕타임스〉와 같은 주요 신문의 지면을 사들여 논평을 흉내 낸 광고를 싣기 시작했다. 알려진 바에 따르면 수백만 명의 독자들이 이와 같은 기사 형태의 광고를 접했다.[5] 2000년에는 '불확실한 과학(Unsettled Science)'이라는 제목의 광고가 실렸다.⁶ 엑손뿐만이 아니었다. 엑손, 셰브론, 서던 컴퍼니 등이 1998년에 내놓은 미국석유협회의 제안서는⁷ '세계기후과학보도계획(Global Climate Science Communications Plan)' 초안을 제시했다. 이 문서는 '기후과학의 불확실성을 언론에 알리기 위해' 그 노력의 일환으로 전국적인 언론 홍보 프로그램을 시작하려 한다고 설명했다. 또한 불확실성이 '통념'이 되고 기존 과학에 근거한 교토의정서를 추진하려는 사람들이 '현실과 동떨어져' 보일 때 '승리를 쟁취할 수 있을 것'이라고 말했다.

20년 뒤 〈인사이드 클라이머 뉴스(Inside Climate News)〉 기자들은 엑손 기사를 보도해 퓰리처상 후보에 올랐다. 거대 석유 기업 엑손은 이 보도가 기후와 관련해 자신들을 낙인찍고 왜곡하기 위해 은밀히 조직된 캠페인의 일환이라고 말했다.⁸ '저는 엑손 경영진의 속내를 모르겠습니다.' 엑손의 기후모델을 연구한 물리학자 마틴 호퍼트(Martin Hoffert)가 말했다. 기후에 관한 진실을 은폐하려는 석유 업계의 노력을 조사하고자 2019년 공청회가 꾸려졌고, 그는 미 의회 위원회에서 이렇게 증언했다.⁹ '엑손은 자체적으로 고용한 과학자들도 틀렸다고 확신하는 견해를 공공연하게 홍보하고 있었습니다.' 그가 말했다. '비윤리적 행동이었습니다.'

나는 저지에서 자라며 자연스럽게 헤엄을 쳤다. 개헤엄에 이어 평형을 배우고 나서는 자갈이 깔린 선가대(船架臺)*에서 혼자 초읽기를 하고 뛰어내렸다. 그리고 안전한 바다의 품에 안겨 고래를 꿈꿨다.

마리가 유니언 스테이션 앞에 차를 세운다.

• 선박을 이동시키거나 수리하기 위한 구조물-옮긴이

"내가 다 긴장된다." 마리가 말한다. "이 모든 걸 너 혼자 하다니." 나와 맥스는 로스앤젤레스를 떠나 샌디에이고행 기차를 탈 것이다. 나는 카시트에서 잠든 맥스를 바라본다.

"가지 말아야 하나?"

그가 잠시 멈추고 목청을 가다듬는다. "그런 걱정은 떨쳐버리는 게 좋겠어."

"맥스를 데려가도 괜찮을까?"

"글쎄, 이미 돈을 너무 많이 썼잖아."

"너무 위험한 거면?"

긴 정적이 흐른다. "아니야."

나는 온당하든 말든 들어야 할 대답을 짜낸 뒤 그를 껴안고 작별 인사를 한다.

"웨니 공원 기차다." 맥스가 출발을 알리는 방송에 깨어나 말한다. "비-비-빕." 나는 유아차와 카시트, 배낭, 짐가방을 가지고 씨름한다. 승무원이 쏘아본다.

"유아차는 접어서 위층에 올리셔야 합니다." 그는 이렇게 말하고 도움을 청하기도 전에 돌아선다.

기차 여행은 매력적이다. 우리는 객실 안에서 어중간한 자세로 기차역을 쏜살같이 빠져나간 뒤 운편 정육 회사 건물들과 고가 다리를 지났다.

"25분 안에 진으로 가득 찰 예정입니다." 탄노이 스피커에서 나오는 소리가 이상하게 들린다. 미국식 억양에 적응하려면 시간이 좀 걸릴 것이다. 나와 맥스는 꼼짝하지 않고 창밖을 응시한다. 뱀처럼 구불구불한 황토색 강과 노란색 컨베이어 벨트 공장이 빠르게 스쳐 지나간다.

반짝거리는 더미들과 저 멀리 보이는 산. 풍경이 머릿속을 가득 채우는 느낌이다. 화장실 솔 같은 나무들. 연노란색 땅. 펜조일 탱크. 팔려고 내놓은 부지. 화물차 컨테이너를 세어보니 마흔두 개다. 하늘에 십자 모양으로 엇갈린 전선들. 기차 안에서 바라보는 풍경이 마음에 채워진다. 현재에 완전히 몰두하고 싶다. 나는 늘 한결같이 멀리 있는 뭔가를 갈망한다.

맥스가 옆에 조용히 앉아 있다가 갑자기 구역질을 하기 시작한다. 나는 재빨리 손을 내밀어 앞으로 뿜어져 나오는 갈색 토사물 줄기를 받아낸다. 기차를 기다리면서 좋다고 마신 초콜릿 밀크셰이크가 화근이었다. 주변 승객들이 두리번거리다 재빨리 고개를 돌린다. 수건도, 휴지도, 아무것도 없다. 두 손이 갈색 토사물로 뒤덮여 가방을 열 수도 없다. 구토가 멈추길 기다렸다가 갈색 연못을 내 티셔츠에 담은 채로 맥스를 데리고 복도로 나간다. 그러고 아래층으로 내려가 화장실로 향한다. 객차 안은 만원이다.

"죄송합니다, 죄송합니다." 나는 통로를 지나며 승객들에게 일일이 사과한다.

하얀 블라우스를 입은 키 큰 여자가 벌떡 일어나더니 두 눈을 휘둥그레 뜬다.

"아이고 저런!"

나는 정신없이 사과한다.

"좀 도와드릴까요?" 여자가 묻는다. 또 다른 여자가 도움을 제안하며 합류한다. 두 사람은 화장실로 따라와 내 배낭에서 이것저것 꺼내준다. 유아용 물티슈, 샴푸, 기저귀, 깨끗한 옷가지. 더러운 옷가지를 넣을 비닐봉지도 꺼내준다. 티셔츠는 구할 가치가 없어서 쓰레기통으로 들어간다. 두 사람을 안아주고 싶지만, 몸에서 토사물 냄새가 날까 봐 감사 인사로 대신한다.

"나도 겪어봤어요." 키 큰 여자가 다 안다는 듯 말한다. 또 다른 여자는 미소를 지으며 행운을 빌어준다.

"엄마, 니-니." 맥스가 끼어든다. 이것은 가슴을 뜻하는 우리의 암호다. 맥스는 가는 중간중간 한 번씩 모유를 찾는다. 나는 수건과 유아용 물티슈를 손 닿는 곳에 둔다.

날이 어두워질 무렵 샌디에이고에 도착한다.

"트램 타러 갈래." 맥스가 줄줄이 지나가는 트램을 보고 외친다.

"맥심." 나는 단호히 말한다. "우리는 버스 탈 거야."

"버스 아니야, '트램' 탈 거야." 맥스가 소리친다. 한 남자가 25센트짜리 동전을 주면서 나중에 엄마가 뭘 사줄 거라고 달래보지만, 맥스는 버스를 타고 호텔에 가서 체크인할 때까지 주야장천 귀청이 터지게 악을 쓴다. 그날 밤 맥스가 평화로이 잠든 뒤에도 나는 그러지 못한다. 몇 시간에 한 번씩 아이의 체온을 재고 발진을 확인한다. 내가 뭘 하는 거지? 호스텔 생활이 정말 그렇게 별로였나? 적어도 거긴 안전하기라도 했는데.

나는 저지에 우리를 위한 공간을 개척하려고 열심히 노력했던 걸 조심스레 상기한다. 일자리를 알아보다가 환경부 면접에 필요한 지원서를 쓰기 위해 과학 관련 이력을 끌어모으기도 했다. 대학을 졸업한 뒤 나는 태풍 예보를 연구하고 강우 강도를 예측하는 통계 모형을 설계했고, 1년 동안 이산화탄소 농도의 증가와 식물 성장에 관한 실험을 도왔다. 다음은 면접을 위해 곤충표본 제작법을 벼락치기로 공부했고, 저지에 서식하는 에우코르티푸스 풀비나투스 엘레강툴루스(Euchorthippus pulvinatus elegantulus)라는 메뚜기에 대한 설명을 준비해오라는 요청을 받았다.

　이들은 머리끝이 뾰족한 박하사탕처럼 생겼고 다른 지역에서 발견되지 않는 종이다. 이 작은 생물은 약 8,000년 전 해수면 상승으로 육지와 연결된 길이 수몰되어 저지가 유럽에서 고립되었을 때, 다른 메뚜기 개체군들과 단절되었다. 독특한 진화 단계가 특징인 이들은 저지섬 서부 해안을 따라 길게 펼쳐진 만의 맞은편에서 서식하는데, 옹기종기 흩어진 모래언덕의 풀 줄기에 수직으로 붙어서 쉬는 걸 좋아한다.

　나는 어릴 때 바람을 피해 모래언덕 밑에 벌렁 드러누워서 곤충들이 기어가는 모습을 관찰하기 좋아했다. 그래서 그 메뚜기를 본 적이 있다고 확신했다. 나는 면접관에게 그것이 저지의 카리스마 있는 거대 동물과 맞먹는 상징적 동물이었다고 말했다. 그것은 저지섬의 독특한 생물 다양성을 보여줬고, 그들의 생존과 적응에 관한 별난 이야기는 사람들을 환경보호에 참여하도록 유도했다.

　나는 면접에서 떨어졌다. 나중에 한 관계자가 안쓰러웠는지 새로운 이(louse)를 몇 종 발견한 남자가 합격했다고 알려줬다. 나는 잠든 맥스를 보며 이질감을 느끼게 하거나 뭔가를 잘못하고 있다고 불평하는 동족 없이 자신의 길을 찾아가는 메뚜기를 생각했다.

　새벽 4시 반에 맥스를 유아차에 태우고 밖으로 나가서 짐을 여기저기 내려놓는다. 맥스는 아직 깊은 잠에 빠져 있다. 소형 버스 옆에 서 있는 한 무리의 사람들 주위로 따뜻한 바람이 분다. 대부분 노인이다. 나는 다양한 연령대의 가족과 아이들이 있을 거라고 기대했다. 너무 일찍 일어난 탓에 정신이 없어 그런지 다들 조용하다.

　"랠프라고 해요." 잘생긴 드루피 같은 남자가 자신을 소개한다. 그러고 버스 지붕에 짐을 묶다가 내 짐들을 보고 투덜거린다. 나는 버스 안으로 들어가 빈 좌석에 카시트를 설치하고 맥스를 앉힌다. 맥스가 잠에서 깨어나 졸린 눈으로 창밖을 내다본다. 모두 말이 없다. 앞으로 몇 시간은 더 달려야 한다.

멕시코 국경에서 관계자들이 버스 안을 살펴보더니 손을 흔들어 통과시킨다. 딱 붙는 바지에 총을 든 검문소 경비원들이 매력적이다. 여자 둘에 남자 하나인데 셋 다 마음에 든다. 다시 세상에 나오니 기분이 좋아지고 업무차 여행을 다녔던 기억이 되살아난다. 나도 한때는 돈을 받고 일하며 내 힘으로 삶을 꾸렸고 사회에서 쓸모 있는 사람으로 평가받았다. 아직 동트기 전인데 날이 덥다. 티후아나(Tijuana)를 지나는 동안 길가에 늘어선 형형색색의 상점들이 하나둘 깨어나기 시작한다.

"고래들한테 가까워지고 있어." 나는 맥스에게 말한다.

"저기 봐, 플래시, 고래가 있대." 맥스가 장난감 개를 창문에 들어 올린다.

"아직은 아니고, 이제 곧 도착할 거야."

맥스는 내게 미심쩍은 눈빛을 보내고 다시 잠든다.

우리는 열대와 아열대 사막기후에서 비롯된 천혜의 바다에서 고래를 만날 것이다. 석호는 그들의 안전지대이자 탄생지다. 고래관광선이 접근하는 건 허용되지 않지만, 가끔 고래들이 직접 보트로 다가오거나 사람의 손길을 허락하기도 한다는 내용을 어디서 읽었다.

나는 회색고래 어미가 출산을 위해 꼬리를 수직으로 오르내리는 동작을 반복하는 사이, 그 근처에서 조그만 머리가 길고 아름다운 틈을 비집고 나오는 모습을 상상한다. 태중의 새끼는 바닷물과 양수에 둘러싸인 채 온갖 소리를 듣기 때문에 어미의 목소리도 알 것이다. 처음에는 조금씩 모습을 드러내다가 어느 순간 상황이 급변하더니 5미터나 되는 새끼가 빠져나와 말려 있던 지느러미를 펼친다. 탯줄이 끊어져 둘이 된 후에도 새끼는 어미의 모유에 의지해 심장박동과 혈압을 조절하고 면역력과 안전을 보장받으며 살아가는 법을 배운다. 어미가 새끼를 떠받쳐 올려주면 첫 숨이 터지며 수면을 흩뜨리고 빛을 부순다. 아들을 낳을 때 숨을 들이쉬고 내쉬며 물속에다 고함을 질렀던 기억이 난다. 고래와 인간은 포유류다. 그래서 출산도 비슷하게 경험하는지 궁금하다. 고래와 인간의 새끼는 젖꼭지를 찾고 분노나 두려움을 전달하기 위해 소리를 낸다. 우리는 똑같은 생존 본능, 뭔가를 향해 나아가거나 뭔가로부터 도망치라고 알려주는 느낌을 공유한다. 나는 맥스에게 친밀한 가족이라고 할 만한 걸 제공해 주지는 못했지만, 인간 이상의 가족과 함께한다는 걸 보여주고 싶다. 고래들에게 여기 있는 것만으로 고맙다고 말하고 싶다.

창문 밖으로 사막과 관목이 보이기 시작한다. 나는 관목을 좋아한다. 방금 일어난 사람처럼 화가 나 보인다. 그리고 이렇게 말한다. '빌어먹을,' 여기서 살아남으려면 고생 좀 해야 할걸. 나중에 네 꼴이 어떨지 두고 보자고. '그래.' 나는 속으로 생각한다.

우리는 검문소를 몇 번 더 지난다. 검문을 당하면 시간이 좀 걸릴 수도 있다고 랠프가 일러준다. 그러고 나서 경비원들에게 바이예나(Ballena)*에 대해 뭐라고 말한다. 그들이 나와 맥스, 버스 지붕에 있는 유아차를 쳐다보더니 지나가라고 손짓한다. 우리와 골칫거리였던 짐이

• 스페인어로 고래라는 의미–옮긴이

상황을 수월하게 만들었다는 생각에 내심 흐뭇해진다. 좁은 산길에 들어서자 화물차들이 빠른 속도로 스치듯 지나간다. 선인장이 지나가는 우리에게 손가락을 내민다. 구름이 주황빛으로 물드는 사이 게레로 네그로(Guerrero Negro)에 도착한다.

맥스를 방으로 데려가는데 호박색 저녁노을이 아이의 얼굴과 팔에 널름거린다. 나는 고래가 세상을 흑백으로만 본다는 사실을 알고 있다. 그런 그들도 밤이 깊어가며 달라지는 빛 아래에서 장난을 칠까? 그들이 석호 안에서 자신의 생명으로 새끼를 감싸듯, 나 역시 그들을 쫓으며 적당한 장소를 찾고 있다. 세상은 잠시 기다려 줄 것이다. 새끼 고래들이 자고 있는지 궁금하다. 어미 고래들은 하늘을 보고 있을까? 그들도 경이로움을 느낄까?

우트키아빅 : 북극고래의 노래

≈

북위 71° 17′ 26″　서경 156° 47′ 19″

캄캄한 겨울, 북 베링해의 해빙 밑에서 목소리가 들려온다. 아그비지트(aġviġit)• 또는 발라에나 미스티케투스(Balaena Mysticetus)라고 불리는 북극고래들은 노래 부르기를 좋아한다. 울음소리를 내는 포유류는 많지만 노래하는 포유류는 드물다. 아그빅(aġviq)은 몇 안 되는 명금(鳴禽)에 버금가는 레퍼토리를 가지고 있다. 우리는 부드럽게 울리는 울음소리, 날카로운 비명, 트럼펫 소리, 힘없이 삑삑거리는 소리를 포착했다. 소 울음소리 같기도 하고 사람 목소리 같기도 하고 활로 더블 베이스 줄을 거칠게 긁는 것 같기도 했다.

　해양학자들은 몇 가지 소리를 듣기 위해 그린란드(Greenland) 동부 해안 바다에 수중 청음기를 설치했다.¹ 그렇게 그들은 11월부터 4월까지 매일 떠들썩한 콘서트가 24시간 이어지며, 계절이 바뀌면 선율도 바

• 북극고래라는 의미로 단수형은 아그빅(aġviq)

뀐다는 사실을 발견했다. 케이트 스태퍼드(Kate Stafford)가 3년간 이 청음 프로젝트를 이끌었다. 그는 '혹등고래의 노래가 클래식 음악과 같다면 북극고래의 노래는 재즈와 같다'고 말했다. 겨울 북극의 끝없는 어둠 속에서도 아그빅은 저마다 노래할 거리를 많이도 찾아낸다.

봄 해류가 북동쪽으로 흐르면 아그빅도 해류를 따라 지구 꼭대기에 있는 여름빛의 창으로 이동한다. 베링해에서 부화한 크릴새우의 초개체(超個體)•는 알래스카 북부 해안으로 휩쓸려 간다. 요각류에 속하는 작은 갑각류들은 아그빅이 선호하는 열량 엔진으로, 캐나다 보퍼트해(Beaufort Sea)가 있는 동쪽으로 이동하면서 고래들을 끌어들인다. 고래들은 미세 조류가 번성하는 시기에 아문센만(Amundsen Gulf)을 떼 지어 헤엄치는 이 살아 있는 작은 지방 덩어리들을 포식한다.

아그빅은 빛에서 두 걸음 떨어진 곳에서 먹이를 먹는다고 한다. 먹이사슬에서 에너지가 손실되는 단계들을 뛰어넘어 밑바닥으로 바로 직행하기 때문에 고래들이 그렇게 거대해질 수 있는 것이다. 이는 그들이 먹이 섭취에 많은 시간을 할애해야만 하는 이유이기도 하다. 피부 바로 밑에 있는 두꺼운 지방은 에너지를 저장하고 체온을 유지한다. 그리고 그것의 탄성이 고래의 몸을 유선형으로 만든다.

수컷 아그빅이 해빙의 남쪽 끝에서 유빙 모서리에 턱을 괴고 기다린다. 고래, 물개, 바다코끼리, 순록 같은 동물들이 겨울의 끝자락을 견디기 위해 안간힘을 쓰고 있다. 높은 곳에서 거위, 북극 제비갈매기, 뇌조, 흰멧새가 날아든다. 한파가 육지와 바다를 떠나는 동안 이들은 모두 북쪽으로 이끌린다. 해빙이 녹아 수로가 열리면 해양 포유동물들은

• 어느 생물 집단이 하나의 개체처럼 행동하는 상태-옮긴이

베링해협(Bering Strait)을 통해 북쪽으로 이동할 것이다.

아그빅 떼는 북극의 유빙군 끝에서 잠을 잔다. 그들의 뇌도 다른 고래들처럼 절반만 잠들기 때문에 숨을 쉬려면 의식적으로 노력해야 한다. 암컷 아그빅의 몸이 불룩하다. 배 안에서 자라고 있는 새끼는 6주 안에 태어나서 어미와 나란히 헤엄칠 것이다. 갈매기가 등에 내려앉자 암컷이 깜짝 놀라며 몸부림친다. 주위에 있던 고래들도 곡예를 하듯 동시에 움직인다. 그들은 꼬리로 수면을 내리치고 짝을 지어 다니다가 가끔 대열을 이탈해 물 밖으로 고개를 내밀고 몸을 수직으로 세운다.

해빙이 삐걱거리다 펑 하고 터진다. 올바른 방향에서 불어오는 바람이 해빙의 갈라진 틈을 쪼개어 리드(lead)라고 부르는 물길을 열 것이다. 그들은 어찌 된 일인지 전방의 얼음이 너무 빽빽이 뭉쳐 있다는 걸 감지하고 아직 때가 아니라는 걸 파악한다. 그들은 만반의 준비를 한다. 그리고 기다린다.

2005년 7월이었다. 아그비지트는 캐나다 북극에서 먹이를 먹고 있었고, 과학자들은 해빙의 '충격적' 감소를 추적하고 있었다.[2] 먼 북쪽의 두껍고 오래된 얼음덩어리들이 갈라지면서 빙하에서 떨어져 나와 남쪽으로 흘러갔다.

런던에서는 테러범 네 명이 출근 시간에 지하철과 버스에서 자살 폭탄을 터뜨렸다. 56명이 사망했고, 도시는 충격에 빠졌다. 나는 어둠 속을 달리는 영국 택시 블랙캡 뒷좌석에서 달라진 분위기를 느꼈다. 정적이 늘고 활기 넘치던 분주한 움직임은 줄었다. 내 눈에 띄는 몇몇 야간 근무자들은 주변을 둘러보고 가로등을 올려다보며 자신이 사는 세상이 테러 이전인지 이후인지를 알려줄 징후를 찾는 것 같았다.

당시 나는 일주일간 야근을 했다. 전 세계인의 기상 시간에 맞춰 아침 뉴스를 내보내기 위해 밤새 도시 곳곳의 사건 현장에서 사고 여파를 보도했다. 동아시아, 남아시아, 마지막으로 유럽까지. 마지막 날에는 킹스크로스(King's Cross)에서 구세군의 대변인과 인터뷰를 했다. 우리는 실종자 전단지로 도배된 벽 옆에 섰다. 극도의 피로감과 아드레날린으로 둔해진 탓에 거기서 낯익은 얼굴을 보게 될 거라고는 전혀 예상하지 못했다.

"비상 근무자들을 어떻게 지원하고 계신가요?" 질문을 하는데 그가 보였다. 거래 은행에서 만난 젊은 여성이었다. 폭탄 테러가 일어나기 며칠 전 그는 선물이라도 받은 양 환히 웃으며 당일 지급에 관한 일상적인 문의를 처리해 주었다. 그의 사진이 벽에 붙어 있었다. 퇴근 후 나는 버스를 타고 햇살에 눈을 깜빡이며 귀가했다. 나중에 알고 보니 그는 나와 똑같은 버스 노선을 반대 방향에서 탔다. 그리고 테러범 옆자리에 앉았다. 나는 집에 가는 내내 파란 히잡을 두르고 미소 짓던 그의 얼굴을 가만히 들여다봤다.

메스꺼운 상태로 잠이 든 나는 어느새 카페에서 알렉스와 마주 앉아 있었다. 나는 맥주병의 목을 잡고 차가운 감촉에 집중하며 엄지손가락으로 물방울을 말끔히 닦아냈다. 밤샘 근무를 하고 낮 시간을 보내려면 늘 적응할 시간이 필요했고, 눈부신 여름날이 이어지던 어느 날 알렉스 커비에게 도움을 요청했다. 알렉스는 생각도 체구도 바위 같은 사람이었다. 그는 전통 의상과 단정한 외투, 왁스를 먹인 재킷을 입었다. 목소리는 낮고 신중했다. 수십 년간 BBC 기자로 일하며 환경과 종교 관련 사건을 다뤄왔고 당시에는 보도국장이었다. 그가 종업원에게 감자 팬케이크와 연어를 주문하는 소리를 듣는 것만으로도 마음이 놓였다. 내 세상을 바로잡아 줄 수 있는 사람이 있다면, 그게 바로 알렉스였다.

"티스키에 맥주도 두 병 더 주세요." 그는 맥주병이 빠르게 비어가는 걸 보고 덧붙였다. 알렉스를 처음 만난 건 1년 전이었다. 나는 환경기사 기획에 대한 조언을 부탁하고자 그에게 이메일을 보냈다. 기획 회의에서는 프로듀서 열다섯 명 정도가 원형으로 둘러앉아 한 명씩 번갈아 가면서 아이디어를 내놓는데, 아주 진땀을 뺐다.

편집장은 말했다. "새로운 건 뭐지?" 아니면 "너무 좋은데, 너무 월드 서비스(World Service) 같아." 아니면 "인간의 관점, 목격자가 필요해." 아니면 간단히 "다음."

나는 BBC 월드 서비스 라디오에서 비즈니스 파트의 진행자로 경력을 시작했다. 편집장에게 과한 격려를 받고서 나는 당시 사장이었던 그렉 다이크(Greg Dyke)에게 이메일을 보냈다. BBC에 환경과 비즈니스를 함께 취재할 기자가 필요하며 우리가 전체적인 맥락을 놓치고 있다고 지적하자, 그는 답장으로 정중히 퇴짜를 놓았다. 그 후 나는 더 힘든 뉴스 파트에서 일하게 되었다. 알렉스와 몇 차례 만나서 대화를 나누었지만, 고질적인 카산드라 콤플렉스(Cassandra Complex)*를 해결하지 못했다.

"제가 중동에서 더 많은 성과를 내고 있다면 믿으시겠어요?" 나는 알렉스에게 며칠 전 헤즈볼라(Hezbollah)**의 거물급 인사와 통화했다고 말했다. 나는 여전히 그에게 깊은 인상을 주고 싶었고, 직장에서는 종

---

* 타당한 경고나 우려를 믿지 않으려고 하는 경향성-옮긴이
** 레바논의 이슬람 시아파 무장세력-옮긴이

종 내가 바보처럼 느껴졌지만 실은 그렇지 않다는 걸 그와 나 자신에게 납득시키느라 애쓰고 있었다.

"도린, 자네는 훌륭한 기자고, 모두가 그걸 알고 있어." 알렉스가 말했다. 중동에서 일어나는 각종 분쟁이나 런던을 향한 공격이 뉴스 의제를 완전히 장악하지 않았을 때도 환경은 더럽게 힘든 분야였다. 그는 언젠가 크리스핀 틱켈 경(Sir Crispin Tickell)이 그 이유를 정확히 설명해 주었다고 말했다.

크리스핀 경은 외교관이었고, 그의 첫 관할지는 영국령 남극 지역이었으며, 조상 중에 영향력 있는 다윈의 지지자가 있었을 거라고 믿었다. 다른 정치인들이 기후 문제를 무시하고 단순한 과학적 우려로 치부할 때도 그는 입바른 소리를 했다. 마거릿 대처가 기후에 관한 연설을 하도록 설득하는 작은 기적을 행하기도 했다. 1990년대 초, 크리스핀 경은 알렉스와 인터뷰하면서 대중매체가 과학, 특히 기후를 자주 다루지 않는 이유를 설명했다.

"대학에서 과학을 전공한 선임 편집자가 극소수라서 그래요." 크리스핀 경이 말했다. 알렉스는 그 견해를 기사로 작성해 라디오 4의 6시 뉴스 편집자에게 전달했다. 하지만 편집자는 거절했다.

"그는 흥미롭다면서도 뉴스로 내보내지 않으려고 했어." 알렉스가 덧붙였다. "'자기'는 미대를 나왔다고 하더군." 종업원이 사워크림과 연어와 딜을 피라미드처럼 쌓아 올린 감자 팬케이크를 가져왔다. 그제야 허기짐을 느꼈고, 테이블을 엉망으로 만들지 않기 위해 일부러 천천히 먹었다.

당시에는 기후에 관한 회의론자와 부정론자들이 대중매체 전체에 퍼져 있었다. 우익 타블로이드 신문들은 파렴치하게 과학을 헐뜯었다.

'인간이 지구온난화를 만든다는 주장은 세계적인 규모의 사기다.' 〈데일리 메일〉의 한 칼럼니스트는 이렇게 썼다.³ 회의론자들은 정치적 올바름(Political Correctness)•이 미쳐 날뛰는 상황에 용감히 맞서는 반대론자로 자신들을 묘사했다.⁴ 그중 일부는 나중에 화석연료 산업과 재정적 연결고리가 있는 것으로 밝혀졌고⁵,⁶ 도처에서 저널리즘의 균형이 심각하게 왜곡된 인터뷰를 했다.

〈가디언〉은 G8 정상회의를 앞두고 전문가 여덟 명의 관점을 다룬 기사에서 S. 프레드 싱어(S. Fred Singer)의 말을 맨 위에 인용했다. '지구온난화에 관한 과학은 아직 확실하지 않다.'⁷ 영향력 있는 부정론자인 그는 이전에도 담배 연기의 해로운 영향에 관한 과학적 지식을 공격했었다.⁸ 의도적이든 아니든 〈가디언〉이 그의 견해에 권위를 부여하는 바람에 독자들은 기후변화를 심각하게 받아들이는, 나머지 일곱 명의 견해마저 의심했다.

의심은 기후 문제를 부정하거나 지연하려 하거나 주의를 딴 데로 돌리려는 정치인들에 의해 증폭되었다. 공간 제약으로 화자가 한두 명만 들어갈 수 있는 방송매체는 더 심했다. 회의론자들은 대개 유능한 연설가였고, 내가 일했던 라디오 프로그램의 편집자들은 반대 의견이 필요하다는 요구로 그들에게 토론 시간의 절반을 부여했다.

기후변화에 관한 정부 간 협의체(Intergovernmental Panel on Climate Change, IPCC)는 이미 '지난 50년 동안 관측된 대부분의 온난화'는 '인간의 활동'⁹ 때문이라는 증거를 찾아냈고, 지난 1만 년 동안 온난화가 전례 없이 빠른 속도로 진행된 것 같다고 말했다. 하지만 토론에서 회의

• 소수자를 차별하거나 배제하는 언어를 지양하자는 신념 또는 이에 기반한 사회운동-옮긴이

론자들은 확실한 것보다 불확실성을 더 강조하면서 정치, 경제 같은 화제로 방향을 틀었다.

그 주 초반에 나온 신문이 모서리가 접힌 채 알렉스와 나 사이의 테이블에 놓여 있었다. "젠장, 저는 저 말이 싫어요." 나는 맥주 두 병에 활기를 찾았고 지면에 인쇄된 글자를 손가락으로 쿡쿡 찌르며 말했다. 토니 블레어가 기후 분야의 정치적 퇴보를 비판하는 '환경 운동가들'에게 짜증을 냈다는 기사였다.[10] 나는 '환경 운동가'라는 명칭이 과학자, 경제학자, 외교관, 정치 지도자에 비해 무성의하다고 불평했다.

"너무 무시하는 것처럼 들리지, 너무, 너무…." 알렉스가 입에 가득 있던 걸 삼키고 문장을 마무리해 주었다. "동물 애호가보다 좀 나은 수준이랄까."

나는 그의 동조에 마냥 즐거워하며 웃었다.

최근 나는 BBC 월드 서비스의 선임 편집자가 소집한 과학 보도 회의에 참석했다. 과학자들과 기술자들이 하는 이야기는 듣기 지루하다는 게 회의실의 여론이었다. "저도 기술자예요." 나는 불쑥 내뱉었다. 우리가 제 발로 불길에 뛰어드는 걸 막아줄 수 있는 사람들인데 뭐가 지루하다는 거지? "우리 같은 기술자들이 태풍 카트리나가 오기 전에 뉴올리언스의 제방과 결함 가능성에 대해 아주 흥미로운 이야기를 했어요." 나는 지적했다. "저는 그런 사람들이 방송에 더 자주 출연해야 한다고 생각해요."

더 넓게 보면 당시 나는 기후학이 주류 대중매체에서 얼마나 쉽게 그리고 얼마나 자주 지워지는지를 이해하지 못했다. 엑손에 대해서도 몰랐고, 석유 회사들의 수상한 캠페인에 대해서도 몰랐다. 평판 좋은 언론인들이 화석연료 산업계의 거짓 정보에 현혹되어 왔다는 것도 몰랐다.

"도린." 알렉스가 말했다. "절대 포기하지 마."

"저도 지쳤어요." 나는 두 손으로 머리를 감싸고 눈을 감았다. 그리고 은행에서 나를 도와준 아름다운 여인의 환한 얼굴을 떠올렸다. 만신창이가 된 길 위의 버스를 떠올렸다. 몇 주 전 밤에 엄마와 함께 언덕 꼭대기에서 내려다본 도시와 수백만 개의 작은 불빛을 떠올렸다.

"저것 봐." 엄마가 감탄하며 말했다. "인류 말이야." 자꾸 같은 질문을 하고 사고의 흐름을 잃어버리는 듯해서 기억력에 문제가 생겼을 수 있다고 엄마에게 조심스레 말했다.

"그럴 리 없어." 알렉스가 말했다. 인간은 너무 취약하고 순식간에 사라질 수 있으며 잔해가 눈앞에 보일 때까지도 재앙을 인식하지 못했다. 내게는 기후가 테러의 공포를 보도하는 일만큼 긴급한 문제로 느껴졌다.

알렉스는 여전히 말하는 중이었다. 나는 한참을 놓치고 말았다. 그가 씁쓸한 웃음을 지었다. 알렉스가 1987년에 환경부 기자가 되었을 때 라디오 4의 프로듀서가 뭐라면서 축하해 줬다더라?

"사람들이 좋은 기자를 헛되이 쓰는 거라더군." 알렉스가 말했다. 똑바로 서서 세상을 마주하는 게 갑자기 무모한 도전처럼 느껴졌다. 집에 가서 드러눕고 싶었다. 20년 가까이 과학을 연구해서 달라진 게 뭐지? 인류? 인류는 뭘 한 걸까? 인류는 망했다.

나는 여행 지원금 신청서에 북극은 기후변화의 최전선이라고 적었다. BBC에서는 지원금 사용 계획만 세우면 누구든 신청할 수 있었다. 나는 그해 12월 예루살렘에서 팔레스타인으로 가는 도중 전화 심사를 받았다. 심사를 마치고 심사관에게 거기서 벌어지는 모든 일을 생생히 전하겠다고 말했다. 그리고 내 계획을 설명했다.

나는 알래스카 북극의 서부 해안에서 시작해 캐나다를 가로질러 북부 해안까지 여행할 생각이었다. 토착민과 그 외의 주민들에게 답을 유도하기보다는 그저 듣고 허락을 구해 온난화를 어떻게 생각하고 일상에서 어떤 식으로 경험하고 있는지를 기록하고 싶었다. 나중에 어느 심사관 말로는 그 일에 목숨이 달린 것처럼 설득하더라고 했다. 그들은 차마 거절하지 못했다.

당시 배로우로 알려져 있던 우트키아빅이 내 첫 번째 목적지였다. 나는 배로우포경선장협회(Barrow Whaling Captains Association)에 이메일을 보내어 고래를 관찰할 수 있도록 해달라고 요청하고, 구 해군북극연구소(Naval Arctic Research Laboratory, NARL)의 배로우북극과학협력단(Barrow Arctic Science Consortium) 단장 글렌 시핸(Glenn Sheehan)에게 전화를 걸었다. 아내와 딸과 함께 시외에 있는 오두막에서 살던 글렌은 한 연구원의 빈 오두막에서 딱 하룻밤만 머물다 가라고 했다. 그 후에는 직접 숙소를 구해야 했다. 나는 런던에서 미니애폴리스를 거쳐 앵커리지로 날아갔다. 휴가에 장비를 챙겨가는 느낌이었다.

고장에 대비해 미니디스크 레코더 두 대, 고가의 라이카 렌즈를 장착한 비디오카메라, 빛이 부족할 때 사용할 은색 접이식 반사판, 끝도 없이 이어지는 전선, 여분의 테이프, 충전식 배터리 여러 개, 접이식 삼각대를 챙겼다. 비상시 어디서든 전화할 수 있도록 회사에서 빌려온 위성 전화기와 휴대용 수신기가 들어 있는 커다란 가방도 두 개 있었다. 장비가 얼지 않도록 다용도 단열 캔버스 가방도 몇 개 샀다. 영하의 온도에서 장비가 제대로 작동할지 알 수 없었지만, 전부 챙겨가야 목적의

북위 71° 17′ 26″ 서경 156° 47′ 19″

식을 가지고 바쁘게 지낼 수 있고 덜 무서울 것 같았다.

앵커리지에서 버스를 탔다가 운동복 차림에 말총머리를 단정히 묶은 알래스카 토착민 여성을 만났다. 그는 내가 운전기사와 대화하는 억양을 듣고는 어디서 왔느냐고 물었다. 전에 들어본 적 없는 리드미컬하고 부드러운 톤이었다.

"저 위는 추울 텐데." 내가 어디로 가고 있는지 설명하자 그가 말했다. "나도 북쪽으로 그렇게 멀리까지는 못 가봤어요. 입을 만한 옷은 있어요?" 나는 친구에게 스키복을 빌렸고, 과거에 동계 전투화로 쓰던 고무 재질의 '버니 부츠'를 사러 군용품점에 가는 길이라고 말했다. 여행 책자에서 추천한 것들이었다. 버스가 쇼핑몰과 주차장 사이로 길게 뻗은 도로를 따라 굽이굽이 달렸다.

가로등 꼭대기에 앉은 새 한 마리를 지날 때였다. "큰까마귀네요." 여자가 새를 가리키며 말했다. 이어서 세상을 만들고 어둠과 빛을 책임졌던 큰까마귀에 대해 말해줬다. 모든 게 물이던 시절에 거대한 큰까마귀가 와서 지구를 창조했다. 그리고 첫 번째 천민(天民)과 이누이트와 동물을 만들었다. "큰까마귀에게 기도하면 사냥하기 좋은 날씨를 물어다줄 거예요." 그는 정류장에 내리면서 행운을 빌어줬다.

나는 백화점에서 밝은 흰색에다 발에 딱 맞는 둥글납작한 버니 부츠와 100퍼센트 기름으로 만든 선크림을 찾았다. 얼음에 반사되는 햇빛이 강렬하다고 어디서 읽은 데다 수분 베이스 크림은 얼어버릴 것 같았다. 듣기만 해도 아프고 무서운 설안염을 예방하기 위해 스키 고글처럼 양옆에 가죽 차단막이 달린 선글라스도 샀다. 우뚝 솟은 산들이 도시 주변을 둘러싸고 있어서 공포와 위압감이 느껴졌다. 무한하고 강인한 풍경이었다. 혹시 사냥을 가게 되면 저 안에 집어삼켜지지 않게 해달라고, 큰까마귀에게 온 힘을 다해 기도해야겠다고 생각했다.

다음은 우트키아빅으로 날아갔다. 비행기 옆자리에 앉은 여성이 자신을 마리라고 소개했다. 체코의 고향 집이 그리운데 영주권을 기다리느라 미국을 떠날 수 없어서 아버지가 권유한 대로 미국을 종단하며 정처 없는 마음을 달래보려 한다고 했다. 비행기에서 내리자 얼어붙을 듯한 추위가 우리를 향해 사정없이 주먹을 날렸다. 나는 곧장 코피를 흘렸다. 한국계 미국인 택시 기사가 공항에서 해군북극연구소까지 태워주면서 마을 주변 눈더미 뒤에 북극곰들이 숨어 있는 경우가 더러 있다고 일러줬다. 도로 한편에는 건물들이 늘어서 있고 맞은편에는 얼어붙은 북극해가 있어서 곰들이 아무 때나 들어올 수 있었다.

그날 저녁 나와 마리는 아크틱 피자에서 만나 저녁을 먹고 그 주변을 가능한 한 많이 돌아다니면서 눈더미가 움직인다 싶으면 황급히 달아났다. 글렌이 말하길, 이곳 사람들은 누군가가 곰에게 쫓겨 집안으로 빨리 피해야 할 경우를 대비해 현관문을 열어둔다고 한다. 나는 연구원의 오두막에서 둥근 금속 캡슐처럼 생긴 이상한 난방기가 힘겹게 윙윙거리는 소리를 들으며, 안락하고 불안한 하룻밤을 보냈다.

그리고 일어나자마자 택시를 타고 마을로 돌아가 유일한 단서를 쫓기로 했다. 글렌이 이누피아트 문화유산센터에 있는 공용 작업장에 가서 지역 고래잡이들과 이야기해 보라고 제안했다. 이누피아트는 수 세기 동안 북극고래 아그빅에 의존해 온 생계형 사냥꾼들이었고, 아그빅은 상업적 포경으로 거의 씨가 마른 상태였다. 거대하고 통통한 쇄빙선 같은 북극고래는 수명이 길고 천천히 번식했다.

국제포경위원회(International Whaling Commission, IWC)는 상업적 포경의 미래를 보호하기 위해 설립되었고 전 세계 고래를 대량 살상한 주요 포경국들을 포함했으며 1970년대 후반에는 이누피아트에 활동 중단을 요구했다. 이누피아트들은 IWC에 이의를 제기했고, 엄격한 과학적 사실과 문화적 논거를 조합해 입장을 수정할 것을 강력히 요구했다. 그러면서 IWC 규정에 따라 포경을 자체적으로 관리하기 위한 알래스카에스키모포경위원회(Alaska Eskimo Whaling Commission, AEWC)가 설립되었다.[11] 매년 두 번씩 봄가을에 고래를 사냥하는 50여 명의 선원들은[12] 할당량에 따라 연간 20여 마리를 잡을 수 있었다.

문화유산센터에 도착한 나는 청바지에 야구모자를 뒤집어쓰고 공용 작업장에 혼자 있는 이누피아트 남자를 발견했다. 그는 체격이 호리호리하고 키는 나보다 좀 작았으며 흰 가죽 같은 것으로 덮인 약 7미터 길이의 목선(木船) 뼈대 앞에서 조용히 일하고 있었다. 인사를 건네자 나를 올려다보고는 고개를 살짝 끄덕이고 다시 작업을 이어갔다. 나는 옆에 붙어 있는 방들을 확인했다. 통화 중인 젊은 남자 안내원 외에는 아무도 없었다. 그래서 배를 만드는 남자와 가벼운 대화를 나눠보기로 했다.

"배가 멋지네요."

"아, 네." 그는 몸을 곧게 폈다가 이내 다시 구부리고는 연장을 뒤졌다. 나는 내 소개를 한 뒤 기후변화에 관심이 있다며 그곳을 찾은 이유를 설명했다.

"런던에서 온 도린, 맞죠?" 그가 배 뒤에서 콕 집어 말했다. 지체할 시간이 없었다. 나는 단도직입적으로 포경선단 단원인지, 만약 그렇다면 내가 동행할 수 있는지 물었다. 그는 작업을 멈추고 배 주위를 빙 돌아 뱃머리 앞에 서더니 나무로 된 선체를 양손으로 가볍게 쓸었다. 내 말을 제대로 못 알아들었나 싶던 차에 그가 어깨를 으쓱했다. "대장한테 물어봐야 할 거예요."

나는 알겠다고 대답한 뒤 대장이 어디 있는지, 어디로 가면 찾을 수 있는지 물었다.

"오늘 안에는 올 거예요." 그는 이제 목선을 덮은 옅은 색의 두툼한 천을 매만졌다. '오늘 안에? 나는 못 기다려, 바쁘다고.' 그러다 내가 전혀 바쁘지 않고 그 자리에서 손톱이나 뜯으며 기다리는 것 말고는 방법이 없다는 사실을 깨달았다.

그는 결국 어딘가 전화를 걸더니 이누피아트어로 말했다. 그리고 내 이야기를 하는 듯 나를 위아래로 훑어봤다. 그는 내가 지켜보는 가운데 전화를 끊고 목선으로 돌아가 구조물을 양손으로 밀고 당기며 뭔가를 확인했다. 그러다 한 번씩 나를 힐끗 쳐다봤고, 나는 그의 시선을 의식하며 가만히 앉아서 작업장 벽과 장비를 둘러봤다. 그가 시선을 거둔 뒤에야 그를 다시 쳐다봤다. 그는 천천히 꼼꼼하게 일했다. 마음이 차분해지기 시작했다.

나중에 알고 보니 그가 말한 대장은 칼레악 선단의 강하고 아름다운 여성 리더 줄리아였다. 광대가 우뚝 솟은 위풍당당한 얼굴이 의구심과 호기심을 품은 채 나를 쳐다봤다. 줄리아는 사랑하는 남편이자 전 시장인 제슬리가 해빙으로 사냥을 나갔다가 동맥류를 앓은 뒤부터 선단을 책임져 왔다고 했다. 제슬리는 목숨이 위태로운 상황에서 기적적으로 회복했지만, 전처럼 명민하지 못했다. 단기기억을 상실한 제슬리가 사냥을 계속하기에는 너무 위험했고 줄리아가 직접 나설 수도 없었기 때문에, 아이들이 사업을 물려받을 만큼 자랄 때까지는 존경받는 고래잡이 반이 칼레악 가문의 포경선단을 이끌기로 했다.

"채식주의자예요? 런던에서 왔다고요?" 줄리아는 주로 뭘 먹는지 묻더니 내가 잘 어울릴지를 더욱 의심하는 눈치였다.

"뭐든 드시는 대로 먹을게요." 나는 재빨리 덧붙였다. 자세한 건 나중에 정리하기로 했다. 일단은 그날 잘 곳이 필요했다. 방 한 칸을 내주고 칼레악 선단과 해빙에 나가서 기후에 관해 대화할 수 있도록 허락해 준다면, 그에 상응하는 답례를 하겠다고 다급히 설명했다.

나는 정치가 아닌 과학에만 관심이 있었고 포경을 비판할 생각은 없었다. 짐도 별로 없었고 카메라도 아주 작았다. 비용은 운 좋게 타낸 여행 지원금으로 충당할 예정이라 줄리아도 부담 없이 적당한 방세를 청구할 수 있었다. 나는 건강하고 힘이 세며 나 자신을 잘 돌보는 괜찮은 팀원이었고, 고래잡이들에게 필요한 거라면 뭐든 도울 작정이었다. 어차피 그렇게 많이 먹지도 않았다. 내가 허둥대며 상대가 뭘 알고 싶어 하고 어떻게 하면 안심할지를 고민하는 동안 줄리아는 어떤 말이나 질문도 하지 않고 안경 너머로 나를 신중히 관찰하기만 했다. 그것만 빼면 중요한 면접 자리 같았다.

"바느질 방에서 자면 되겠네요." 마침내 그가 입을 열었고, 문화유산센터에서 거래가 성사되었다. 나는 가장 먼저 대화를 나누었고 여전히 작업 중인 조카 빌리, 소방서에서 일하며 일명 JJ라고 불리는 막내아들 제슬리 주니어, 요리사를 꿈꾸는 둘째 아들 일라이, 그 외의 가족 구성원 몇 명이 속한 칼레악 선단의 일원이 되었다. 줄리아는 나를 북극성 거리(North Star Street)에 있는 집으로 데려갔고, 일라이의 옆방에 들어가서 미완성된 파카에 둘러싸인 매트리스를 보여줬다. 짐을 풀자 줄리아가 내 옷가지를 눈여겨봤다.

"양말이 좋네요." 그는 내가 세 겹씩 신으려고 가져온 양말을 보며 만족스러운 듯 고개를 끄덕이다가 외투를 발견하고 고개를 저었다. 그리고 자기 방으로 가서 동물 같은 뭔가를 품에 안고 돌아왔다. "자, 이 걸 털옷 위에 입어봐요." 무거운 양가죽 파카를 받아 들고 입어보는데 내 몸 하나 겨우 들어갈 만한 터널로 기어 들어가는 느낌이었다. 어둠이 살짝 무서워질 때쯤 반대편으로 빠져나가고 나니 옷이 훨씬 더 견고하고 갑갑하게 느껴졌다. "좋네요." 줄리아가 말했다. 그는 움직이기 힘들고 축구공처럼 느껴져도 괜찮다며 곧 익숙해질 거라고 말했다. 가장 중요한 건 따뜻하다는 것이었다. 이어서 해빙과 똑같은 흰색으로 파카에 걸치기 안성맞춤인 위장용 덮개를 입어봤다. 그러는 사이 키가 아주 큰 남자가 방으로 성큼성큼 들어왔다. "여보, 여기는 도린이야." 줄리아가 말했다.

"제슬리라고 합니다." 그가 말했다. 나는 그와 악수를 하기 위해 거대한 팔을 들어 올리려 안간힘을 썼다. 그가 바리톤의 목소리로 어린 애인 양 멋대로 낄낄대며 나를 비웃었다. 그 바람에 위엄 있는 풍모가 덮였다. "보기 좋네요. 아주 잘 맞아요. 저기서는 그게 필요할 거예요."

"준비는 다 됐어요, 고래를 잡으러 갈 준비 말이에요." 줄리아가 말했다.

여행 지원금으로 꼭 저널리즘과 관련된 일을 할 필요는 없었다. 일종의 유급 휴가였다. 기자로서 사람들에게 질문을 던지고 세상을 기사 몇 개로 한정하기보다 한곳에 푹 빠져서 더 많은 걸 흡수하자는 취지였다. 나는 무자비한 방송 일정에서 벗어나 생각할 시간을 가지고 열린 마음으로 창조성과 새로운 아이디어를 가득 채워서 돌아가야 했다.

줄리아와 제슬리의 집은 휴식을 취하기에 안성맞춤이었다. 화려한 분홍색 카펫이 깔린 거실은 안락했다. 나는 소파에 앉아 쿠션에 몸을 편안히 기댔다.

"제일 좋아하는 영화 중 하나예요." 나는 선반에 놓인 〈아타나주아: 빠른 사나이(Atanarjuat: The Fast Runner)〉를 보며 말했다. 그날 저녁에 줄리아가 그 영화를 꺼내서 다 같이 봤는데, 아타나주아가 해초 더미 밑에 숨어 있는 줄도 모르고 오키가 그 위에 오줌을 싸는 장면에서 둘 다 큰 소리로 웃었다.

제슬리는 20분 정도 앉아 있다가 지루했는지 수색구조기지에 갈 거라고 말했다. 줄리아의 설명에 따르면 사냥꾼들은 해빙이나 툰드라에서 응급 상황이 발생할 경우를 대비해 초단파 무전기를 24시간 켜두고 카드놀이를 하거나 당구를 친다. 무슨 일이 생기면 자원봉사자들이 출동했다. 나는 상황에 압도되어 허기도 느끼지 못했다. 귀리 비스킷 몇 개만 먹은 뒤 날이 어두워지지 않는다는 사실에 불안해하며 잠을 자러 갔다. 모피 더미 옆으로 조심스럽게 걸어가 매트리스에 벌렁 드러누우니 극도의 피로감과 우연히 아주 친절한 가족을 만났다는 안도감에 그만 맥이 풀려버리고 말았다.

이튿날 아침, 나는 추위와 곰들로부터 무사히 깨어나 집 안을 천천히 둘러봤다. 제슬리는 헤이즐넛 향이 나는 커피를 내리고 있었다. 일라이는 나중에 제방에서 팔 거라며 도넛을 튀기고 있었다. 나는 아침으로 포리지, 미국식으로 말하면 오트밀을 먹었다. 네모난 창으로 햇빛이 비쳐 들어서 주방이 금빛으로 반짝거렸다. 창밖으로 눈가루에 뒤덮인 북극성 거리와 표면의 결정체들이 보였다. 보트 위 방수포(防水布)•들이 물결치듯 바람에 날렸다. 처마에서 긴 고드름이 떨어졌다. 일라이가 부드럽고 따뜻한 도넛을 주었다.

• 물이 스미지 않도록 방수제를 발라서 가공한 피륙-옮긴이

"사냥은 언제 나가요?" 내가 물었다.

"하늘을 지켜봐야죠." 호리호리한 형체가 문 앞에 나타났다.

"어서 와요, 반." 일라이가 말했다. "여기는 신입 단원이에요." 나를 보고 한숨을 쉬는 걸 보니 탐탁지 않은 모양이었다. 그러면서도 때가 되면 구름에 회색 선이 보일 거라고 알려줬다. 우이닉(uiñiq) 현상으로 연안 해빙이 갈라지면 그 틈으로 드러난 까만 바닷물이 구름에 비치는 거라며 충실한 설명까지 덧붙였다. 이것이 적절한 기후 조건에서 넓어져 수로가 되면 고래들이 그 길을 따라 축치해(Chukchi Sea)에서 보퍼트해로 이동한다. 나는 몇 분에 한 번씩 꼬박꼬박 하늘을 확인했다. 나는 지켜야 하는 일정과 마감 기한 덕분에 캐나다까지 올 수 있었다. 그렇게 긴 여정이 끝나면 또 바빠지기를 간절히 바랐다. 도넛 더미를 탐욕스럽게 쳐다보며 하나만 더 달라고 부탁하고 싶은 마음도 간신히 억눌렀다.

"이리 와봐요." 줄리아가 뭔가를 보여주려는 듯했다. 그는 현관 입구를 뜻하는 카니트착(qanitchaq)으로 나를 안내했다. 그곳은 사람이 드나들 때 찬 공기를 막아주는 에어록이었다. 신발과 파카, 장비, 고기가 가득 든 상자형 냉동고가 즐비한 실용적인 저장 공간이기도 했다.

그가 냉동고 뚜껑을 열었다. 검은색 층으로 덮인 커다란 분홍색 토막들이 보였다. "저녁거리예요, '최고'의 메뉴죠." 고래의 피부와 지방으로 이뤄진 막딱(maktak)은 없어서 못 파는 음식이었다. 고래를 잡는 연안 사람들만 구할 수 있었다. "여기서는 다 같이 나눠 먹어요." 줄리아가 말했다. 그는 칼레악 선단이 포획해 온 고래를 동네 사람들에게 나눠주고 친척들에게도 항공편으로 보내줬다. 그의 가족은 해안을 따라 남서쪽으로 멀리 떨어진 포인트 호프(Point Hope)라는 마을에 살면서 대대로 고래를 잡았다. 그의 아버지 제이컵과 삼촌 아모스는 작살잡이와 선장으로 유명했다.

포경선장의 아내 줄리아는 선단에서 가장 중요한 사람으로 여겨지는 편이었다. 고래들이 그에게 이끌려 온다고 믿기 때문이다. 고래들이 심부름꾼을 보내 선장의 아내들이 무슨 말을 하는지 엿듣는다는 오랜 미신 탓에 그들은 늘 평화로운 생각을 하고 너그럽게 행동해야 했다. 사냥이든 요리든 바느질이든 장비 대여든 이 과정에 도움을 주는 사람은 전부 단원으로 간주했다. 더는 사냥에 나서지 못하는 노인들은 조언을 건넸다. 반은 여자도 원하면 고래잡이가 될 수 있고 실제로 몇 명이 있다고 했지만, 대부분은 남자인 것 같았다.

줄리아는 포인트 호프에서 보낸 어린 시절에 대해 말해줬다. 한번은 자매끼리 베리를 따러 갔다가 갈색곰 아크삭(aklaq)을 만났다고 했다. 그들은 베리를 바닥에 두고 천천히 물러났다. 아버지가 곰을 만나면 절대 뛰지 말라고 해서였다. 그는 나눔과 환대가 얼마나 중요한지도 그에게 가르쳤다. 그래서 내가 포경선단에 합류하는 것도 허락할 수 있었다. 그는 너그러운 성품을 가진 아버지라면 어떻게 했을지를 생각했다. "당신을 보니 좋은 사람 같아서 우리 집에 머물러도 괜찮겠다 싶었어요."

하늘을 보며 바쁘게 지내던 중에 일라이가 이누피아트어로 쓴 옛날이야기를 영어로 번역한 책을[13] 빌려줬다. 첫 번째는 창조에 관한 이야기였다. 대홍수로 모든 게 물에 잠겼을 때 사람들은 고래를 사냥할 수 있었다. 사냥꾼들이 물개 가죽으로 만든 우미악(umiaq)이라는 배를 타고 바다에 나갔다가 표면이 풀로 뒤덮인 불룩한 뭔가를 보았다. 살아 있는 고래였다. 그들이 사냥에 실패하자 큰까마귀가 카약을 타고 와 작살로 고래를 찔렀다. 고래가 바다 위로 솟구쳐 올랐고, 그 틈에 사람들은 고래 몸에 핀 꽃을 볼 수 있었다. 물이 빠지기 시작했고 지렁이와 뱀이 꿈틀대며 달아난 자리에 강이 생겼다. 고래는 땅이 되었다.

그 책의 마지막 이야기는 어느 배에서 옮긴 홍역으로 많은 사람이 목숨을 잃고 난 뒤, 내륙에 사는 이누피아트인 누나미우트(Nunamiut) 공동체가 1년간 겪은 굶주림의 역사를 기록한 것이었다. 그해 가을과 겨울에는 순록도 뇌조(雷鳥)도 양도 없었다. 물고기를 잡기도 쉽지 않았다. 죽은 가족과 어른, 아이, 개에 관한 이야기를 읽는 동안 까만 글자가 하얀 종이에 대비되어 점점 더 삭막하게 느껴졌다. 죽은 사람과 동물의 이름이 나열되었다. 저자의 아버지가 울기 전까지는 감정이 아닌 사실만 기록되어 있었다. 가족은 먹을 걸 찾아 이곳저곳을 헤맸다. 절망 속에서 사람들은 배를 만들 때 쓰는 못 먹는 가죽만 남기고 어린 순록의 가죽을 포함해 뭐든 닥치는 대로 먹어치웠다.

줄리아의 컴퓨터로 유행성 홍역을 검색해 보았다. 외부인들이 들어오면서 북극 사람들에게 재앙과 같은 질병이 급속도로 퍼졌다. 검색창을 내리며 1834년 허드슨 베이 컴퍼니(Hudson's Bay Company)의 무역상이 퀘벡 누나비크(Nunavik)의 쿠주악(Kuujjuaq), 당시에는 포트 치모(Fort Chimo)라고 불리던 곳 근처에서 유럽인을 본 적 없는 부족을 만난 이야기를 읽는데, 마우스를 잡은 손이 축축해졌다.[14] '그들이 찾아왔을 때 우리는 감기를 앓고 있었다.' 무역상은 이렇게 적었다. '그들 중 여섯 명이 24시간 안에 사망했다. 그 가엾은 사람들은 우리를 남겨두고 황급히 떠났다. 바위 위에 널린 시신도 그대로 남겨두었다.'

1900년 여름에는 무시무시한 역병이 덮쳤다. 알래스카 토착민 수천 명이 독감과 홍역으로 사망했다.[15] 디프테리아, 장티푸스, 천연두, 결핵, 소아마비 같은 질병이 각각 다른 시기에 창궐하며 다양한 집단을 공격했다. 일가족이 목숨을 잃고 고아들은 배를 곯았다. 유럽계 미국인들은 대체로 영향을 받지 않거나 가벼운 증상만 겪었다. 이 질병들은 시애틀이나 샌프란시스코에서 온 선박들이 옮겼거나, 코랴크(Koryak) 또는 축치 원주민과 교역을 하기 위해 시베리아에 갔던 이누이트 원주민이 러시아 무역상들에게 감염되어 퍼뜨린 것으로 여겨졌다.[16] 놈(Nome)에 있는 금광과 유콘강(Yukon River)을 오가던 선박들이 전염병을 더 멀리 실어 날랐다.

1918년, 스페인 독감에 의한 사망 소식이 들려오자 수어드 반도(Seward Peninsula)의 시슈머레프(Shishmaref) 사람들은 독감을 막기 위해 방어벽을 설치하고 무장한 경비원들이 밤낮으로 지키며 외부인의 접근을 통제했다.[17] 1930년대까지 많은 지역에서 구성원의 최대 90퍼센트가 목숨을 잃은 것으로 추산되었다.[18]

나는 그 글에 빠져들면서도 한편으로는 멈춰서 두려움을 외면하고 싶었다. 여기서 멀어진 일에 대해 어쩌면 이렇게도 무지했을까? 뭔가가 잘못된 느낌이었다. 나는 계속해서 읽어내려 갔다. 웨인라이트(Wainwright)에서 온 이누피아트 노인, 월도 보드피쉬(Waldo Bodfish) 시니어에 따르면 생존자들은 아이를 많이 낳아 인구수를 회복시키기로 했다.

유픽 원주민(Alaskan Yup'ik) 중 생존한 이들의 후손인 해럴드 나폴리언(Harold Napoleon)은 죽음의 물결이 한 세대를 고아로 만들었다고 적었다. 유픽은 주로 물개와 바다코끼리를 사냥했던 알래스카 원주민이다. 그는 유픽의 생존자들이 샤머니즘에 대해 함구하면서 대체 불가한 지식과 이야기들이 사라졌다고 말했다. '그들의 고대 세계는 무너져버렸다.'[20] 사람들은 '닻을 내리지 못한 채… 충격과 무기력, 혼란, 당황, 비통, 두려움 속에 있었다.'²¹ 나폴리언은 그 고통을 외상 후 스트레스 장애로 설명하면서 이후에 나타난 알코올 남용 및 중독과 관련지었다. 그 자신도 알코올 남용 및 중독이라는 결과와 씨름했고, 교도소에서 복역하면서 자신과 동년배인 알래스카 토착민들을 관찰한 뒤 '알코올 중독의 주요 원인은 신체적인 것이 아니라 정신적인 것'이라는 결론을 내렸다.²²

내가 줄리아의 컴퓨터에 딱 붙어서 몇 시간을 보내는 사이 북극성 거리의 집 주변으로 눈이 쌓이고 바람이 불기 시작했다. 외지인들은 처음부터 술을 강요와 통제의 도구로 사용했다. 19세기 초, 무역회사들과 식민지 정부들은 술을 이용해서 '그들을 취하게 하고 그들의 물건을 가져갔으며'²³ 가죽과 비축 식량, 노동력, 성(性), 땅에 접근할 기회를 얻었다.²⁴ 위스키는 지불 수단으로 자주 이용되었다. 우트키아빅 사람들이 영리한 거래를 하다 보니 19세기 말에는 유럽인들이 종종 불리한 입장에 섰다는 기록도 있었다.²⁵ 비양심적인 백인들은 협상 전에 그들을 취하게 하는 방식으로 대응했다.²⁶

나는 스크롤을 내리며 관련 역사를 꼼꼼히 살펴보다가 수십 년 동안 이누피아트 공동체들을 연구한 인류학자 바바라 보덴혼(Barbara Bodenhorn)에 관한 내용을 찾았다. 1980년 중반, 그는 음주와 관련해 폭넓은 연구를 했다. 우트키아빅의 주민인 샬럿 브라우어(Charlotte Brower)는 베리 발효주처럼 약한 술은 이미 사회적으로 활용되고 있었다고 말했다.²⁷ 선박들은 독한 증류주뿐 아니라, 납치하다시피 끌고 와 다루기 힘들었던 선원들의 폭음과 폭력도 함께 가져왔다.

초창기 알래스카와 캐나다의 일화성 보고들에 따르면, 이누이트 사람들은 술에 쉽게 맛을 들이지 않았으나²⁸ 술을 많이 마시는 포경꾼,

모피 상인, 수산물 가공업자, 탐광업자, 군부대가 증류주 시장을 발달시켰다.[29] 그러다 1834년에는 토착민에게 술을 파는 게 불법이 되었다.[30] 몇몇 사람들은 어떤 법이든 만들 수 있다는 외지인들의 생각에 저항하고자 술을 마시기도 했다.[31]

19세기 후반 우트키아빅에서 술을 마시거나 밀거래했던 사람들은 주로 나이 든 남자들이었고,[32] 상당수의 포경선장들은 술을 입에도 대지 않았다.[33] 이 시기에 배로우 사람들이 C. L. 후퍼(C. L. Hooper) 선장에게 항의하길, 한 상인이 술을 대량으로 들여오는 바람에 많은 사람들이 겨울에 먹을 물개를 잡지 못해 굶주렸다고 했다.[34] 이후 그들은 상인과 포경꾼들에게 다시는 술을 가져오지 말라고 부탁했다.[35] 당시 젊은 세대는 술을 훨씬 덜 마셨다. 같은 세대였던 쿠나그락(Kunagrak)이라는 남자는 아들 레비 그리스트(Levi Griest)에게 술이 '전혀 도움이 되지 않는다'고 말했다.[36] 고도로 조직화된 포경선단과 엄격한 지도체계를 갖춘 이누피아트 문화로 인해 식민지 개척자들과 거래를 할 때 나이 든 남자들에게 더 많은 권한이 부여되었을 수 있다.

미국 포경꾼들이 떠나면서 양조 장비를 남겼지만, 많은 주민이 술을 끊거나 줄이는 걸 선택했다.[37] 식민지 주둔군의 철수는 이누피아트가 다시 전통 기술에 의존해 자주성을 재정립할 것임을 의미했다. 한동안은 음주를 금하는 사회적 압력이 강했다. 그러다 2차 세계대전에 참전한 사람들이 음주와 약물복용 습관을 고향으로 가져왔다. 1960년대와 1970년대에 점점 더 많은 사람들이 학교와 군대로 떠났다.

1968년에는 프루도 베이(Prudhoe Bay)에서 석유가 발견되었다. 이것은 토지청구법(Land Claims Legislation)의 제정 시기를 앞당겼고, 알래스카 토착민청구합의법(Alaska Native Claims Settlement Act, ANCSA)을 통과시키는 과정에서 많은 이누피아트 사람들이 음주가 일상이자 권력의 상징인 거래 문화에 참여해야 했다. 워싱턴 DC의 유력 중개인들을 상대로 성공적인 협상을 하기 위해서였다. 익명을 요구한 일부 주민들은 바바라 보덴혼에게 이 시기 알코올이 다시 일부 연령대에 다양한 방식으로 유입되면서 '문제가 시작되었다'라고 말했다.[38]

ANCSA는 1971년에 통과되었다. 그때부터 막대한 자금과 주요 천연자원, 복잡한 법체계가 수반되는 사업과 정치적 논의가 끊임없이 이어졌다.[39]

1980년대 중반에 바바라 보덴혼과 대화를 나눈 젊은이들은 이누피아트가 아닌 사람들의 인종차별과 고정관념, 차별에서 오는 충격을 완화하거나 직업에 대한 불안과 돈 걱정, 가족에게 받는 스트레스를 감당하기 위해 술을 마시는 것 같다고 말했다.[40] '가족을 부양하기가 힘들어요.' 한 지역주민이 그에게 말했다.[41] 그는 노스슬로프(North Slope)의 혼란스러운 과음의 시대가 정치적 통제가 약하고 동물과 땅 같은 주요 천연 자산에 대한 자치권이 위협받은 시기와 일치한다고 결론지었다. 익명을 요구한 몇몇 사람들은 전업 사냥꾼인 반려자들이 새로운 사냥 규칙의 도입과 개인적인 무력감에 대한 분노에서 벗어나고자 술을 마셨다고 말했다.[42]

나도 내 음주 습관을 돌아봤다. 주말에 친구들과 기분을 풀기 위해, 불안을 해소하고 직장 동료들과 결속을 다지기 위해, 가까운 친척들과 위스키 주량을 뽐내기 위해 자주 술을 마셨다. 술에 취하지 않고는 버티지 못했을 상황들도 있었다. 줄리아가 자신과 제슬리는 술을 마시지 않는다고 했다. 그리고 술 없이 사는 게 더 낫다고 대수롭지 않게 말했다. 그들은 몇 년 전에 술을 끊었다. 나도 거기서는 술을 마시지 않겠다고 결심했다.

검색창을 닫고 주방에 가보니 줄리아가 포크와 나이프를 정리하고 있었다.

"도와드릴까요?"

"이것 좀 식탁에 놔주세요."

나는 포크와 나이프를 놓으며 줄리아가 외국인인 내게 보여준 환대와 열린 마음, 그리고 그의 아버지가 물려준 너그러움의 전통에 대해 생각했다. 그러다 첫 선박이 들어오면서 죽거나 살아남은 이전 세대가 떠올라 얼굴을 찡그렸다.

"괜찮아요? 어디 아파요?" 줄리아가 물었다.

"아뇨." 나는 입술을 깨물었다.

"자, 점심 준비됐으니까. 와서 들어요."

나는 줄리아, 제슬리, 일라이, 반과 함께 생막딱이 정중앙에 자랑스레 놓인 식탁에 둘러앉았다. 그리고 성냥개비만 한 껍질과 지방 조각을 크래커 위에 올렸다.

"에델도 그렇게 먹더라고요." 줄리아가 말했다. "같이 일하는 여자예요."

크래커를 한 입 베어 물었다. 입과 혀에서 바다의 깊은 맛과 향이 폭발했다. 반기를 든 목구멍을 가까스로 달래어 삼켰다. 맙소사, 내가 고래를 먹다니.

"정어리 먹을래요? 탈 나면 안 되니까." 줄리아가 말했다.

"아뇨, 괜찮아요. 물 좀 주시겠어요?"

"입가심이 필요해요?" 그가 웃었다.

"그냥 평소에 먹던 음식이랑 달라서요."

그때 전화벨이 울렸다.

줄리아가 전화를 받았다. "빌리? 이믹핀(imiqpiñ)이니? 걔들은 배에서 일하고 있지. 도와주러 가고 싶으면 맨정신에 전화해." 그가 전화를 끊었다.

"취했어요?" 일라이가 물었다.

"응. 그래서 도와주러 가고 싶으면 맨정신에 전화하라고 했어."

"오늘 안에 '알루미늄' 작업을 끝낼 거예요." 반이 말했다. 알루미늄은 선외기(船外機)*가 달린 금속 보트였다.

"작살에 찔린 고래를 쫓는 추격선이죠?" 나는 대화를 따라가려고 애썼다.

"네, 작업이 끝나면 실어놓고 길을 터요." 반이 말했다. 길을 튼다는 건 스노모빌을 위해 얼어붙은 바다를 가로질러 매끈한 길을 낸다는 의미였다.

"친해진 기념으로 악수나 합시다." 줄리아가 나를 향해 손을 내밀었다. 다른 사람들이 식사를 멈추고 우리를 가만히 쳐다봤다. 나는 손을 내밀다가 고래기름으로 범벅이 되어 번들거리는 손바닥을 보고 재빨리 손을 거뒀다. 일라이와 제슬리가 큰 소리로 웃었다. "이거 정말 좋은 거예요, 비타민 E 오일보다 낫다니까." 줄리아가 말했다. "당신한테 파카를 다시 입히고 사진을 좀 찍어야겠어요, 엄마가 볼 수 있게." 우리 엄마가 관심을 가질 거라고 생각한 모양이다. 나는 줄리아의 만족스러운 시선을 받으며 막딱을 전부 먹어 치웠다. "상을 줘야겠네요." 그가 찬장에서 봉투에 든 일라이의 도넛을 꺼내며 말했다. "몇 개 먹을래요,

---

* 배의 외부에 쉽게 장착 및 제거할 수 있는 추진 기관-옮긴이

일곱 개?"

"방에 숨겨둔 건 없었어요?" 일라이가 물었다. 모두 웃음을 터뜨렸다. 다들 내 남다른 도넛 사랑에 대해 알고 있었다.

반이 우리가 먹고 있는 게 지난 시즌에 칼레악 선단이 잡은 고래라는 사실을 다시 한번 강조했다. 나는 그들에게 내가 조업을 나간다면 어떤 조언을 해주겠느냐고 물었다.

"앞에서든 뒤에서든 옆에서든 두 눈을 부릅뜨고 있어야죠." 줄리아가 말했다. 그들을 방해하지 않으면서 시키는 일은 군말 없이 해야 한다. "주위에 나눅(nanuq)*, 그러니까 북극곰이 있는지 확인해야 해요. 균열이 있는지도요. 균열이 조금이라도 보이면 선원들에게 알려줘야 해요."

"야간 근무를 시킬 거예요." 반이 말했다. "북극곰을 감시해야 하니까." 주변에 북극곰이 많다는 이야기는 이미 들어서 알고 있었다. 이번 시즌에 벌써 북극곰 한 마리를 총으로 쐈다고 했다. 녀석은 물개 가죽으로 만든 보트를 뜯어 먹고 있었다.

"녀석들은 스노모빌보다 더 빨리 뛸 수 있어요. 덩치가 산만 한데도 말이죠." 반이 말했다.

"바로 지금이 녀석들 식사 시간이에요." 줄리아가 말했다.

날 겁주려는 걸까, 아니면 내가 지레 겁먹은 걸까?

"가끔 화이트아웃(whiteout)** 때문에 가까이 올 때까지 보이지 않아요." 일라이가 말했다.

---

* 북극곰이라는 의미로 복수형은 나누트(nannut)
** 사방이 흰 눈으로 덮인 극지와 같은 환경에서 원근감을 잃어버리는 현상-옮긴이

"북극곰을 감시한다고 치고, 곰은 어떻게 찾죠?" 내가 물었다.

"움직임을 봐야죠." 일라이가 말했다. "걸어 다니는 눈을 찾아봐요."

"녀석들이 배 위로 기어 올라와서 살금살금 다가오는데도 알아차리지 못할 때도 있어요." 제슬리가 말했다.

"맞아요, 아주 야비한 놈들이죠." 반이 덧붙였다.

"소리를 내지 않는 게 중요해요." 줄리아가 말했다. "근처에 고래가 있을 수 있으니까." 그리고 잠시 멈칫했다. 포경 시즌은 정말 중요해서 보통은 외부인을 들이지 않아요. 언제든 나갈 수 있게 준비해야 해요. 무슨 일이 일어날지는 아무도 몰라요, 그건 신께 달려 있죠."

그 말은 사실이었다. 앞으로 어떤 일이 벌어질지 조금도 예상할 수 없었다.

라구나 오호 데   :   서로의 목소리를
리에브레   듣는 순간

북위 27° 44' 59" 서경 114° 14' 60"

"내가 볼래." 맥스가 보트 옆을 빤히 쳐다보며 말한다. 물결이 살랑거린다. 뜨거운 태양이 바하와 석호, 그리고 후드 모자를 뒤집어쓴 맥스의 작은 머리에 내리쬔다. 탑승객은 할아버지처럼 인자한 가이드 랠프를 포함해 아홉 명이다. 멕시코 운전사 프란시스코가 뒤에서 선외기를 조종하고 있다.

"그래, 너도 봐야겠지." 나는 이렇게 말한 뒤 맥스의 허리를 감싸 안고 배 옆으로 들어 올렸다. 두 살배기 치고 키도 크고 무거운 데다 주황색 구명조끼를 입어서 안기가 힘들다. 우리는 보트 가장자리를 주시하며 잔물결이 오르내리는 모습을 지켜본다. 찬 바람이 불고 옅은 안개가 끼어 있다. 하늘에는 목화솜 같은 뭉게구름이 가득하다. 20미터 거리에 사람이 달걀 상자처럼 빽빽이 들어찬 보트가 또 한 대 있다. 우리는 우현에서 15미터쯤 떨어진, 따개비뮤로 뒤덮인 바위를 지켜보고 있다. 바위가 숨을 내쉰다.

바위 관찰이 지겨운지 맥스가 몸을 달싹거린다. "반짝, 반짝, 작은 별." 내가 슬그머니 노래를 부른다.

"안 돼. 엄마 노래하지 마." 그러고는 자기가 이어 부른다. "아름답게 비치네!"

"단독 공연이구나." 랠프가 말한다.

바위가 움직인다. 이제는 바위가 아닌 거대한 민달팽이가 바다로 미끄러져 들어간다. 그리고 사라진다.

보트에서 1미터 아래에 뭔가가 보인다. 달처럼 생긴 무언가. 거대한 회색 분화구. 나는 움직이는 나무 바닥에 발을 단단히 딛는다. 달이 굴러간다. 수면 바로 아래에서 테니스공만 한 눈이 나를 정면으로 쳐다본다. 세상이 고요해진다.

'푸' 하는 날카로운 소리와 함께 눈앞에서 물보라가 폭발하고, 물을 뒤집어쓴 맥스가 비명을 지른다. 바다 밑바닥에서 고약한 비린내가 올라와 우리를 에워싼다. 미세한 물방울 사이에 무지개가 걸려 있다. 달과 물이 공중으로 용솟음친다. 약 150센티미터 크기의 고래 머리가 하늘을 향해 꼿꼿이 서 있다. 회색고래는 앞쪽과 아래쪽을 보는 것으로 알려져 있는데, 이것은 해저에서 먹이를 걷어 올리기에 유용하다. 회색고래가 눈높이를 맞추고 우리를 쳐다본다. 미끄럼틀처럼 아래로 휘어진 커다란 입이 손에 닿을 정도로 가까이 있다.

"아니, 고래야, 저리 가!" 맥스가 소리친다. 아이를 어떻게 안심시켜야 할지 모르겠다. 맥스가 처음으로 마주한 바다 괴물이다.

"앙크르와야블르(Incroyable)!•" 오른쪽에서 누가 프랑스어로 외친다.

• 프랑스어로 '놀라워라!'라는 의미-옮긴이

북위: 27° 44' 59" 서경: 114° 14' 60"

"이빨이 없네요, 그렇죠?" 왼쪽에서 미국인이 주저하며 말한다.

나는 맥스를 안아 올린다. 널찍하고 얼룩덜룩한 회색 등이 가라앉는다. 나는 맥스를 옆구리에 매단다.

"엄마, 엄마!"

"엄마가 잡았어, 잡고 있어." 나는 힘겹게 헐떡인다.

옆에 있던 어른들이 얼룩덜룩한 등을 만져보려고 맥스의 손 밑으로 경쟁하듯 손을 뻗는다. 아이의 손이 밀쳐진다. '손 치워, 이건 맥스의 고래야.' 맥스를 데리고 이곳에 오기 위해 거짓말을 하고 진땀을 흘리며 8,000킬로미터를 넘게 이동했다. 나는 맥스의 겨드랑이 밑에 손을 넣고 몸통을 꽉 잡은 뒤 상체를 밖으로 내보낸다. 맥스가 고래를 한 번 쓰다듬는다. 나는 아이를 다시 휙 잡아당긴 뒤 보트 가장자리로 손을 뻗는다. 직접 만져보니 피부가 부드럽다.

"앙크르와야블르, 앙크르와야블르. 쎄 이뻬흐-두(Incroyable, incroyable. C'est hyper-doux)."• 프랑스 남자가 소리친다. 고래가 또 한 번 숨을 내쉬더니 물속으로 들어간다.

맥스가 소리를 빽 지른다. "젖으면 안 돼, 고래 푸 하지 마. 이제 가."

"이건 성스러운 물이란다." 랠프가 점잖게 말한다.

"고래가 이제 푸 안 할 거래." 나는 맥스에게 말한다.

"이 김에 공짜 목욕하는 거야." 미국인이 나선다.

"쎄 앙크르와야블르, 에(C'est Incroyable, eh)?"••

회색고래 어미가 다시 우현으로 느긋하게 다가온다. 어미가 우리

- 프랑스어로 '놀랍군, 놀라워. 끝내주게 부드러운데'라는 의미-옮긴이
- 프랑스어로 '놀랍지, 응?'이라는 의미-옮긴이

를 확인하고 나니 새끼가 물 밖으로 코를 쑥 내밀고 나타나 보트를 쿵쿵 두드린다. 새끼가 어미 위에 배를 까고 눕자 어미가 새끼를 수면 가까이 쑥 들어 올려 떨어뜨린다. 새끼가 잠시 어미의 꼬리에 매달려 자신의 꼬리로 수면을 내리친다. 활짝 웃으며 놀라워하는 우리 얼굴에 물보라가 튄다. 어미가 지느러미로 새끼를 쓰다듬는다. 이제 우리도 우리 고래가 생겨서 그런지 배 안 분위기가 한결 느긋하다.

"이리 와, 아가 고래야. 이리 와서 토닥토닥하자." 맥스가 옆에서 두 팔을 흔든다. 그러자 정말 녀석이 맥스에게 다가온다. 그의 부름에 답하는 것 같다.

6년 전, 나는 알래스카 북부 해안의 해빙 위에 서서 이누피아트 고래잡이들이 가죽 보트를 띄우고 노를 저으며 까만 물을 가로지르는 모습을 지켜봤다. 그렇게 가까이 다가가 흔들리는 바다 위에서 고래와 나란히 있는 게 어떤 느낌일지 궁금했다. 회색고래는 그들이 사냥하던 북극고래보다 훨씬 더 작은 종이고, 이곳은 북극해가 아니라 태평양에 있는 안전한 석호다. 지금 당장 물에 빠져도 살아남을 것이다. 저 위였다면 무조건 죽었을 것이다. 회색고래도 북극고래와 함께 북쪽으로 올라가서 먹이를 먹다가 고래잡이들을 봤을지도 모른다. 나와 그들은 그곳을 향하고 있고, 모두가 다른 방식으로 굶주리고 있다.

맥스가 보트의 선홍색 끄트머리에 턱을 괴고 있다. 일상이라는 듯 평온해진 모습이다. 하얀 선체가 발밑에서 잔물결을 일으킨다. 물이 빛과 움직임을 무한히 쪼갠다. 머리 위 하얀 하늘은 파란 선들로 갈라져 있다. 밝고 둥근 태양은 구름 덮개를 통과하지 못하고 물 위를 가로지르는 회색 비단 길을 비춘다. 분출구가 멀고 높은 곳을 향해 빛의 파편들을 쏘아 올린다. 프란시스코가 모터를 멈춘다. 보트가 흔들린다. 물이 나무로 된 선체를 철썩철썩 때린다. 해가 비치고 바람이 불고 물보라가 살갗에 흩날리는 가운데, 육지는 보이지 않는다. 바다의 짠 내음이 코를 찌른다. 나는 심호흡을 하고 눈을 감는다.

"생일 축하합니다…." 맥스가 다시 조잘대기 시작한다. 일어나서 보트 옆을 향해 비틀비틀 걸어가자 몇몇이 거슬린다는 듯 곁눈질을 한다. 그때 어디선가 아기 고래가 나타나 그의 곁으로 다가온다. 그리고 멋진 묘기를 선보인다. 배 위에 아드레날린이 솟구친다. 사람들이 여기저기서 팔을 뻗는다.

"고래에게 속삭이는 걸 연습하나 봐요." 랠프가 말한다. 고래들이 화살처럼 다가온다. 보트가 흥분으로 요동친다. 내가 보기에는 우리 쪽으로 제일 많이 오는 것 같다. 우연의 일치라고 믿기보다는 축복받은 기분을 느끼고 싶다. 나는 카메라를 물속에 넣고 고래들이 올 것 같은 방향으로 렌즈를 돌린다.

회색고래는 노래를 부른다기보다는 툴툴대는 소리를 내는 것으로 알려져 있다. 석호에서 녹음한 소리를 들어보면 낮게 웅웅대거나 쿵쿵대거나 딸깍거리는 소리가 폭발적으로 터져 나온다. 마치 흥분과 흥미를 전달하는 대화처럼 들린다. 어른들은 짝짓기를 하고 갓난아기들은 놀이를 하는 성대한 연례파티에 참석한 것 같다. 이주하는 동안에는 아침과 저녁에 가장 많은 소리를 낸다. 바다에 나가면 포식자들을 피해 수백 킬로미터를 이동하며 먹이를 찾아야 한다. 회색고래는 청력이 매우 뛰어나다. 인간의 활동으로 소란스러운 해안가 근처를 지날 때면 조용히 지내는 편이다. 익숙하지 않은 소리는 근처에 위험 요소가 있다는 암시일 수 있다. 학자들은 고래가 두개골을 통해 음파를 전도하고 증폭

하며 음원이 수면 위에 있는지 아래에 있는지를 감지할 수 있다고 생각한다.

고래와 대화를 나눌 수는 없지만, 그들이 맥스의 목소리를 듣자마자 위험하지 않다고 판단했고 더 많은 걸 알고 싶어 했다는 걸 알 수 있다. 서로가 그렇게 느낀 것이다.

"예쁜 고래가 어디 있지?" 맥스가 거듭 외친다.

"통역해 줄 수 있어요?" 머리가 하얗게 센 남자가 묻는다. 무슨 말인지 알려주니 그가 소리 내 웃고는 자신을 소개한다. 조지아주 애틀랜타에서 온 버디 할아버지는 군인 같은 자세로 서 있다. 그의 아내 샌디는 보트 위에서 바람을 맞고 있는데도 단정해 보인다. 옆에서 바다가 헐떡이며 수면 위로 올라온 어미 고래를 핥는다. 바닷물이 어미의 굴곡진 몸을 씻어내고 물보라가 색색이 빛난다. 육중한 몸이 수면 밑을 맴도는 걸 보면서 이번에는 더 침착하게 더 많은 것들을 관찰한다. 어미 고래는 보트보다 두 배 이상 길다.

어미가 돌아눕는 걸 보고는 실수인 척 바다에 빠져볼까 고민도 했다. 고래와 함께 헤엄치는 건 금지 사항인데도 너무나 그러고 싶었다. 알아보기 어렵지만 턱처럼 생긴 곳을 간지럼 태우듯 문지른다. 새끼 고래가 보트 아래로 재빨리 몸을 숨긴다. 포식자들이 듣지 못하도록 작은 소리로 재잘거리며 어미에게 속삭이는 걸까, 아니면 안전한 석호에서 마음껏 서로를 부르는 걸까? 어미의 생각을 읽을 수 있으면 좋겠다. 어미가 우뚝 솟아오른다. 나는 짭짤하고 말랑말랑한 몸에 슬쩍 입을 맞춘다. 맥스가 소리 내 웃는다. 버디와 샌디는 내게 하이파이브를 한다. 샌디가 고래의 머리를 쓰다듬으려고 몸을 숙인다.

"버디, 버디." 그가 숨을 헐떡인다.

"고래를 만진 손 좀 만져봅시다." 버디가 말한다. "당신이 버디, 버디, 버디 하니까 한창 뜨거울 때가 떠오르던걸." 그가 조용히 키득거린다. 샌디가 비난하듯 그를 무시한다.

"이리 와, 이리 와, 이리 와." 맥스가 활짝 펼친 두 손을 흔든다. 나는 보트 안을 둘러보며 만난 지 불과 한 시간 만에 고래들처럼 함께 웃고 장난치는 사람들을 바라본다.

"어미는 왜 새끼를 데려왔을까요? 우리에게 뭘 가르치려는 걸까요?" 랠프가 묻는다. "무슨 말을 하려는 걸까요?"

맥스는 파자마 차림으로 분홍색과 파란색 꽃이 소용돌이치는 모텔방 이불 위에 대자로 누워 있다. 밥을 먹여 재우고 나니 안심이 된다. 천장형 선풍기가 따뜻한 공기를 밖으로 밀어내는 동안, 나는 책을 읽으며 오늘 석호에서 만난 상대가 누군지 이해하려 노력한다.

학명이 에스크리크티우스 로부스투스(Eschrichtius robustus)인 회색고래는 3,000만 년 전에 살았던 종에서 유일하게 살아남은 후손이다. 고래의 공통 조상은 육지를 걸어 다녔다. 작은 사슴과 비슷했다. 회색고래의 독특한 귀 뼈 구조는 4,800만 년 전에 위험을 피해서 물로 달아난 동물과 유사하다. 시간은 이 동물의 화석을 인도와 파키스탄 산지의 바위 곳곳에 새겨 넣었다. 발굽을 가진 이 작은 동물은 양치식물 사이를 달리면서 위를 올려다봤을까? 수없이 이어지고 쪼개지는 가계도를 거쳐 인간으로 진화한, 마른 코 영장류들의 수다를 들었을까?

19세기 포경꾼들은 회색고래에게 악마의 물고기(Devil Fish)라는 별칭을 지어줬다. 그런데도 회색고래들은 오늘 우리와 아주 점잖게 놀았다. 왜 우리에게 왔을까? 왜 내 곁에 와서 손길을 허락해 주고 몇 번이고 몸을 뒤집으며 나를 이쪽 눈으로 보고 다시 저쪽 눈으로 보고 했을까? 우리가 노래를 불러서였을까? 내 아들의 목소리를 들었을까? 나도 자기처럼 엄마라는 걸 알았을까?

우리는 공통 조상을 가진 태반 포유류다. 8,000만 년 전 공룡의 지배가 끝났을 때만 해도 우리는 뾰족한 코와 긴 꼬리를 가지고 숲속을 종종걸음으로 달리고 나무에 오르고 어금니로 곤충들을 오독오독 씹어 먹는 작은 털북숭이 형제자매였다. 우리가 이렇게 달라지고 멀어질 줄 누가 알았겠는가?

우리 물건들이 바닥 여기저기에 널려 있다. 배낭, 카시트, 유아차, 옷. 나는 아침에 필요한 것들을 준비하기 위해 일어난다. 아까 저녁에 맥스에게서 벗겨낸 것들이 겹겹이 쌓여 있다. 흰색과 검은색이 섞인 바람막이 털모자, 선글라스, 잘 펴 발라지지 않아서 분장한 팬터마임 배우처럼 보이게 하는 찰흙 같은 방수 선크림. 나는 맥스에게 입힐 순서대로 옷가지를 펼쳐놓는다. 방수 기저귀, 잠수복, 털 재킷, 바지, 아쿠아 슈즈, 빨간색 방수복. 그리고 양 끝에 달린 클립으로 맥스와 나를 연결할 노란색 안전끈을 둘둘 감는다.

오늘 맥스는 탯줄에 뒤엉켜 태어났을 때처럼 내가 엉킨 안전끈을 풀어놓으면 금세 헝클어뜨렸다. 머릿속으로 나는 배가 뒤집히면, 다시 말해 고래가 심술이 나서 배를 뒤집어버리면 어떻게 할지를 미리 연습했다. 맥스를 꽉 잡고 선체를 발로 차 밖으로 빠져나갈 것이다. 구명조끼의 부력이 있으니 발을 세게 차야 할 것이다. 그렇게 수면까지 헤엄쳐 올라가면 맥스를 트로피처럼 앞으로 안을 것이다. 이 계획이 성공하려면 안전끈이 엉킨다든지 다른 사람이나 물체가 우리 사이에 끼지 않아야 하므로 안전끈을 짧고 팽팽하게 잡을 것이다. 나는 바짝 경계하며 아이 곁에 있었다.

그러다 산처럼 쌓인 옷과 장비를 살펴보며 미처 깨닫지 못한 사실을 발견한다. 내가 아들에게 입힌 옷은 고래를 관찰하기 위한 것일 뿐 아니라 고래를 타기 위한 것이었다. 보트에 앉아 있기만 할 테니 방수 기저귀와 잠수복은 필요 없다. 아무래도 영화를 너무 많이 본 것 같다. 〈웨일 라이더(Whale Rider)〉에서 마오리 원주민 소녀 파이키아는 좌초된 고래를 타고 바다로 나간다. 상상력이 풍부해서 그런가? 맞는 말이기는 하다. 학교 성적표만 봐도 늘 그랬다. 내가 좀 멍청한가? 그런 것 같기도 하다. 아니면 간절해서? 당연하다.

수백만 년 전 그 작은 사슴이 그랬듯 바다는 내가 늘 달려간 곳이다. 바다는 내 장점과 약점을, 내가 어디서 끝났고 세상이 어디서 시작되었는지를 알려줬다. 강한 조수에 휘말려 빠져나올 수 없을 때는 거세게 요동치는 조약돌을 미친 듯이 긁으며 저류에 대해 배웠다. 파도에 얼굴을 맞으면서는 물의 무게에 대해 배웠다.

그리고 물속에서는 대체로 모든 게 괜찮게 느껴진다는 걸 배웠다. 나는 물속에 잠겨서 분노와 두려움을 큰 소리로 내지르거나 바다에 도움을 청할 수 있었다. 바다가 모든 걸 흡수해서 내가 바늘구멍만큼 작아지면 온갖 감정들을 비롯해 내면의 모든 게 사소해졌다. 그렇게 씻어내고 나면 내가 그저 분자의 집합체라는 게 이해되었다. 더 정확히 말하면 이해라고 할 것도 없었다. 나는 매번 엔돌핀을 가득 채우고 나와 올바른 상태로 다시 태어났다.

내 기억에 엄마의 거칠 것 없던 기쁨은 일찌감치 절망으로 바뀌었다. 엄마는 하강하는 매처럼 그림자를 드리우며 나락으로 떨어졌다. 태양처럼 행복해하다가도 흙이나 지저분함, 정적 등 이해할 수 없는 이유로 돌연 불같이 화를 냈다. 내가 태어났을 때 우리 가족은 웨일스 남부에 있는 가파른 비탈 마을에서 살았다. 엄마는 기분이 안 좋을 때마다 내가 울었다고 했다. 아빠가 일하는 동안 엄마는 홀로 세 아이를 돌봤다. 또래인 나와 남동생을 유아차에 태우고 언덕을 오르는 엄마의 굳은 얼굴이 눈에 선하다. 나는 이미 내가 너무 무겁고 버거운 짐이라는 걸 알고 있다.

우리가 이사 간 저지에는 탐험을 함께할 이웃들과 친인척들, 가까운 가족들이 있었다. 우리 언니보다는 어리고 나보다는 나이가 많은 애나벨이라는 여자애도 근처에 살았다. 우리의 조부모님들은 친구 사이였고 아빠들은 어릴 때부터 알고 지냈다. 애나벨은 번개 치는 폭풍우처럼 숨 막히게 아름답고 벗어나기 힘든 아이였다. 가끔은 친절히 대해주고 보호해 주기까지 했다. 언젠가 나이 많은 남자애가 나를 때리자 곱슬곱슬한 금발을 휘날리며 쫓아가 녀석을 걷어차 버렸다. 그 뒤로는 학교에서 아무도 나를 괴롭히지 않았다.

오히려 애나벨이 나를 종종 괴롭혔다. 나는 다리에 든 멍을 엄마에게 들키고는 자전거를 타다가 애나벨에게 걷어차였다고 설명했다. 엄마는 언짢은 표정을 지을 뿐 아무 말도 하지 않았다. 나를 안쓰럽게 여기기는 하는지 의심스러웠다. 엄마는 우울한 감정을 억누르기 위해 소음과 웃음이 필요했고, 애나벨은 뛰어난 재치를 발휘해 한 사람 또는 우리 모두를 웃음으로 무장 해제시킬 수 있었다. 가끔 애나벨은 통통 붓고 충혈된 눈으로 나타나기도 했다. 그 무렵 나는 요령껏 그 애를 피해 다녔다. 한번은 애나벨의 집을 지나다 어른의 고함과 그 애의 울음소리를 들었는데, 그 순간 집 안으로 들어가서 상대가 누구든 그만하라고 말하고 싶어졌다. 나는 잠시 그 자리에 서 있다가 현관문을 향해 몇 걸음 다가갔지만 이내 돌아서서 고개를 숙이고 주먹을 꽉 쥔 채 재빨리 걸어 나왔다.

우리 엄마는 칠흑 같은 머리카락과 파란 눈을 가진 작고 화끈한 여자였다. "나는 전형적인 켈트인(Celt)이야." 엄마는 이렇게 말하곤 했다. 엄마의 남동생인 패트릭 삼촌은 엄마가 아일랜드에 있는 고향 집을 방문할 때면 길 아래에서부터 웃음소리가 들려서 엄마가 왔다는 걸 금방 알 수 있었다고 했다. 친구들과 지인들이 우리 가족의 외모와 재치를 비교할 때면 엄마는 항상 일등이고 나는 꼴찌였다. 심지어 교구 목사는 내게 엄마를 닮았다고 격려하듯 말하고는 덧붙였다. "당연히 엄마만큼 예쁘지는 않지만 말이야."

나는 평범한 둘째답게 멀찌감치 물러나 있는 법을 배웠다. 침실에 앉아서 점토로 동물 만들기를 좋아했고 주로 말을 만들었다. 그중에서도 얼룩말이 제일 좋았지만, 갈색 점토를 빚고 나서 흰색 점토를 덧붙이다 보면 갈색 손자국이 묻어서 만들기 어려웠다. 나는 몇 시간씩 점토 조각으로 주변을 어질러가며 장애물 뛰어넘기 대회에서 우승을 차지하고야 마는 야생마에 관한 이야기를 만들었다. 언젠가 엄마가 나도 모르는 사이에 방에 들어왔다가 뛰쳐나간 적이 있다.

"쟤는 왜 저렇게 '조용'하지? 정상이 아니야. 방도 엉망진창이라니까." 아래층에서 엄마가 아빠에게 하는 말이 바닥을 통해 약하게 들려왔다. 목소리는 갈수록 더 커졌다. 나는 밖으로 도망쳤다.

가끔 엄마도 도망쳤는데, 초등학교 3학년 때 담임선생님이었던 맥더모트 부인이 무거운 분위기를 좀 풀어본다고 이런 농담을 했다.

"엄마가 휴가를 가셨다면서?" 부인이 말했다. "다음에는 나도 짐

가방에 넣어가 줄 수 있냐고 물어봐 주렴."

"휴가 가신 거 아니에요." 나는 오해를 바로잡아야겠다는 책임감에 반 친구들 앞에서 말했다. 수화기 너머로 아빠의 걱정스러운 목소리가 들렸다. "저도 애 엄마가 어디로 갔는지 모르겠네요." 엄마는 일주일 정도 떠나 있다가 미소를 충전하고 돌아와서는 사우샘프턴에서 만난 수녀들과 함께 지냈다고 말했다. 나는 엄마에게 기분이 안 좋을 때 어떻게 해야 하냐고 물었다.

"고통을 퍼뜨리지 마." 엄마는 빠르고 날카롭게 말했다. 나는 이불 밑에서 숨죽여 우는 게 최선의 해결책이라는 결론을 내렸다. 나무 위에 앉아 있는 것도 좋았고, 엄마가 자기 전에 읽어주던 《톰 소여의 모험》처럼 스스로 도망자인 척하는 것도 좋았다. 엄마는 책을 읽는 동안 미소 지으며 웃었고, 그의 목소리는 우리가 함께 여행할 세상으로 들어가는 입구가 되었다. 나는 〈물의 아이들(The Water Babies)〉이라는 영화에서 나온 이야기책 중 하나인 《해저 세계의 톰(Tom in the Undersea World)》을 읽고 나서 가끔 톰이 되어보곤 했다. 가짜로 만들어 낸 해양생물들은 내가 어딘가 잘못되었다고 생각하지 않았다. 해저 세계에서는 두려움이나 수치심을 느끼지 않았다.

우리 가족은 스킨십이 거의 없었다. 어릴 때는 아빠가 간지럼을 태우기도 했고, 귓병이 재발해 아픈 밤에는 아빠의 무릎에 앉아 진통제가 듣기를 기다리기도 했다. 한번은 벼랑길을 걷다가 숨이 차서 쌕쌕거렸더니 아빠가 목말을 태워줬고, 그 뒤로 몇 년 동안 일부러 힘든 척을 했다. 하지만 내가 자라면서 스킨십은 바위 위로 들어 올려주거나 가파른 해안 길을 오르거나 걷기 힘든 유사(流沙)*에서 끌어내는 등 실용적인 목적을 위해서만 일어날 뿐이었다.

북위: 27° 44' 59" 서경: 114° 14' 60"

하지만 바다는 나를 안아주고 충족되지 않는 육체적 욕구를 채워 줬다. 바다가 또 다른 우주를 품고 있고, 광활한 바다 어딘가에 고래처럼 온화한 존재들이 있다는 사실을 늘 알고 있었다.

인간과 고래의 관계를 보여주는 역사적 일화들은 어린 시절에 상상했던 것만큼 장밋빛은 아니었다. 라구나 오호 데 리에브레(Laguna Ojo de Liebre)에서 바하 해안을 따라 남쪽으로 몇 킬로미터 내려가면 라구나 산 이그나시오(Laguna San Ignacio)가 나오는데, 이곳의 어부들은 회색고래를 피하기 위해 온갖 수단을 동원했다. 회색고래들은 보트를 공격하고 카약을 뒤집었다.

1956년에는 라구나 오호 데 리에브레, 일명 스캠몬 라군(Scammon's La-goon)에서 보스턴의 저명한 심장 과학자가 고래의 심장박동을 기록하기 위해 작은 화살을 손수 꽂아 넣겠다는 계획을 세웠다.[1] 그의 보트는 어미와 새끼 사이에 무심코 끼어들었다. 그러자 어미가 꼬리로 프로펠러와 방향타를 후려쳤고 곧장 돌아 나와 고개를 들고 자기가 벌인 짓을 확인하는가 싶더니, 심호흡 후에 다시 돌진해 보트 옆면을 부숴버렸다.[2] 탑승자들은 다른 선박에 의해 구조되었다.

그리고 1972년에 심상치 않은 일이 일어났다. 파치코(Pachico)라고 불리는 어부 프란시스코 마요랄(Francisco Mayoral)이 그루퍼를 잡기 위해 팡아(panga)라는 보트를 타고 바다로 나갔다. 보트 옆으로 다 자란 암컷 고래가 나타났다. 깜짝 놀란 파치코는 조심스럽게 돌아가려고 했다. 하지만 고래는 보트 옆으로 거듭 다가왔고 한동안 배 밑을 맴돌았다. 그

• 사막 지대의 흩날리고 흩어지는 모래-옮긴이

다음 일어난 일에 대해서는 여러 가지 설이 있다. 잠시 뒤 파치코가 바닷물에 손을 담그니 고래가 다가와 몸을 비볐다고도 하고, 고래가 고개를 내밀고 옆에 한참을 있길래 팔을 뻗어 일단 손가락으로 만져보고 그래도 반응이 없어서 손바닥으로 만졌다고도 한다. 1세기 전까지만 해도 포경꾼들이 회색고래를 사냥하던 석호에서 두 종 사이에 평화조약이 맺어진 것이다. 이때부터 단체 관광객들이 '친교(friendlies)'라고 부르는 현상이 시작되었다. 그 후 파치코는 수많은 해양생물학자들을 데려가 이 이상한 행동을 보여줬다. 고래들은 파치코에게 다가왔고 친구 이상의 존재가 되었다.

"그 고래들은, 내 가족이에요." 파치코가 말했다.

한 행동 생물학자는 이것을 '협조적인(collaborative)'[3] 만남으로 묘사하면서 고래가 의도적 의사소통이 가능한 최소한의 지능을 가지고 있음을 보여준다고 설명한다. 고래는 먹이 없이도 사람들과의 신체 접촉을 원하는 것 같다.[4] 이런 상호작용의 시작과 확산은 행동 가소성(behavioural plasticity)의 존재를 시사한다. 몇몇 석호에서 흉포하던 회색고래들이 호의적으로 바뀌었다는 건 그들이 환경에 적응하고 위험 요소를 평가하고 새로운 기회를 포착하고 다른 개체, 심지어 다른 종으로부터 학습할 수 있음을 보여준다.

회색고래는 낯선 상황을 다루는 데 최고 권위자다. 그들은 새로운 식량원을 찾아내는 유연함으로 빙하시대에도 살아남았다. 기대 수명은 최소 77년으로 포유동물 가운데 상위 1퍼센트에 속한다.[5] 연구자들은 장수하는 포유동물들의 DNA 보존과 수선, 면역반응, 스트레스 관리와 관련된 특성 등에서 유전적 유사성을 찾았다. 이런 유사성은 회색고래가 낯선 경험을 겪어내도록 도와준다.

그들이 바하에서 보이는 행동은 달라진 바다와 극한의 환경에 적응하고, 그것을 견디는 데 유용한 특성이 무엇인지를 알려준다. 고생물학자 닉 피언슨(Nick Pyenson)은 회색고래가 '중대한 기후변화 실험의 승리자'가 될 수 있다고 생각한다.[6] 내게도 희망이 허락되었다.

나는 회색고래 덕에 긴장을 풀고 경계심도 내려놓고 즐기는 법을 배웠다. 벌써 앞날이 좀 더 보장된 느낌이다. 보트를 타는 동안만이었지만 우리는 그들에게 받아들여졌다.

나는 어릴 때부터 늘 동물 세계에서 친구와 선생님을 찾았다. 회색고래는 까칠까칠한 턱과 무표정한 입, 경계하는 눈빛, 그리고 내가 아홉 살 무렵 사랑에 빠졌던 반야생 조랑말 브램블처럼 가운데 파란 연못이 있는 까만 눈을 가지고 있다. 나는 친구 조시와 함께 3단 기어 자전거를 타고 들판을 탐험하다 녀석을 발견했다. 작고 통통한 까만색 몸과 부드러운 벨벳처럼 펄럭이는 입술. 우리는 녀석에게 감탄했고, 나는 매일 수업이 끝나면 그곳을 찾았다. 녀석이 내 발소리를 듣고 달아나다가 머리가 낀 가시나무(bramble)의 이름을 녀석에게 붙여줬다. 몇 주 뒤부터는 풀을 뜯는 브램블의 등 위에 앉거나 누울 수 있었고, 불타는 노을과 어둠 속에서 하늘이 닫히기 시작해야 집으로 돌아갔다.

내 머릿속은 예전에 읽은 이야기에서 뛰쳐나온 말들로 가득했다. 마법으로 사람들을 실어 나르는 불타는 말 피어리 스티드(Fiery Steeds). 엄마의 말에 따르면 아일랜드에 계시는 할아버지는 숙련된 기수였고, 오래전 외가가 폭도, 스코틀랜드식 표현으로 말 도둑이었기 때문에 나는 선천적으로 말과 가까울 수밖에 없었다. 내 조랑말이 생길 가능성이 없다는 건 알고 있었다. 집안 형편이 넉넉하지 않았지만 나는 주말마다 동네 승마학교를 어슬렁거렸다.

　브램블을 만나고 거의 1년쯤 지났을 때, 종종 개를 데리고 들판을 산책하던 여자가 말쑥한 차림으로 나타나 말했다. 땅 주인이 다시 젖소를 방목할 거라는 소식이었다.

　"이 조랑말은 몇 년 전에 버려졌어." 여자가 말했다. "갑자기 울타리 밖으로 뛰쳐나가는 바람에 훈련사가 질질 끌려가다 죽을 뻔했거든!" 그는 제엽염(蹄葉炎)의 증거인 발굽 주름을 가리켰다. 들판에 혼자 있다 보니 너무 많이 먹어서 발에 염증이 생긴 것이다. "녀석은 안락사당할 거야." 나는 집으로 한달음에 달려갔다. 삼촌에게 들었던 옛 저지주 법의 클라머흐 드 아호(Clameur de Haro)라는 명령이 떠올랐다. 누군가가 길 위에 서서 이 노르만 프랑스어를 외치면 아무도 지나갈 수 없었다. 만약 그런 일이 생긴다면 나는 맹세코 거기에 서서 '아호, 아호, 아호(Haro Haro Haro).'* 라고 외치며 브램블을 태우고 도살장으로 향하는 트럭을 멈춰 세울 작정이었다.

　하지만 일단은 아빠한테 먼저 말했다. 고모가 놀리고 있는 질펀한 들판에 풀이 많았다. 브램블의 당구공처럼 빛나는 피부는 녀석이 밖에서 살 수 있을 만큼 튼튼하다는 증거였다. 엉뚱하고 터무니없는 희망이었지만 브램블에게는 힘이 있었다. 땅딸막한 조랑말 세계에서는 매력 넘치는 미인이었다. 그리고 나처럼 웨일스에서 배를 타고 건너왔다. 부모님은 녀석을 만나러 갔다. 나는 브램블이 부모님의 손가락에 코를 대고 킁킁대는 모습을 지켜보며 등 뒤에서 다섯 손가락을 단단히 비틀어 꼬았다. 그리고 내동댕이쳐지지 않기를 바라며 녀석이 나를 순순히 등

---

* '내 말 좀 들어보세요'라는 의미-옮긴이

에 태우고 들판을 달릴 수 있다는 걸 증명해 보였다. 부모님은 조용히 대화를 나누었다. 그리고 마침내 소유권을 넘겨받기로 했다.

　진짜 살아 있는 조랑말이 내 용돈으로 산 빨간색 헤드칼라를 쓰고, 고모네 들판으로 끌려오는 걸 보고 난 후에야 실감이 났다. 나는 부모님을 너무 사랑했다. 그들은 브램블의 목숨을 살리고 실현 불가능했던 내 소원도 들어줬다. 그날 저녁 나는 들판 가장자리에 앉아 풀을 뜯는 녀석에게서 눈을 떼지 못했다. 바로 옆에서 바스락거리는 소리가 났다. 애나벨이었다. 나도 모르게 움찔했다. 눈앞에 그 애의 두 다리가 보였다.

　그러나 애나벨은 나를 보지 않았다. 그는 양손을 주머니에 깊숙이 찔러 넣었다. "예쁘다." 그가 말했다.

　우리는 나중에야 브램블의 진면목을 알게 되었다.

　녀석은 고집불통이었고 트랙터와 개, 바스락거리는 잎사귀에도 쉽게 놀랐다. 그리고 아무리 여러 사람이 붙잡아도 막을 수가 없었다. 녀석은 막무가내로 울타리를 넘어 곧장 차들 사이로 뛰어들었다.

　녀석은 탈출의 귀재이기도 했다. "작고 까만 조랑말 한 마리가 혼자 큰길로 올라가는 걸 봤다는군요." 교구 회관 경찰이 우리 집 전화번호를 줄줄 외우고 있었던 게 틀림없다. 그때는 경주마 무리에서 녀석을 찾았는데, 발길질을 하다가 그만 경주마 한 마리를 다치게 했다. 녀석은 문 너머가 거의 보이지 않는 독방에 갇혀서도 태연히 건초를 먹었다. 한번은 경찰이 진으로 벌어들인 재산을 상속받은 미스 비비언의 저택에 가보라고 일러줬다. 나는 굽어진 진입로를 천천히 오르며 롤스로이스와 경비견 표지판을 지나 양쪽에 하얀 기둥이 세워진 현관을 향해 걸어갔다.

"창밖을 내다보니 아주 멋진 꼬마 조랑말이 내 꽃을 먹고 있더구나." 미스 비비언이 노래하듯 말했다. 그는 60대였고 쪽진 금발에 검은색 옷을 입은 모습이 근사해 보였다. 그는 저택 주위로 폭죽이 터지는 듯한 소리를 내며 웃더니 삶은 달걀을 먹고 가라고 정중히 권했다. 그 후로 나는 그를 자주 찾아갔다. 그는 파스타 만드는 법을 가르쳐 주면서 전쟁 때 정보원들을 화나게 만들었던 일을 회상하곤 했다. 그리고 우리 엄마는 내가 어디에 있든 걱정하기는커녕 최대한 밖에 오래 있어야 좋아한다는 내 설명을 온화한 얼굴로 들어줬다.

브램블과 많은 시간을 보내면서 애나벨과 만나는 횟수가 줄었다. 이웃 아이들도 커가면서 멀어졌다. 나는 열세 살이 되어서도 학교에서는 명목상 애나벨의 보호 아래 있었다. 애나벨은 복도에서 나를 마주치면 손을 흔들었고, 멋진 고스(goth) 스타일 친구들도 나를 돌아보며 웃어줬다. 그래서 어느 저녁 집 근처에서 한 무리의 아이들과 함께 있는 애나벨을 보고 나도 모르게 다가갔다. 아이들이 하나둘 떠나고 담 위에 앉은 애나벨이 허공만 쳐다보는데도 나는 그의 침묵이 일종의 경고라는 걸 깨닫지 못했다. 나는 그를 간지럽히기 시작했다.

"그만해." 애나벨이 말했다.

나는 너무 흥분한 나머지 그의 말을 무시했다.

"그만하라고."

나는 두 손을 쭉 뻗고 낄낄거리며 애나벨에게 다시 다가갔다. 그러자 애나벨이 내 목을 휘감았고 그의 소매가 밀려 올라가면서 무지개색 멍 자국이 보이는가 싶더니 '쿵' 하는 소리와 함께 세상이 흔들렸다. 내 눈과 코는 고통의 실루엣이었다. 나는 몸부림치며 소리를 질렀지만, 성인기 문턱에 있던 애나벨은 강하고 다부졌다. 그가 헤드록을 걸었다.

검은색 부츠와 주름진 검은색 긴 치마 사이로 까맣게 멍든 다리가 언뜻 보이더니 주먹이 연달아 날아왔다.

그에게서 풀려나 일어서니 쓰레기를 내다 놓고 돌아오던 엄마가 우리 쪽으로 걸어오고 있었다. 코피가 턱으로 흘러내렸고 얼굴을 더듬은 손끝이 시뻘건 색으로 번들거렸다. 내가 한 걸음 다가갔지만 엄마는 무표정한 얼굴로 휙 지나갔다. 애나벨은 반대편으로 유유히 사라졌다. 나는 실외 화장실에서 피를 씻어낸 뒤 브램블을 찾아가 갈기에 얼굴을 묻고서 주변의 집들이 하나둘 불을 밝히다 까만 하늘에 집어삼켜지는 모습을 가만히 지켜봤다.

나는 여기 바하칼리포르니아에서 어린 나를 형성하고 성인인 나를 무너뜨린 내가 아는 모든 것으로부터 시공간적으로 멀리 떨어져 있다. 맥스와 나는 매일 새로운 풍경 속에서 깨어난다. 나는 시계를 회색고래에게 맞추고 그들의 시선을 잠시 빌리는 중이다. 우리는 그들이 가는 곳이라면 어디든 따라갈 거고, 그들은 머지않아 탁 트인 자연 그대로의 바다로 떠날 것이다. 무엇이 그들에게 적절한 시기를 알려주고, 무엇이 그들을 움직이는 걸까? 일단 새끼의 지방 비축량과 호기심 같은 능력이 탐험을 떠날 수 있을 만큼 성장해야 할 것이다. 그리고 배고픔?

어디쯤에선가 결정을 내리고 표를 예매하고 온라인 쇼핑몰에서 노란색 안전끈을 주문하고 북쪽으로 가는 여정을 계획했다는 걸 안다. 하지만 그건 나답지 않다. 어떻게 여기까지 왔을까? 사실 나는 두려웠다. 그래서 고래의 용기를 좀 빌려야 한다.

나는 맥스 옆에 편안히 눕기 전에 석호에서 찍은 카메라 영상을 본다. 물속은 온통 회녹색이고 수많은 티끌들이 소용돌이친다. 몇 분 뒤 소용돌이에 그림자가 드리우고 점차 짙어지더니 긴 형체들이 어렴풋이 보인다. 그들이 몸을 비틀 때마다 양옆에서 거품이 올라온다. 그들은 렌즈 앞을 지나며 나와 눈을 맞춘다. 카메라가 보트 바닥을 향하고 있는 고래의 시선을 보여준다. 맥스의 노랫소리가 위에서 들려오고, 고래들이 수면으로 올라가자 내가 기쁨의 비명을 지른다. 우리는 그들에게 손을 뻗는다. 물이 나무 선체에 부딪히며 큰 소리로 찰싹거린다. 그들이 만화경처럼 변화무쌍한 물보라를 공중에 내뿜는다.

맥스의 노래는 두 종 사이의 장벽을 넘었다. 고래들이 맥스에게 들은 걸 자신들의 노래와 바다로 가져갔을지 궁금하다. 우리는 그들을 만나기 위한 여정을 떠나왔다. 마침내 그들이 우리를 만나러 왔고 우리의 목소리를 들었다.

우트키아빅 : 기다리는 방법

≋

북위 71° 17′ 26″ 서경 156° 47′ 19″

나는 예전에 줄리아의 고향인 포인트 호프에 우크픽(Uqpik)이라는 앙아트쿡(aŋatkuq), 즉 주술사가 있었다는 내용을 읽었다.¹ 우크픽은 막대기 네 개와 긴 털로 해빙을 묶어서 열려 있던 수로를 닫았다. 얼음이 열리지 않으면 고래들이 들어오지 못하고 사람들이 굶주릴 걸 우려한 우미알리트(umialiit)•, 즉 포경선장들은 그를 죽였다. 그리고 사람을 보내 사냥꾼을 도와주고 올바른 방향에서 바람을 가져와 얼음을 열어줄 다른 앙아트쿡을 불러왔다. 주술사는 북을 가져왔고 자신의 육신을 떠나 해저로 갔다.

　사람들 사이에는 저기 바다 밑에 사는 여인에 대한 소문이 퍼져 있었다. 심해에 있는 식사 공간인 니그지비크(niġġivik)의 등잔 안에 동물들의 영혼을 가둬둔다는 것이었다. 앙아트쿡은 여인을 찾아가 북풍의

• 포경선장이라는 의미로 단수형은 우미알리크(umialik), ŋ이 만드는 소리는 영어의 'ng'

정령이 사는 집에 들렀다. 그러자 바람이 돌아오고 수로가 열렸다. 사람들은 사냥을 나갈 수 있었다.

"이러면 안 되지." 어느 날 아침 거실에 나가보니 줄리아가 지역 신문을 보고 있었다. "이런 걸 외지인들한테 보여주면 안 돼." 사진들이 신문 한 면을 가득 채우고 있었다. 얼굴이 가면처럼 생긴 인형들이 얼핏 보였다. 줄리아는 인형들이 포인트 호프에서 열리는 의식을 위한 것이므로 지역 사람들끼리만 공유해야 한다고 설명했다. 금기가 깨져버렸다. 그는 사진에서 눈을 떼지 못하며 고개를 저었다. 포경 시즌에 외부인을 머물게 한 결정을 줄리아가 후회하지 않기를 바랐다. 속으로 절대 캐묻지 않고 듣기만 하겠다고 결심했다. 누구도 주술사에 대해 말해주지 않았고 나도 묻지 않았지만, 제슬리가 인심 좋게 사냥의 영적인 부분을 설명해 주었다.

"고래는 자격이 있는 포경선원에게 몸을 내맡기고 항복해요." 그는 손바닥을 쫙 펼쳐 들었다. "가끔은 보트로 곧장 다가오기도 하죠." 그의 팔이 공중에서 곡선을 그리며 나아갔다. 그리고 고개를 저었다. "영적인 거예요." 그가 손을 들었다가 천천히 내렸다. "천국에 계신 아버지가 보내신." 그는 물속을 헤엄치듯 양손을 지느러미처럼 움직였다. 그러면서 고래를 잡을 자격을 얻으려는 선원은 처신을 잘해야 한다고 했다. 우미알리크는 너그러워야 하고 고기 저장고를 열어 노인과 극빈층과 고아를 먹여야 한다. 동물들의 영혼은 주인의 너그러움을 보고 기뻐할 것이다. 그러면 더 많은 고래가 와서 자기 몸을 사람들에게 빌려줄 것이다. 결과적으로 아그빅은 사람들과 나누는 자에게 자기 몸을 공유했다.

고래가 죽으면 이누아(iñua), 즉 영혼을 제대로 대접해야 했다. 일단 신선한 물 한 잔을 분수공에 부어줘야 한다. 매년 봄에는 얼음 저장고를 깨끗이 청소해 고기가 신선한 곳에 저장된다는 사실을 고래에게 알려줘야 한다. 장비는 하나하나 흠잡을 데 없이 닦아야 한다. 작살, 창, 노, 심지어 선박의 늑재(肋材)도 깨끗해야 했다. 제슬린이 자세히 설명해 준 사냥, 그리고 이누피아트와 고래의 관계는 상업적 포경의 관습과 사뭇 달랐고, 어릴 때 육식을 포기하게 만든 산업형 가축 사육과도 거리가 멀었다.

북극해 연안의 인간 생태계는 오랫동안 고래들과 불가분한 관계를 맺어왔다. 이들의 생활양식이 포경을 중심으로 점차 체계화되었다는 증거가 고고학적 발굴을 통해 발견되었다.[2] 거의 매년 고래 사냥에 성공하자 서기 400년경에는 북극고래를 잡으려는 사람이 더 많이 모여들었다.[3] 서기 900년경, 버니크(Birnirk) 사람들의 후손이자 이누피아트의 선사시대 직계 조상인 툴레인(Thule)은 고래 늑골과 턱뼈로 지지대를 만들고 뗏장*을 단열재로 사용해 유목(流木)으로 지은 반지하 주택에 살았다. 이 고래잡이들이 서기 1200년부터 1400년까지 해안을 따라 흩어진 뒤 우트키아빅처럼 수백 명이 사는 큰 마을에 정착하면서, 그들의 문화가 북극을 장악하게 되었다. 식량은 풍부했고 지역사회는 번창했다. 잉여물은 대부분 포경선장들인 우미알리트가 소유하고 공유했다. 연안 사람들은 내륙 사람들과의 거래를 통해 식량이나 연료로 사용하는 욱슈르크(uqsruq), 즉 고래기름을 순록의 가죽과 털, 옥으로 교환했다. 고래잡이들은 사냥을 위해 해안 지역을 장기간 떠날 필요 없이 이런 식

* 흙이 붙은 상태로 뿌리째 떠낸 잔디 조각-옮긴이

으로 옷을 만들 수 있었다. 이런 관계를 통해 내륙 사람들도 사냥이 시원치 않을 때 식량 부족을 피할 수 있었다.

나는 1800년대 후반 우트키아빅에서 고래 늑골로 입구를 만든 뗏장집 사진을 찾아냈다.[4] 옆에서 보면 머리의 굴곡이 비스듬한 등과 만나는데, 그 모양이 북극고래와 비슷했다. 종종 망루로 사용되며 분수공과 같은 위치에 있어서 이름도 치앙아크(qiŋaq)인 지붕 환기구로 사람이 빼쭉 튀어나와 있었다.

전염병이 유행하고 상업적 사냥꾼들이 해양 포유동물을 대량 학살하면서 지역사회는 위기에 처했다. 외부인들로부터 자기를 방어할 가능성이 전혀 없던 때에 선교사들이 들어왔다. 그들은 강력한 영혼들에 관해 이야기했고, 수많은 사람을 죽이거나 쇠약하게 만들고 주술사들도 고치지 못한 새로운 질병들을 치료할 의약품을 가져왔다.[5]

이누피아트는 다른 땅에 어떤 영혼들이 사는지 아는 척하지 않았고, 기독교적 세계관을 거부하지도 않았다. 캐나다에서 수십 년을 지낸 인류학자 휴 브로디(Hugh Brody)는 이누이트 원주민 영적인 믿음을 통해 심오하고 이성적인 불확실성을 포용했고, 뇌의 잠재력을 최대치로 광범위하게 작동시켰으며, 직관과 상세한 정보를 모두 이용했다고 적었다.[6] 이런 불확실성은 다른 믿음을 위한 여지를 남겨줬다. 토속신앙을 포기하고 개종하지 않으면 전부 지옥에 갈 거라고 말하던 선교사들처럼 이분법적이거나 배타적이지 않았다.

그다음에는 학교가 들어왔다. 1900년대 초부터 1970년대까지 관계 당국은 알래스카 전역의 토착민 마을에 사는 취학 전 5세 아동들을 강제 이주시켰다.[7,8] 가족들은 상실감에 빠졌고, 지역사회는 특정 연령대를 통째로 잃어버렸다. 그중 일부는 영영 돌아오지 못했다.

우트키아빅 학생들은 다른 학생들보다 운이 좋았다. 처음부터 영어를 제2외국어로 가르치는 극소수의 초등학교 중 한 곳이 거기에 있었다. 근처에 살던 몇몇 가족들은 아이들이 집에서 통학할 수 있도록 우트키아빅으로 이사했다. 1913년에 태어난 헤스터 니아콕(Hester Neakok)은 바바라 보덴혼에게 학생들이 '원할 때만 학교에 갔다'고 말했다. 그는 나머지 시간에 부모님과 캠핑을 했다. 선생님들이 백인 이누피아트여서 아이들이 부족어를 사용해도 처벌하지 않았다.[9]

마거릿 그레이(Margaret Gray)의 아버지 버트 파니그(Bert Panigeo)는 딸에게 사냥 기술도 배우고 교육도 더 많이 받으라고 강요했다. 그는 딸에게 '네가 지식을 얻어서 우리 토착민들이 그 사람들을 이해하고 따라갈 수 있기를 간절히 바란다'고 말했다.[10] 그는 다른 아이들처럼 집을 떠나 고등학교 기숙사에서 생활했다. 1958년 아이들을 가르치기 위해 돌아온 그레이는 교사든 학생이든 더는 학교에서 모국어를 쓸 수 없다는 걸 알게 되었고, 학생들이 혼란스러워하면 자신도 모국어를 쓰지 않겠다고 고집했다. 출석도 강제적이었다.[11]

마리 니아콕(Marie Neakok)은 학교를 좋아했다. 몇몇 교사들은 이누피아트였지만 '선생님이 교실에서 이누피아트어를 쓰지 말라고 가르쳐서 너무 힘들었다.' 배로우의 첫 번째 시장이었던 에벤 홉슨(Eben Hopson) 시니어는 이누피아트어를 했다고 자로 맞거나 벽을 보고 서 있었던 일을 떠올렸다.[12] 그러면서 이누피아트 아이들은 그때 처음 체벌을 경험했을 거라고 말했다.

북극 전역의 토착민 아이들은 종종 이보다 훨씬 더 심한 일을 겪었다. 연방 인디언 사무국(federal Bureau of Indian Affairs)과 사립 교회, 나중에는 알래스카주 정부에 의해 운영된 학교들은 동화정책을 위한 제도적 일환이었고 갈수록 더 공격적이고 무자비하게 변했다. 휴 브로디는 알래스카와 캐나다 전역에 있었던 '기숙학교는 민족 말살 과정의 일부'로서[13] 농사를 짓는 정착민들이 경쟁자의 토지청구권을 없애는 과정에서 생겨났으며, '사람들이 자기 자신으로 존재하는 것을 막고 그들이 더는 수렵 채집인으로 살거나 생각하거나 그 땅을 점유할 수 없다는 것을 확실히 하려는' 시도라고 적었다.

다른 여러 지역에서 초등학교나 고등학교로 보내진 학생들은 알래스카 대학교의 연구자들에게 '성적·신체적 학대를 당했고, 기숙사를 가득 채운 어린아이들이 밤새 울었으며, 부족어를 사용했다는 이유로 심하게 맞아서 다시는 입에 올리지 못했다'고 말했다.[14] 그렇게 보내진 아이들은 부모에게 자문화를 배울 기회가 없었다. 유픽 출신의 작가 해럴드 나폴리언은 교회와 국가가 토착민의 문화와 언어를 파괴하는 걸 목표로 삼았으며, 자신이 경험한 바에 따르면 '그것은 시도에 그치지 않고 효과를 거두었다'고 말했다.[15] 2017년에서야 장로교회 대표들이 우트키아빅을 찾아가 '도둑맞은 세대들(Stolen Generations)'에게 사과했다.[16]

1975년만 해도 우트키아빅에는 고등학교가 한 곳뿐이었는데, 1년 뒤 알래스카 토착민 소녀 둘이 주를 상대로 소송을 제기해[17] 약속을 얻어냈다. 이른바 몰리 후치(Molly Hootch) 사건 덕에 새로운 마을 고등학교가 105곳이나 더 생기면서 아이들이 타지로 나갈 필요가 없어졌다. 그때 줄리아와 제슬리는 이미 고등학교 기숙사로 떠난 뒤였다. 그래서 그들은 성인으로서의 책임감과 이누피아트의 사회적 가치들을 배워야 할 나이에 집을 떠나 있어야 했다. 이누피아트는 특권보다는 책임감에서 비롯되는 리더십과 나눔에 초점을 맞추고 남녀의 역할을 똑같이 중시했으며, 이런 원칙들은 당시 미국의 주류가 가르쳤던 가치보다 더 공

정했다.¹⁸

줄리아는 명문으로 알려진 싯카(Sitka)의 엣지쿰산고등학교에 진학했다. 노스슬로프 학생들은 공부에 두각을 나타내는 경우가 많아서 그 학교에 종종 입학했고,¹⁹ 탁월한 능력을 발휘하며 대학입시를 경쟁적으로 준비할 수 있었다.²⁰ 나는 학교생활이 어땠는지 조심스럽게 물었다. 그는 규율을 배울 수 있어서 좋았다고 말했다.

"기숙학교에 들어가기 전에는 너무 게을러서 침대를 정리할 줄도 몰랐어요." 그전에는 부모님이 그냥 놀게 내버려 두었다고 했다. 하지만 놀이에도 학습이 포함되어 있었다. 줄리아가 어린 시절 베리를 딴 이야기를 들으며 알게 되었다. 그는 식량을 모으는 방법과 곰이 나타났을 때 대처하는 방법을 배웠다. 결국 줄리아와 다른 아이들은 버트 파니그 같은 어른들이 바랐던 것처럼 교육을 받음으로써 정치적 권한을 얻었다는 걸 알게 되었다. 다양한 문화권의 사람들이 친목을 형성했다. 지역 간 동맹이 뿌리를 내리고 주 단위의 행동을 끌어내는 데 도움을 주었다.

제슬리는 시장이었을 당시 오리건주에 있는 체마와인디언학교에 다녔던 시절을 언급하면서 그 덕에 이누피아트의 자주권을 지키기 위한 준비를 더 잘할 수 있었다고 썼다. '1967년 늦여름의 어느 날이 또렷이 기억난다. 나는 가족과 지역사회에서 강제로 끌려 나와 비행기에 태워졌고 배로우 집에서 5,000킬로미터 가까이 떨어진 곳으로 보내졌다.'²¹ 그는 처음 석 달간은 향수병을 앓았다고 설명했다. '배로우에 있는 친척들과 친구들이 한데 모여 고래와 순록, 거위, 냉동 생선을 나누는 동안 나는 테이블에 앉아 급식을 먹었다. 에스키모의 겨울 놀이와 봄 축제가 그리웠고…. 우리의 부모님과 조부모님들은 우리 땅에 많은 변화가 찾아오고 있고 이 변화에 대처하려면… 교육이 필요하다는 걸 알고 있었다. 자치정부는 우리의 문화는 물론 값을 매길 수 없을 만큼 귀중한 동물과 땅을 외부의 위협으로부터 지킬 수 있는 힘을 주었다.'

제슬리가 내게 나눠준 지식과 신념은 식민지 주민들의 단결된 노력에 힘입어 북극 전역에서 행해진 문화 파괴와 강제 동화정책 속에서 살아남았다. 이누피아트 문화는 고래를 중심으로 뭉치는 응집력 덕에 오래 지속되었다. 제슬리와 줄리아, 선원 중 한 사람이 말했다.

"고래는 혼자 잡을 수 없어요." 제슬리가 말했다. 나눔은 수 세기의 변화 속에서도 이누피아트를 하나로 묶어준 접착제였다. "누가 부탁할 때 거절하면 안 돼요. 남는 게 있으면 줘야죠. 당신이 느끼는 평화는 특별한 거예요." 나는 우미알리크의 역할이 변하지 않았다는 걸 깨달았다. 제슬리와 줄리아는 기둥 위에 지어진 조립식 주택에 살았고 썰매개 대신 스노모빌을 가지고 있었다. 고래잡이들은 작살과 더불어 다트건과 숄더건, 폭탄 같은 양키들의 포경 장비도 사용했다. 그들은 바람을 넣은 물개 가죽 대신 상업용 낚시 부표를 이용했고, 전통적인 우미악뿐 아니라 모터가 달린 추격선도 갖추었다.

기술 측면은 많이 달라졌지만, 사냥이 사람과 고래의 관계를 유지하는 방식은 거의 똑같았다. 그곳은 꿈과 생각과 역사로 가득 차 있어서 왠지 생기 있어 보였다. 의복과 주거지 안팎에서 볼 수 있는 고래 뼈와 수염에는 물론이고, 사람들의 의식과 대화 속에도 늘 동물들이 존재했다. 여기에 있는 건 고래들에 의해 유지되었다. 고래와 그들의 생태에 대해 깊은 지식을 가지고 있는 주민들과 대화하다 보면 고래들에게 직접 듣는 것 못지않겠다는 느낌이 들었다. 그러나 고래가 작살에 맞아 죽을 때까지 걸리는 시간, 얼음 밑에서 사라지거나 죽는 숫자는 생각하

북위 71° 17' 26" 서경 156° 47' 19"

지 않으려고 애썼다.

제슬리는 어르신들과 이야기를 해보라고 제안했다. 그러더니 나를 워런 마투미악(Warren Matumeak)의 집으로 태워다 주고는 손을 흔들고 떠나버렸다. 워런은 솜털 같은 백발에 커다란 안경을 쓴 79세 노인이었다. 보청기가 있지만 굳이 끼지 않는다고 했다. 벽난로 선반 위에 모피 차림의 그가 빌 클린턴과 대화를 나누는 사진이 있었다. 워런은 기후변화가 다가오고 있는데 그것을 멈출 방법이 없었다고 말했다. 사실 기후변화는 이미 도래했다.

"피시 캠프(fish camp)* 쪽 땅이 달라졌어요." 워런의 경비행기 활주로는 땅 밑에 있던 얼음이 녹아서 울퉁불퉁해졌다. 그래서 더는 사용할 수 없었다. 결빙기는 예전보다 늦어지고 강은 더 일찍 녹았다. 워런은 손수 조경을 하고 비행기를 몰았다고 했다. 그는 어릴 때 한 노인이 날씨에 대해 말하는 걸 들었다. 노인은 날씨가 매우 화창하고 잔잔하다고 말했다. 그러다 세상을 떠나기 몇 년 전부터는 날씨가 노했다고 말했다. 워런은 조업을 나갔다가 갑작스럽게 폭풍을 맞닥뜨린 일을 이야기했다. 그의 아버지가 수평선에서 까만 점을 발견하고는 사냥한 바다코끼리를 빨리, 더 빨리 해체하라고 재촉했다. 절체절명의 위기였다. "우리는 무게를 덜어서 배를 띄우고 무사히 귀항하기 위해 고기를 일부 버려야 했어요."

워런은 '변화'라고 부르는 것에 대해 말할 때도 편안하게 웃었다. 그는 기독교인이라고 했다. "성경은 전쟁과 기근처럼 삶을 힘겹게 만드는 것들에 대해 앞으로 더 많이 듣게 될 거라고 하던걸요." 그가 커피를

• 토착민들이 물고기를 잡아 말리거나 휴식하는 공간-옮긴이

내리기 위해 일어섰다. "영국인이라고요?"

"그게, 실은 아일랜드 사람이에요." 나는 나를 둘러싼 식민지 역사를 감지하고 반사적으로 아일랜드 여권 뒤에 숨었다. 그러나 역사적 트라우마라는 측면에서 볼 때 내 조상이 유럽의 어느 나라 사람이었는지는 여기서 별로 중요하지 않았다.

"아, 영국과 아일랜드는 사이가 좋지 않죠. 지금은 좀 나아졌나요? 왜 그런 거예요?"

"땅 문제죠." 나는 최대한 모호하게 말했다.

"땅이요? 여기 땅을 엄청 많이 가져갔잖아요, 알래스카에서 말이에요." 워런은 커피에 연유를 붓고 테이블에 앉았다. "세상이 변하고 있어요." 그가 커피를 바라보며 혼잣말을 했다. "다음에 어떤 일이 일어날지 아무도 몰라요. 날씨가 무척 화가 났거든요."

제슬리가 나를 데리러 왔다. 그는 어릴 때 언젠가 바다에서 얼음이 모두 사라지고 배들이 동쪽과 서쪽을 오갈 거라는 어르신들의 말씀을 들었다고 했다. 그는 그 말이 서서히 현실로 다가오고 있다는 걸 알았다.

"무서운 일이에요." 그가 말했다.

"그놈의 질문. 일단 좀 기다려 봐요." 내가 30분 동안 해빙과 날씨에 관한 질문을 세 번이나 하자 반이 으르렁거리며 대답했다. 그를 보면 자꾸 질문이 생각나서 참을 수가 없었다. 그를 방해하지 않기 위해 산책에 나섰다. 사람들은 눈이 쌓여 반짝이고 스노모빌 자국으로 갈라진 길 한가운데를 걸어 올라갔다. 나는 아직 추위에 적응하는 중이어서 밖에 오래 머무는 대신 줄리아의 장보기를 돕기로 했다. 우리는 차 안에서 줄리아가 틀어놓은 조니 캐시의 노래를 따라 불렀다. 그리고 스투

악팍(Stuaqpak)이라는 슈퍼마켓이자 '대형 상점'에서 포경선에 쓸 실리콘과 캠핑 용품을 샀다. 쇼핑 목록에 적힌 고기 양에는 놀랄 수밖에 없었다. 돼지갈비, 베이컨, 햄버거용 고기, 소시지, 스팸, 햄, 소꼬리, 닭고기까지. 나는 카트에 오트밀을 몇 상자 더 담고 커다란 치즈도 두 덩어리 샀다.

집으로 돌아가는 길에 〈잭슨(Jackson)〉이 흘러나오자 줄리아가 운전석에서 춤을 추었다.

"나는 조니 캐시가 좋아요, 준 카터 캐시도 좋고요. 1970년대에 앵커리지에서 두 사람을 봤어요." 그가 말했다.

추위에 적응할수록 산책이 길어졌다. 나는 마주치는 모든 사람과 대화를 나누었다. 사람들은 사려 깊은 말투로 노래하듯 부드럽게 말했다. 영어 뒤에 또 다른 언어가 있다는 걸 알 수 있었다. 마당에는 기계, 포경 장비, 고래수염, 바다코끼리의 뼈와 상아가 가득했다. 레스토랑은 있어도 술집은 없었다. 이 도시는 주류 판매를 금지하는 '금주 대찬성(damp)' 지역이었다. 외부에서 공수해 오는 것도 경찰서에서 허가를 받아야만 가능했다.

1970년대초, 오일 머니와 함께 외부인들이 대거 유입되면서 주류 상점 한 곳이 문을 열었다. 석유 자본으로 의료 서비스와 교육 시설, 사회 기반 시설을 개선했다. 새로운 일자리들이 창출되었고 사람들은 새 집을 지었다. 변화의 속도가 어마어마했고 사냥꾼들은 유급 노동으로 최소한의 생계를 꾸려나갔다.[22] 마을에 거주하는 토착민들과 비토착민들은 음주 문제로 갈등을 빚었다. 몇 년 뒤 주류 상점이 문을 닫았지만 1980년대를 거치면서 술과 관련된 사망과 남용, 발병 비율은 끔찍한 수준으로 증가했다. 이 도시는 투표를 통해 '금주 반대(dry)', '금주 찬성

(wet)', 다시 '금주 반대', 그리고 '금주 대찬성' 지역이 되었다. 음주와 관련된 사망은 자연적 원인에 의한 사망보다 몇 배 더 많았다.[23] 그리고 노스슬로프 자치구의 자살률은 주 평균치보다 약 두 배 높았고 전국 평균치보다는 네 배 높았다.[24] 하지만 제슬리와 줄리아의 집에는 술 마시는 사람이 없어서 음주로 생기는 문제도 전혀 없어 보였다.

나는 빌리를 처음 만난 문화유산센터를 다시 찾아갔다. 선원들이 보트에서 뭔지 알 수 없는 장비로 작업을 하고 있었다. 라디오 음악이 쾅쾅 울리는 가운데 반과 빌리, 그리고 또 다른 선원 하나가 밧줄 가닥을 비틀고 또 비틀었다. 안전고리를 만들어 작살에 달린 둥근 금속에 꿰어 넣기 위해서였다.

"여기도 정말 따뜻해졌어요." 빌리가 나를 보고 말했다. "북극곰들이 먼 거리를 헤엄치고 있어요. 그중 일부는 해안에 닿지 못하고 빠져 죽죠." 그가 내 카메라를 향해 미소를 지었다. "지난 10년 동안 너무 따뜻해졌어요. 날씨가 달라요. 바다도 더 거칠고요." 그는 다시 일로 돌아가 밧줄 끝을 태우고는 얇은 테 안경을 통해 그것을 자세히 들여다봤다. 다른 선원이 바다코끼리도 영향을 받았다고 보탰다. 해빙이 손실되어 물 밖에서 휴식을 취할 얼음을 찾으려면 훨씬 더 먼 거리를 헤엄쳐야 했다. 여름에는 해빙이 북쪽으로 멀어지고 물이 너무 깊어져서 조개와 달팽이 같은 식량이 있는 해저로 잠수하기가 어려웠다.

"참 힘든 일이에요, 그렇죠?" 반이 너저분한 밧줄 가닥들과 씨름하며 말했다. 라디오에서 마빈 게이가 '무슨 일이냐'며 궁금해했다. 세 선원은 문화유산센터에서 할 일에 대해 논의했다. 수다와 웃음. 나는 내가 배경으로 사라져서 의식되지 않을 때까지, 필요 이상으로 오래 그들을 지켜보며 카메라에 담았다. 라디오에서는 오티스 레딩이 〈부둣가에 앉아〈Sittin' on the dock of the bay〉〉를 나지막이 읊조리고… 있었다.

나는 벽에서 고래 사냥을 보여주는 거대한 유화를 발견했다. 배가 고래의 까만 등과 나란히 있었다. 사냥꾼이 뱃머리에 서서 작살을 들어 올리며 던질 준비를 하고 있었다. 두개골의 말랑한 부분을 뚫어 뇌를 찌르는 게 목표였다. 그림 속 바다는 폭풍우가 몰아치고 캄캄했다. 그런 시도를 하면서 바다에 빠져 죽지 않는다는 게 이해되지 않았다. 물론 가끔은 사람들이 끌려 들어가 죽고 배가 뒤집히고 육지와 연결된 빙판이 깨져서 모든 선원이 바다에 빠지는 등 끔찍한 사고가 일어나기도 했다. 나는 직장에서 빌려온 위성 전화기 세트를 가지고 있었다. 매주 해변에서 위성 전화기를 시험해 보기는 했지만, 내가 자처한 상황에 대해 깊은 불안을 느끼는 동시에 믿을 수 없을 정도의 흥분을 느끼는 것 외에는 할 수 있는 일이 없었다.

문화유산센터에서 근무하는 스물세 살 청년 로버트 칼레악이 까만 청바지에 후드티 차림으로 안내데스크 옆에서 카메라를 향해 자세를 취했다. 그 위에는 10미터가 넘는 북극고래 모형이 있었는데, 작은 북극고래를 본떠 만든 것인데도 무진장 컸다. 축 처진 거대한 입이 무척 진지해 보였다. 내가 고래를 잡으러 갈 거냐고 묻자 로버트의 표정도 진지해졌다.

"생각은 하고 있어요. 두 가지 일을 하고 있지만 바다에 나가고 싶거든요." 로버트는 1997년에 해빙이 해안에서 깨져 나갈 때 그 위에 있었다. 다시 돌아가려 했지만 길이 물에 잠겨 뚝 끊겨 있었다고 차분한 목소리로 설명했다. 해빙 반대편은 이미 30미터쯤 떨어져 있었다. 스노모빌은 쓸모가 없었다. 그들이 지켜보는 사이에 간격이 100미터 이상 벌어졌다. 로버트는 그때 일을 떠올리며 좌우를 힐끗 쳐다봤다. 그와 선원들은 네 시간을 기다린 끝에 헬리콥터에 의해 구조되었다. "가끔 바다에 나가볼까 하다가도 그때 일을 생각하면 엄두가 안 나요." 나는 카메라를 끄고 빌리가 말한 거칠어진 바다와 워런이 설명한 갈수록 더 예측하기 어려운 날씨에 대해 생각했다. 로버트가 바다로 나가서 마주할 상황은 점점 더 위험해질 수밖에 없었다.

문화유산센터에 있는 상점에서 책을 훑어보다가 움직이는 얼음덩어리 사이에 끼어 빠져나오지 못한 앙아(Aaŋa)라는 사냥꾼의 이야기를 읽었다.[25] 1978년에 빈센트 나게악(Vincent Nageak)이라는 나이 든 선원은 당시 상황을 마을 사람들에게 설명해 주었다. 앙아는 도우려고 안간힘을 쓰는 선원에게 말했다. "그렇게 작은 펜나이프로는 나를 꺼낼 수 없어. 안 그래?" 앙아가 담뱃대를 물었다. 말이 끝나자마자 얼음이 움직이기 시작하더니 그를 아래로 끌어당겼다. 그는 시야에서 사라지기 직전 다른 선원들을 향해 미소를 지었다. 얼음 속으로 사라지는 동안에도 미소를 짓고 있는 앙아에게서 나는 눈을 뗄 수 없었다. 그는 도대체 어떤 사람이었길래 그토록 평온하게 죽음을 마주할 수 있었을까? 나는 이 책을 비롯한 여러 권의 책과 아빠 선물로, 바다코끼리 상아를 조각해 만든 흰고래(white whale)를 샀다.

우리는 사냥을 나가기에 적합한 기상 조건을 계속 기다렸다. 나는 줄리아와 가까운 곳에 사는 포경선장협회 회장 유진 브라우어(Eugene Brower)를 찾아갔다. 그는 삼대째 선장을 하고 있다고 자랑스럽게 말했다. 고인이 된 그의 아버지 해리 브라우어(Harry Brower)는 훌륭하고 박식한 지역사회의 지도자였다. 그의 할아버지 찰스 브라우어(Charles Brower)는 우트키아빅의 첫 번째 백인 정착민이었다. 유진은 외부세계에 실망한 기색이 역력했다. 그의 고향은 변하고 있었고 누구도 그에게 허락을 구하지 않았다.

"다양한 사람들이 다른 생각을 가지고 오다 보니 우리가 살아가고 나누는 방식을 이해하지 못해요. 자신들의 규칙과 규정을 강요하려고 들죠. 가끔은 이해하기가 너무 힘들어요. 이제 우리는 현관문을 걸어 잠가야 해요. 예전에는 그럴 필요가 전혀 없었는데 말이죠." 유진은 석유 탐사에 반대했다. 석유 유출을 수습할 전문 지식이나 장비를 가진 사람이 없다고 했다. 기업들이 시운행을 시도했으나 최적의 조건에서도 결과는 실패였다. "그들은 대자연을 이겨낼 기술을 가지고 있다고 생각하지만 그렇지 않아요. 북극 유빙은 힘이 무척 세거든요."

그렇다면 탄성파를 이용한 탐사 활동은? 유진은 역시나 강력히 반대했다. "바다로 방출되는 엄청난 소음이 사냥에 어떤 영향을 미칠까요?" 그는 길게 늘어선 에어건뿐 아니라 탐사선 자체에서 발생하는 소음의 영향을 조사하고 연구해야 한다고 말했다. 그러나 수적으로 열세라고 했다. 그는 이누피아트가 광활한 알래스카에 사는 하나의 소규모 집단에 불과하다고 말했다. 다른 지역들도 나름의 문제와 이해관계를 가지고 있었다. "이러지도 저러지도 못하는 상황이에요." 황야에서 석유가 발견되어 수송관이 만들어지면 그들이 사냥하는 순록의 이동 경로가 바뀔 것이다. "길을 막아버리면 순록들이 가로지를 수 없으니까요."

"뉴크서트(Nuiqsut) 마을이 좋은 예예요." 그가 말했다. "가스관과 수송관이 마을 곳곳에 설치되어 있었죠." 뉴크서트의 주택가와 학교로부터 약 12킬로미터 떨어진 코노코필립스의 알파인 필드(Alpine field)는 하루 동안 약 1,600만 리터에 해당하는 10만 배럴 이상의 석유를 생산할 수 있었다.[26] 그 마을은 콜빌강 삼각주(Colville River Delta)에 있는데, 순록의 이동 경로와 겹치는 데다 물고기가 득실득실한 강어귀여서 수세대에 걸쳐 애용된 최고의 사냥터였다.

나중에 뉴크서트에 대해 알아보니 사냥꾼들은 주민이자 부족 행정관인 마사 이타(Martha Itta)의 표현처럼 석유산업 활동이 순록을 흩뜨려서 '식탁에 음식을 올리기가 더 어려워졌다.'[27]는 건강 문제도 대두되었다. 일부 지역주민, 특히 아이들이 호흡기 질환과 발작을 겪는 사례가 점차 늘어나고 있었고, 사람들은 인근의 시추 작업이 급증했기 때문이라고 믿었다. 코노코필립스는 지역사회와 협력해 우려되는 사안들을 조사해 왔고, 겨울 혹한으로 몇 가지는 측정하기 어려웠지만 모니터링에 따르면 주변 대기질 수준은 높은 편이고[28] 전국 평균치보다도 좋다고 밝혔다.[29]

전 뉴크서트 시장이자 오랫동안 지역 간호조무사로 활동한 로즈메리 아투안가루악(Rosemary Ahtuangaruak)은 석유 기업들의 자체 보고만으로는 불충분하며 독립 단체가 대기질을 감시해야 한다고 주장했다. 그는 주민들의 호흡기 문제를 돕기 위해 야간 근무를 서며 석유 시추로 발생한 천연가스에 불이 붙어 땅 위로 불길이 치솟는 모습을 지켜봤다. "개발지가 마을과 가까워질수록 문제가 늘어나고 더 많은 사람이 어려움을 겪었습니다." 그는 2009년 앵커리지에서 열린 한 회의에서 미국 내무장관 켄 살라자르(Ken Salazar)에게 말했다.[30] 로즈메리에 따르면 1986년에는 불길의 규모가 작았지만 1989년에는 24시간 동안 불길이 22개까지 치솟았다. 2020년 겨울과 2021년 봄 사이에는 24시간 동안 여러 장소에서 한 차례 이상씩 총 30개의 불길이 치솟는 걸 보았다고 보고했다.[31]

미국환경보호청(US Environmental Protection Agency, USEPA)이 추정한

바에 따르면 노스슬로프 자치구에서 석유산업 활동으로[32] 배출되는 대기오염 물질 중에는 질소산화물이 가장 많으며 아황산가스와 휘발성 유기화합물(Volatile Organic Compounds)인 VOCs, 미립자들도 포함된다. 이산화질소는 인지 장애와 퇴행성 신경 질환에[33] 영향을 주고 아황산가스처럼 뇌전증과 관련이 있다.[34] 가스가 연소할 때 발생하는 VOCs가 태양광과 부딪쳐 만들어지는 오존은 소아 천식을 유발하는 것으로 알려져 있다.[35] 몇 가지 VOCs는 암을 유발한다. 미립자는 호흡에 영향을 주고 심장 질환의 원인이 된다.[36]

2012년 2월, 스페인 기업 렙솔이 소유한 시추정에서 가스가 분출되었다. 로즈메리는 연기 기둥이 두 시간 만에 마을을 덮쳐 주민들이 호흡 곤란을 겪었다고 말했다.

"도망칠 곳이 없었어요." 그가 말했다. "영하 40도였거든요."[37] 정기 보수로 대기질 감시 장치가 작동하지 않았다. 주에서 실시한 한 연구는 가스 분출 뒤 호흡기 질환 발생률 증가를 계절성 독감의 탓으로 돌렸다.[38] 로즈메리는 실내 공기 순환이 전반적으로 부족하다는 등 대안적으로 제시하는 요인들이 주요 현안으로부터 관심을 돌리기 위한 시도라고 일축했다.

2012년 후반, 환경법 전문 로펌인 트러스티스 포 알래스카에 소속된 변호사 낸시 웨인라이트(Nancy Wainwright)는 주 당국에 연락해 다수의 지역주민이 알파인 유전에서 연기를 본 뒤 호흡에 어려움을 겪고 있다고 말했다. 그는 뉴크서트 주민들과 지역 간호조무사들이 이 문제를 보고했다가 '앙갚음을 당할까 봐 두려워한다'는 사실을 알게 되어 자기가 대신 전하는 거라고 덧붙였다.[39] 많은 주민이 석유 회사들과 계약을 맺고, 석유산업에 의존해 일자리를 창출하는 토지 소유 업체에서 일했

다.⁴⁰

그렇지만 유진 브라우어의 가장 큰 걱정은 바다의 온난화였다. "우리가 먹고사는 동물들에게 어떤 영향을 미칠까요?" 해마다 과학자들을 태운 쇄빙선이 지나가지만 그들의 분석과 실험은 지역사회에 도움이 되지 못했다. "연구하는 사람들은 여기로 돌아와서 결과를 공유하거나 대비를 돕지 않아요. 과학자들은 지역주민들의 지식을 이용하기만 하죠. 그중 몇몇은 세계적인 명성을 얻기도 해요. 우리는 역사에 적힌 내용이 아니라 현지의 지식을 알려주거든요." 그의 목소리는 여전히 부드러웠다. "검토할 만한 대체 에너지원들이 있어요. 사람을 달에 보낼 수 있다면 석유를 사용하지 않는 장비도 다양하게 만들 수 있을 거예요." 그는 한숨을 쉬고 주변을 둘러봤다. 점심시간이라 그런지 뭔가 맛있는 냄새가 났다. "연어를 좀 굽고 있거든요." 유진이 말했다. "좀 드릴까요?" 나는 줄리아가 기다리고 있다며 고맙지만 괜찮다고 말했다.

"당신이 고래를 잡으러 떠나면 그리울 거야, 여보. 내 남자가 집에 있을 때가 그립겠지." 유진의 아내 샬럿이 인터뷰가 끝난 걸 확인하고 말했다. 본업과 인적자원 관리학 학위 공부를 병행하던 샬럿은 그날 저녁에 남편의 순록 가죽 파카를 손수 촘촘히 꿰매줬다. 그가 파카를 집어 보여주면서 수분을 흡수하지 않는 덕에 얼굴에 얼어붙지 않는, 울버린 옷깃을 가리켰다.

"이걸 입고 물에 빠지면 몸이 떠올라요. 양모피를 가공한 무톤(mouton)은 물을 잔뜩 머금어서 가라앉는데 말이에요. 이건…." 그가 생가죽을 쓰다듬었다. "털이 비어 있어서 몸을 떠받쳐 준답니다." 샬럿이 만들어 준 옷을 입으면 야외에서 자도 춥지 않았다. 텐트도 필요 없었다.

북극성 거리의 거실에서 초단파 무전기가 지지직거리며 살아났다.

북위 71° 17′ 26″ 서경 156° 47′ 19″

"여기는 구조 기지, 안녕하십니까." 포경꾼들은 무전기를 통해 리드의 가장자리를 따라 야영 중인 다른 선원들과 얼음 상태에 대한 정보를 공유했다. 봄철 포경 기간 내내 자원봉사자들이 무전기 채널을 확인했다. 육지에 있는 사람들은 응급 상황이 아니면 무전을 하지 않았다.

"최대한 빨리 움직일 수 있도록 준비하지 않으면 큰 위험에 처할 거예요." 제슬리가 말했다. 그는 고래가 작살에 찔리면 조용히 입을 다물고 귀를 기울이면서 무슨 일인지 파악해야 한다고 일러줬다. 고래가 죽었나? 얼음 밑으로 사라졌나? 고래가 작살에 찔린 채로 얼음 밑으로 사라지면 육지에서 도축한 셈 친다. 그는 고래가 잡히면 무전기에 대고 선물을 주신 신에게 감사 기도를 한다고 말했다. "초단파 무전기에서 너도나도 '아멘, 아멘' 하고 외치는 소리가 들려요."

아침이면 지역 채널에서 이구동성으로 여유로운 아침 인사를 건넸다. "좋은 아침…. 좋은 아침입니다…. 안녕하십니까…. 안녕, 좋아. 안녕, 찰리 브라우어, 반가워요…. 안녕, 마사 니아콕, 좋은 아침이에요…." 누군가가 동승을 요청해서 태워줄 사람을 구하기도 했다. "시나몬롤 다섯 봉지, 한 봉지에 10달러." 누군가가 외치자 한 사람이 답한다. "시나몬롤, 11시 이후에 가지러 가겠다. 열두 개."

무전기에서 정기 기상예보가 바람에 대한 정보와 리드의 개방 여부를 알려줬다. "최대 시속 27킬로미터로 남풍이 분다. 시속 14킬로미터로 남풍이 분다. 포인트 배로우에서 남서쪽으로는 개방된 리드가 보이지 않는다. 리즈번곶(Lisburn Cape) 인근에 커다란 리드가 있는데…." 우리는 앞바다에 균열을 내 길을 열어줄 동풍을 기다리고 있었다.

나는 조각가들과 사냥꾼들이 함께 일하는 문화유산센터에서 샌딩 머신을 발견했다. 빌리는 근처에서 우미악을 수리했고, 연로한 조각가

페리가 그 기계를 어떻게 사용하는지 보여줬다. 나는 남은 고래 뼛조각을 갈고 사포로 문질러서 고래 모양으로 만드는 법을 배우며 며칠을 보냈다. 어느 아침에는 문밖에 있는 자루를 지나다가 금방 가죽을 벗겨낸 북극곰 발 두 개가 거대한 해골 손처럼 삐져나온 걸 보았다. 보트에 사용하는 가죽과 내가 작업하던 뼛조각들이 어디서 왔는지를 상기하게 했다.

페리는 내 조각을 마음에 들어 했다. 나는 손재주가 좋았다. 어릴 때 점토로 다양한 동물을 빚으며 많은 시간을 보냈었다. 고래 뼈가 어디에 있었고 얼마나 깊은 바닷속에 있었는지를 생각하면 손에 들고만 있어도 황홀하다. 어떤 조각들은 작은 구멍이 숭숭 뚫린 화산석 같았다. 또 어떤 조각들은 밀도가 높아서 다루기 어려웠지만, 고래들은 늘 한결같이 응원을 보내주는 듯했다. 첫 번째로 만든 고래는 꼬리가 진짜 고래처럼 수평이 아니고 물고기처럼 꼿꼿이 서 있었다. 반이 연어처럼 보인다고 했다. 두 번째 고래는 작았다. 누가 봐도 북극고래였다. 생김새가 아주 비슷했다. 빌리가 다가와 내가 뭘 하는지 들여다봤다. 그리고 작은 고래를 집어서 이리저리 돌려가며 자세히 살펴봤다.

"이건 꼬마 잉우툭(iŋutuq)이네요." 그가 말했다. 잉우툭은 가장 부드럽고 맛있는 최고의 사냥감으로 모두에게 인정받는 아주 통통한 고래였다.

나는 그 조각을 빌리에게 주었다.

스캠몬 라군 : 우리의 수중 세계로 아이가 찾아왔다

북위 27° 44' 59"   서경 114° 14' 60"

맥스의 장난감 보트가 빳빳한 털이 난 거대한 턱에 밀려 석호 위에서 까닥거린다.

"내 보트." 맥스가 말한다. "이리 줘, 고래야." 운전사 프란시스코가 웃으며 보트를 되돌려준다. 왠지 고래도 웃고 있는 것 같다. 맥스가 분한 듯 장난감 보트를 꽉 움켜쥔다. 우리가 탄 보트처럼 빨갛고 하얀 장난감 보트는 이제 보물처럼 여겨진다. 비늘구름 덮인 하늘이 머리 위를 쓸고 지나간다. 그때 고래들이 사라진다. 보트 안 분위기도 가라앉는다. 우리는 저 멀리 물 밖으로 하얀 등이 굽어져 나온 걸 보고 잠시 흥분한다. 프란시스코가 이전에 여기서 발견된 적이 있는 알비노라고 알려준다.

"모비딕이네요." 샌디가 말한다. 이제 하늘은 아주 약간의 구름으로만 얼룩져 있다. 오늘은 우리가 석호에서 맞이하는 두 번째 날이다. 정오가 가까워지자 태양은 더 뜨겁게 내리쬐고 바람은 더 거슬리게 분다. 해변에서 점심을 먹기 위해 모래 위에 올라서고 나니 마음이 놓인다. 나는 프란시스코에게 10달러를 팁으로 준다. 너무 과한 건지 모르겠지만 우리가 얻은 것에 비하면 얼마를 주어도 충분치 않을 것 같다.

"고맙습니다, 보트 운전기사 아저씨들." 맥스가 노래하듯 말한다.

"우리랑 여기에 있자." 해변 오두막 옆에 서 있던 무리 가운데 한 운전기사가 말한다. 그들 곁에 다섯 살 정도 되어 보이는 남자아이가 있다. 다른 아이가 있는 걸 보니 안심이 되고 운전사들이 그렇게 장난을 쳐주는 것도 고맙다. 우리는 광란의 고래관광을 멈추고 잠시 휴식을 취하며 노란 모래 위에 조개껍데기를 늘어놓는다. 그러는 동안 다른 승객들이 감청색으로 변한 바다 위로 회색 머리를 까닥거리며 배에 오른다.

뭔가 비릿하고 상한 듯한 냄새가 난다. 나는 맥스의 기저귀를 확인한다. 맥스는 아니다. 우리는 조석점(潮汐點)•을 따라 좀 더 걸어가다가 부패 중인 새끼 고래의 사체를 발견한다. 가까이 다가가니 참을 수 없는 악취가 난다. 작은 고래야, 무슨 일이 있었던 거니? 어미가 새끼를 수면 위로 떠받치며 살리려고 애썼는지, 아니면 죽은 채로 태어났는지 궁금하다. 고래가 출산하는 과정에서도 여러 복잡한 상황들이 발생할 수 있겠지만, 그들이 전형적인 유선형이라는 점을 고려하면 맥스를 낳았을 때처럼 탯줄이 새끼의 목을 휘감았을 수 있겠다는 의심이 든다.

나는 런던 자연사박물관에서 웅크린 고래의 태아들을 본 적이 있다. 초기 몇 단계에서는 인간과 비슷해 보인다. 향유고래는 16개월, 회색고래는 12개월 동안 임신을 유지하는데 그 기간에 이상한 일들이 벌어진다. 마치 진화를 빨리 감기로 보는 것 같다. 수염고래는 처음에 치아 싹(tooth bud)이 자랐다가 재흡수된다. 잠깐 나타났다가 몸속으로 사

• 밀물이 가장 높은 해면까지 들어왔을 때 이르는 지점 - 옮긴이

라지는 뒷다리 싹(hindlimb bud)은 고래가 한때 걸었다는 걸 보여준다. 7개월쯤이 되어서야 어떤 고래 종인지 구별할 수 있다. 박물관의 조그만 표본들은 20세기 초 남극 대륙의 포경선단에 합류한 과학자들이 작살에 잡힌 임신한 암컷들에게서 꺼낸 것이었다.[1] 그들의 자료는 포경 활동을 중단해야 한다는 주장을 더 공고하게 했는데, 그 사실을 떠올리면 그나마 위안이 된다. 또한 이 자료는 인간이 얼마나 잔인할 수 있는지를 상기시켜 주기도 한다.

"당신은 결정을 내리고 있는 거예요." 심리치료사가 말했다. 나는 곽 티슈가 놓인 낮은 탁자 옆의 편안한 의자에 앉아서 우리 사이에 있는 러그의 바느질 자국을 멍하니 응시했다. "내면 어딘가에서 결정이 내려지고 있어요." 임신중지수술을 예약해 놓은 상태였다. 날짜가 다가오고 있었다. 나는 어떻게 해야 할지 몰랐다. 초음파 검사에서 팔다리 싹을 아주 열심히 꼼지락거리는 콩알이 보였고, 파벨도 함께 있었다. 내면에서 결정이 내려지고 있는 것 같지 않았다. 〈스타워즈〉에서 등장인물들이 쓰레기 분쇄기 안에 갇힌 상태로 벽이 좁아지는 그 장면처럼 느껴졌다.

"정리해." 내가 임신했다고 하자 파벨이 말했다. "지금, 당신하고는, 아이를 갖고 싶지 않아. 나중에 가져도 되잖아." 우리는 만남을 정리했다. "당신이 혼자 아이를 키우지 않았으면 좋겠어." 그가 이메일을 보냈다. "너무 힘들 거야, 경제적으로나 감정적으로나 현실적으로…. 일은 할 수 있겠어?"

"예약일에 같이 가줄래?" 그에게 물었다. 하지만 파벨은 부탁을 거절했다.

"한 번 해봤잖아. 그때랑 똑같아. 괜찮을 거야."

그에게 첫 임신중지수술에 대해 털어놓은 내가 미웠다. 나는 그때 겨우 스무 살이었고 지금과는 완전히 달랐다. 그때 나는 공학과 1년을 축하하기 위해 밤새 춤을 추다가 고개를 숙이고 있던 짧은 레게머리와 부딪혔다. 그는 역사를 전공하는 대학원생 치디였다. 나는 그에게 푹 빠졌다. 그는 나를 주근깨라고 불렀다. 우리는 서로에게 꿈이 이뤄졌다고 말했다. 하지만 그의 가족은 나를 달가워하지 않았다. 우리 엄마도 마찬가지였다. 엄마가 나 대신 임신중지수술을 예약하려고 했다. 나는 거부했다. 하지만 결국은 그와 함께 지역 보건의를 찾아가 별말 없이 직접 수술을 예약했다.

어느 이른 아침 우리는 병원으로 걸어갔다. 나는 차분한 상태였다. 간호사들도 더할 나위 없이 친절했다. 치디가 집까지 바래다줬다. 통증은 없었다. 나는 낙태 후에도 아이를 가질 수 있는지 몰랐다. 꿈에서 딸아이의 얼굴을 보았다. 영혼이 된 아이는 매년 나와 함께 한 살을 먹으며 항상 같은 자리에 있었다.

그 후로 15년도 더 지난 당시에는 직업도 있고 아이가 없는 친구들보다 아이가 있는 친구들이 더 많았다. 나는 워싱턴 DC에서 버락 오바마와의 기자회견에 참석하고, 그의 헬리콥터가 우리 아파트 위로 날아가는 걸 지켜보며, 국회의사당에서 상원 의원 한마디라도 듣겠다고 그들을 쫓아다녔다. 그러다 막 복귀해서는 마이클 잭슨의 죽음에 관한 소문을 취재하기 위해 LA행 첫 비행기를 탔다. 파벨이 미국 출장을 왔을 때 두어 번 주말을 함께 보냈다. 나는 곧 월드 서비스 라디오에서 환경부 특파원 자리를 제안받을 예정이었는데, 6개월의 짧은 일정이지만 패기를 증명해 보일 기회였다.

예약일 아침, 나는 병원에서 받은 서류를 접어 주머니에 넣고 공유 아파트를 나섰다. 그리고 돌아서서 문을 잠갔다. 근처에 살던 친구 조가 같이 가주기로 했다.

"안 갈 수도 있어." 나는 조에게 말했다.

"어떤 결정을 해도 좋으니 어디서 만날지만 알려줘." 조가 말했다.

나는 길을 따라 걸으며 큰길에 있는 버스 정류장으로 향했다. 처음 병원에 갔을 때 자동문을 통해 들어갔던 게 떠올랐다. 치디가 손을 잡아줬었다. 공원에 있던 나무 한 그루가 생각났다. 가지를 넓게 뻗은 늙은 밤나무였다.

'결정이 내려지고 있는 거야.' 나는 머릿속으로 이 말을 반복했다. 이어서 버스에 올라타 조에게 문자를 보냈다.

밤나무 가지는 몸통에서 낮고 두껍게 시작해 중력의 영향을 받지 않는 듯 측면으로 뻗어나간다. 거대한 촉수를 펼치고 뭔가를 찾는 것 같다. 조가 주위를 둘러보며 길을 따라 걸어오고 있었다. 나는 밤나무 아래에서 그에게 손을 흔들고서 가장 낮은 가지를 가리켰다.

"나는 못 올라가, 도린, 키가 너무 작잖아. 아무튼, 나무는 탈 줄 몰라."

"그러지 말고, 해봐." 나는 조의 다리를 하나 올려주고 나서 가지에 양손을 얹고 내 몸을 들어 올리기 시작했다. 몸이 영 예전 같지 않았고 두 팔은 나를 들어 올릴 만큼 강하지 않았다. 그가 나를 끌어올리려고 안간힘을 썼다.

"도저히 못 해 먹겠다." 나는 분한 마음으로 조를 올려다봤다.

그는 다리를 흔들며 활짝 웃고 있었다. "경치가 꽤 멋진데."

"다리 올려줄까요?" 조깅을 하던 사람이 물었다.

"네, 좀 부탁드려요."

조가 두 손을 모아 오므렸다.

이곳은 내가 몇 년 전 공원 근처에 살 때 제일 좋아하던 장소였다. 그 나무에서 가장 높은 가지까지 올라가면 나뭇잎 속에 몸을 숨길 수 있는 동시에 탁 트인 공중으로 나갈 수 있었다.

"내가 형편없는 엄마면 어쩌지, 조?" 그와 가지 위에 나란히 앉아 반농담조로 말했다. "애들을 망쳐서 나쁜 길로 빠지게 하면 어떡해?"

"걔들이 암 치료제를 찾거나 열량 없는 초콜릿을 발명할 수도 있잖아?" 그가 머리 위에 있는 가지 하나를 잡아당겨서 내 머리를 톡 때렸다.

그에게 던질 걸 찾으려고 주머니를 뒤지다 병원 서류를 발견했고, 그것을 사정없이 구겨 공처럼 만들었다. 서류뭉치 공은 그의 어깨에 맞고 튕겨서 바닥으로 떨어졌다.

"아니면, 그냥 유순한 애들일 수도 있잖아?"

나는 예약 시간이 지나서 안심하고 떠날 수 있을 때까지 나무의 크고 넉넉한 품에 안겨 시간이 흐르는 걸 지켜봤다. 그리고 아침 먹을 곳을 찾으러 공원을 나서면서 구겨진 서류를 다시 주워 쓰레기통에 버렸다. 결정은 이미 오래전에 내려졌다.

나는 매일 동네 수영장에 가서 나와 내 온갖 감정을 물속에 푹 담갔다. 나와 내 배와 질과 외음부를 타일 바닥 위로 끌고 나가면서 양수 안에서 안전하게 떠다니고 있을 아이를 생각했다. 나는 네발짐승이 되어 손바닥을 물갈퀴처럼 쫙 펼쳤다. 잠시 마른 땅을 벗어나 물속으로 뛰어들 때면 온 체중을 실어 곤두박질치는 나를 물이 포근히 감싸주는 느낌이어서 좋다. 배가 나오고 있어서 몸이 무겁기는 했다.

북위 27° 44′ 59″ 서경 114° 14′ 60″

한번은 순간적인 판단 오류 때문에 무서울 정도로 세게 배치기를 했다. 배 속에서 헤엄치던 게 멈췄다. '내 아기. 맙소사, 내가 아이를 죽인 걸까?' 전기 충격이 심장을 관통했다. 태동이 없는 기간 내내 나는 두려움에 떨며 태어나지 않은 아이에게 뭔가 해를 끼친 거라고 확신했다. 안식처인 수영장에서조차 걷잡을 수 없는 공포에 사로잡히곤 했다.

그러던 어느 날, 바닥을 따라 몸을 쭉 뻗는데 물밑에서 나를 밀어 올리는 부력이 느껴지면서 공기 방울이 양 옆구리를 지나갔다. 그리고 나를 안심시키는 내부의 꿈틀거림. 수면으로 올라온 나는 저 밑에 엄청난 무게의 물이 있는데도 사람들이 바다에 빠져 죽는 이유가 잠시 궁금해졌다.

물은 거절하지 않는다. 나는 출근 전에 아드레날린과 온갖 감정을 고갈시키기 위해 레인을 스무 바퀴 정도 돌았다. 매니저가 찾아와 6개월 동안 환경부 특파원을 해보겠느냐고 물었을 때 숨이 턱 막혀 웃기만 했다. 곧이어 내 상황을 떠올리고는 생각할 시간이 필요하다고 말했다. 나는 그날 밤 셋방에서 평소보다 더 크게 으르렁거리는 보일러 소리를 들으며 잠을 설쳤다. 이튿날 나는 매니저에게 감사하지만 사양하겠다고 말하고 화장실에 가서 울었다. 책상으로 돌아가서도 울었다. 맞은편에 앉아 있던 동료가 일이 있어서 집에 가야 하면 그렇게 하라고 메시지를 보냈다. 나는 집으로 돌아가서 울었다. 어떻게 일생일대의 기회를 거절할 수 있지?

하지만 그 일은 만만치 않을 테고, 임신 기간에 느끼는 불안이 조산을 야기할 뿐 아니라 아이의 삶에도 영향을 줄 수 있다는 내용을 어디서 읽었다. 나는 아기를 위해 안정을 취해야 했다. 임신 초기에 비행기를 타는 것에 대해서도 논란이 많았다. 어디서 살게 될지, 파벨과 어떻게 될지도 모르면서 그 일을 맡고 아이를 낳을 수는 없었다. 뭔가 잘못될 게 분명했다. 무슨 수를 써서라도 아이를 보호해야 했다. 나는 임신과 꿈에 그리던 일을 병행할 수 없을 거라며 떨고 있는 여인을 본다. 그가 조금만 더 힘을 내고 조금만 더 자신감을 갖기를 바란다. 동시에 그를 판단하지 않으려고 노력한다.

수영할 때만큼은 일과 미래, 파벨에 대해 생각하지 않았고, 지난주에 우리가 섹스를 했다는 사실이 내 아이에게 아빠가 생길 수 있다는 의미인지도 궁금해하지 않았다. 나는 고래들을 생각했다. 해빙 건너에서 나를 향해 쉭 하고 소리를 내던 그들의 리드미컬하고 느린 숨결을 생각했다. 그리고 레인을 왕복할 때 나를 스치며 흐르던 물 분자들을 생각했다.

대학에서 공학을 공부하며 나는 물이 어떻게 움직이는지를 배웠다. 전산유체역학(Computational Fluid Dynamics, CFD)은 들어본 적도 없었다. 첫 강의 때 분필과 딱딱거리며 칠판이 맞부딪치는 동안 나는 낙서를 끄적였다.

"물질계에서는 모든 게 유한합니다." 앤더슨 박사가 말했다. 유독 이 문장이 귀에 들어왔다. '모든 게 유한하다?' 수십 년이 지난 지금도 나는 이 문장을 머릿속에서 이리저리 굴리며 경이로움과 의심을 품고 뜯어본다. CFD는 하나의 흐름 속에서 입자들이 어떻게 움직이는지를 설명하는 데 사용된다. 심장박동이 빨라지면 혈액이 온몸의 혈관에서 고동친다. 한 번의 속삭임이 공기를 흐트러뜨린다. CFD에서는 흐름의 작용을 축소해 살펴본다. 그리고 파이(ϕ), 알파(α), 베타(β) 같은 그리스 문자를 방정식에 넣으면서 미지수를 다루는 법을 배운다. 이렇게 하면 미지수가 작고 다루기 쉬워 보이며 해결 가능해진다.

북위 27° 44′ 59″ 서경 114° 14′ 60″

하지만 내 미지수들은 작지 않았다. 나는 그것들을 방정식에 넣을 수 없었다.

헤엄을 칠 때면 나는 여러 가지 정의에 둘러싸였다. 물은 벽면 법칙(Law of the Wall), 후류 법칙(Law of the Wake) 같은 법칙들을 따른다. 흐름에는 층류(層流)와 난류(亂流), 이렇게 두 가지 유형이 있다. 층류는 여러 유체 층이 질서정연하게 미끄러지거나 가르듯 나아가는 현상이다. 고래의 체형은 유선형이라서 층류를 조성한다.

나는 양손을 화살처럼 모으고 머리를 아래로 당기면서 수영장의 얕은 쪽 벽을 차고 나갔다. 몸이 앞으로 미끄러져 나가면서 경계층이라고 불리는 물속의 얇은 보호막으로 둘러싸였고, 피부 바로 옆에 있는 물은 층류로 천천히 움직였다. 고래 몸에 붙어 있는 따개비류는 층류에서 사는 걸 좋아한다. 따개비 유생(幼生)은 고래 피부에 발판을 마련함으로써 플랑크톤을 더 많이 잡아먹을 수 있고, 암컷들이 잡기 쉽도록 느린 해류에 정자를 방출함으로써 짝짓기도 할 수 있다.

세상을 향해 더 멀리 나아갈수록 내 몸의 윤곽 뒤에 생기는 물의 흐름은 더 빨라지고, 더 종잡을 수 없어지고, 더 어지럽고 사납게 요동쳤다. 회오리, 소용돌이가 일어나 늘어나고 뒤틀리며 내 움직임에서 에너지를 가져갔고, 내가 지나간 흔적에서 점점 더 작은 소용돌이로 이어지다 완전히 사라졌다. 난류는 그야말로 에너지 낭비다. 하지만 다른 측면에서 보면, 난류는 하루에 레인 스무 바퀴를 도는 광란의 움직임이나 수영장과 바다에서 소리를 지를 때 발생하는 진동이 물에 다량으로 흡수될 수 있는 이유이기도 하다. 땅에서는 늘 내 목소리를 내기가 힘들었다.

자유형을 하며 숨을 들이쉬다 공기 대신 수영장 물을 왕창 마시는 바람에 숨이 막혔다. 염소 말고도 뭔가 다른 맛이 났다. 물은 다른 사람들의 흔적으로 가득했다. 피부, 음식, 침, 콧물, 똥, 피. 피부는 이 모든 것과 나를 가르는 경계였다. 나는 턴해서 다시 출발하면서 몸의 안팎이 뒤집히는 상상을 했다. 몸의 내부, 양막낭(羊膜囊)*, 자라고 있는 아이가 이제 내 우주였다. 외부에 있던 것들은 전부 피부 안으로 들어왔다. 나는 수영장, 다른 사람들, 냄새 고약한 웅덩이, 개의 오줌 줄기, 뇌우 방울을 몸 안에 품었다.

 몸 안팎이 원래대로 돌아가도 그 모든 건 초등학교에서 배웠던 물의 순환 안에서 만나 뒤섞였다. 증발, 대류, 강수. 물은 지구와 모든 생명체 안에서 끊임없이 흐른다. 언젠가 내 몸 안에 있었던 물 분자가 누군가의 몸 안에 있을 수도 있다. 물은 국경과 경계를 가로질러 메시지를 전달한다. 대기에 있는 물은 지상에 있는 물에 의해 맛이 더해진다. 구름은 대륙을 넘나든다. 그러면서 비와 함께 방사성 입자와 이산화황을 배달한다. 멕시코만류는 멕시코의 온기를 영국과 북서 유럽에 전달해 포근한 겨울을 갖다준다. 물은 서로 대화를 나눈다. 대왕고래는 대양분지 전체를 가로질러 소통한다. 적어도 우리가 바다를 망가뜨리기 전까지는 그랬다.

 수영장에서 배치기를 하고 3주 뒤, 방에서 서류 작업을 하던 때였다. 오줌이 살짝 마려워 화장실에 갔다. 그런데 오줌이 찔끔거리며 멈추지 않았다. 몇 분 뒤 조산사 브리짓에게 전화를 걸었다. 안 그래도 그의 출산 교실에 참여할 계획이었다.

 "무슨 일이 일어나고 있는 것 같긴 하네요." 그가 말했다. 일요일

---

* 태아가 사는 주머니처럼 생긴 얇은 막—옮긴이

아침이었다. 동거인과 절친한 친구는 도시 밖에 나가 있었다. 파벨은 결혼식에 가는 길이라 돌아오고 싶어 하지 않았다. 피로연 때 일찍 나올 수도 있다고 했다. 나는 혼자였다.

할 일이 너무 많았고 출산 예정일이 한 달 가까이 남은 데다 런던에서 아이를 낳을 계획도 없었다. 바로 전날 이 문제로 파벨과 다퉜다. 급하게 서류를 뒤적이다 잠을 잤지만 목이 말라서 다시 깼다. 몸과 피부가 더 많은 물을 원했다. 갈증이 너무 심했다. 물 몇 잔을 연이어 들이키고 몇 시간 동안 샤워를 했다. 그러다 구토를 했고 겁에 질려 브리짓에게 전화했다. 그의 남편이 브리짓과 나를 병원에 데려다줬다. 간호사가 자궁문이 다 열렸다고 했다. 그들은 서둘러 수조에 물을 채웠다.

두 시간이 지난 밤 11시. 마지막 20분. 고통이 밀려온다. 더는 브리짓과 대화를 이어갈 수 없다. 귀에 들리는 건 그의 목소리뿐이다. 나는 그의 손목을 물고 있다가 그가 시계를 푸느라 손을 잠깐 뺀 사이에 비명을 지른다. 아직 나오지 못한 아이가 탯줄에 감겨서 잘못될까 봐 두렵다. 브리짓의 손목을 놓고 물속으로 들어가 숨을 내뱉는다. 그리고 고개를 숙인 채 고래들을 부르며 도와달라고 목 놓아 외친다. 온 힘을 다해 그들을 소환한다. 피와 양수가 뒤섞인 물속에서 그들이 육중한 몸을 움직이며 나와 함께 숨을 들이쉬고 내쉰다. 더는 혼자가 아니라고 느낀다.

깊은 물 속에서 '도와달라'고 절규하던 외침과 보트 위에서 고래가 있을 만한 곳을 향해 부르던 노래. 그리고 그 진동에 대한 기억이 바다 어딘가에 있을지 모른다.

어쩌면 그들은 내게 돌려줄 메시지가 있었는지 모른다. 어느 고래가 물속 깊이 들어갔다가 숨을 쉬려고 올라와 세상을 향해 소리칠 때, 그 안에 있던 물 분자 하나가 그 고래를 기억하며 여전히 울려 퍼지고 있는지 모른다.

어쩌면 물이 그 고래의 노래를 가져와 내 아들이 우리의 수중 세계에, 그리고 내 품에 무사히 도달할 수 있게 도왔는지도 모른다.

고래관광선들이 수평선 너머로 사라졌다. 맥스와 나는 모래로 해변에 거대한 고래를 만든다. 맥스가 고래 머리에 조개껍데기 눈을 만드는 사이 나는 바다를 바라본다. 이 석호는 찰스 멜빌 스캐몬(Charles Melville Scammon)의 이름을 따서 스캐몬 라군이라고 불렸다. 우리가 머물고 있는 게레로 네그로라는 마을은 근처에 있는 망가진 포경선인 블랙 워리어(Black Warrior), 즉 흑인 전사라는 뜻인데, 스캐몬은 1825년에 태어났고 1857년에 여기서 첫 항해를 나갔다. 처음부터 포경꾼이 되려던 건 아니었다. 원래는 무역선 선장이었는데 일이 거의 없었고, 바닷일을 완전히 포기하느니 고래라도 잡자고 나간 것이었다.[2]

보스턴(Boston)호는 인간 계몽이라는 명분 아래, 말 그대로 해양생물을 끓여 기름을 만들고자 샌프란시스코를 떠났다. 당시 고래들은 초기 산업사회의 밤을 밝히고 바퀴에 기름을 쳤다. 하지만 1857년 늦여름 보스턴호는 8개월째 항해하면서 기름 한 통, 물개 가죽 한 장 얻지 못했다. 내다 팔 물건 없이 빈손으로 돌아가면 선원들에게 상여금을 줄 수 없었다. 스캐몬 선장은 바하칼리포르니아 연안으로 이동하는 회색 고래들을 따라가자며 겁에 질려 주저하는 선원들을 설득했다.

그는 그 '괴물들'과 하트 모양 분수가 사막으로 사라지는 걸 보고 범선을 보내 해안선을 탐색했다. 이틀 뒤 석호 입구가 발견되었다. 평화로운 그곳에는 고래 몇 마리와 바다거북, 새, 물고기, 알락돌고래(porpoise)가 바글거렸다. 선원들은 고래들이 더 많이 오기를 기다리며 사냥을 준비했고, 찰스 스캠몬은 그들이 노는 모습을 지켜봤다.

'특히 한 녀석은 큰 파도 밑에 30분 정도 숨어 있었는데… 가끔 구부러진 꼬리로 신나게 뛰어오른다.' 그는 어미 회색고래가 새끼를 낳을 따뜻한 석호를 찾아다니는 모습에서 '새끼를 향한 깊은 사랑이 드러난다'며 감탄했다.[3]

회색고래는 상업적으로 가치가 별로 없었다. 기름은 향유고래와 북극고래에서 두 배 더 많이 나왔다. 회색고래의 수염은 코르셋이나 마차의 채찍으로 쓰기에 적합하지 않았고, 석호에서의 포경은 끔찍하리만큼 위험한 것으로 알려져 있었다. 고래들이 배를 공격하고 부쉈기 때문이다. '첫 번째 선박이 흡사 떠다니는 구급차처럼 불구가 된 승객들을 싣고 도착했고… 사내들은 즉사하거나 중상을 입었다.'

포경꾼들은 회색고래에게 악마의 물고기라는 이름을 지어주고 그들을 큰바다뱀과 악어의 교배종으로 여겼다. 새끼들이 포경꾼들의 시야에 포착되어 잡히기라도 하면 어미들은 흉포하게 선박으로 돌진해 그들을 전복시켰다. '광기에 사로잡힌 어미가 선박을 쫓아가 급습하고, 머리로 전복시키거나 육중한 꼬리로 박살 냈다.'

새끼들은 어미들을 싸울 수 없는 얕은 물로 유인하는 데 이용되었다. 나는 이 바다에 있는 고래들과 그들의 온화함, 빛을 밀어내며 우리가 쭉 내민 손가락으로 다가오던 새끼 고래를 생각한다. 새끼가 어미를 찾으려고 석호를 뒤지며 소리를 내면 포경꾼들은 그 소리를 들었다. 나는 모래사장에 있는 맥스에게 다가가 아이가 가까이 있는 걸 확인한다.

여기서 무슨 일이 있었는지를 생각하니 석호의 고요함이 섬뜩하게 느껴진다.

찰스 스캠몬은 머리가 새를 닮은 배아(胚芽)를 포함한 아름다운 고래 그림을 그렸다. 사진처럼 세밀해서 배에 달린 끊어진 탯줄까지 보여준다.

포경꾼들은 임신 중이거나 젖먹이를 키우는 암컷들을 표적으로 삼았다. '한 달 정도 된 새끼가 있는 어미 고래가 선박 가까이에서 죽었다. 어미를 해체하기 위해 선박으로 끌어올리자 새끼가 따라와 2주 동안 그 주위를 맴돌며 놀았다. 녀석이 성체가 될 때까지 살아남았는지는 알 수 없다.'

공격은 밤새 계속되었다. '살육의 현장은 매우 생생하고 흥미진진했다.' 선원들은 고래의 거대한 입술을 꿰매어 닫고[4] 몸통을 선박으로 견인했다. 지방이 고래기름 정제기에서 데워지며 황량한 하늘에 고약한 연기를 자욱하게 뿜어냈다. 선박들은 기름통 무게에 눌려 푹 가라앉은 채 샌프란시스코로 돌아갔다. 빵 통, 갑판 항아리, 아이스박스, 다짐육 통, 고래기름 정제기까지. 가지고 있는 모든 용기를 전부 고래기름으로 꽉꽉 채웠다. 배가 수평선 위로 보이기 전부터 냄새가 날 만큼 악취가 심했다고 한다.[5]

그런 상황은 더 멀고 깊은 곳까지 영향을 미쳤다. 박물학자 로이 채프먼 앤드루스(Roy Chapman Andrews)는 이렇게 썼다. '그 종들은 (1910년 이전까지) 20년이 넘도록 과학사에 존재하지 않았고' 일부는 그들이 멸종했다고 믿었다.[6] 회색고래들이 더는 물속으로 뛰어들거나 물 위로 올라오지 않으면서 물속 공간이 텅 비어가고, 소리와 움직임이 사라지고, 해수층 간의 영양소 이동과 다양성이 감소했다. 해저는 아무런 방해도 받지 않았다. 회색고래들이 유콘강의 열두 배에 달하는 7억 세제곱미터의 침전물을 휘저어놓지 않는 바람에, 괴성을 질러대는 바닷새 100만 마리가 먹이를 공급받지 못했다.[7] 나는 갑작스러운 부재와 남은 회색고래들의 대답 없는 외침을 상상한다.

어미 고래가 새끼에게 가려고 배에 달려드는 모습이 머릿속에 그려진다. 바다가 핏빛으로 물든다. 어미의 눈이 자꾸만 떠오른다.

하지만 그보다 더 끔찍한 건, 무엇이 찰스 스캐몬을 움직였는지를 이해할 수 있다는 사실이다. 바다를 향한 이끌림, 만물을 이해하려는 탐구심, 가족을 먹여 살리고 인류의 발전에 기여하려는 욕구. 나는 1874년 노인이 된 그가 책상에 구부리고 앉아 해양 포유동물에 관한 책을 완성하는 모습을 상상한다. 그는 바하에서 일어난 대량 학살에 대해 인정했고, 그때 이미 알았던 것 같다. '한때 이 동물들이 모여 새끼를 낳고 키우던 큰 만과 석호는 거의 비어 있다. 시베리아부터 칼리포르니아만까지 이어지는 울퉁불퉁한 은빛 해안 여기저기에 칼리포르니아 회색고래의 거대한 뼈가 창백히 누워 있다. 머지않아 이 포유동물이 태평양에서 멸종한 종으로 포함되지 않는 것에 의문이 제기될지도 모른다.'

거대한 뼈가 햇빛을 받아 하얗게 바랜다. 이 뼈는 큰 야자나무에 둘러싸인 채 아스팔트 위에 헤엄치듯 떠 있다. 석호에서 회색고래 가족들을 만난 지 이틀 반 뒤, 우리는 성체의 유해를 보고 있다. 등뼈가 금속 아아크(arc)에 받쳐져 있다. 두꺼운 하부 받침대가 무게를 지탱하려고 안간힘을 쓰듯 벌어져 있다. 나는 머리를 부딪히지 않기 위해 몸을 구부리고 축 늘어진 꼬리 밑을 걸어간다. 척추뼈에 구멍을 뚫고 꿰어

놓은 흰 철사에 늑골이 매달려 있다. 꼬리뼈 끝부터 턱뼈 끝까지 8미터 정도다. 인근에서 죽은 고래 같다. 척추와 어깨뼈가 사람과 크게 다르지 않다. 지느러미뼈도 손가락처럼 보인다.

"조심해." 나는 뒤에서 뛰어다니는 맥스에게 주의를 준다. 일행 중에서는 젊은 측에 속하는 빨간 머리 할머니 주디가 웃느라 잔주름이 잔뜩 잡힌 눈으로 그를 쫓는다.

"누가 봐도 그 댁 아들인 걸 알겠어요." 그가 말한다. 나는 우리가 같은 옷을 입었다는 걸 인지하지 못했다. 청바지, 파란색 후드티, 베이지색 야구모자. 오늘 아침은 안개가 끼고 추웠다. 지금 하늘은 일사병에 걸릴 것처럼 파랗고, 태양은 우리를 선명하게 비추고 있다. 맥스가 겉옷의 지퍼를 내리기 시작한다.

"그냥 입고 있어, 안 그러면 탈 거야." 나는 말한다. 겉옷 안에는 반팔 티셔츠뿐이다.

"안 추위, 엄청 따뜻해, 괜찮아, 엄마." 우리는 둘 다 순식간에 타버리는 창백한 피부, 크고 파란 눈, 주근깨가 난 코를 가지고 있다. 마치 내 일부가 떨어져 나가서 주위를 뛰어다니고 말대꾸하는 것 같다. 선크림을 꺼내는 걸 본 맥스는 몸을 홱 돌려 도망치려고 한다.

"선크림 싫어, 엄마. 나한테 바르지 마. 안 돼." 나는 한쪽 팔을 잡고 협상을 시작한다. 맥스는 선크림을 잔뜩 발라야 할까 봐 마지못해 겉옷을 다시 입기로 한다. 그러고는 이내 줄행랑을 치며 주디가 따라오고 있는지 어깨 너머로 확인한다. 나는 온몸에 선크림을 바른다.

나는 고래의 심장이 있었을 자리에 서서 6초에 한 번, 물속에서는 그보다 두 배 느린 속도로 혈액을 뿜어내는 모습을 상상한다. 무게는 165킬로그램 정도로 나보다 2.5배 무거웠을 것이다. 나는 고개를 들고 심장 박동에 맞춰 숨을 참으며 척추와 두개골, 코처럼 앞으로 돌출된 주둥이 그리고 밑에서 곡선을 그리며 올라오는 턱뼈를 차례차례 눈으로 따라가 본다. 이 고래는 어느 시기에 살다가 어떻게 죽었는지 궁금해진다. 고래가 물속에서 움직이는 모습을 상상해 본다.

마치 대답이라도 하듯 바닥과 고래 뼈가 눈앞으로 달려든다. 몸이 휘청거리고 땅으로 곤두박질치는 롤러코스터에 탄 것처럼 속이 울렁거린다. 재잘거리는 소리가 사라지고 누군가가 다급히 달려오는 소리가 들린다. 머리와 가슴이 답답하다. 발에 감각이 없다. 균형을 잡으려고 두 팔을 뻗어 고래의 늑골을 밀어낸다. 온몸에 피가 안 도는 느낌이다. 뒤로 살살 움직이며 고래 뼈에서 빠져나와 길가의 잔디 위에 털썩 주저앉는다.

맥스가 다가온다. "무릎에 앉아." 그러자 뒤돌아서 내 무릎 위로 뛰어든다.

"괜찮아요? 좀 창백해 보여요." 주디가 말한다. 나는 고개를 끄덕인 뒤 땅이 흔들리거나 기절하거나 토하지 않을 거라는 확신이 들 때까지 호흡과 등에서 느껴지는 태양의 열기, 아들의 손가락에서 전해지는 온기에 집중한다. 그러고는 천천히 일어난다. 고래 뼈는 돌아보지 않는다. 괜히 그랬다가 움직이는 걸 볼까 봐 걱정된다.

그것은 고래의 낙하(whale fall)라고 불린다. 마지막 잠수. 사체가 심해저대로 가라앉아 수천 미터 밑에 있는 해저와 만나는 동안, 안개처럼 서서히 밀려오는 경외감 속에 모래가 열린다. 혼자 있는 시간은 길지 않다.

사체가 얕은 물에 가라앉거나 부패하면서 발생한 가스로 인해 부푼 상태로 물 위를 떠다니면 그 과정은 더 빨라진다. 포식자들의 움직임이 빨라지고 높은 온도가 부패를 돕는다. 차갑고 수압이 높은 바다 밑에 생물 군락이 몰려든다. 먹장어가 주름진 소매 같은 점액질 몸을 펼친다. 몇 개월 동안 굶은 녀석은 물속을 잽싸게 헤치고 나가 살점을 도려낸다. 고래 사체는 빈곤 지역에 떨어진 식량의 섬이다. 길이가 4미터인 잠꾸러기상어도 여기서는 잠행할 필요가 없다. 바다벼룩과 게도 달려든다. 연구자들은 이 어두운 죽음이 홍합에게 진화의 디딤돌을 만들어 줬다고 말한다. 다양한 규모의 성대한 만찬이 모든 차원에서 생명을 확장한다.

눈, 피부, 근육, 뇌, 생명으로 고동치던 것들이 모두 사라지면 뼈를 차지하려는 녀석들이 몰려든다. 희고 노랗고 걸쭉한 박테리아 덩어리, 침전물 속 조개들, 뼈를 먹는 벌레들, 복족(蹼足)류, 삿갓조개류. 떠들썩한 무척추생물들이 지방이 풍부한 뼈를 향해 검은 해저를 기어가고 미끄러지고 흘러간다. 사체가 부패하면서 발생하는 황화물과 화학반응이 수많은 미생물에게 생명의 연료를 공급한다. 고래에게 묶여 있던 에너지는 100년 동안 생명의 그물을 지탱해 준다.

우리는 탄소 생명체다. 모두 그렇다. 그리고 죽을 때 탄소를 가져간다. 물은 생명의 잔해를 수면에서 생물체를 위한 천연 탄소 펌프가 있는 심해로 이동시킨다. 거대한 고래의 죽음은 사체가 놓이는 자리에 탄소를 퇴적시킨다. 무게가 40톤인 고래 안에는 탄소 2톤이 저장되어 있는데, 이것을 다른 방법으로 제거하려면 2000년 정도가 걸린다. 상상이 가는가? 내 몸 안에는 탄소 13킬로그램이 들어 있다. 고래의 탄소 저장 규모를 이해하는 데는 별 도움이 되지 않는다. 바다를 배회하는 큰 수염고래도 탄소 저장고의 역할을 하는데, 우리가 그들을 대량 살상하면서 탄소 저장량도 감소했다. 과학자들은 고래 개체 수가 완전히 회복되게 놔두면 탄소를 퇴적시키는 죽음을 통해 매년 14만 5,000톤의 탄소가 격리될 거라고 추산한다.[8]

우리가 생태학적 기능이 저하된 세상에 살고 있으며,[9] 인간이 초래한 변화에 대한 바다의 대처 능력이 예전만 못 하다고 말하는 과학자들도 있다. 고래는 바다를 살아 있게 하고 영양소를 순환시키며, 그들의 배설물은 더 많은 탄소를 고정하고 산소를 생산하는 식물성 플랑크톤의 성장을 촉진한다. 심지어 경제학자들도 고래를 보호하는 게 인위적 영향에 대응하고 우리를 우리 자신으로부터 보호하는 데 도움이 될 거라고 거들었다.[10]

당신이 평화롭게 살다가 죽을 수 있다면 말이다.

우트키아빅 : 고래 눈

북위 71° 17′ 26″ 서경 156° 47′ 19″

부엌 창문 밖으로 크고 두툼한 눈송이가 휘날렸다. 나는 오트밀에 꿀을 넣고 저으며 눈송이가 떨어지는 모습을 지켜봤다.

"고래 눈(Whale Snow)이네요." 줄리아가 한숨을 쉬었다. "고래가 근처에 있을 때 내리는 눈이에요. 녀석들은 저기에 있어요. 우리가 갈 수 없을 뿐이죠."

반이 들어와 나를 향해 고개를 까딱했다.

"동풍이 부나요?" 나는 그에게 물었다. "수로는 열리고 있어요?"

"기다려 봐요." 반은 날씨에 대한 불만을 억누르는 중이었다. 지난여름 북쪽 빙하가 녹으면서 떨어져 나온 거대한 얼음덩어리가 우트키아빅으로 떠내려와 해안에 붙들려 있었다. 얼음이 두꺼워서 이동하기에 안전한 발판은 마련되었지만, 얼음덩어리를 바다로 밀어서 리드를 형성해 줄 강하고 안정적인 동풍, 그리고 바람과 힘을 합쳐 리드를 열어둘 해류가 필요했다. 바람이 안정적으로 불지 않고 자꾸만 이리 불고

저리 붙었다.

북알래스카와 캐나다를 횡단하려던 내 계획은 점점 더 멀어지고 있었다. 기다리는 데 너무 많은 시간을 써버려서 바로 다음 목적지까지만 갈 수 있어도 다행인 상황이었다. 방세를 내고 항공기로 들여오는 값비싼 슈퍼마켓 음식을 사 먹느라 여비도 빠르게 줄고 있었다.

내가 참여하기로 한 포경은 국제포경위원회 IWC가 승인한 다섯 가지 생계형 포경 중 하나이며, IWC는 매년 회의를 열고 5년마다 할당량을 검토했다. 기준을 충족하려면 포경단이 고래 고기의 영양학적·문화적 필요성을 증명해야 했고, 고래 수도 충분해야 했다. 북극의 포경은 미국과 일본 같은 포경국들 사이의 권력 다툼에서 정치적 논란거리가 되었다. 2002년 일본은 이누피아트의 할당량을 조정하고자 했다. 48개 회원국 가운데 4분의 3이 찬성해야 했다. 일본은 해외 개발원조 예산을 이용해 영향력을 강화했지만 한 표가 부족해 부결되었다. 솔로몬제도와 내륙국인 몽골, 카리브해의 몇몇 국가들이 반대했다.

"우리는 15년 동안 연안 포경에 대한 승인 신청을 거부당했습니다. 미국도 똑같은 고통을 느껴봐야 합니다." 일본 해양수산부의 고마츠 마사유키(Komatsu Masayuki)가 말했다.[1] 이 문제로 IWC 특별총회가 열렸고 결국 일본이 한발 물러섰다. 외부인들의 잣대로 포경을 판단하면 이누피아트에게 실질적인 문제가 발생할 수 있다.

반은 그들이 더 안전하고 효율적인 포경 기술을 도입한 것에 대해 비난을 받아왔다고 말했다. 총과 폭탄, 스노모빌, 선외 모터, 그리고 해안 침식으로 해변에서 내륙으로 옮겨진 도축장까지 고래를 운반하는 전면 적재식 트랙터. 그는 외부인들의 고정관념으로 정의되기를 원하지 않았다. 세상이 변하면서 사냥법도 달라졌다. 반은 이누피아트도 다른 사람들과 마찬가지로 전통적 생활양식과 현대적 생활양식을 원하는 대로 조합해 사용할 권리가 있다고 주장했다.

"우리가 전부 이글루에서 사는 줄 알았잖아요, 그렇죠?" 반이 말했다. 그는 내 질문을 성가시게 여길 뿐 아니라 나를 의심하는 듯했다. 내가 타니크(tanik), 즉 백인이고 무엇보다 여성이다 보니 별다른 기대는 하지 않았다. 줄리아가 내가 온다고 말해둬서 아무도 이의를 제기하지 않았을 뿐이다.

그가 끊임없는 질문 세례를 불편해하는 걸 알면서도 멈출 수가 없었다. 나는 끈질기게 궁금해했고 대놓고 감탄했으며 선입견이 없었다. 그리고 결정적으로 의지할 게 하나도 없었다. 나눔이 그들의 문화에서 아주 핵심적인 부분을 차지하다 보니, 한없이 너그러운 그 가족은 물론 반마저도 나를 외면하지 못했다.

연구실 천장에 매달려 있는 비치볼만 한 공기 주입식 지구본. 기다림이 계속되던 어느 날, 나는 배로우의 기상관측소를 둘러보게 되었다. 22년간 국립해양대기청(National Oceanic and Atmospheric Administration, NOAA) 관측소 소장을 맡아 온 댄 엔드리스(Dan Endres)가 나를 안내해 주었다.

"흥미로워요, 도전 의식을 북돋우죠." 대수롭지 않게 말했지만, 댄은 기온이 영상인 기간은 고작 두 달 반이고 겨울에는 24시간 내내 어둠뿐인 곳에서 방대한 자료를 수집하는 작업을 감독하고 있었다. 그저 신발 끈을 매고 있는 사람처럼 여유로워 보였다. "대기가 어디서 끝날 것 같은지 짚어보세요."

"저기요." 나는 지구본 표면에서 몇 센티미터 떨어진 곳을 손으로 가리켰다.

"아니에요." 그는 지구본을 찰싹 때렸다. 그리고 그 위로 숨을 내쉬었다. "내 날숨에서 나오는 수분이 대기보다 더 두꺼워요. 생태권 전체가 종이 한 장보다 얇답니다." 온갖 가스와 온실 효과, 기후 등 댄이 연구한 모든 게 바로 거기, 그가 보여준 아무것도 아닌 공간에 들어 있었다. 댄은 정부 기관과 대학을 대신해 분석 작업을 하고 표본을 주고받았다. 나는 일상 업무에 대해 듣다가 화학물질과 화학작용의 구름 속에서 길을 잃고 말았다.

F11, F12, 메틸클로로포름, 그리고 가장 강력하다고 알려진 온실가스 육불화황. 처음 측정했을 때는 육불화황 수치가 4점대였는데 불과 6~8년 만에 5.5점에서 6점대까지 올랐다고 그가 말했다. 황은 인위적으로 만든 것과 화산에서 발생한 게 있다. 툰드라는 이산화탄소의 발생원일까, 흡수원일까?

"북극은 세계를 비추는 거울이라고 불려왔어요. 사람들은 배로우에 나타나는 현상들을 보면서 문제가 얼마나 심각한지를 점점 더 깨달아가고 있죠."

"지금 관측되고 있는 건 뭔가요?"

"이산화탄소의 엄청난 증가요." 배로우의 기상관측소는 주요 관측소 다섯 곳 중 하나였다. 다른 관측소들은 하와이 마우나로아, 캘리포니아 트리니다드 헤드, 아메리칸사모아, 남극에 있다. 연구실에는 맹렬하게 윙윙거리며 진동하는 장비로 가득 찬 방이 몇 개고, 그 안에서 펌프로 외부의 대기 표본을 수집했다. 직원은 두 명이었다. 실험실 기사인 테레사는 쉬는 날이라 없었다. 댄은 둘이 업무를 반씩 나눠서 하는데 자기가 뭔가를 망가뜨리면 테레사가 고쳐주는 식이라며 농담을 했다.

벽에는 유명한 기후변화 그래프들이 빼곡히 붙어 있었다.

"이게 여태껏 북극에서 나온 것 중에 가장 유명한 자료예요." 댄이 벽에 있는 이산화탄소 농도 그래프를 가리켰다. 선이 y축을 따라 좌측에서 우측으로 꾸준히 상승했다. 그는 자기가 관측한 내용을 줄줄이 읊었다. "이산화탄소 농도가 거의 100ppm 증가했어요. 기온 변화는 훨씬 완만해요. 밖에는 이전과 다른 식물들이 자라고 있고요. 봄에는 얼음이 7~10일 더 빨리 녹고, 가을에는 훨씬 더 늦게 얼어요. 처음 왔을 때는 10월 중순만 되어도 해빙에 나갈 수 있었는데 이제는 11월이나 12월 전까지 나가볼 엄두도 못 낸답니다."

뒤이어 해빙이 점점 얇아진다면서 위성사진으로는 얼음이 덮인 범위만 보일 뿐 두께는 확인할 수 없다고 말했다. 길어진 일조시간이 플랑크톤의 화학반응에 영향을 미쳐서 고래와 물개 같은 이주 동물들의 식습관도 변할 거라고 했다. 고래는 얼음을 보호막 삼아 그 밑으로 지나가는 걸 좋아해서 해빙이 줄어들수록 더 먼 바다로 나가야 한다. 생계형 포경도 덩달아 멀리 나가야 한다. 그러다 폭풍에 갇힐 위험도 커진다.

"세상 사람들이 들어줬으면 하는 얘기가 또 있나요?" 나는 물었다.

댄이 웃었다.

전 세계인들이 들을 수 있는 확성기를 그에게 주고 싶었다. "소장님이 BBC의 왕이라면요?"

그는 잠시 생각했다. "여기서 일어나는 일은 다른 지역에서도 똑같이 일어날 거예요. 조기 경보음이라고 할 수 있죠."

지원금 심사위원을 열심히 설득했던 게 떠올랐다. 나는 북극을 기후변화의 최전선으로 내세우며 모든 증거가 너무 명확해서 이론의 여지가 없다고 주장했다. 댄이 말을 멈추자 두려움이 밀려왔다. 나는 진실과 정확성을 상징하는 언론사에서 일했다. 어째서 우리는 이 이야기를 제대로 하지 못했을까? 무슨 일이 있었던 거지?

지금껏 전 세계 대중매체는 회의론자들이 과학을 왜곡하는 행위를 충분한 이의 제기 없이 수시로 허용했고, 주류 기후학자들과 맞먹는 과학적 영향력을 가진 것처럼 그들을 소개했다. 가끔이지만 애석하게도 BBC 역시 다르지 않았다.[2,3]

내가 우트키아빅에 다녀오고 4년 뒤, 한 논평이 BBC의 과학 보도에 대해 언급하면서 공정함에 몰두한 나머지 때로는 잘 확립된 사실에도 반대 의견을 내놓는다고 지적했다. 이처럼 '반대 목소리를 사실상 결론지어진 논쟁으로 끌어들이려는 고집'은 이른바 '거짓 균형(False Balance)'이라는 보도를 만들어냈다.[4] 이 논평은 유니버시티 칼리지 런던의 명예교수 스티브 존스(Steve Jones)가 쓴 것이다.

그는 수학자와 독불장군 생물학자를 초청해 2 더하기 2가 얼마인지 토론하는 거나 마찬가지라면서,[5] 수학자는 4라고 하겠지만 독불장군 생물학자가 5라고 하면 청중은 그 답이 4와 5 사이 어딘가에 있다고 믿게 될 거라고 했다. 존스는 BBC 사이언스가 '다른 방송사들보다는 월등히 낫다'고 했지만, BBC를 포함한 전 언론사가 할 일을 제대로 하지 못하고 있는 건 확실했다. 댄은 원하는 대로 수천 번 측정하고 이 일을 일생의 업으로 삼아왔다. 하지만 기후에 관해서 2 더하기 2가 4가 아니라는 주장을 얼마나 많은 사람이 믿을지는 결국 대중매체가 결정했다.

나는 해빙 위에 서서 발바닥으로 진동을 느끼며 옆에 있는 크레이그 조지(Craig George)를 초조하게 쳐다봤다. 30년 넘게 우트키아빅에 거주한 생물학자 크레이그는 고래잡이들이 적기를 기다리는 동안 얼음이 굳지 않은 결함 구역(flaw zone)에 가보자고 제안했다. 유빙이 지구 꼭대기를 으르렁대고 돌아다니면서 총빙(叢氷)•을 긁어내고 이랑을 만들고 얼음을 부수는 곳이었다. 크레이그는 유빙 위에서도 존재만으로 안도감을 주는 전문가였다.

"저기 있는 다년빙(多年氷)을 잘 봐둬요." 그가 말했다. "다시는 볼 수 없을지도 모르니까." 그의 흰 콧수염에 서리가 내려앉았다. 다년빙은 겨울 한파를 겪고 여름을 견디면서 윗부분이 녹았다가 이듬해 다시 얼어붙는 과정을 여러 번 되풀이하는 유빙이라고 그가 설명했다. 다년빙은 서서히 양각(陽刻)을 발달시키면서 갈라지고 변형되어 놀랍도록 선명한 파란색과 녹색을 드러냈다. 여름에 소금이 침출된 얼음은 신선한 물을 얻을 수 있는 훌륭한 공급원이었다. 우리는 북쪽에서 떨어져 나와 남쪽으로 떠내려온 오래된 얼음 위에 서 있었다. 북극이 녹고 얇아지면서 보기 힘들어진 현상을 직접 목격하는 중이었다.

"북극곰이랑 과학자들도 저걸 좋아해요." 크레이그는 해안 고착빙에서 다년빙을 마지막으로 본 건 2001년이었고, 그 후에는 겨울이 따뜻해서 주로 '크고 오래된 덩어리가 없는 평평한 단년빙(單年氷)'만 보았다고 했다. 그러면서 다년빙은 자신의 역사 일부를 지니는 게 특징이라고 말했다. "저게 제일 먼저 사라질 거예요. 슬픈 일이죠, 어찌 보면."

희고 험준한 산이 우리가 선 자리에서 앞으로 10미터쯤 떨어진 곳을 미끄러지듯 지나가고, 그 꼭대기에서 커다란 덩어리들이 떨어져 나오고 있었다.

• 바다 위를 떠다니는 얼음이 얼어붙어 언덕처럼 된 얼음덩어리-옮긴이

"와, 저것 좀 봐요. 진짜 조심해야겠어요. 문제는, 저기서 위에 압력이 가해지면 이 모든 게 산산조각이 난다는 거예요." 크레이그가 발밑에 있는 얼음을 가리켰다. 얼음이 갈라지는 소리가 들렸다. 심하지는 않았다. 가루눈으로 뒤덮인 얼음은 무척 견고해 보였다. 산이 속도를 늦추고 있었다. "이리로 압력이 가해지고 있어요. 후퇴합시다, 여길 빠져나가자고요."

크레이그는 웃었지만 스노모빌로 신속하게 이동하고 있었다. 나도 뒤따라가 썰매에 느릿느릿 올라탔다. 그가 판구조론을 실시간으로 보고 있는 거라고 설명했다. 조산운동(mountain building), 충상단층(thrust faults), 파쇄작용(fracturing)을 볼 수 있었다. 유빙들이 큰 소리를 내며 부딪쳤다. "지각도 이렇게 만들어졌어요. 똑같은 과정을 거쳤죠." 그가 시동을 걸고 굉음을 냈다.

스릴을 위해서였는지, 판과 판이 부딪치는 힘을 느끼게 해주기 위해서였는지 그는 막판까지 출발을 미뤘다. 그 덕에 발아래 얼음을 깨부숴 우리를 집어삼키거나 고착빙에서 떼어내 바다로 보내버릴 수 있는 압력을 몸소 체험할 수 있었다. 나는 구조 헬기를 타고 하늘에서 내려다보듯 무한하고 변화무쌍한 흰색 바다에 까만 점처럼 보일 우리를 상상했다.

우리는 광활한 바다를 채우고 있다. 바다는 인간이 배출하는 탄소의 3분의 1을 흡수해 내륙의 기후변화를 늦추는 데 도움을 주었다. 하지만 그만큼 대가도 치러야 한다. 이산화탄소가 바닷물과 반응해 탄산을 만들면 바다의 산성이 강해져서 이산화탄소 흡수량이 줄어든다.

몇 가지 실험은 바다의 pH가 낮아지는 산성화가 산호초에 손상을 입히고 어류 번식에 문제를 일으킨다는 걸 보여준다. 산호, 굴, 불가사리, 성게, 홍합 같은 동물은 바닷물의 탄산염을 고정해 껍질을 만드는 능력이 저하된다. 이산화탄소가 바닷물에 녹으면 탄산염과 결합하는 수소이온이 증가해 골격 형성에 필요한 탄산염이 줄어들기 때문이다. 그러면 석회화에 더 많은 에너지를 소모해야 하고 번식과 같은 생명 활동을 위한 에너지는 줄어든다. 산호가 계속 감소하면 조개류뿐 아니라 물고기도 곤경에 처한다. 과학자들은 니모로 알려진 흰동가리가 극적으로 변화하는 환경에 유전적으로 빨리 적응할 가능성은 거의 없다고 말한다.[6]

모든 생명체는 지구 주위를 빙빙 돌며 철썩이는 거대한 수역에 의존한다. 우리가 바다에 피해를 주면 우리도 피해를 받는다.[7] 우리가 마시는 산소의 절반 이상을 제공하는 식물성 플랑크톤의 개체 수도 감소하고 있다. 수온이 올라갈수록 산소 보유량이 감소해서 저산소증으로 고통받는 물고기들이 생겨나고 있다.

껍질이 있는 동물성 플랑크톤 무리는 몸집이 작은 데 비해 비중이 큰 구성원이다. 대형 해양생물은 대부분 동물성 플랑크톤을 먹거나 그것을 먹는 다른 동물들을 먹는다. 동물성 플랑크톤은 먹이사슬의 근간을 형성하며 죽을 때는 탄소를 침전물의 형태로 해저에 쌓아서 수십 년 또는 수 세기 동안 저장한다. 남극해(Southern Ocean)에 사는 익족류(翼足類)의 껍질은 이미 녹고 있다.[8] 미세한 바다 달팽이의 아라고나이트(aragonite) 껍질은 산호와 마찬가지로 연약한 탄산칼슘 결정체로 만들어져서 바닷물이 이산화탄소를 흡수하면 쉽게 부식된다. 여러 실험에서 동물성 플랑크톤인 유공충(有孔蟲)은 산성도가 높으면 살 수 없는 것으로 밝혀졌다. 그들이 껍질을 만드는 게 어려워지기 때문이다. 지금 이

대로 간다면 열대 지역의 저생성(底生性) 유공충은 금세기 말까지 멸종할 수 있다고 예측한 연구도 있다.⁹ 장기적인 예측에 따르면 2300년의 산성도는 상어의 피치(皮齒)나 비늘뿐 아니라 이빨도 녹이는 것으로 밝혀졌다. 그래도 승자들은 있다. 해파리에 대한 전망은 장밋빛이다.

북극성 거리의 집 거실에 놓인 무전기에서 날씨 소식이 흘러나오고 있었다. 나와 제슬리는 테이블에 앉아 귀를 기울였다. "여기는 포인트 프랭클린. 5월 6일. 오늘 밤 기온은 영하 15도에서 영상 12도. 일요일은 동풍이 시속 24킬로미터. 월요일과 월요일 밤도 동풍이다." 나는 생각했다. '맙소사, 동풍이라니, 곧 나가겠는걸.' 쌍방향 예보여서 질문도 할 수 있었다. 어떤 사람이 질문을 했지만 하나도 알아들을 수 없었다.

"마이크랑 너무 가까워서 그래요." 제슬리가 말했다.

나는 하나도 알아듣지 못했지만, 예보관은 질문 다섯 개 정도를 분명히 알아들었다.

"지도를 신속히 확인해 보겠다…. 위성사진을 최대한 신속히 확인해 보겠다…. 잠시 대기하고 있으면 확인해서…."

나도 런던에서 일했던 라디오 프로그램 PD에게 인터뷰할 만한 북극곰 사냥꾼을 섭외해 줄 수 있냐는 국제자연보전연맹(International Union for Conservation of Nature, IUCN)의 적색 목록은 북극곰들의 상태를 보존이 필요함(Conservation Dependent)에서 취약함(Vulnerable)으로 상향 조정했다. 반에게 부탁하면 어떤 반응을 보일지 짐작이 갔다. 그래서 지역 생물학자를 섭외하자고 제안했지만, 그들은 실제로 곰을 쏘고 잡아먹는 사람을 원했다. 북극곰 가죽으로 만든 옷을 입은 남자도 봤고 문화유산센터 밖에서 북극곰 발이 든 자루도 봤지만, 평소처럼 기자 특유의 허세를 부리고 싶지 않았다. 사냥꾼들을 탓하려는 걸까? 나는 기후변화와 북극곰 생태계, 사냥의 문화적 맥락이 2분짜리 라디오 방송에 적합하지 않다고 생각했다. 사냥꾼이 인터뷰에 응하고 나서 의도가 잘못 전달되었다고 느끼면 지역사회가 나를 비난할 것이다. 나는 휴가를 온 거지 출장을 온 게 아니었다.

나는 사냥꾼들이 바다에 나갈 준비를 하느라 바빠서 가능한 사람이 없다고 말했다. 그러자 동료가 물었다. "그럼, '기자님'이 대신 북극곰 사냥꾼에 대해 말씀해 주시겠어요?" 나는 대답했다. "아니요, 정말 미안하지만 저도 너무 바빠요. 실은 지금 바로 가봐야 해요, 끊을게요." 나는 일라이의 도넛 몇 개를 챙기고 헤이즐넛 커피도 더 채워서 소파로 돌아가다가 이곳에 오기 전에 들은 이야기들, 그러니까 주민들이 기자를 의심해서 대화를 꺼리고 자기들끼리 똘똘 뭉친다는 이야기를 떠올렸다.

다음 날 아침 줄리아와 제슬리가 일을 나가고 10시가 막 지났을 때 반이 발을 쿵쾅거리며 들어왔다.

"동풍이 불어요." 그가 기뻐하며 말했다. "이제 곧 열릴 거예요. 바람이 이리로 불고 있다면 나머지는 해류에 달려 있어요. 해류가 바람보다 더 강력하거든요."

"바깥은 어때 보여요?"

"화이트아웃이라 모르겠어요. 일단 기다려 봐야죠." 그가 한쪽 눈을 찡긋했다. 우리는 어느새 잘 준비된 원고를 읽듯 말을 주고받았다.

"기다리는 게 어렵네요." 나는 배움이 더딘 사람이라는 걸 몸소 입증하고 있었다.

"어쨌든 우리는 이런 식으로 해요. 기다리고, 기다리고, 또 기다리죠. 오랜 기다림에 익숙해요." 그가 소파에 기대앉았다.

"기다리는 동안 뭐 할 거예요?"

"그냥 기다려야죠. 누나네 차고도 청소하고요." 그는 우트키아빅에서 자매 일곱 명, 형제 넷과 함께 자라며 아버지에게 고래와 바다코끼리, 곰, 턱수염바다물범, 물고기를 사냥하는 법을 배웠다고 했다. 그렇게 마음을 열어준 반은 최고의 동료가 되었다.

"상상해 봐요." 그가 말했다. "오래전 우리 조상들은 물개 기름으로 등불을 밝히거나 난방을 했어요. 지금은 '그 정도'로 턱도 없어요. 천연가스와 미국기상청이 우리를 망쳐놨어요. 이제는 날씨도 못 읽어요. 우리 할아버지는 문밖에 나가보고 바람이 시속 40킬로미터 정도로 불겠다고 말씀하시곤 했어요. 그런 건 도대체 어떻게 알았을까요?" 그는 소파에 기대앉아 한숨을 쉬었다. "아직 마흔여덟 살이 안 된 사람들은 칠면조 사냥에도 무척 흥분해요. 포경은 완전히 다른데 말이죠. 비교할 수조차 없어요. 바다는 우리의 식탁이에요. 굉장한 일이죠."

마을 곳곳에서 장비를 챙기고 얼음 위에 진을 치며 북극고래를 기다릴 채비를 하고 있다. 그들은 리드의 가장자리를 따라 점점이 흩어진 뒤 무전기로 정보를 공유할 것이다. 각자 자리를 선택하고 기다리다가 고래가 수면 위로 올라오면 노를 젓고 나가서 발사체가 장착된 다트건으로 작살을 던지거나 찔러 넣는다. 숄더건은 몇 초 안에 발사된다. 고래를 잡았다는 소식이 무전기로 알려지고 환호성이 터져 나오면 다들 가서 도와야 한다. 일단 고래 꼬리에 무거운 밧줄을 감고 우미악과 모터보트로 인양한다. 그다음 도르래 장치를 얼음에 고정하고 여럿이 밧줄을 당겨서 고래를 끌어올린다.

이튿날 밤낮으로 고래를 해체하고 나면 작살잡이들은 물론 고래를 해안까지 인양해서 육지로 옮기고 자르는 작업을 도와준 일꾼들에게도 골고루 나눠준다. 그들은 북극고래 개체군의 건강 상태를 연구하는 과학자들이 표본을 가져가는 것도 허락해 준다. 고래를 잡는 데 성공한 포경꾼의 아내는 쉬지 않고 일하며 음식과 고기를 준비하고, 다른 여자들도 손을 보탠다. 이튿날 그 집에 깃발이 나부끼면 모두 찾아와 음식을 나눠 먹는다.

고래잡이들이 해빙으로 몇 차례 정찰을 나갔다. 나는 그들의 스노모빌 뒷자리에 올라탔다. 우리는 쿠파이치(quppaich)*, 즉 균열을 살펴보며 어디가 깨질지 예상해 보았다. 나 자신이 대담하게 느껴졌다.

"너무 가까이 가지 마요." 빌리가 말했다. 우리는 북극곰 발자국을 발견하고 더 가까이 보기 위해 멈춰 섰다. 그가 그 뒤로 구불구불 이어진 여우 발자국을 보여줬다. 사체 청소부가 최상위 포식자를 따라온 모양이었다. 그는 곰 발자국이 작은 걸 보니 암컷이라고 설명했다. "일곱 시간쯤 전에 이 길로 사라졌네요." 발자국의 윤곽이 금방 찍힌 것처럼 선명하지 않고 뭉개져 있었다.

파란 하늘에 푹신한 구름이 기다란 줄을 그었다. 얼어붙은 바다 위에 두껍고 매끈하게 쌓인 눈이 빙표석(氷漂石)**과 빙벽, 통행 불가한 지형을 감추고 있었다. 팬케이크처럼 생긴 원반형 얼음인 팬(pan)이 움직이면서 깨진 얼음이 밀려 올라왔다. 저지대에는 빙하 암석이 깔려 있었고 머리 위로는 작은 탑이 높이 솟아 들쑥날쑥한 얼음 궁전도 간간이

• 균열이라는 의미로 단수형은 쿠팍(quppaq)
•• 동그란 돌 모양의 얼음덩어리-옮긴이

보였다. 나는 라일리라는 고래잡이의 스노모빌을 얻어 타고 길 트기를 도왔다.

빌리도 어깨에 소총을 메고 왔다. "곰을 언제 만날지 몰라요."

우리는 다음 팬까지 길을 뚫고 나가야 했다. 모두의 노력이 필요한 일이었다. 스노모빌 몇 대가 길 위에 날카로운 자국을 남기면 반반한 길 끝에서부터 구불구불한 선들이 잔물결처럼 넓게 퍼져나갔다. 나도 남자 여섯 틈에 끼어서 함께 곡괭이질을 했지만 두어 번 휘두르니 양손에 물집이 잡혔다. 얼음덩어리가 금세 어깨높이까지 쌓였다. 그 충격으로 작은 얼음 사태가 일어났다. 얼음 파편이 딸그락대며 흩뿌려지고 꼭대기에 있던 가루눈이 바닥으로 쏠려 내려왔다. 얼음 뭉치들은 옆으로 내던져졌다. 작은 얼음덩어리 위로 올라가니 시야가 탁 트이면서 눈 덮인 바위가 끝도 없이 펼쳐졌다.

나는 카메라가 제대로 작동하는지 확인했다. 어디선가 날카로운 소리가 들려왔고, 엄청난 양의 빛이 쏟아지는 와중에도 카메라 뷰파인더 밑에서 무슨 일이 일어나고 있는지 보려고 안간힘을 썼다. 카메라를 그곳으로 향하게 하고 뭔가가 포착되기를 바랐다. 단원들이 렌즈에 대고 농담을 했다. "이 근처에도 지구온난화가 좀 있으면 좋겠네요." 장갑을 두 겹씩 끼는 것에 익숙해지는 데는 시간이 좀 걸렸다. 초반에는 너무 심하게 더듬거리다가 반짝거리는 새 미니디스크 레코더를 균열 안으로 떨어뜨렸다. 그것은 순식간에 시야에서 사라져 버렸다. 나는 내 장비가 어디로 갔고 어디서 최후를 맞을지 궁금해서 무릎을 꿇고 엎드려 갈라진 틈을 들여다봤다.

"균열에서 물러나요!" 빌리가 소리쳤다. "그러다 같이 떨어져요." 온갖 아름다움에 둘러싸여 있다 보면 위험성은 쉽게 잊어버렸다. 여분으로 챙겨온 미니디스크 레코더가 북극성 거리에 하나 더 있었지만, 해빙이 원한다면 그마저도 순순히 내어줄 것 같았다. 더는 나 자신이 그리 대담하게 느껴지지 않았다.

남자들은 꾸준히 전진하며 파도처럼 위아래로 넘실거리는 매끈한 길을 만들어냈다. 나머지 사람들은 양옆의 얼음을 마구 내리쳤다. 보트와 썰매가 지나가려면 길의 너비가 충분해야 했다. 얼음은 고래잡이들이 매년 고래들에게 가는 길을 찾기 위해 통과하는 미로였다.

봄이 되면 아그비지트는 늘 그렇듯 북동쪽으로 헤엄친다. 얼음 상태 때문에 이주 경로가 육지와 가까울 수밖에 없다. 우트키아빅에 고래 먹이가 늘 풍부한 건 아니지만, 여건이 괜찮으면 가을에는 먹이가 풍부한 핫스폿이 될 수 있었다. 가끔 축치해를 지나던 크릴새우가 동풍과 알래스카 연안류에 밀려 얕은 대륙붕으로 올라왔다. 어느 쪽이든 그곳은 고래를 잡기에 이상적인 장소였다.

1977년, 국제포경위원회 IWC는 북극고래 개체 수의 추정치가 낮다는 점을 우려하기 시작했다. 상업적 포경으로 급감한 개체 수가 회복될 수 있을지 불분명했다. 수명이 길고 번식이 느린 동물들은 위협적이거나 위험한 요인을 제거해도 복구가 빠르지 않아 더 취약하다. IWC는 포경을 허용하기에는 개체 수가 너무 적다고 판단해 이누피아트에게 할당량을 주지 않기로 했다. 이에 포경꾼들은 공식 추산치가 너무 낮다고 반발하며 대신 싸워줄 변호사들을 고용했다.[10] IWC의 12월 특별회의에서 미국은 이누피아트의 생계유지와 문화적 필요성을 인정해 적은 할당량을 주기로 협의하고 실질적인 연구를 진행하기로 약속했다.

노스슬로프 자치구는 개체 수를 세기 위해 과학 프로그램을 만들었다. 포경선장 해리 브라우어 시니어와 자치구에서 연구 책임자로 고용한 수의학자 톰 앨버트(Tom Albert)의 친분에서 시작된 중대한 공동 연구를 위해 과학자들과 포경꾼들이 머리를 맞댔다.[11] 그때까지만 해도 개체 수는 육안으로 확인했는데, 해안 고착빙이나 공중에서 이동하는 고래들을 찾아내는 식이었다. 아그비지트가 얼음 밑으로 이동하거나[12] 해안에서 너무 멀리 떨어진 곳으로 헤엄쳐 가면 보이지 않을 수도 있다고 포경꾼들이 설명했다.

그들은 비행기를 머리 위로 날리는 계획에 반대했고, 연구원들도 항공 측량의 유용성을 확신하지 못했다. 수중 음파 탐지기도 사냥을 방해했기 때문에, 수중 청음기를 바다 깊숙이 넣어 고래들이 지나가며 내는 소리를 들었다. 소리는 모든 해양동물에게 지극히 중요하며, 특히 춥고 어두운 세계를 끊임없이 이동하는 동물들의 생존에 더욱더 중요하다. 아그비지트는 목소리와 몇 가지 울음소리의 울림, 예리한 청력에 기대 소통하고 포식자들을 피하며 먹이를 찾는다.

계측이 시작되었다. 눈에 보이는 고래는 세 마리뿐인데 수중 청음기로 해빙 아래를 추적해 보니 130마리나 헤엄치고 있던 적도 있었다.[13] 그들은 전통 지식과 개체 수 조사를 조합하고 거기에 복잡한 통계까지 더해서 IWC가 제시한 숫자보다 훨씬 더 많은 북극고래를 찾아냈다. 개체 수 추정치가 상향 조정되자 IWC도 한발 물러섰다. 톰 앨버트는 과학에서 북극고래는 마치 달에서 떨어진 것처럼 생소한 존재라고 말했다.

그러나 이누피아트 사람들은 수 세대에 걸쳐 고래들을 지켜봤다. 그들은 고래들에 대해 잘 알았고, 그래야만 했다. 살아남으려면 그들에게 절대적으로 의지할 수밖에 없었다. 사냥꾼들은 아그비지트의 회복력에 대해 알고 있었고 그들의 회복을 지켜봤다. 이누피아트는 자신들의 전통 지식이 옳았다는 걸 확인하고 나서 더 강해지고 더 체계화되었으며 정치적 권한도 많이 회복했다.

길 트기를 마친 어느 저녁, 빌리가 1970년도 디즈니 영화를 가지고 줄리아의 집을 찾아왔다. 그의 형이 10대 때 주연으로 출연한 〈거대한 북극곰의 발자국(Track of the Giant Snow Bear)〉이라는 영화였다. 우리는 아늑한 거실에서 영화를 감상했다. 나와 줄리아는 소파에 깊숙이 기대앉았고 빌리는 큰 의자 끝에 걸터앉았다.

영화는 번역 없이 이누피아트어 내레이션으로만 진행되었다. 팀코라는 소년이 덫에 걸린 아기 나눅을 파카라고 부르며 돌봐줬다. 영화를 보는 동안 빌리는 수시로 일어나 창밖의 하늘을 내다봤다. 그는 실내가 불편해 보였다. 털북숭이 아기 나눅은 팀코와 함께 눈 위를 미끄러지고 썰매 끄는 법을 배우며 귀여움을 한껏 뽐냈다. 어느 날 훌쩍 자란 파카가 정육점에 침입해 닥치는 대로 먹어 치우자 마을 의회에서 팀코를 불러들였다. 파카는 결국 추방되었고, 팀코도 마을을 떠나기로 결심했다. 그때 빌리가 일어나 밖으로 나갔다.

나는 마을 사람들과 말썽꾸러기 동물 친구 사이에서 고민하는 팀코를 지켜보며 사육장을 빠져나가 경주마들을 걷어찬 브램블을 떠올렸다. 빌리가 담배 냄새를 풍기며 돌아왔다.

"영화에 나눅 일곱 마리가 동원되었는데, 여섯 마리는 길들인 곰이고 한 마리는 야생곰이었어요." 그가 말했다. 팀코를 연기한 빌리의 형은 처음에 우리에 갇혀 있는 곰들을 보고 겁을 먹었다고 했다. 그는 촬영 전에 몇 주간 곰들과 함께 훈련을 받았고, 촬영 기간에는 훈련사가 바짝 붙어 있었다.

최고의 장면은 팀코가 자진해 마을을 떠나서 곰과 재회할 때였다.

북위 71° 17′ 26″ 서경 156° 47′ 19″

그는 구멍 낚시로 잡은 은빛 물고기를 얼어붙은 바다 건너편에 있는 파카에게 던져줬다. 파카가 배를 깔고 누워서 위험한 살얼음판을 미끄러지듯 건넜고, 팀코와 다 자란 파카는 바짝 달라붙어서 잠을 잤다. 그 모습을 보면서 나는 팀코의 묵룩(mukluk)*에 들어가고 싶다고 생각했다.

사람들 틈에서 내 자리를 찾지 못할 때도 브램블은 늘 곁에 있어주었다. 한번은 엄마가 이웃들을 초대해 바비큐 파티를 열었다. 언니와 남동생은 밖에서 친구들과 어울리느라 바빴다. 내 친구 조시는 섬 밖에 있었고, 나는 부엌 창문을 통해 사람들이 도착하는 모습을 맥없이 지켜봤다. 애나벨과 그 애의 남동생이 엄마를 따라 정원으로 들어섰다. 애나벨의 아빠와 우리 아빠는 숯을 살피느라 연기에 가려져 잘 보이지 않았다.

엄마가 부엌문으로 고개를 들이밀었다. "너도 거들어야지, 도린. 저기 있는 그릇 좀 씻어줄래?" 엄마는 밖에 나가서도 계속 심부름을 시켰다. "애나벨, 주전자 좀 갖다주렴. 부엌 찬장 맨 꼭대기에 있어." 애나벨이 부엌에 들어와 내부를 살펴봤다. 엄마가 뒤따라 들어왔다. "도린, 그릇 다 씻었니?"

"아랫입술 내밀지 마, 도린. 못생겨 보여." 애나벨이 말했다. 그 애는 나를 뜯어보며 평가하고 있었다. 나이가 들고 키가 클수록 신체적인 공격은 줄어들었지만, 우리의 역학 관계는 절대 변하지 않았다. 나는 비누 거품만 쳐다보며 재빨리 그릇을 씻어서 식기 건조대에 쌓았다. "다 널 위해 하는 말이야." 애나벨이 덧붙였다. 엄마에게 말을 하려고 했는데 웬 동물 울음소리가 났다. 나는 두 사람을 외면한 채 부엌을 뛰

• 물개 가죽으로 만든 방한화-옮긴이

쳐나가 브램블이 있는 곳으로 피신했다. 브램블은 누워서 졸고 있었고, 나는 목초 위에 앉아 녀석의 등에 몸을 기댔다. 나는 바비큐를 먹으러 가지 않았고, 아무도 그 이유를 묻지 않았다.

"좋은 친구들이에요, 그렇죠?" 의자에 앉은 빌리가 평화롭게 잠든 팀코와 파카의 모습을 보며 말했다.

나는 미소를 지으며 고개를 끄덕였다. 나는 팀코와 파카를 이해한다고 생각하고 싶었다. 곰을 사랑한 소년, 그리고 소년을 말없이 있는 그대로 받아들인 곰.

팀코와 함께 사냥에 나선 곰이 카약 옆에서 턱을 내밀고 머리 뒤로 V자 모양의 푸른 물결을 그리며 헤엄치는 모습을 보면서 나는 브램블을 데리고 바다에 간 일을 떠올렸다. 그럴 때는 보통 숲을 거쳐 갔다. 브램블은 얼룩덜룩한 빛을 받아 해양생물처럼 보였다. 검은색과 파란색, 갈색이 녀석의 온몸과 눈 속을 헤엄쳤다. 그 숲은 저지섬 전설에 등장하는 역사 속 성역의 길인 페흐콰지(perquage)의 일부라고 했다. 이 길은 12개 교구에 각각 하나씩 있었다. 교구 교회에서 해변으로 이어진 가장 짧고 빠른 길이었다. 고발당한 피의자는 교회 안에서 보호받을 수 있었고, 페흐콰지를 통해 대기 중인 배를 타고 프랑스로 건너가서는 다시 돌아오지 않음으로써 고발에서 벗어날 기회를 얻었다.

해변에 다다르자 브램블이 멈칫했지만, 나는 온 힘을 다해 브램블의 머리를 쇄파(碎波)* 쪽으로 돌리고 발뒤꿈치로 녀석을 툭툭 찼다. 조수가 밀려오고 있었는데도 나는 수심을 간과했다. 잠시 뒤 나는 브램블이 헤엄치고 있다는 걸 깨달았다. 녀석은 완전히 새로운 존재가 되어서

• 부서진 파도와 함께 밀려 들어오는 물살-옮긴이

낯선 걸음을 걸으며 하나의 근육처럼 솟구쳤다. 탁한 황록색 썰물이 다리까지 차오르자 왠지 땅바닥보다 그곳에 내던져지는 게 더 두려워졌다. 나는 허우적대는 발굽을 보며 우리 밑에 단단한 게 없다는 걸 느낄 수 있었다. 바닥이 보이지 않는 끈적한 바닷속으로 한없이 떨어질 것 같았다.

그때 브램블이 고개를 비틀며 타임아웃을 요구했다. 우리는 모래사장으로 돌아가서 개울을 헤치고 비탈진 자갈길을 요란스럽게 오른 뒤 도로를 향해 마구 달려갔다. 다행히 차는 없었다. 브램블은 더 뛸 수 없을 때까지 언덕을 올랐다. 나는 말 등에서 미끄러지듯 내려갔고, 퀴퀴하고 톡 쏘는 땀 냄새를 맡으며 녀석을 집으로 천천히 끌고 갔다. 우리는 둘 다 전의를 상실한 채 지쳐버렸고, 브램블은 옆구리를 들썩거렸다.

나는 북극곰에게 가까이 다가가면 어떤 냄새가 날지 궁금했다. 빌리는 엄마 잃은 아기 나눅을 반려동물로 키우는 건 종종 있는 일이라고 말했다. 그들은 연유를 먹고 자신을 돌봐준 사람을 따라 툰드라를 돌아다니며 집 안에서 잠을 잤다. 나는 빌리에게 다 자란 곰은 어떻게 되는지 물었다.

"동물원으로 가겠죠. 파카도 다 커서는 샌디에이고에 있는 동물원으로 갔어요."

영화의 끝부분에서 파카가 자연으로 돌아갈 때 진짜 야생곰이 등장했다. 팀코는 뛰어난 사냥꾼이자 조각가가 되어 마을로 돌아갔다. 인간과 나눅은 나란히 성장하며 주어진 삶을 동행하다가 각자의 종족에게 돌아갔다. 나는 하얀 벌판으로 느릿느릿 걸어가는 곰을 보면서 어릴 때 자주 그랬던 것처럼 브램블을 자유롭게 해줄 수 있기를 다시 한번 바랐다.

"저도 조랑말이 있었어요." 나는 비슷한 추억과 유대감을 나누고 싶어서 말을 꺼냈다.

빌리가 흥미롭다는 듯 눈썹을 치켜올리며 고개를 끄덕였다.

"그 녀석은… 그러니까…." 그러나 문장을 끝낼 수가 없었다.

브램블은 끝내 길들지 않았다. 잘 타이르면 사람도 곧잘 태웠고 가끔은 파카가 썰매를 끌듯 작은 수레를 끌기도 했지만, 사실 나는 녀석이 내 부탁을 들어주기를 진심으로 바라지는 않았던 것 같다. 어느 여름, 열한 살이던 나는 헤드칼라와 밧줄만 가지고 알 수 없는 충동에 사로잡힌 브램블의 맨 등에 올라탔다. 녀석은 들판을 미친 듯이 달리기 시작했다. 녀석이 울타리를 향해 돌진했지만, 나는 곧 멈출 줄 알았다. 뛰어넘기에는 철조망이 너무 높았다.

그러나 브램블은 멈추지 않고 울타리를 뛰어넘었다. 녀석이 뛰어올랐다가 착지하면서 몸을 구부리자 내 몸도 뒤로 젖혀졌다가 앞으로 쏠렸다. 들판이 쿵쾅거리며 지나갔다. 하나, 둘, 모퉁이를 돌아서 셋. 한 번 더, 이제 도로가 나올 것이다. 자동차 소리가 들렸다. 소리가 커지자 다리가 부러진 채로 아스팔트 위에서 피를 흘리는 브램블의 모습이 그려졌다. 나는 승마용 헬멧을 쓰고 있지 않았다. 잡고 있던 밧줄과 갈기를 놓고 옆으로 몸을 날렸다. 풀밭 위에 떨어지고 나서는 몸이나 머리가 말발굽에 차일까 봐 몸을 웅크렸다.

아무 일도 일어나지 않았다. 자동차 지나가는 소리만 가까이 들릴 뿐이었다. 눈을 떠보니 브램블이 목을 숙이고 나를 빤히 쳐다보고 있었다. 그러다 코를 들이밀고는 거칠게 쿵쿵거리며 내 팔을 세게 밀쳤다. 나는 일어서서 녀석의 단단한 목을 껴안았고 풀을 뜯는 동안에도 한참을 매달려 있었다.

나중에서야 이해가 되었다. 녀석은 나 없이 가고 싶지 않았던 것이다. 우리는 함께 떠나야 했다. 나는 브램블과 함께하면서 적절한 순간을 선택해 달리는 법을 배우고 있었다.

빽빽이 쌓인 눈이 노랗게 물든 북극성 거리에서 단원들이 해빙이 열리는 때를 대비해 썰매를 싣고 있었다. 나는 하릴없이 그저 바라보기만 했다.

"프로판 통이에요." 칼하트 XXL를 입은 거구의 사내 리프가 우뚝 서서 그것들을 한곳에 묶으며 말했다. "몸을 따뜻하게 해줄 거예요. 이래야 엉덩이도 시리지 않아요."

"얼음이 녹지 않을까요?"

"'저런' 얼음에는 구멍 하나 못 낼걸요." 그가 웃었다. 그리고 난로와 텐트, 식료품 상자, 담배를 가만히 쳐다봤다. "이렇게 싣고 가면 세상 어디서든 잘 수 있어요."

반이 선원들에게 지시를 내리며 현장을 감독하고 있었.

줄리아는 현관 밖에 서 있었다. "이럴 때 나갈 채비를 하면 제일 좋아요. 느낌이 좋네요."

제슬리와 반은 초단파 무전을 듣기 위해 다시 집 안으로 들어갔다. 어느 것 하나 놓치기 싫어서 나도 따라 들어갔다.

"알았다, 오버. 여기서 10킬로미터." 제슬리가 말했다. "알았다, 대기하고 있겠다." 그가 통역해 주지 않아도 무슨 말인지 알아들을 수 있었다. 10킬로미터 떨어진 곳에서 해빙이 열렸다. 나갈 시간이었다.

가슴이 덜컥 내려앉았다. 나는 바느질 방으로 돌아가서 옷을 최대한 많이 껴입었다. 집이 다양한 연령대의 사람들로 북적였다. 리프가 헬리콥터로 구조되었던 일에 대해 말하는 게 들렸다. 나는 차마 들을 수 없어서 길을 걸으며 앞으로 닥칠 일을 생각하지 않으려고 애썼다. 거리가 스노모빌로 붐볐다. 단원들은 모두 날씨 예보를 들으며 마지막 준비를 하고 있었다. 나는 신경이 쓰여서 오래 나가 있지도 못했다.

집으로 돌아가 보니 줄리아가 털이 북실북실하고, 대대로 전해져 온 기술로 세심하게 바느질한 최상급 파카를 입고 있었다. 다행히 늦지 않게 도착했다. 제슬리가 우미악 주위를 돌면서 이누피아트어로 기도 의식을 진행했다. 나와 줄리아, 제슬리는 남자 단원들이 스노모빌로 썰매를 끌며 흰 눈과 갈흙이 뒤섞인 길을 따라 하나씩 멀어지는 모습을 지켜봤다. 스노모빌 엔진이 열띤 굉음을 냈다.

나는 어찌할 바를 모르고 멀뚱히 서서 반복되는 소리를 들었다. 마지막 남은 몇 대가 으르렁대며 깨어나자 극심한 공포가 몰려왔다. 며칠, 몇 주를 기다리면서 하릴없이 남의 집에서 밥만 축냈지 내가 어디로 갈지는 한 번도 상의하지 않았다. 그러나 때는 이미 늦었다. 이제 남은 단원은 단 한 명, 빌리뿐이었다.

"키타(kiita)." 그가 이누피아트어로 '가자'고 말했다. 그리고 턱으로 스노모빌 뒷좌석을 가리켰다. 뒤뚱거리며 걸어가긴 했는데 옷을 너무 많이 껴입어서 올라타기가 힘들었다. 나는 안간힘을 써서 한쪽 다리를 들어 올리고 뒷좌석에 풀썩 주저앉은 뒤에 그를 어색하게 붙잡았다. 우리가 거리를 내달리는 동안 배 속에서 올라온 불안함이 입을 통해 신음으로 흘러나왔다.

"괜찮아요?" 빌리가 어깨 너머로 외쳤다.

"아직 뒤에 있어요." 괜찮은지는 나도 알 수 없었다. 건물들과 우트키아빅 주민 4,000여 명이 눈 덮인 해안 절벽 뒤로 사라졌다. 정찰을 몇 번 다녀오면서 준비를 한다고 했지만, 그래봤자 몇 시간이었다. 이제 실전이었다. 우리는 육지를 향해 충분히 작별 인사를 했다. 내가 부수는 걸 거든 길의 시작점에 들어서자 사방이 얼음으로 가득했다. 담청색, 반투명 청록색, 갈라진 군청색, 보석으로 장식된 지붕 높이의 에메랄드 탑들이 우리 옆을 획획 지나갔다. 우리는 리드를 향해 가고 있었다.

마침내 균열이 열리면서 고래들이 지구 꼭대기를 가로질러 축치해에서 보퍼트해까지 이동할 수 있는 통로가 만들어졌다. 우리는 북극여우의 것으로 보이는 동물의 발자국을 지났다. 빌리는 저번처럼 멈춰서 설명하지 않았다. 우리는 팬이라고 부르는 하얀 사막을 가로질러 순조롭게 전진하고 있었다. 그것을 어떻게 설명해야 할지 고민해 보았다. 아이싱, 케이크. 적절한 단어가 떠오르지 않았다. 머릿속으로 생각했을 뿐이지만, 그 시도 자체가 너무 어설프고 황당해서 그냥 생각을 멈추고 언어도 내려놓고 세상을 있는 그대로 내버려두기로 했다.

"어디로 가는 거예요?" 내가 소리쳤다.

"리드 끝으로요."

코르테즈해 : 두려움은 사랑만큼이나 압도적이다

북위 26° 0' 53"　서경 111° 20' 20"

"훌륭한 꼬마 여행가이긴 하지만, 이렇게 어린아이를 데려오다니 놀랍네요." 주디가 말한다. 40대 영국인 커플 마이크와 메리가 찡그린 얼굴로 고개를 돌려 창밖을 내다본다. 산들이 느릿느릿 지나간다. 투어 책임자인 돈이 우리를 태우고 바하 반도를 가로지른다. 나머지 일행이 떠나고 이어진 두 번째 고래관광 투어에서는 회색고래가 모이는 석호를 몇 군데 더 방문할 뿐 아니라 코르테즈해(Sea of Cortez)에서 대왕고래와 참고래(fin whale)도 찾아볼 것이다. 길 위에서 나와 맥스는 물 만난 물고기 같다. 맥스는 빠르게 지나가는 경치를 정신없이 구경하느라 카시트에 얌전히 앉아 있다.

"글쎄요, 저희가 워낙 움직이는 걸 좋아해서요." 나는 말한다. 주디와 돈은 죽이 잘 맞는 모양인지 점심시간 내내 대화를 나눈다.

마이크와 함께 지프차로 돌아온 돈이 30대에 필리핀에 가서 어떻게 살았는지 말해준다. "필리핀에서 10대 여자아이들이나 만나고 다니는 미국인은 아니었죠?" 마이크가 묻는다.

돈은 그의 질문에 대답하는 대신, 자기가 많은 아기를 돌봤었는데 두 살배기를 데리고 있는 것보다 힘든 일은 없다고 말한다. 아이들을 잔뜩 태운 버스가 지나간다.

"아이들이 여기서 뭘 하는 걸까요?" 메리가 묻는다.

"사막 체험이나 고래관광이겠죠." 돈이 말한다.

"우리랑 가는 곳이 겹치지만 않으면 좋겠네요." 메리가 말한다.

나는 잠든 맥스를 쳐다본다. 저들은 맥스가 여기 있다는 사실을 잊은 걸까?

우리는 로레토(Loreto)의 중심가 뒤에 있는 모텔에 도착한다. 방 벽에 꽃과 새들에 둘러싸인 커다란 프리다 칼로 그림이 있다. 그는 차분하고 박식해 보인다. 밖에서 야자나무들이 바람에 바스락거리고 맥스는 작은 멕시코 소년과 어울려 논다. 종일 차 안에 갇혀 있었던 우리는 잠자리에 들기 전에 먼저 샤워를 하고, 젖은 머리로 침대에 누워 몸을 포개며 널찍한 공간을 한껏 누린다. 얼굴이 햇볕에 타서 화끈거린다. 화려한 색상의 유리구슬이 점점이 박힌 전등갓이 미풍에 살며시 흔들린다. 침대 머리판에 새겨진 잎사귀들이 프리다를 둘러싼 나뭇잎과 흡사하다. 필라멘트처럼 가느다란 거미가 천장을 조심스럽게 가로지르고, 모서리에는 도마뱀붙이가 있다. 맥스의 작은 팔다리가 나를 소유하려는 듯 몸을 휘감는다. 고래들이 가까이 있는 이 방에서 프리다, 거미, 도마뱀붙이, 그리고 맥스와 함께 영원히 살고 싶다.

이튿날 바다에 나가자 회색고래 한 쌍이 바로 옆 수면으로 올라온다. 어미가 새끼를 옆에서 받치고 있다. 나도 맥스와 함께 보트 끝을 주시하면서 내게 몸을 기대는 맥스에게 똑같이 하고 있다. 어미와 새끼는 숨을 내쉬고 물 밖으로 몸을 반쯤 내밀었다가 다시 들어간다. 우리는 그들을 쓰다듬는다. 한 시간쯤 지나니 고래가 더 보이지 않아서 육지로 방향을 튼다. 보트 안이 조용하다. 분수를 발견하고 다시 보트를 세웠지만 고래는 다가오지 않고 그냥 지나친다.

일행과 대화를 해보고 싶지만 다들 냉랭한 표정이다. 나는 침묵 속에서 차가운 현실을 깨닫는다. 어제 점심에 마이크와 메리는 나와 맥스가 두 번째 투어에 간다는 걸 모른다던 주디의 그 말이 그제야 이해가 된다. 두 사람이 차 안에서 한 말이 떠오른다. 긴장감 넘치는 모험을 기대했던 것 같은데, 이제 막 걸음을 뗀 해맑은 두 살배기 아이가 있으니. 그들은 우리가 여기 있는 걸 원하지 않는다.

나는 그 모든 걸 떨쳐내기 위해 조용히 노래를 부른다. "어린 연인이 내게 말했네, 우리 엄마는 개의치 않을 거야…." 우리 엄마가 주방에 있을 때나 운전할 때 자주 부르던 아일랜드 할머니의 노래였다. 몇 구절 부르니 우리를 지나치던 형체가 가던 길을 멈추고 보트 앞에서 서서히 몸을 돌린다. 그리고 다시 돌아와 나와 맥스 곁을 맴돈다. 나는 철벅거리는 물소리와 묘한 동질감에 넋을 잃는다. 두어 마리가 더 다가온다. 나는 물에 들어가서 그들과 함께 헤엄쳐 갈 수 있으면 좋겠다고 생각한다.

"내일 보트에는 구명조끼가 없을 거예요." 나는 저녁 시간에 돈이 마이크에게 하는 말을 우연히 듣는다. 더 자세히 들으려고 귀를 기울여 보지만 카니발이 열리는 밤이라 레스토랑이 들썩인다. 벌써 긴장되는 오후가 시작되었다. 첫 번째 보트 관광이 끝나고 바람이 너무 세서 돈

북위 26° 0' 53" 서경 111° 20' 20"

이 오후 나들이를 취소했다. 로레토로 돌아가는 길에 그는 마이크가 오전에 한 질문에 답하면서 동양인 여자친구들에 대해 털어놓고는 나이 차이로 연인 관계를 판단하는 서양식 낙인에 대해 불평했다.

주디가 지프차 안에서 몸을 숙였다. "정나미가 떨어지네요." 그가 내 귀에 속삭였다. "당신이 고래를 너무 많이 만졌다고 다들 열받았어요." 그가 눈썹을 치켜올렸다.

"그래서 저렇게 쌀쌀맞은 거예요?" 나는 입 모양으로 되물었다.

주디가 어깨를 으쓱했다.

레스토랑에서 나는 최대한 상냥한 목소리로 돈에게 내일 어린이용 구명조끼가 있을지 묻는다. 맞은편 벽화에 선명하게 그려진 커다란 새 두 마리가 우리를 빤히 쳐다본다. 돈도 모르는 눈치다. 그는 성인용 구명조끼라도 있으면 입히라고 말한다.

"그리고 애가 쏙 빠져나가는 걸 지켜보겠지." 마이크가 낄낄거리며 웃는다.

나는 돈에게 수영도 못하는 아이를 제대로 된 구명조끼도 없이 보트에 태울 수는 없다고 말한다.

돈의 얼굴이 새빨개진다. 그가 나를 처음 보는 사람처럼 쳐다본다.

"잘 들어요, 도린, 당신은 이미 계약서에 서명했어요." 그의 목소리가 쩌렁쩌렁 울린다. 그가 밖으로 나가자고 요구한다.

"'내 말' 좀 들어봐요." 그에 질세라 나도 큰 목소리로 말한다. 열이 오르고 심장이 모터처럼 빠르게 뛴다. 이래서 웬만하면 갈등을 피하는 것이다. 주디가 내게 심호흡을 하라고 말한다. "이렇게 공격적으로 굴면 나가지 않을 거예요." 나는 돈에게 말한다.

그가 잠시 주춤하다가 말한다. "나는 사고가 느린 사람이라 누가 공격적으로 나오면 제대로 반응하지 못한다고요."

"우리 둘 다 흥분을 좀 가라앉혀야겠어요." 내가 말한다. 돈이 밖으로 나간다.

한 살 배기 맥스가 눈앞에서 물에 빠졌던 적이 있다. 맥스는 내 친구들과 그들의 아이들과 함께 호숫가에 있었고, 나는 가슴 높이의 물에서 헤엄을 치고 있었다. 맥스가 호숫가에서 얕은 물 쪽으로 걸어왔다. 나를 향해 웃으며 다가오고 있었다.

"그만, 거기서 기다려, 아가." 나는 이렇게 외치고 물의 무게를 최대한 빠르게 헤치며 나아갔다. 자갈이 깔려 미끄러운 경사면을 발로 더듬으며 디딜 만한 곳을 찾았다. 맥스는 계속해서 호수로 걸어 들어왔다. 드디어 달릴 수 있는 깊이에 도달했을 때였다. 맥스가 눈앞에서 균형을 잃고 물에 빠졌고, 호숫가에 있던 친구 하나가 호수로 뛰어들더니 맥스를 끄집어 올리고는 두팔을 쭉 뻗은 내 품에 건네줬다.

"쟤 왜 저러지?" 나는 나중에 그 친구가 남편에게 하는 이야기를 들었다. "왜 더 빨리 반응하지 않았을까?"

나는 자갈 위에서 움직이는 게 얼마나 힘들었는지를 애써 설명하면서 나를 향해 호수로 걸어 들어오는 맥스를 보는데 정말 섬뜩했다고 덧붙였다.

"아, 하지만 맥스는 너무 잘하던걸." 그 친구가 말했다. "헤엄을 치려고 시도하는 모습을 지켜보는 것만으로도 정말 흐뭇하더라."

물에 잠긴 맥스의 얼굴이 자꾸만 떠올라서 그 후로 구명조끼 없이는 물 근처에도 못 가게 했다.

"제가 과한가요?" 나는 주디와 메리, 마이크에게 묻는다.

"있잖아요." 마이크가 말한다. "보트는 가라앉지 않을 거예요. 사람들이 그걸 그냥 두고 볼 리 없잖아요." 그러자 주디가 아니라며 구명조끼는 입혀야 한다고 거든다. 메리는 내가 선택할 사항이라면서 바다에 나갈 필요 없이 환불을 요구하면 된다고 말한다.

"두 살배기 아이를 끌고 다니느라 지친 것뿐이니 자신감을 가져요." 주디가 말한다.

"속상해하지 말아요." 마이크가 말한다.

내가 아이를 데리고 여행을 다니는 남자였다면 대화가 어떻게 달라졌을지 궁금하다. 남자였거나 남자 파트너와 함께 다녔다면 이번 여행이 어떻게 달라졌을지 궁금하다. 나는 잠깐의 즐거움을 위해 헐크를 여행 파트너로 상상하면서 그가 마이크를 집어 들고 내동댕이치는 모습을 그려본다. 돈이 돌아와 내일 쓸 구명조끼를 구해놓겠다며 아침에 로레토 항구에서 만나자고 말한다.

나와 맥스는 잠이 덜 깬 채로 마을이 깨어나는 시각에 맞춰 부두로 걸어간다. 우리는 펠리컨이 몸단장하는 모습을 구경한다. 거대한 가위처럼 생긴 부리로 복부의 털을 다듬는 것 같다. 다른 사람들은 다 같이 택시를 타고 도착한다. 돈이 구명조끼를 잔뜩 들고 나타난다.

"다 같은 거예요." 돈이 맥스의 구명조끼를 건네며 말한다. 내 것과 마찬가지로 일반 성인용이다.

주디가 도와주겠다면서 맥스가 비명을 지를 만큼 허리춤을 바짝 조였는데도 구명조끼는 여전히 헐렁거렸다. "됐네요." 주디가 말한다.

돈이 맥스가 시끄럽게 굴 것 같으면 뒤에 앉으라고 제안한다. 나는 맥스가 아프지 않도록 구명조끼 끈을 느슨하게 풀어주고 내 옆에 붙잡아 둔다. 맥스는 젖을 먹고 잠이 든다. 바다에 나가 대왕고래를 보는데, 너무 거대해서 바닷속에서 활주로가 솟아나는 것 같다. 메리는 고래가 뿜어내는 분수가 보이지 않는다고 보트 운전사에게 불평한다. 그 순간 우리가 하는 짓이 싫어지면서 엔진이 고래들을 괴롭히고 있는 건 아닌지 궁금해진다.

그들은 이곳에 와서 짝짓기를 하고 새끼를 낳는다. 이보다 더 사적인 일은 없다. 우리는 고래들이 숨을 쉬러 올라올 때마다 그들을 쫓는다. 게다가 우리는 무척 시끄럽다. 배들이 바다를 헤치고 나가면 프로펠러와 엔진이 포효한다. 수염고래는 저주파 신호로 소통하는데, 큰 배들이 만드는 비슷한 주파수대의 소음에 묻혀서 잘 들리지 않을 것이다. 바다에서 누리는 자유라니 웃기는 소리다. 그것은 한낱 무질서에 불과하다.

나는 생명과 비밀이 가득한 바다의 깊이를 조용히 상상해 본다. 맥스가 잠에서 깨어나 기지개를 켜다가 마이크의 구명조끼를 발로 살짝 건드린다. 마이크가 고개를 홱 돌려 쏘아본다. 이번이 그와 함께하는 마지막 투어다. 나는 그가 싫다. 마이크가 고개를 거두는데도 마음이 풀리지 않아 계속 그의 등을 노려본다. '당신도 한때는 아이였잖아, 안 그래?' 네 개의 똑같은 벽 안에 갇혀서 가만히 있기보다는, 아이를 데리고 여행을 하면서 길을 잃는 법을 가르치겠다는데 뭐가 문제지? 도대체 왜 여자들은 아이를 낳으면 세상을 포기해야 하는 걸까?

열 살 때쯤 아빠가 집 옆에 있는 헛간 2층 끝에 내 방을 만들어 줬다. 한때 농장 일꾼들이 살던 곳이었는데, 일단 가는 길 자체가 모험이었다. 출입문은 계단 꼭대기에 경첩을 달아 설치한 커다란 그림으로, 그 뒤에 손가락을 걸고 당기면 열렸다. 다락의 나무 마루는 한 세기가 넘도록 덧칠도 하지 않아서 농장 흙처럼 칙칙한 갈색이었고 나는 방 안에서 발소리만 들어도 누가 올라왔는지 알 수 있었다.

아빠의 발소리는 무겁고 느릿느릿했다. 그는 작업대에서 전구 하나로 불을 밝히고 몇 시간을 보냈다. 뭔가를 쾅쾅 두드리고 색을 칠하고 광을 내고 녹을 벗겨내고 커다란 바이스의 턱 사이에 낀 금속을 가지고 씨름했다. 매주 주말에는 사격장에 갔고, 금요일에는 느지막이 일어나 빈티지 소총에 넣을 총알을 만들었다. 뭔가를 탁, 탁, 탁 두드리는 소음과 화약, 페인트, 백유(白油), WD40, 윤활유, 스와페가(Swarfega)에서 나는 냄새가 마음을 편하게 해줬다.

엄마의 발소리는 가볍고 빨랐다. 엄마는 우리가 야간 수영을 간다거나 데이비드 애튼버러 또는 〈젊은이들(The Young Ones)〉이 TV에 나온다는 소식을 전할 때 즐거워했던 것 같다. 하지만 종종 분노에 이끌려 계단을 올랐고, 가끔은 내가 이미 잠자리에 들었는데도 올라왔다. 엄마가 바라는 게 설거지라면 할 수 있겠는데, 잘못을 지적하기만 하면 방법이 없었다. 나를 좀 더 사랑스러운 아이로 만들고 싶었던 모양이다. 방 안에는 도망칠 곳이 없었다. 침대 밑에 숨으려고 했다가 멸시를 당하기만 했다.

"삶은 두 번째 기회를 주지 않는단 말이야." 엄마는 이렇게 말하곤 했다.

일장 연설이 이어지는 동안 나는 최대한 무표정하게 정면만 쳐다보며 가만히 있었다. 그런 식으로 트집 잡을 거리를 주지 않았다. 내가 물러날수록 엄마는 더 화를 냈지만, 일단 내 안으로 도피하고 나면 거기에 꼼짝없이 갇혀서 다시 빠져나오고 싶어도 그러지 못했다. 나는 멀리서 엄마가 쿵쿵거리며 계단을 내려갈 때까지 움직이지 않았다.

다른 아이들이 찾아오면 엄마는 행복해 보였고 종종 노래도 불렀다. 부엌이 설탕 옷을 입힌 번, 애플 타르트, 스콘, 빵으로 넘쳐날 때까지 음식을 만들었다.

그리고 책. 거실에는 엄마가 탐독하는 책들이 한가득 아슬아슬하게 쌓여 있었다. 책은 엄마에게 말을 걸었다. 엄마는 시를 일상어로 사용했다. 문을 두드릴 때는 이렇게 말했다. "'거기 누구 있어요?' 여행자가 말했다…." 장을 보러 갈 때는 이렇게 시작하기도 했다. "나 일어나 이제 가리…." 엄마가 일찍부터 아일랜드에서 수녀들에게 받은 교육은 문학적이고 윤택했다.

"우리는 예이츠, 프로스트, 제라드 맨리 홉킨스 같은 '위대한' 시인들의 작품을 외웠어." 엄마가 말했다. "그건 아주 비싼 가구를 머릿속에 갖고 있는 것과 같단다." 엄마는 내 머릿속에도 똑같이 가구를 들여놓으려고 했다.

엄마는 여덟 남매 중 두 번째로 어렸고 차 안에 나와 단둘이 있을 때면 어린 시절을 자주 회상했다. 그는 막냇동생 패트릭과 가까웠고, 만화잡지 〈댄디(The Dandy)〉를 읽어주고 자전거 핸들에 태워주던 큰오빠를 제일 좋아했다. 열두 살 무렵에는 나와 어두운 기억을 공유하게 되었다.

엄마는 어린 시절 내내 '성추행'을 당했다. 언제나 침울한 목소리와 눈빛으로 그 일에 관해 이야기했다. 잭이라는 친오빠와 남자애 하나가 밤에 침실 창문으로 기어 올라왔다고 했다. 가끔은 가족끼리 알고 지내던 남자가 하교하는 엄마를 기다리기도 했다. 내가 어릴 때 세상을 떠난 잭은 조현병 환자였는데, 선로에 몸을 던졌다가 다리를 절단해야할 정도로 심하게 다쳐서 고통스러운 말년을 보냈다고 했다.

할머니는 알고 있었는지 모르겠지만, 엄마가 그 상황을 표현할 말들을 찾아내서 다른 남자 친척에게 어렵사리 털어놓자 그는 정신이 나갔다며 네 상상일 뿐이라고 타박했다. 그 이야기를 할 때는 엄마의 목소리가 거의 들리지 않았다.

엄마가 어린 시절에 겪은 고통에 대해 알게 된 뒤로 나는 그의 편에 서서 착하게 굴려고 노력했다. 《소녀백서(*Girl Guide*)》라는 책에 나오는 대로 밤이면 아래층에 내려가서 부엌을 청소하곤 했다. 그러나 이런 행동은 엄마를 더 화나게 했다. "성인군자라도 되려고 그러니?" 조용히 있어도 결과는 마찬가지였을 것이다. 엄마는 과거의 남자들이 떠올라 정적이 싫다고 했다.

어느 날 키가 큰 낯선 사람이 우리 집을 찾아왔다. 그가 마당에 서 있었던 게 기억난다. 엄마는 그를 집에 들이지 않았다. 나중에 듣기로 어릴 때 알고 지내던 사람인데 사과를 하기 위해 바다를 건너온 거라고 했다.

나는 아일랜드 할머니를 딱 한 번 만났다. 할머니는 80대인 데다 귀도 어두웠지만 농장에서 열심히 일했다. 우리는 가족 모임에 참석하러 아일랜드에 갔다. 캐나다처럼 먼 지역에 사는 친척들도 찾아와서 20여 명의 대가족이 모였다. 할머니는 사방을 휘젓고 다니며 난로를 살피기도 하고 스튜 냄비를 들고 식탁 옆에 우뚝 서 있기도 했다. 할머니가 손주의 숫자를 세심히 헤아린 덕에 수줍어서 맨 마지막에 나타난 나까지도 미리 마련된 자리에 앉을 수 있었다. 나는 금세 할머니가 좋아졌다. 사촌 샐리가 스튜에 오렌지 주스를 쏟자 어차피 배 속에 들어가면 다 섞인다며 음식 낭비하지 말고 다 먹으라고 하는데도 말이다. 샐리가 고개를 푹 숙이고 우는 동안 나는 그 말에 동의하며 고개를 끄덕였다.

할머니의 농가가 둥지를 튼 곳은 계곡을 둘러싸고 있는 산악 지대였다. 내가 그곳의 신화와 전설에 별 관심이 없었던 건, 할머니의 삶 자체가 전설이기 때문었다. 그는 어부인 아버지를 따라 바다를 여행했다. 엄마는 할머니가 결혼 전에 미국으로 건너가 가정부 일을 하며 재산을 모았다가 다 잃어버려서 다시 모았다고 말해줬다. 나는 할머니가 트위드 스커트를 입고 집 안을 돌아다니는 모습을 바라보면서 그의 세계에 나를 대입시켜 보고 그렇게 강해진다는 게 어떤 건지 이해해 보려고 애썼다.

할머니의 삶은 녹록지 않았다. 엄마의 말에 따르면, 그는 비서 시험에 떨어진 뒤 어머니에게 떠밀려 미국으로 건너갔다. 증조할머니도 강인한 분이었다. 그는 세 살 때 농장 사고로 아버지를 여의었고, 어머니인 고조할머니는 홀로 여섯 아이를 키우다 집세를 제때 내지 못해 쫓겨나고 말았다. 어머니들은 세대를 막론하고 자식들을 안전하게 지키기 위해 고군분투한다.

일곱 살 때쯤 욕조에서 있었던 일이 기억난다. 나는 삿갓조개류 껍데기를 가지고 놀고 있는데, 금속 같은 특별한 은색 펠트펜으로 웃는 얼굴을 그려 넣어뒀다. 엄마는 욕조 옆에 앉아서 차분한 목소리로 나를 낳기 전에 아이를 지웠다고 말한다. 나보다 나이가 많은 소녀를 상상해 보려고 해도 얼굴이 잘 그려지지 않는다. 엄마는 목욕에 대해 늘 도움이 안 된다고 말한다. 엄마의 조용한 목소리가 좋다. 나는 조개껍데기를 물에 퐁당퐁당 떨어뜨리며 지금 내가 하는 목욕을 말하는 건지 생각해 본다. 내가 하는 목욕은 도움이 된다. 따뜻하고, 거품과 친근한 얼굴들이 가득하며, 나와 스펀지를 짜는 엄마의 손까지 깨끗이 씻어준다. 엄마가 뜨개질 바늘에 대해 말하면, 나는 욕조 안에서 뜨개질바늘로 거품을 터뜨리는 상상을 한다. 기억이 흐릿해서 가끔은 진짜 있었던 일인지 헷갈리기도 하지만, 목욕물의 온도와 물이 차갑게 식어가던 느낌은 아직도 생생하다.

엄마는 여전히 말하는 중이다. 너는 포기하지 않고 살아남았어. 엄마가 말한다. 내가 태어나는 데 시간이 오래 걸렸다는 건 알고 있다. 그 이야기를 하는 걸까? 나를 향해 활짝 웃어 보이더니 욕조 마개를 뽑는다. 나는 조개껍데기에 그려 넣은 사람들을 수도꼭지에서 멀리 대피시킨다.

"너는 내 첫사랑이었어." 내가 열다섯 살 때 엄마는 말했다. "네가 오기 전에는 많이 망가져 있었지." 아빠는 엄마가 아이를 가질 때마다 평소와 달리 차분해졌다고 말했다. 시간이 지나면서 엄마가 나만큼 언니와 남동생도 사랑한다는 게 분명해졌지만, 갓 태어난 나를 예뻐하는 모습을 떠올리면 기분이 좋았다. 엄마는 종종 '고릴라처럼 생긴' 꿈 많은 말괄량이를 못 견뎌 했다. 엄마가 사준 분홍색 멜빵바지는 나무에서 떨어지면서 가시 돋친 철사에 걸려 찢어졌고, 스누피가 그려진 하얀 숙녀복은 절대 입지 않았다. 그러나 결국 엄마에게 맞춰진 나는 엄마를 위해 제대로 된 세상을 만들겠다고 결심했다. 엄마가 원하는 사람이 되지 못하는 건 고통스러운 일이었다.

우리 집 옆에 쭉 늘어서 있던 버려진 돼지우리 중 한 곳에 냉동고가 있었다. 그해 나는 열여섯 살이 되어 A레벨*을 시작했다. 어느 날은 하굣길에 딸기 아이스크림 한 통을 사서 반은 먹고 나머지는 냉동고에 넣어둘 생각이었다. 그런데 냉동고를 열려고 손잡이를 잡았을 때였다.

• 영국의 대학 입학시험 또는 준비 과정으로 한국의 고등학교 1, 2학년에 해당 ― 옮긴이

손잡이를 잡은 손이 내 의지와 관계없이 절대 놔주지 않을 것처럼 금속 부위를 꽉 움켜쥐었고, 순간적으로 나는 그 위로 홱 당겨졌다. 아니, 내던져졌다. 나는 살아 있는 냉동고 문에 자석처럼 딱 달라붙어서 옴짝달싹하지 못했다. 비명을 지르고 또 질렀지만, 옆에 있는 고모네 헛간에서 감자 선별기가 덜커덩거리는 소리에 묻혀버렸다. 나는 천천히 몸을 흔들었고 냉동고 끝에 다다라 몸이 떨어지자 손도 비틀리며 떨어졌다. 몸이 휘청거리기는 했지만 일어나서 천천히 걸을 수 있었다. 집에 들어가니 엄마가 알록달록한 목걸이에 외출복을 차려입고 있었다. 친구를 만나러 가려던 참이었다.

"방금 냉동고에 붙어서 못 나올 뻔했어요. 떨어질 수가 없었어요."
내가 더듬거리며 말했다. 엄마는 약속 시간에 늦었는지 정신이 팔린 채로 이야기를 듣는가 싶더니 금세 가봐야겠다고 했다. 그리고 차에 올라타더니 도로를 따라 사라져 버렸다.

그날 저녁, 아빠가 엄마에게 내 소식을 전해 듣고 냉동고를 수리했다. 이튿날 나는 물리를 가르치는 포터 선생님에게 전날 일을 이야기했다. 선생님은 내가 금속을 만졌을 때 240볼트의 교류가 몸으로 흘러 들어가 뇌에 강한 전기 자극을 주면서 주먹과 온몸이 수축과 이완을 초당 50회 반복했을 거라고 설명했다. 그래서 몸이 떨리고 냉동고로 끌려갔던 것이다. 선생님은 내가 어리고 건강해서 금방 떨어진거라고, 운이 좋았다고 했다.

나는 포터 선생님을 좋아했다. 그는 내가 얼음의 엔트로피를 알아내고자 설계한 실험을 보고 천재적이라며 역대 최고라고 평가했다. 그리고 내가 도통 웃지 않아서 걱정이라고 했다.

동틀 무렵, 나와 맥스는 아직 깨지 않은 일행을 남겨두고 모텔을 나선다. 하늘은 분홍색과 주황색으로 물들고 바닷물은 부드러운 은색으로 빛난다. 항구의 한산한 하늘이 무너진 부두와 만나고, 그 위를 검은 뱀목가마우지와 아담한 갈색 펠리컨이 덮고 있다. 수면은 바람과 활발히 대화를 나누고 있다. 하루가 확장되는 느낌이다. 하지만 여행을 떠나기 전에 엘레나라는 친구가 한 말이 떠올라 불안해진다. 엘레나는 다국어를 사용하는 이탈리아 사람으로, 멕시코 마약 범죄조직에 잠입해 다큐멘터리를 만든다. 우리는 언론대학에서 만났다.

"멕시코에서 뭘 하든 길만 잃어버리지 마, 자기야. 스페인어도 못하잖아. 가이드랑 꼭 같이 다녀. 길 잃은 사람처럼 '보여도' 안 돼. 그랬다가는 맥스가 납치될 거야." 위험이 도사리는 상황에서 취재하는 방법을 교육받았던 게 기억난다. 강사는 늘 퇴로를 준비해 두라고 했다. 나는 항구를 둘러보며 도움을 청할 사람들이 주변에 있는지 확인한다.

전날 저녁, 주디가 우리 방을 찾아왔다. 그러고는 돈이 자기는 애 보는 사람이 아니라면서 다른 사람을 알아보라고 해야겠다고 말한 걸 알려줬다. 그날 저녁 식사 시간에 맥스의 기저귀를 갈려고 하는데 식당 화장실이 망가져서 직원의 안내대로 옆에 있는 생태관광센터에 가게 되었다. 안내데스크 뒤에서 남자 둘이 방긋 웃으며 화장실을 가리켰다. 볼일을 마치고 나가려는데 그들이 헥터와 제주스라며 자신들을 소개했다. 나는 그 기회를 놓치지 않았다. 역시나 헥터가 어린이용 구명조끼를 가지고 있다고 했다. 나는 속으로 쾌재를 부르며 이튿날 그들의 고래관광선을 타기로 했다.

"나도 보트 있어요." 맥스가 자랑스럽게 말했다. "내 보트는 빨간색이에요."

"내일 가져와서 보여줄래?" 헥터가 이렇게 묻고는 내게 말했다. "7시까지 부두로 나오세요." 다른 사람들에게는 단체 관광에서 잠시 빠지겠다고 미리 말해뒀다. 다들 말이 없었고 돈은 어깨만 으쓱하길래 더 자세한 계획은 말하지 않았다.

안도했던 어제와 달리, 지금은 멍청하게 위험을 무릅쓰고 관광 일정을 바꾼 건 아닌지 의심이 된다. 어쩌면 우리는 육지에 머물러야 했는지 모른다.

7시 정각에 헥터가 보트를 실은 트럭을 몰고 창문 밖으로 손을 흔들며 다가온다. 납치에 대한 공포가 사라진다. 건장한 체격에 백발인 몬타나 출신의 엘리와 다이앤이라는 친구들도 함께다. 다이앤은 장난감 보트를 들어주고 엘리는 맥스의 손을 잡아준다. 항구를 천천히 빠져나가는 동안 헥터는 옆에 있는 돌고래가 잘 보이도록 맥스를 들어준다. 그들은 물광이 나는 청회색 몸을 선미 밑에 모로 누이고 우리를 올려다보며 줄지어 따라온다. 나는 어제 고래를 본 지점을 가리킨다. 헥터가 스페인어로 무전을 한다. 대왕고래가 먹이를 먹는 장소에 다다르자 일행이 탄 보트가 보인다. 나는 열정적으로 손을 흔든다. 헥터가 운전사에게 말을 걸기 위해 보트를 가까이 댄다.

"거기서 뭐 해요?" 메리가 소리친다.

"좋은 시간을 보내고 있어요." 나는 큰 소리로 답한다. 주디가 손을 흔들며 맥스를 부른다. 마이크는 우리를 쳐다보지 않는다.

바다가 마치 세상으로 쏟아져 나올 것처럼 볼록해 보인다. 대왕고래와 참고래가 사방에 있고, 혹등고래는 분수를 이중으로 뿜는다. 한 대왕고래는 꼬리에 있는 흰색 반점 모양 때문에 스페인어로 호박이라는 뜻인 칼라바자(Calabaza)로 불렸다. 30년째 이곳을 찾아오면서 한 번도 새끼를 데리고 오지 않아서 수컷으로 여겨진다. 칼라바자는 일곱 번 숨을 쉰 뒤에 꼬리를 치켜들고 물속으로 들어간다. 나는 육중한 근육질 몸이 사라지는 모습을 지켜본다.

"고래처럼 수영해 봐, 엄마." 맥스가 말한다. 웃어넘기려고 하는데 헥터가 그 말을 듣더니 나를 향해 고개를 끄덕인다.

"정말로요?" 내가 묻는다.

"맥스는 우리가 보고 있을게요." 다이앤이 말한다. "걱정 말아요."

나는 주위를 둘러본다. 상어는 보이지 않는다. 아까 엘리와 다이앤이 다이앤의 장성한 딸에 대해 말하는데 맥스를 일주일 내내 맡겨도 될 만큼 신뢰가 갔다. 지금 안 하면 평생 후회할 것이다. 나는 마음이 바뀌기 전에 재빨리 옷을 벗고 티셔츠와 바지만 입은 채 보트 옆으로 뛰어든다. 그리고 평영으로 최대한 깊숙이 들어가서 칼라바자가 있을지 모르는 곳을 향해 애정을 담아 있는 힘껏 '러브'라고 외친다. 두개골 안의 떨림을 통해 들려오는 건 멀리서 물이 졸졸 흐르는 소리뿐이다.

인간의 고막은 칼라바자의 귀와 달리 공기 속에서는 진동을 효율적으로 감지할 수 있지만, 물속에서는 그럴 수 없다. 원래부터 나는 청력이 고르지 않았다. 다섯 살 때는 1년 동안 소리를 잘 듣지 못해서 그로밋(grommet)이라는 관을 삽입해야 했다. 약하고 뭉툭한 세계를 뾰족한 못처럼 뚫고 들어오던 목소리들이 어렴풋이 기억난다. 엄마는 이야기를 들려주는 걸 좋아했다. 나는 청력 테스트를 전부 통과했지만, 진료실 뒤에서 엄마가 이름을 부르는데도 알아차리지 못했다. 고함을 지르고 나서야 반응했다. 그제야 의사도 엄마의 말을 믿어줬다. 내 일부는 물속의 고요함을 친숙하고 편안하게 느꼈다.

청력은 고래에게 전부나 마찬가지다. 고래는 빛이 없는 세상에 사는 경우가 많아서 인간처럼 시각에 의지할 수 없다. 가까이 모여 있을 때는 촉각을 이용하고, 이동하거나 사냥할 때는 기본적으로 목소리와 귀를 이용한다. 음파 통로(deep sound channel)라고 불리는 해수층은 고래의 울음소리를 가장 잘 전달하는데, 음파가 수온과 수압으로 정의되는 해수층 안에서 거듭 반사되어 수천 킬로미터 거리에서도 대화할 수 있다. 업콜, 다운콜, 날카로운 비명, 툴툴대는 소리, 포효하는 소리, 낮게 으르렁거리는 소리, 트림 소리, 고동치는 소리, 그리고 아마도 새끼가 어미에게 끽끽거리는 소리.

야생 고래의 울음소리는 1950년대 윌리엄 셰빌(William Schevill)에 의해 최초로 녹음되었다.[1] 그는 미 해군을 위해 잠수함의 수중 음파 탐지기로 탐사 중이었다. 해군은 바닷속에서 저주파 신호를 듣고서 미국 잠수함의 위치를 알아내려는 소련의 시도가 아닌지 의심했고, 그는 그것이 참고래 울음소리라는 걸 확인시켜 주었다. 고래의 노래는 생물 음향 전문가 로저 페인(Roger Payne)이 1970년에 발매한 〈혹등고래의 노래(Songs of the Humpback Whale)〉라는 곡을 통해 육지에서 예상 밖의 대성공을 거두었다.

과학자들은 베링해에서 총소리, 신음, 지저귐처럼 들리는 북태평양참고래(North Pacific right whale)의 노래를 녹음했다. 극소수의 참고래만 남아 있어서 다른 종의 고래에게 노래를 부른 건지, 아니면 다른 고래를 찾으려고 소리친 건지는 알 수 없다. 몇몇 고래들은 지역 방언을 쓴다.[2] 무리 지어 사는 향유고래는 어릴 때 다 자란 고래들로부터 독특한 발성을 배움으로써 수천 킬로미터를 이동하는 동안 울음소리로 서로를 구분한다. 해양생물학자이자 향유고래 전문가인 할 화이트헤드(Hal Whitehead)에 따르면, 그들은 거대한 다문화 해저 사회에서 살고 있다.

북위 26° 0′ 53″ 서경 111° 20′ 20″

그와 비슷한 동물이 코끼리³, 그리고 우리 인간이다.

나는 헤엄을 치며 저 아래 어딘가에서 움직이고 있을 칼라바자를 상상한다. 고래와 인간, 우리의 몸이 바다의 부피를 늘린다. 칼라바자는 일곱 번 호흡하며 대형 트럭으로 실어 나를 만큼의 공기를 들이마신 뒤 꼬리를 홱 젖히고 어둠 속으로 내려갔을 것이다. 내 목소리를 들었을까? 칼라바자의 낮은 울음소리가 해저 협곡에 메아리치며 수백 킬로미터로 퍼져나갔을지 모른다.

화석연료를 찾기 위한 탄성파 탐사 중 녀석도 공기총 세례를 받아 청력에 손상을 입었을 수 있다. 음파는 해저를 뚫고 수백 킬로미터까지 들어가기도 한다. 실험은 1분에 몇 번씩 진행하며 총 몇 달이 걸릴 수 있다. 고래는 워낙 연구하기 어려운 대상이라 그들이 어떤 영향을 받는지를 증명하기는 어렵지만, 해변으로 쓸려 오는 대왕오징어의 경우에 공기총이 내부 장기를 잘게 부숴뜨리기도 한다.⁴ 서양 회색고래는 여름에 사할린섬(Sakhalin Island) 인근에서 먹이활동을 하는데 탄성파를 측량하며 그들을 관찰한 결과, 반경 24킬로미터 안으로는 접근하지 않고 호흡 패턴도 불안정해진다는 걸 알아냈다.⁵ 공기총은 반경 1.2킬로미터 내에 있는 동물성 플랑크톤과 그들의 유충을 죽인다.⁶ 모의실험에서 가리비는 폐사율이 증가하고 소리에 놀라 움츠러드는 것으로 나타났다.⁷

일단 석유나 가스가 발견되면 더 많은 선박이 와서 수송관을 설치하고 시추 작업을 시작한다. 북극고래와 회색고래는 산업형 소음을 피하기 위해 이동 경로를 변경했다.⁸ 회색고래는 선박과 보트가 주위에 있으면 더 자주 소리를 내고 시끄러운 선외 모터가 있으면 더 큰 소리를 낸다.⁹ 다시 말해 고함을 질러야 한다.

중주파 대잠전 수중 음파 탐지기(mid-frequency anti-submarine warfare

sonar)를 동원하는 해군 훈련은 부리고래(beaked whale)의 집단 폐사와 관련이 있다.[10] 부리고래는 수중 음파 탐지기 훈련에 노출되면 뇌와 심장처럼 생명 유지에 필수적인 장기에 과다 출혈이 발생해 약 네 시간 안에 폐사하는 것으로 밝혀졌다. 미 정부는 '미 해군 함정에 탑재된 전략적 중대역 주파수 수중 음파 탐지기(mid-range frequency sonar)'가 '음향 또는 충격에 의한 트라우마의 가장 그럴듯한 원인'이라고 인정했다.[11] 저주파음 기술은 해양 온난화를 감시하는 데도 사용된다. 온도 측정 실험은 고래들의 직통 연락망인 음파 통로를 이용한다.[12] 우리는 우리가 끼치고 있는 피해를 측정할 때조차 소음을 만든다. 고래들이 이보다 더 조용히 지내기는 어려울 것이다.

나는 코르테즈해 안에 고요히 잠겨 있다. 그러다 밑에서 그림자를 발견한다. 고래 모양이다. 두려움이 밀려와 나를 관통한다. 빛을 향해 미친 듯 발을 찬 뒤에 보트 방향으로 헤엄쳐 갑판에 기어오른다. 맥스가 다이앤에게 재잘대는 소리가 들린다.

"그렇구나." 다이앤이 말한다. "나도 버스보다 기차가 더 좋은데."

나는 비틀거리며 일어나 배 밖을 내다본다. 그제야 내가 본 건 고래가 아니라 태양이 한없이 깊은 초록색 바다에 드리운 보트 그림자라는 사실을 깨닫는다.

"밝아 보여요." 다이앤이 말한다. 확실히 생기가 도는 느낌이다. 몸이 아드레날린으로 들썩거린다. 나는 늘 고래와 수영하기를 소원했지만, 이런 낭만적인 생각은 금세 사라지고 만다. 만약 고래가 나를 성가시게 여겼거나 무심결에 꼬리로 툭 쳤다면 어떻게 되었을까? 내가 하는 말은 원숭이의 수다이지 노래 모음집이 아니다. 어떤 연관성을 상상하든 내 조상들은 다른 결정을 내렸다. 여기, 고래의 세계는 내 역량을 벗어난 곳이다.

줄사다리가 내 방을 탐험가의 천국으로 승급시켰다. 아빠가 경매로 얻은 많은 물건 중 하나였다.

"네 나무집에 달면 좋을 것 같구나, 도린." 아빠가 말했다. 침실이 부족해서 부모님이 거실 소파베드에서 주무셨기 때문에 몰래 집에 들어가거나 집을 나오는 건 불가능했다. 줄사다리는 이런 상황을 타개할 묘수였다. 두꺼운 나무 발판과 튼튼한 담청색 밧줄로 되어 있어서 주철 침대 틀에 감아 매기 쉬웠다. 창문에 매다니 화강암 벽을 따라 거의 바닥까지 닿았다. 나는 스파이더맨처럼 사다리를 타고 내려가 집 뒷길로 폴짝 뛰어내렸다. 그런 다음 자갈 소리가 나지 않도록 주의하면서 살금살금 도망쳤다.

나와 조시는 대체로 주변을 배회하거나 우리 집에서 시간을 보냈다. 조시네 집에 자주 놀러 가지는 못했다. 조시 말로 그의 엄마는 나를 저급하게 여겼다. 조시가 나보다 더하면 더했지 덜하지 않는데도, 그 애 엄마는 딸이 밖에 나갔다 오기만 하면 예의가 없어진다며 맨발로 천방지축 날뛰는 나를 못마땅하게 여겼다. 우리는 이따금 공중전화로 각자의 부모님께 전화해서 서로의 집에서 자고 간다고 말하고는 밖에서 자유를 누리며 밤을 보냈다. 우리는 '더 록(The Rock)'의 절벽과 외곽, 말 그대로 섬의 담벼락을 기어올랐다. 더 록은 주민들이 저지를 부르는 애칭이다.

바람이 많이 불던 어느 날, 우리는 중세 요새의 폐허가 있는 먼 북서쪽의 그로스네즈(Grosnez)까지 갔다가 건물 3, 4층 높이인 절벽 꼭대기 풀밭에서 미끄러졌다. 절벽 아래로 파도가 일렁이는 바다가 날카로운 바위들을 덮치며 철썩거렸다. 우리는 말없이 각자 알아서 절벽 옆에 납작 엎드렸다. 그리고 아주 천천히 꿈틀거리며 옆으로 이동한 뒤, 손으로 잡거나 발 디딜 곳을 또 잃어버리지 않도록 주위를 다급히 더듬으며 조금씩 올라갔다. 위태로운 돌닻이 제자리를 벗어날까 봐 꽉 잡되 아주 세게 잡지는 않았다.

"정말 아슬아슬했어." 나는 조시와 함께 절벽 꼭대기로 돌아간 뒤 말했다.

엄마가 친구들을 집에 태워다 주는 날이면 우리는 지붕을 뒤로 젖힌 초록색 시트로엥 다이아네의 뒷좌석에 서서 모퉁이를 돌 때마다 몸을 기울였다. 굉음을 울리며 질주하는 차 안에서 엄마의 아일랜드 민요를 목청껏 따라 부르기도 했다. 가끔은 아빠가 오토바이와 사이드카를 태워주기도 했는데, 사이드카는 어린아이 둘이 바짝 붙어 앉으면 딱 맞는 크기였다. 사이드카가 모퉁이를 돌 때마다 등골이 오싹할 정도로 기울었다. 우리는 아빠가 경매에서 구해온 노랗고 파란 전동 자전거를 타고서 경사로를 오르고 들판을 누비다가 망가뜨리기도 했다. 한번은 저혈당 치료제인 루코제이드 정제(Lucozade tablets)에 취해 노래를 부르면서 정원과 들판과 숲을 지나고 흙탕물 개울을 따라 바다까지 몇 킬로미터를 기어간 적도 있다. 종일 그러다가 막바지에 이르러서는 인간계를 벗어나 진흙 속 반짝이는 아메바로 변신해서 괴성을 질러댔다. 무의미하지만 경이로운 경험이었다.

어느 여름밤, 10대 중반이었던 나와 조시는 부모님의 친구들이 우리 집을 대신 봐주고 있는 틈을 타서 침실 창문을 통해 줄사다리를 타고 밖으로 나갔다. 공기가 쌀쌀해서 외투도 챙겨 입었다. 우리는 바다로 나가서 해안을 따라 걸으며 수다도 떨고 돌도 구경하고 바위도 오르다가 르 호크(Le Hocq)라고 불리는 곶(串)까지 가게 되었다.

우리 둘 다 수영을 하기에는 너무 춥다는 데 동의했다. 쏴 하며 넘실거리는 만조가 마음을 달래줬다. 우리는 방파제 옆 언저리에 자갈로 베개를 만들고 누워서 한참을 뒤척거렸다.

"어떻게 해도 자갈이 등에 배기는데." 나는 말했다.

"너무 크고 울퉁불퉁해." 조시가 말했다. "모래도 너무 축축해서 잘 수가 없어."

우리는 수잰 베이가와 밥 말리의 노래를 부르고 톰 웨이츠의 그르렁거리는 발성을 흉내 내며 집으로 돌아갔다. 그렇게 자정이 넘어서 집에 도착했다.

줄사다리는 사라지고 침실 창문은 닫혀 있었다. 집을 봐주던 어른들이 탈출 현장을 발견했나? 아니면 엄마가 나를 혼내려는 걸까? 우리는 실외 화장실에 가서 평소처럼 집 열쇠가 녹색 장화 안에 있는지 확인했다. 열쇠는 없었다. 그래서 외투 차림으로 헛간에서 가져온 퀴퀴한 담요를 두른 뒤, 브램블이 있는 사육장의 축축한 잔디 위에 나란히 웅크리고 누웠다. 녀석이 마치 우리의 머리카락을 뜯어 먹는 것처럼 아주 가까이에서 풀을 뜯다가 콧김을 내뿜었다.

"봤어?" 조시가 말했다.

"뭐?"

"저기, 오리온의 허리띠 근처 말이야."

"아무것도 안 보이는데."

"저것 봐! 별똥별이잖아."

나는 그곳을 빤히 쳐다봤다. 소원 빌기는 내 특기였다. "아마도 위성일 거야." 하지만 잠시 뒤 별똥별이 또 하나 떨어졌다. 별똥별이 갈수록 더 많이, 더 빨리 떨어졌다. 우리는 그제야 완벽해진 풀밭에 누워서, 까만 허공을 가르며 머리 위로 쏟아지는 별을 놀란 눈으로 바라봤다. 너무 많아서 소원 빌기와 개수 헤아리기는 그만뒀다. 우리의 두 눈에는 별빛이 그득했고, 내 생각은 무한한 우주와 암흑 물질과 빛으로 뻗어나갔다. 나는 별, 지구, 브램블, 나와 조시, 우리 모두가 어쩌다 보니 구성만 달라졌을 뿐, 같은 물질로 만들어진 하나의 존재라는 걸 깨달았다.

"조시! 우리는 별로 만들어졌어."

"그게 우주라는 거다, 자식아."

나는 풀을 한 줌 주워서 웃고 있는 조시에게 던졌다.

잠이 들기는 했지만 밤새 머릿속에 폭풍이 몰아쳤다. 줄사다리도 없고 창문도 잠겨서 집에 못 들어간 덕이다. 그날 평생 빌 소원을 다 빌었다.

나는 미국으로 돌아가는 3일 내내 마이크와 같은 차를 탈 자신이 없다. 그래서 아침에 일어나자마자 돈을 찾아 가서 나와 맥스는 일행과 함께 떠나지 않고 로레토에 있겠다고 말한다. 나는 미소를 지으며 별일 아닌 척하려고 애쓴다. 그리고 맥스의 손을 잡으려고 손을 뻗는 주디와 함께 아침을 먹으러 간다.

"어젯밤에 저녁을 먹으면서 모든 상황을 이해하게 됐어요." 주디가 말한다. "마이크가 애들이 눈앞에 보이면 못 견디겠다면서 맥스가 여기 있는 바람에 여행을 망쳤다고 하더라고요."

"그러면 자기 애들은요?" 내가 묻는다.

"안 그래도 물어봤더니 '우리 애들이야 이제 다 컸는데요, 뭐' 이러던데요. 나는 당신이 지어낸 얘기인 줄 알았어요. 그 사람이 미워서요."

"다른 사람들의 휴가를 망칠 생각은 없었어요." 나는 말한다.

카페에서 아침을 먹으려고 줄을 서 있다가 나는 나머지 사람들에게 여기서 이만 작별 인사를 하겠다고 말한다. 메리가 뭘 할 거냐고 묻는다. 나는 딱히 계획이 없어서 대충 얼버무린다. 돈이 식탁에 둘러앉은 사람들에게 자기 친구가 그 지역에서 별안간 실종된 사건에 관해 이야기한다. 나는 겁먹고 동요하는 모습을 보이지 않는다. 대신 무릎에 앉은 맥스를 간지럽혀서 꿈틀대며 소리를 지르게 만든다. 맥스는 식사 시간 내내 얌전히 굴었지만, 마이크는 여전히 우리를 싫어했다. 돈이 목청을 가다듬더니 어쩌다 이곳에 남기로 했는지 묻는다.

"여기가 좋은 것 같아요." 나는 터무니없는 대답을 한다. 우리를 너무 대놓고 달가워하지 않아서 불편하고 안전하지 않은 느낌이라고 말하지 못한다.

"같이 다닐 사람이라도 있어요?" 그가 묻는다.

"아니요."

"확실한 계획이 없는 것 같으니, 여자 혼자 바하를 여행하는 게 얼마나 위험한지를 꼭 말해줘야겠네요." 그는 친구가 게레로 네그로에서 밴을 타고 떠났다며 아까 하던 이야기를 이어간다. 밴은 나중에 불탄 채로 도롯가에서 발견되었고, 그 안에는 새카맣게 탄 시신이 있었다. 나는 끔찍한 일이지만 여행 경험이 많으니 걱정할 필요 없다고 말한다. 내 목소리가 날카롭다. 그들이 지프차를 타고 후진으로 모텔 주차장을 빠져나가는 동안, 나는 진심으로 기뻐하며 손을 흔들고 미소를 짓는다. 맥스가 주디에게 키스를 날린다.

방으로 돌아온 나는 떨리는 손으로 노트북을 열고 제일 빨리 탈 수 있는 LA행 항공편을 즉시 예약한다. 두 시간 반 뒤다. 모텔 매니저가 택시를 불러준다. 나는 미친 듯이 짐을 싼다. 맥스도 덩달아 작은 배낭을 연다. 그리고 플래시와 내가 게레로 네그로에서 산 고래의 이주를 그린 조각 퍼즐을 쑤셔 넣는다. 부적으로 가지고 다니던 향유고래 조각과 선물용으로 산 고래 열쇠고리가 보이지 않는다.

"고래는 어디 있지?" 나는 간절한 마음으로 프리다의 초상화에 묻는다.

"'내' 가방에 있어." 맥스가 말한다. 택시가 도착하자마자 짐을 챙겨 나간다. 공항으로 가는 내내 가슴이 조마조마하다. 바위와 하늘과 얼룩덜룩한 갈색 땅이 빠르게 지나간다. 마라톤 선수들처럼 길가에 모여 있는 선인장도 지나간다. 출국장 앞에 도착하자마자 기사에게 지폐 뭉치를 건네고 거스름돈 없이 내린다. 이어서 맥스를 겨드랑이에 끼고 배낭과 카시트를 유아차에 쓰러지지 않게 실은 뒤 공항을 향해 달린다.

이륙하는 비행기 아래로 코르테즈해가 눈부신 파란색으로 빛나고 있다. 기체가 비스듬히 기운다. 한쪽 날개는 바다를 향해 내려가고 반대편 날개는 하늘에 잠긴다. 온 세상이 뒤집히면서 바닷물의 아름다움이 쏟아져 내리는 느낌이다. 나는 속으로 칼라바자에게 작별 인사를 하며 저 아래에서 나직이 고맙다고 속삭이는 녀석의 모습을 상상한다. 그리고 회색고래 엄마와 새끼를 떠올린다. 그들도 석호를 떠나고 있을 것이다. 깊은 바다로 나갈 때 느끼는 두려움은 사랑의 감정만큼이나 압도적이다.

북위 26° 0' 53" 서경 111° 20' 20"

우트키아빅 : 도망치는 습관을 포기해야 했다

〜〜〜

북위 71° 17′ 26″ 서경 156° 47′ 19″

나는 빌리의 스노모빌 뒷자리에 앉아 해빙을 가로지르며 날이 살짝 어둑해지는 걸 보았다. 공기는 불투명에 가까운 흰색이었고 길은 울퉁불퉁했다. 우리를 호위하던 칼레약 단원들이 눈앞에 나타났다 사라지더니 악보 위의 음표처럼 길을 따라 점점이 흩어졌다. 썰매에 실린 노 젓는 우미악과 추격선 알루미늄은 벌써 물 위에 떠 있는 것처럼 보였다. 바람이 시야를 맑게 터주더니 우리 일행을 휩쓸어버릴 듯 포효했다. 나는 빌려온 거위털 장갑과 토끼털 부츠가 영하 50도까지도 끄떡없을 것 같아 고마웠다. 강풍 속에서 목표 지점에 아주 가까워진 것 같았다.

나는 양말 세 켤레와 장갑 세 켤레, 보온 내의, 털바지, 스키 바지를 껴입었다. 내가 얼어 죽지 않을 수 있었던 건 줄리아가 빌려준 양가죽 파카와 빌리의 등 덕분이었다. 그의 등이 내 얼굴을 가려주지 않았다면 추위가 방한모와 스키 고글을 뚫고 들어왔을 것이다. 봄철의 태양이 어느 때보다 낮은 각도로 가라앉으며 세상을 파란빛으로 물들였다.

몸은 따뜻했지만, 우리가 지나고 있는 해빙 밑에 자리 잡은 깊고 어두운 바다를 생각하니 금세 오싹해졌다.

"균열 조심해." 빌리가 어깨 너머로 외쳤다. 단원들은 내가 잊고 있었던 징조들을 끊임없이 경계하고 있었다. 그들은 어릴 때부터 사냥을 해봐서 온갖 형태의 얼음에 빠삭했다. 이런 전문가들과 함께하며 나는 혼자 힘으로는 아무것도 못 하고, 풍경을 묘사하는 용어조차 말할 줄 모르는 어린아이 신세로 전락하고 말았다.

투박탁(tuvaqtaq)이라고 부르는 해안 고착빙은 해저에 묶여 있고 육지는 한참 뒤에 있었다. 빌리가 스노모빌을 돌리고 고함을 치며 손을 흔들었고, 내 얼굴과 손은 마치 없는 것처럼 무감각했다. 단원들이 원을 그리며 돌아왔다. 한 남자가 멈춰 서서 짐이 가득 실린 썰매를 살펴보고 있었다. 오는 길에 유난히 가파른 오르막을 넘다가 한쪽 활주부가 망가진 모양이었다. 그들이 이부닉(ivuniq), 즉 이랑을 오르내리는 동안 보트들이 한쪽으로 쏠린 탓이었다.

썰매를 확인하지 않은 건 누군가의 잘못이 분명했다. 우리는 멈출 수밖에 없었고 추위와 북극곰, 그리고 그곳에 있을지 모를 또 다른 위험에 무방비로 노출되었다. 하지만 내 길동무들은 비난할 사람을 찾지 않았다. 그 대신 귀청이 떨어질 듯한 바람 속에서 하나로 똘똘 뭉쳐 함께 활주부를 고쳤다. 그들은 텐트를 치고 썰매에서 짐을 내리고 브레이크를 점검했다. 나는 그 모습을 지켜봤다. 반이 내게 안으로 들어가라고 손짓했다.

"나도 도울 수 있어요." 분한 마음에 외쳤다. 하지만 공기가 내지르는 괴성이 더 컸다. 아무도 내 말을 듣지 못하길래 톱을 들고 있는 아이라에게 손바닥을 내밀었다. 그는 잠시 망설이다가 톱을 건넸다. 단원들이 회의적인 눈빛으로 쳐다봤다. 나는 몇 분 동안 최선을 다해 부서진 활주부를 썰고 나서 톱을 돌려줬다. 경계심이나 노골적인 적대감을 드러내던 몇몇 단원들의 표정이 누그러졌다. 무전을 듣고도 나를 태워 줄 사람이 있는지 확인도 하지 않고 본체만체 사라져 버렸던 반도 나를 향해 고개를 끄덕였다. 썰매 수리가 끝나자 단원들은 각자의 스노모빌로 돌아갔다.

"라일리, 우미악을 가지고 따라와." 알루미늄 보트를 실은 썰매를 끌고 가던 반이 소리쳤다. "도린은 빌리와 함께 있어요."

"괜찮아요? 춥지 않아요?" 빌리가 시동을 켜기 전에 외쳤다. "전혀요." 내가 큰 소리로 답했다.

"꽉 잡아요."

나는 빌리의 파카를 꽉 붙잡았지만, 아까처럼 꽉 잡지는 않았다.

몇 시간을 이동한 끝에 우리는 바닷물이 해빙을 가르며 흐르는 리드에 도착했다. 세상이 위아래 없이 무자비한 흰색으로 합쳐졌다. 갈색도 없고, 노란색도 없고, 육지에 있는 건 아무것도 없었다. 다른 색은 리드의 회색 선뿐이었다. 해수면이 우리 눈앞에서 굳어가고 있었다. 물이 흐르는 먼 곳은 아직 액체였지만, 전반적으로는 해빙이 우세했다. 우리는 수평으로 날아드는 눈을 맞으며 캠프를 구축하기 위해 재빨리 움직였다. 수로의 너비는 800미터 정도로 보였다. 반대편도 볼 수 있었다.

나는 단원들을 쫓아다니고 따라 하면서 도움이 되려고 노력했다. 그들은 북극고래들이 물 밖으로 올라와 편히 숨 쉴 수 있도록 곡괭이질로 리드 가장자리를 매끄럽게 다듬었다. 나도 그들에게 허락을 받고 물살에 의해 떨어진 얼음덩어리를 장대로 떠밀며 손을 보탰다. 하지만 반이 혹시라도 내가 미끄러져서 발을 헛디딜 걸 너무 걱정하는 바람에 그리 오래 하지는 못했다. 만약 물에 빠지면 빙판 아래로 휩쓸려 가서 익사하거나 몇 분 안에 얼어 죽을 것이다. 나는 단원들 옆에 바짝 붙어 있었다.

하얀 세상, 하얀 텐트, 털옷 위에 걸친 하얀 파카까지. 마치 최면에 걸린 것 같았다. 고래들이 사냥꾼들을 보지 못하게 일부러 흰색으로 위장한 것이었다. 얇은 얼음판을 앞니처럼 쭉 세워서 은신처도 만들었다. 그렇게 해두면 리드 끝에서 어떤 동물이 올려다봐도 단원들과 작살이 보이지 않았다. 해빙 위에서는 사람들과 그들의 행동, 의도, 그들이 공간을 장악하는 방식까지 명확히 볼 수 있었다. 농간을 부릴 만한 여지가 전혀 없었다. 나는 발가벗겨진 기분으로 매 순간 열심히 집중했다.

눈은 곤죽이 되거나 녹지 않고 부드러운 솜털 같은 상태를 유지했다. 우리는 고래의 눈을 피해 벤치와 텐트 사이를 편하게 걸어 다닐 수 있도록 리드에서 6미터 떨어진 곳을 삽으로 긁어내 길을 냈다. 모두가 천천히 움직이면서 에너지를 비축했다. 땀이 나서 옷 안이 젖으면 감기에 걸릴 수 있어서 좋지 않았다. 특히 발은 반드시 마른 상태로 유지해야 했다.

"알라파(Alappaa)?" 그들은 춥냐고 자주 물어봤다. 리(Ii)는 그렇다, 나우미(Naumi)는 아니다, 우투구(Utuguu)는 좀 춥다는 뜻이었다.

단원들은 자신들을 촬영하는 나를 보고 깔깔대며, 리드 가장자리에서 가볍게 춤을 추거나 물에 뛰어드는 척했다. 반은 순록 가죽 위에 무릎을 꿇고 작살을 위로 향하게 잡고서 바닷물 쪽을 겨누었다.

"프로판 난방기, 프로판 난로, 얼음 녹인 물." 리프가 평소처럼 쾌활한 모습으로 주방용 텐트에서 커피를 만들었다. 취침용 텐트에는 다섯 사람이 누워 있었다. 밤낮을 구별하는 게 무용해지다 보니 정해진 일과가 없는 게 일상이었다. 어둑해졌다가 밝아지는 긴 낮이 반복되었다. 나는 시간 개념을 잃어버렸다. 우리는 사냥 시즌을 보내고 있었다. 시계는 무의미했다. 언제든 누군가는 깨어서 경계하고 준비하며 날씨와 해빙의 모든 움직임과 모든 변화를 관찰했다.

"여기에 있는 건 빙하예요." 리프가 말했다. "옛날부터 있었던 오래된 얼음이라 소금기 없는 신선한 물이죠." 그러면서 돕고 싶으면 얼음을 갖다 달라고 했다.

"매끈해 보이는 융기부를 찾아봐요. 머리에 난 크고 오래된 혹처럼 생긴 거 말이에요." 반이 말했다. 눈이 깊어서 발이 50센티미터씩 빠졌다. 균열이나 구멍이 없기만을 바랐다. 나는 썰매에서 곡괭이를 꺼내 들고 매끈한 언덕을 찾은 뒤, 꼭대기까지 올라가서 까만 리드를 내려다봤다. 그리고 곡괭이로 언덕 꼭대기를 내리쳤다. 금속 날이 옆면을 빗겨 치면서 작은 조각들이 달그락대며 떨어져 나왔다. 나는 나 자신을 격려하기 위해 혼잣말로 그 상황을 설명하면서 곡괭이를 더 세게 내리쳤다. 곡괭이가 튕겨 나왔다. 아무런 소득이 없었다. 몇 번 더 내리친 끝에는 덩어리 하나가 헐거워졌다. 눈 밑에 난데없는 파란색이 보였다. 오래된 얼음을 찾은 것이다. 나는 곡괭이를 머리 바로 위까지 들어 올렸다가 온 힘을 다해 내리쳤다. 얼음 조각 몇 개가 떨어져 나왔다.

"얼음이랑 수다 좀 그만 떨어요." 반이 소리쳤다.

나는 결국 커다란 얼음 조각을 양동이에 가득 담아서 텐트로 돌아갔다. 리프가 두꺼운 비계를 넣은 폭찹 샌드위치를 건넸다. 그와 일라이가 조리 업무를 분담했다. '채식해요?' 리프가 입 모양으로 말했다. 모양과 냄새만으로도 메스꺼워져서 잠시 주춤했지만, 그의 표정이 마음에 걸려서 얼른 받아 들고는 고맙다고 말한 뒤 샌드위치를 꼭꼭 씹어 먹었다. 비계의 서걱거리는 식감과 육즙은 무시하고 짭짤한 맛에만 집중하려고 애썼다. 나는 코로 숨을 쉬면서 한입에 최대한 많은 양을 재빨리 집어삼키고 펄펄 끓는 인스턴트 커피를 중간에 한 모금씩 마셨다.

반이 얼음 위에 나침반을 설치했다. 바늘의 방향이 조금이라도 변하면 야영지가 깨져 나와서 바다에 떠 있다는 의미였다. 나는 나침반을 강박적으로 확인했다. 그리고 런던에 전화를 걸어서 위성 전화를 시험해 본 뒤 텐트 안에 치워놓고 잊어버렸다.

밖에 있을 때는 매사에 생각하고 계획해야 했다. 곰과 균열, 나침반의 변화를 잘 살피기. 바깥이 너무 환하면 설맹이 발생하지 않도록 주의하기. 최대한 바람을 등지고 숨쉬기. 볼일을 볼 때는 화장실, 더 정확히 말하면 작은 얼음 언덕 뒤로 가기. 매서운 추위 속에서 불빛 하나 없이 털옷을 적시지 않으려면 주의력과 정밀함이 필요했다. 옷이 젖으면 얼기 때문에 조심스럽게 쪼그리고 앉아서 포악한 북극의 바람이 들어오지 않을 정도로만 파카를 들어 올렸다. 잠잘 때도 세심한 배려를 받았다. 단원들은 벤치에서 자는 게 허용되었지만 나는 아니었다. 내가 깜빡 잠들기라도 하면 그들은 즉시 나를 안으로 들여보냈다.

"그러다 얼어 죽어요." 반이 말했다. "당신은 이누피아트가 아니잖아요." 공용 텐트에서 잘 곳을 찾는 것도 점점 익숙해졌다. 반은 아이라의 코골이가 제일 시끄럽다고 농담을 했지만, 그의 코골이 역시 크고 우스꽝스러웠다.

"그 여자가 제프리 옆에 누워 있어." 누군가가 내가 깨어 있는지 모르고 키득거렸다. 제프리와 다른 단원 하나는 각각 술과 관련된 위법 행위로 법정에 서기 위해 야영지에서 마을로 돌아갔다. 하지만 그곳에는 술이 없었다. 술과 마약으로부터 안전한 장소였다.

단원들은 초단파 무전기에 대고 이누피아트어를 한 음절씩 딱딱 끊어 말하면서 날씨가 어떻고 뭐가 보이는지에 대한 정보를 교환했다. 그들은 변화무쌍한 기상 조건을 설명했고, 얼음의 두께와 나이를 표현하는 단어들을 완벽히 갖추고 있었다. 그 단어들은 대부분 추위를 피해서 목 뒤에 머물거나 입 안에서 혀로 안전하게 만들어지는 듯했다. '크(q)'처럼 센소리는 잘 전달되었다. 이렇게 기다리는 동안에는 소리 지를 필요가 없었다.

"안녕하세요, 여러분." 초단파 무전기에서 큰 소리가 들렸다. 여기저기서 이구동성으로 인사를 했다. 전 공동체의 마음이 그곳에 있었고, 모두가 단원의 일부였다. "안녕하세요, 레빗 기지에 오셔서 사탕 가져가세요…. 레빗 포경선단에 행운을 빌고, W-W 기지에서 오신 분들도 행운을 빕니다…. 쿠야낙팍(Quyanaqpak)• 앨리스 이모, 당신의 선단에도 행운을 빌어요." 바다코끼리가 잠깐 언급되었다. 반이 총을 어깨에 들쳐 메고 서쪽을 바라보며 우미악 선미에서 균형을 잡았다.

"내가 타니크처럼 보여요?" 리프가 해빙에 나온 지 일주일여 만에 여자친구를 만나러 시내에 다녀오더니 이렇게 물었다. "백인 남자 말이에요." 그가 나를 위해 번역해 주었다. "오늘 어떤 사람이 나한테 타니크처럼 보인다고 하더라고요. 분명히 갈색 작업복 때문일 거예요." 그가 모자 끝을 잡아당겼다. "진짜 얼간이 같다니까요."

"고래가 오는 건 어떻게 알아요?" 나는 물었다. 리프가 목 뒤에서부터 숨을 내쉬며 쉿소리를 냈다.

• 이누피아트어로 '정말 감사합니다'라는 의미

"소리가 먼저 들리고 뒤이어 검은색이 보여요. 그러면 다들 흥분하죠."

"크고 나이가 많은 고래들은 모터 소리를 내요. 그러면 얼음이 진동해요." 반이 말했다. 나로서는 고래가 실제로 올 거라고는 상상할 수도, 확신할 수도 없었다.

크레이그 조지와 과학자들, 토착 포경꾼들의 공동 연구에 따르면, 북극고래가 지구상에서 가장 오래 사는 포유동물일 확률이 매우 높다. 암컷은 3~4년마다 새끼를 낳으며 임신 기간은 인간보다 3개월 더 길다. 아그빅은 200년 이상 살 수 있는 일종의 타임머신이다.

1981년 금속 촉과 상아로 만들어진 작살 머리가 발견되었다. 알래스카 북서부 연안의 웨인라이트라는 마을에서 잡힌 고래의 지방에 박혀 있었다. 그 후 돌과 상아로 만들어진 더 전통적인 작살 머리가 포획된 고래들에게서 발견되었다. 인류학자들이 수집한 작살들과 비교해 본 결과, 사용 시기는 유럽인들과 접촉하기 전인 130년 전에서 200년 전으로 좁혀졌다. 크레이그와 그의 동료들은 갓 포획된 고래의 안구를 연구해 나이도 추정했다. 안구의 수정체에는 고래의 생애 주기에 따라 변하는 단백질이 들어 있다. 1995년에 사망한 14.6미터 길이의 수컷 고래는 211살로 추정되었다. 이누피아트는 북극고래가 '인간보다 두 배' 정도 더 오래 산다는 사실을 이미 알고 있었다.[2] 그래서 사냥꾼들은 놀라지 않았다.

200년이라는 수명은 크고 오래된 아그빅이 목격했다는 뜻이다. 아그빅은 작은 우미악과 포경선으로부터 도망쳤다. 바다가 점점 더 소란스러워지는 걸 들었고, 운 좋게 선박과의 충돌을 피했다. 어쩌면 상업적 포경을 멈춘 뒤 북극고래의 개체 수가 회복되었다는 것도 알아차렸을지 모른다. 크레이그에 따르면 이것은 의심할 여지없이 지난 세기의 훌륭한 보존 성공 사례 중 하나다.

"북극고래는 강인하고 회복력이 좋은 동물이에요." 그는 말한다. "하지만 불확실한 미래로 가고 있어요."

북극해의 생산성이 높아지고 있기는 하지만, 북극고래나 그들의 먹이가 따뜻하고 산성화된 물에 얼마나 적응할 수 있을지는 아무도 모른다. 전문가들 사이에서도 우려와 낙관론이 치열하게 공존한다.[3] 북극고래는 얼음 속에서 사는 고래로 진화했는데, 통계 모델에 따르면 2030~2040년 사이에 북극이 얼음 없는 여름을 맞이할 수도 있다.[4] 게잡이와 조업 활동이 북상하면서 그물이 전 세계 수염고래들에게 가장 큰 위협이 되었다고 말하는 사람들도 있다. 수많은 요인이 고래들을 위협할 수 있다. 아그비지트를 위험에 빠뜨리거나 몰살시키기 위해 우리가 직접 최후의 일격을 가할 필요도 없을 것이다. 오늘날의 고래들은 살아 있는 한 개척자로 존재할 것이다.

나는 하얀 빙벽 뒤에 있는 가죽 벤치에 앉아서 대기했다. 빌리가 얼음을 6미터쯤 쌓아서 만든 망루에 올라 보초를 섰다. 나는 북극을 향해 하얗게 뻗은 리드 반대편을 바라보며 북극곰을 열심히 찾았다. 빌리가 시내로 가던 길에 한 마리를 만났다고 했다. 길을 막고 다가오는 녀석을 겁줘서 쫓아내기 위해 스노모빌 반대편으로 뛰어가서 공포탄을 쐈다고 했다.

"저기, 저기에 한 마리 있어요." 라일리가 말했다.

"높이 솟은 얼음 보여요? 거기예요!" 빌리가 말했다.

내 눈에는 얼음만 보였다.

"저기 말이에요. 언덕을 지나서 얼음을 눈으로 좇아 봐요, 파란색 얼음이요." 반이 말했다. 혹시 놀리는 건가 싶어서 그의 얼굴을 유심히 살폈다. "한 마리 더 있네요." 그가 말했다. "까만 코를 찾아봐요."

라일리는 자진해서 내게 위계질서를 가르쳤다. 당연히 나는 맨 아래였다. 계속해서 커피 주전자를 채워놓고 식수용 얼음을 가져와야 한다는 뜻이었다. 나는 늘 지켜봐야 할 것들이 있었다. 사냥꾼들이 리드나 얼음이나 하늘을 쳐다볼 때도 마찬가지였다. 나는 그들과 같은 곳을 보고 같은 것을 보았다. 지역 교육청에서는 한 친절한 여성으로부터 젊은 고래잡이를 위한 안내서를[5] 받았다. 작은 스프링 노트에 기상 용어와 북극고래 형태학, 포경 장비, 해체 방법이 이누피아트어와 영어로 설명되어 있었다. 선장은 포경 야영지 가는 길을 지도로 그리기, 포경 일지 쓰기, 날씨와 리드 상태 기록하기, 고래 관찰 양식 작성하기 같은 다양한 활동을 통해 학생 고래잡이들의 점수를 매길 수 있었다. 그런 식으로 포경은 학교 교과과정에 포함될 수 있었다.

나는 반에게 다가가 내가 맞다고 생각한 용어로 해빙 구역을 가리켜 봤다. 그는 내 엉성한 노력에 한쪽 눈썹을 치켜올렸고, 내가 지도에 어설프게 적어놓은 것들에 대해서도 언급을 피했다. 나는 안내서를 치우고 원래 자리로 돌아가서 망을 보고 소리를 듣고 다년빙을 모으고 커피를 만들었다.

바람은 상쾌했고, 리드의 표면은 푸른빛이 도는 밤 안에서 몸부림쳤다. 그때, 고래들이 나타났다.

그들은 모습을 보이기 전에 숨소리부터 들려줬다. 쉭 하는 소리가

북위 71° 17' 26" 서경 156° 47' 19"

간간이 공기를 가르며 정적을 깨뜨렸다. 몹시 특이하고 생경한 소리가 세상을 부수고 열었다. 이제 우리는 이 회전하는 암석구의 유일한 존재가 아니었다.

리드 안에서 모습을 드러낸 건 벨루가들이었고, 각각의 호흡은 인내와 잠행, 지능, 공동체, 진화, 행운의 개가(凱歌)•였다. 그들은 바퀴가 돌아가듯 물속에서 리드미컬하게 굴렀다. 하얗고 거대한 어미들은 리드를 따라 유령처럼 움직였다. 새끼들은 그 옆에 있는 작은 회색 톱니 같았다. 그들은 한 번씩 구를 때마다 쉰 목소리로 아주 짧게 숨을 들이켰다. 그들의 표적이 저 앞에 놓여 있었다. 나는 리드 가장자리에서 들려오는 그들의 숨소리를 녹음하며 몇 시간 동안 그들을 촬영했다. 또 한편으로는 수면을 흘깃흘깃 쳐다봤다. 우리는 계속 기다렸다.

나는 내 생애 가장 즐거운 야간 근무를 서고 있었다. 단원들이 카드놀이를 하는 텐트 안에서 웅얼거리는 소리가 들려왔다. 나는 카드놀이에서 번번이 졌다. 빌리가 회색곰이 자기 보트를 물어뜯어서 반으로 쪼개버린 일에 대해 말해줬다.

"정말 골칫거리네요. 나는 회색곰이 싫어요." 나는 이렇게 대답하고 식수용 얼음을 녹이는 일을 계속했다. 그러다 멈췄다. 내가 방금 뭐라고 했지? 내가 어떻다고?

밖에서는 달에 의해 끌려온 조수가 얼음 위로 솟구쳤다. 야영지의 얼음에 가해지는 행성체들의 힘, 공기와 물이 만나면서 발생하는 무게와 소란은 낮은 소리를 만들어냈고, 메아리치거나 쾅 하고 울렸다. 으드득 씹고, 삼키고, 들썩거리고, 팡 하고 터지고, 한숨을 내쉬었다. 리드

• 싸움에서 승리하고 귀환할 때 부르는 노래-옮긴이

가 소란스러웠지만, 고래는 청각이 매우 민감하므로 우리는 가장자리에서 조용히 있었다. 그러다 벤치로 자리를 옮겨서 벨루가들이 지나가는 걸 지켜봤다.

"가끔은 말이죠." 그가 어둠을 향해 중얼거렸다. "회색고래가 보여요. 아그비글루악(Aġviġluaq)이죠." 이것은 가장 이상한 기억이다. 기억이라고 할 수도 없다. 이 말은 수년 동안 적당한 때를 기다린 듯 마치 처음처럼 내 귀에 다시 들려왔다.

바다표범의 옆얼굴이 마치 몸과 분리된 것처럼 물 위를 지나갔다. 무전기에서 이누피아트어가 속삭이듯 흘러나왔다. 빌리가 담배를 피우다 기침을 했다. 은신처 옆에 담배꽁초가 한 무더기 쌓여 있었다. 그가 일어나서 그 위에 커피 찌꺼기를 쏟아부었다. 단원들이 실외복 차림으로 텐트 안에 누워 쉬고 있는 모습이 바깥에 있는 하얀 언덕과 비슷했다.

반이 무전기에 대고 중얼거리자 줄리아의 목소리가 들렸다. 나는 아무 신호도 듣지 못했는데, 어느새 다들 보트 옆에 있었다. 빌리가 아쿠(aqu), 즉 선미를 잡고 밀어낼 준비를 했다. 선원들은 서쪽을 바라봤다. 무전기에서 많은 일이 벌어지고 있었다.

"첫 번째 고래, 일곱-하나, 안녕하세요." 어떤 여자가 말했다.

"칼레악 선단, 일곱-넷." 줄리아가 부르고 있었다. 빌리가 보트를 두고 대답하러 갔다.

"저 위에 있어요." 그가 말했다.

반이 좌절한 듯 조용히 말했다. 그러는 사이, 리드 저 멀리서 굽어진 까만 등이 시야 안으로 천천히 미끄러져 들어왔다. 버스 한두 대 길이로 보였다. 단원들이 소리 없이 부드럽고 조직적으로 움직였다. 반이 나를 힐끗 돌아봤다. 그리고 허락하듯 가만히 서 있는 나에게 고개를 끄덕였다. 그는 내가 나와 다른 사람들을 위험하게 할 거라며 보트는커녕 그 근처에도 못 가게 했었다. 고래가 멀리서 숨을 내쉬었고, 반이 벤치로 돌아왔다.

야영지는 다시 경계 태세로 돌아갔다. 졸려서 미칠 지경이었지만 어떤 것도 놓칠 수 없었다. 나는 야영지에서 좀 걸어 나가서 리드를 응시하며 물을 향해 할머니의 노래를 살며시 불렀다. 잠시 피곤함을 잊고서, 내가 생각해 낼 수 있는 유일한 선물을 가장 오래된 사냥법과 사냥감에 바치기 위해서였다.

"그리고 백조가 호수를 떠다니던 저녁, 그는 깨어 있는 별 하나와 함께 집으로 향했네."

빌리가 나를 지켜보고 있었다. 나는 단원들이 들었을 수 있다는 걸 깨달았고, 내가 낸 소음이 누군가에게 거슬리지 않았기를 바라며 창피한 마음으로 발길을 돌렸다. 그리고 텐트로 기어 들어갔다. 괜한 말썽에 휘말리기 전에 잠이나 자기로 했다. 나는 텐트 안으로 들어가자마자 다시 돌아서서 입구 덮개를 들어 올리고 밖을 내다봤다. 반이 우미악 바로 옆에 있었다. 내가 노래를 불렀던 자리에서 몇 미터 떨어진 곳에 둥글고 까만 고래 등이 나타났다. 고래는 빙빙 돌다가 다시 수면으로 올라와 날카로운 소리를 냈다.

"잉우툭이야." 빌리가 중얼거렸다. "누군가를 찾고 있어."

사냥꾼들이 보트에 올라탔다.

"저기에 소총이 있어요." 반이 썰매를 가리키며 말했다. "북극곰이 나타날 수도 있어요." 그냥 우스갯소리로 하는 말이 아니었다.

그들은 리드 가장자리에서 배를 저어갔다. 동그랗게 휘어지고 바다처럼 까만 등이 한 줄로 길게 빛나는 걸 보니, 고래가 숨을 쉬기 위해 다시 올라온 모양이었다. 물 밑에 있는 육중한 몸은 보이지 않았다. 고래의 몸은 광자(光子)를 모조리 흡수하는 바다에 덮여 있었다. 고래는 크게 한 바퀴를 돌아 야영지 쪽으로 왔다. 선원들이 조용히 노를 저었고, 작살 끝이 자루눈처럼 공중을 배회했다.

문득 우미악이 너무 엉성해 보였다. 아무것도 할 수 없다는 무력감에 이런저런 걱정이 한꺼번에 밀려왔다. 가죽 덮개에 구멍이 있거나 보트가 뒤집힐 수도 있고, 고래를 잡더라도 물밑으로 끌려가거나 거대한 꼬리에 후려 맞을 수도 있다. 꼼짝하지 않았는데도 사냥꾼 또는 사냥감이 된 것처럼 심장이 미친 듯이 뛰었다. 까만 등이 수면 위로 한 번 더 미끄러져 올라왔다. 그리고 고래는 단원들이 작살을 쏠 수 있을 만큼 가까이 가기 전에 사라져 버렸다.

그날 늦게 15미터쯤 되는 거대한 성체가 내가 조용히 노래를 불렀던 곳에 다시 나타나 간헐천(間歇泉)처럼 물을 뿜었다. 리드 끝에서 노를 뻗으면 닿을 수 있을 것 같았다. 나는 느리고 부드럽게 맴도는 그 노래를 고래들이 좋아했는지 궁금했다. 목소리가 고래의 몇몇 울음소리와 비슷한 방식으로 떨렸을 것이다. 단원들이 보트에 기어올랐지만, 이번에는 미처 출발하기도 전에 얼음 밑으로 들어가 버렸다.

"당신이 고래를 부르는 모양이에요." 반이 말했다. 텐트로 돌아가니 가죽을 깐 바닥에 내 자리가 마련되어 있었다. 나는 커피가 담긴 법랑 컵을 건네받았다. 그전까지는 내가 날마다 다른 사람들을 위해 하던 일이었다. 나는 웃음을 멈출 수가 없었다. 단원들이 깔깔대며 웃었고, 나는 후드 털에 얼굴을 묻었다. 그사이 고래 한 마리가 야영지 바로 밑에서 나타났다. 우리의 소리를 들었는지 녀석은 리드 가장자리에서 멀찍이 떨어져 직선으로 헤엄쳤다. 고래가 등 주위로 잔물결을 일으키며 시야에 잠시 들어왔다가 사라지는 동안, 나는 그 각도에서 물밑에 숨겨져 있을 거대한 몸집을 짐작해 볼 수 있었다.

리드를 따라 조금만 올라가면 다른 선단이 우리와 마찬가지로 온통 흰 옷을 입고 하얀 우미악 안에서 노를 저었고, 회색 후드 털과 짙은 회색 물만이 윤곽을 드러냈다. 이 광경은 수백 년 동안 똑같이 반복되었다. 그들을 지켜보는 내내 불안정함과 불확실함이 느껴졌다.

고고학적 증거에 따르면, 서기 1300년경 기후가 서늘해지면서 포경 공동체들은 리드에 안정적으로 접근할 수 있는 북극해 연안 지역으로 몰려들었다. 배는 얼어붙은 바다 위를 수 킬로미터씩 이동해야 했고, 어획물은 마을로 다시 운반되어야 했다. 사람들은 각자 원하는 곳으로 이동하기보다 여럿이 모여 서로 도우며 살아가는 법을 익혔다. 그들의 세상은 지금 이 순간에 초점을 맞췄다.

반은 리드 끝에 있었다. 다른 단원들은 은신처 옆에서, 빌리는 보트 옆에서 대기했다. 나를 제외하면 모든 게 똑같았다. 나는 정신을 차리기 위해 토끼털 부츠를 질질 끌면서 해빙 위를 돌아다녔다. 그리고 리드 끝으로부터 좀 떨어진 곳에서 아래를 내려다봤다. 그곳은 이미 다른 지적 생명체를 만났다는 것만 제외하면 우주와 비슷할 수도 있었다. 나는 바다표범과 바다코끼리가 신음하는 소리, 탁탁거리는 소리, 굵고 우렁찬 소리, 비명을 내지르는 소리, 진동하는 소리를 상상했다. 물론 아그빅의 우렁찬 고함과 화음도 상상했다. 나는 이런 소리를 전부 들을 수 있기를 바랐고, 그들의 대화가 수 세기에 걸쳐 진화했을지 궁금했다. 아마 '점심 먹자'는 많이 변하지 않았을 것이다.

아그비지트가 수로와 수수께끼 같은 해빙 아래를 미끄러지듯 헤엄친다. 그들의 등이 얼어붙은 바다의 지붕을 지나며 흔적을 남긴다. 숨은 얼음을 뚫고 지나갈 때 생기는 에어 포켓과 구멍을 이용해 쉬는데, 엄청나게 큰 두개골 꼭대기의 분수공 덕에 아주 작은 틈으로도 가능하다.

아그빅은 헤엄치는 머리라고 할 수 있다. 그들은 플랑크톤이 흩날리는 빛줄기 속에서 다른 동물들보다 비교적 큰 입을 움직이는 분화구처럼 벌린다. 먹이를 걷어 내듯 먹는 모습은 평온해 보이지만 입을 다물 때마다 턱에 엄청난 회전력이 가해진다. 성체는 체중을 유지하기 위해 하루에 먹이 2톤을 삼키며, 수염을 통해 걸러진 아주 작은 생물들을 지방과 근육으로 합성한다.

고래수염(baleen)은 대형 고래들이 먹이를 걸러 먹고 어마어마한 거리를 이동하면서 거대한 몸집을 가질 수 있게 해준 진화의 발명품이다. 수염고래아목(mysticeti suborder)에 속하는 북극고래는 2500만 년에서 3000만 년 전쯤에 이빨을 잃고 인간의 머리카락이나 손톱처럼 케라틴으로 만들어진 뻣뻣한 수염판을 갖게 되었다. 거대한 북극고래인 아그빅은 위턱 양쪽에 있는 두 개의 받침(rack)에 각각 320여 개의 수염판을 가지고 있다. 아그빅의 수염은 다른 종보다 더 길게 자라며, 4미터가 넘게 자라는 경우도 있다.

가끔 아그비지트는 브이(V) 자 형태의 화살 대형으로 모여서 수면 위를 이동하며 먹이를 먹는다. 이렇게 하면, 선두에 있는 고래의 입에서 흘러나온 먹이를 뒤따르는 고래들이 잡아먹을 수 있다. 그들은 아름다운 검은색 피부에 흰 턱과 배 반점이 돋보이는 화려한 외모를 가졌고, 지방층이 50센티미터 정도로 두껍다. 아그비지트는 생명 유지에 필수적인 통계 수치가 전부 높다. 그런데도 개체 수는 줄어들었다.

포경 이전의 전 세계 북극고래는 최소한 5만 마리였을 것으로 추정된다.[6] 1921년 상업적 포경이 사실상 끝났을 때는 3,000마리도 되지 않았다. 북극고래와 바다코끼리 수가 급격히 감소하면서 1870년대 후반에 베링해의 세인트로렌스섬(St. Lawrence Island)은 극심한 기근을 겪었다.[7, 8]

지금 북극고래는 2만 3,000여 마리가 있다.[9] 새끼들은 젖을 먹는 동안 빠르게 자라는데, 이누피아트는 보통 한 살짜리 북극고래의 단단하고 무거운 늑골을 어망추로 사용했다. 영양분이 풍부한 수유가 중단되면, 아직 수염이 짧은 새끼는 이전과 같은 성장 속도를 유지할 수 없다. 다섯 살이 될 때까지 지방과 골질을 빼내어 거대한 머리와 빽빽한 수염 숲을 만든다. 이 기간에 늑골의 질량은 40퍼센트 감소할 수 있다.

오호츠크해(Okhotsk Sea) 서부의 범고래(orca)들은 이런 약점을 이용해 이득을 얻어왔다. 드론을 통해 소규모의 범고래 무리가 덩치가 세 배나 더 커서 다 잠기지도 않는 청소년 고래를 공격하는 모습이 찍혔다. 암컷 우두머리가 옆구리를 공격해 늑골을 으스러뜨리는 동안 나머지는 탈출을 저지했다. 범고래들이 공격한 흔적을 가진 청소년 고래의 사체가 꾸준히 목격되었지만, 들이받는 공격이 카메라에 잡히기 전까지 그들의 전략은 베일에 싸여 있었다. 상처가 나으면서 아그빅의 까만 피부에는 하얀 흉터가 남는다. 범고래의 공격과 일치하는 흔적들이 10년 주기로 더 많이 발견되고 있는데, 인간의 관찰이 증가하고 범고래가 많아지고 개빙 시즌이 길어졌기 때문으로 여겨진다.

고래가 네다섯 살이 되면 수염 받침도 커져서 성장에 필요한 먹이를 충분히 먹을 수 있다. 성체의 길이는 최대 19미터이고 무게는 100톤까지 나갈 수 있다. 토착 사냥꾼들은 북극고래가 50센티미터 두께의 얼음을 거대한 두개골로 박살 내는 걸 봐왔다. 거기에다 그들은 탁월한 지능과 감수성도 가지고 있다.

배리 로페즈(Barry Lopez)는 자신의 저서인 『북극을 꿈꾸다(Arctic Dreams)』를 통해 1823년에 영국 포경선 컴브리언(Cumbrian)이 그린란드와 누나부트 준주(Nunavut Territories) 사이에 있는 데이비스 해협(Davis Strait)의 살얼음 밑에서, 잠을 자는 17미터 길이의 암컷 북극고래를 우연히 발견한 일에 관해 썼다.[10] 고래는 잠에서 깨어나 배 주위를 천천히 헤엄치며 한 바퀴를 돌더니 뱃머리에 머리를 대고 뒤로 밀기 시작했다. 선원들은 잔뜩 겁에 질린 채 얼어붙었다. 그들은 몇 분이 지나서야 작살을 들고 고래를 죽였다. 로페즈는 작살에 찔린 고래가 어떻게 반응했는지도 설명한다. 고래는 '맹렬히 물속으로 들어갔고 3분 30초 동안 줄이 1킬로미터나 풀려나갔으며, 해저에 충돌해 목이 부러지면서 머리가 암청색 진흙에 2.4미터 깊이로 처박혔다.'[11]

바람이 더 강해졌다. 리드 안이 출렁이고 파도가 굽이치는 곳에 잔물결이 일었다. 바다가 품고 있는 움직이는 존재들은 의식을 가지고 더 많이 움직이고 싶어 하는 듯했다. 그런 요소들이 북극고래를 돕고 있었다. 그들이 물 위로 올라오는 걸 보기가 점점 더 어려워졌다. 시부(sivu), 즉 뱃머리에서 준비하고 있던 작살이 대기를 갈랐다. 내 상상일까, 아니면 리드 반대편이 정말 가까워진 걸까? 무전기와 야영지에서 이누피아트어가 분주히 흘러나왔다. 갑자기 사방에서 단원들이 나타났다. 상상이 아니었다. 총빙이 야영지를 향해 다가오고 있었다. 물이 펄펄 끓는 것처럼 보였다. 리드가 빠르게 닫히고 있었다. 몇 분 만에 텐트를 철거하고 물품을 챙겼다. 빌리가 만든 우미악이 푸른 밤 아래 리드 끝에 걸터앉아 있었고, 나는 그것이 썰매에 실리기 전에 얼른 사진으로 찍어뒀다. 극적인 상황에 자극을 받은 나는 비디오카메라를 꺼내어 기자다운 행동에 박차를 가하려고 했다.

"그거 치워요." 옆에 있던 반이 곧장 외쳤다. "짐 싸는 거나 도와요!" 나는 다급히 주변을 둘러보며 할 일을 찾다가 텐트의 끝을 잡고 접으려고 했다.

"이봐, 그건 그냥 놔둬." 누군가가 소리쳤다. 스노모빌이 웅웅거리며 사방으로 흩어지고 있었다. 빌리가 어느새 우미악을 실어놓았다. "도린, 리프랑 같이 가요." 반이 외쳤다. 나는 리프의 스노모빌로 달려갔지만, 우리 두 사람 무게에 썰매 무게까지 합쳐지니 모터가 당해내지 못했다. 스노모빌은 꼼짝도 하지 않았다. 우리는 뒤처지고 있었다. 리드가 더 빠르게 닫히고 있었다. 리프가 뛰어내렸다. '맙소사.' 날 버리려는 걸까?

"가요! 어서 나가라고요!" 리프가 고함을 질렀다. 울퉁불퉁한 얼음 언덕 탓에 길은 보이지 않고 스노모빌을 어떻게 운전해야 할지도 몰랐다. 늘 얹어 타기만 했기 때문이다. 하지만 나는 고함을 지르는 거구의 리프와 다가오는 총빙으로부터 벗어나야 했다. 그가 누군가의 썰매로 달려가 그 위에 올라타는 동안, 나는 핸들 손잡이를 비틀어 앞으로 내달렸고 핸들과 씨름하며 경사로를 올랐다. 그렇게 끝없는 설원을 언뜻 보다가 우측 길에서 다른 스노모빌을 발견한 그때였다. 바람이 화가 난 듯 내 머리를 후려쳤고 갑자기 스노모빌이 아래로 곤두박질쳤다. 나는 육지가 있을 것 같은 곳을 향해, 너무 빨리, 그리고 너무 멀리 달렸고, 그 모습을 처음부터 끝까지 신중히 지켜봤던 반이 그 일을 가지고 몇 주 동안 놀렸다.

"거침없던데요." 반이 말했다. 단원 모두가 북극성 거리의 부엌 식탁에 둘러앉아 있었다. 우리는 아니지만 다른 단원들이 고래를 잡았고, 모두 무사했다. 줄리아가 지난 사냥 때 잡아서 냉동고에 저장해 두었던 순록 고기로 스튜를 만들었다. 그가 내게 그릇을 건넸다. 나는 김이 나는 그릇을 쳐다보며 찬장에 있는 땅콩버터와 세일러 보이 크래커를 생각했다. 이렇게 추운 날씨에 사냥도 나가보고 이곳의 역사에 대해서도 알고 나니 순록 스튜가 비윤리적으로 생각되지 않았다. 하지만 몸은 여전히 거부할 수 있었다. 나는 구역질이 나올까 봐 걱정하면서 숟가락으로 국물을 좀 떠먹었다. 하지만 해빙에서 지낸 시간이 보이지 않는 변화를 만든 모양이었다. 스튜는 진하고 맛있었다.

빌리가 나를 향해 고개를 끄덕였다. "밖에서 정말 잘했어요."

"당신이 떠나면 그리울 거예요." 반이 덧붙였다. 그를 쳐다보고 있으니 초반 몇 주가 떠올랐다. 내가 질문 세례를 퍼부으면 그가 짜증스럽게 한숨을 쉬며 거친 목소리로 '기다려 봐요'라고 말했었다. 그 시간, 그 여자가 아주 낯설게 느껴졌다.

제슬리의 형제 래리가 곧 집을 방문할 예정이었는데, 제슬리는 그를 속이기 위한 작전에 나를 끼워줬다. 나는 도착 시간에 맞춰 '칼레악'이라고 쓴 안내판을 들고 택시 기사인 척하며 공항에 서 있기로 했다. 우리는 차를 몰고 가면서 키득거렸다. 승객들이 줄을 서서 작은 입국장 건물로 들어왔고, 대부분은 곧장 환영객에게 둘러싸였다. 나는 가만히 서서 주변을 둘러보는, 백발에 콧수염을 기른 남자를 알아봤다.

"래리 칼레악이세요?" 내가 외쳤다. "이쪽이에요. 북극성 거리, 맞죠?" 나는 사무적인 말투를 유지했다. 래리가 천천히 고개를 끄덕이고 말없이 나를 따라 출구로 걸어갔다. 우리가 기둥을 지날 때 그 뒤에서 제슬리가 불쑥 튀어나오더니 활짝 웃으며 함성을 질렀다. 래리의 안도하는 표정을 보니 나도 웃음이 나왔다. 우리는 집으로 돌아오는 짧은 시간 동안 소리를 지르고 깔깔대며 웃었다. 그날 저녁, 제슬리와 래리를 볼 때마다 웃음이 터졌다. 그렇게 북극성 거리의 칼레악 가족과 장난스러운 비밀을 공유했다. 나는 그들과 함께 있었고, 그들에게 둘러싸여 있었고, 그들 '안에' 있었다.

며칠 뒤 빌리가 우리가 도망쳐 나왔던 장소로 나를 데려가서, 리드가 충돌하면서 만들어진 2층 높이의 이부닉을 보여줬다. 폭풍이 응고된 듯 산산이 부서진 얼음이 산더미처럼 쌓여 있었다. 우리의 아름다운 야영지는 사라지고 없었다. 우리가 무엇으로부터 도망쳤는지를 제대로 이해할 수 있었다. 나는 그 얼음 조각에 오르다 빌리가 눈에 띄게 초조해하는 걸 발견했다. "키타." 그가 머리로 어딘가를 가리키며 말했다.

나는 평소와 다르게 말없이 따라나섰다. 그러고는 상상할 수 없이 아름다우면서 적대적인 설경 앞에 속수무책으로 휘둘렸다. 바깥 세계는 내게 더는 어린 시절의 안식처가 아니었다. 달리고 싶을 때 달리는 건 죽음을 의미했다. 해빙은 내 마음을 사로잡을 뿐 아니라 내 방어를 무너뜨리고 내 자립을 위협했다. 도망칠 곳이 없었고, 내가 그들의 해빙과 그들의 고래와 그들의 공동체에서 간절히 얻고자 하는 게 빌리에게 있었다. 나는 도망치는 습관을 포기해야 했다.

그리고 나는 전혀 기대하지 않았던 소속감을 느끼고 있었다.

팔로스 베르데스에서 　　：　　고대의 고래들이 숨 쉬던
몬터레이 베이로　　　　　곳을 따라

북위 33° 46′ 6″ → 36° 46′ 59″　서경 118° 20′ 57″ → 서경 -121° 50′ 3″

팔로스 베르데스(Palos Verdes)의 절벽은 로스앤젤레스 남부의 태평양으로 돌출되어 있다. 우리는 고래들이 새끼를 낳는 멕시코의 석호들을 방문하고 몇 달 만에 미국으로 돌아가 여정의 2막을 시작한다. 북쪽으로 향하는 어미와 새끼 회색고래들이 떼 지어 이곳으로 몰려온다. 바다 너머를 바라보는데, 작은 움직임에도 심장이 빨라진다.

　　포인트 빈센테 자연사박물관(Point Vicente Interpretive Center)의 가이드인 카로가 지난주에 고래들이 발견되었다고 말한다. 그는 그곳을 찾은 나와 맥스를 오랜 친구처럼 맞이하고는 바다와 고래를 관찰하기에 최적인 장소를 보여줬다. 티 없이 맑고 파란 전경이 한눈에 펼쳐진다. 바다와 하늘은 잔잔하다. 내가 쌍안경으로 반짝이는 원 안을 들여다보는 동안, 짭짤한 미풍이 먼 곳에서 부는 거친 바람의 속삭임을 실어다 준다.

　　"이제 내 차례야, 엄마." 맥스가 쌍안경으로 손을 뻗고는 잠깐 들여다본다. "고래가 없네. 없어졌어." 그리고 장난감 자동차와 선인장의 활기찬 대화로 돌아간다. 우리는 어제 런던에서 비행기를 타고 LA에 도착했다. 집으로 돌아가 삶의 기반을 마련하기 위해 애쓰던 중에, 잠시 휴식을 취할 수 있어서 다행이다. 이주 여정의 2막은 한 달이면 끝나기 때문에 기차와 버스, 연락선을 타는 빡빡한 일정을 소화해야 한다. 이곳은 우리의 첫 번째 경유지이자 개체 수를 조사하는 고래관광 명소이지만, 현재까지는 넘실거리는 바다일 뿐이다. 회색고래의 아치형 등도 없고, 하트 모양 분수도 없다.

150년 전 연안의 고래잡이들도 희망을 안고 이 바다를 샅샅이 훑었다. 그들은 노 젓는 작은 배 몇 대와 돛대가 하나뿐인 외대박이를 이용해 고래를 쫓았다. 위험천만한 일이었다. 고래에게 작살을 꽂았다가 먼바다로 수 킬로미터를 끌려갈 수도 있었지만, 고래기름 몇 통을 얻을 수 있다면 충분히 감수할 만한 위험이었다.

나는 맥스와 함께 호텔 조식 뷔페에서 가져온 베이글을 먹는다. 그리고 카로에게 개체 수를 조사하는 자원봉사자들은 오늘 어디에 있는지 묻는다.

"아, 개체 수 조사는 어제 끝났어요."

나는 음식을 씹다가 그대로 얼어붙는다. 식욕이 달아났다. 고래를 찾는 사람들과 대화를 나누고, 맥스가 내 무릎에 앉아 분수와 꼬리를 세는 날을 그려왔었다. 어떻게 날짜를 헷갈릴 수가 있지? 나는 개체 수 조사 일정을 조율하는 고래 전문가 알리사 슐먼-재니거(Alisa Schulman-Janiger)와 통화를 하며 너무 감정적으로 말하지 않으려 애쓴다.

알리사는 해양생물학자이자 교육자다. 그는 1984년 1월부터 자원봉사자 팀을 꾸려서 12월에서 5월 말까지 매일 일출에서 일몰까지 고래를 찾았다. 올해는 어미와 새끼 138쌍을 포함해 북쪽으로 향하는 고래가 1,152마리였다. 알리사가 조사를 시작한 이래로 어미와 새끼의 숫자가 일곱 번째로 많았다. 우리가 바하에서 입을 맞추고 쓰다듬은 고래들도 분명히 북상하는 행렬 속에 있을 것이다. 적어도 누군가는 저기서 그들의 마라톤을 지켜보며 응원하고 있었다.

절벽 꼭대기에 있는 정원 맞은편에서 초등학생들의 새된 목소리가 들려오는 걸 보니, 어느 학급이 뒤편에 있는 전시장을 방문한 모양이다. 나는 해조류 뭉치를 하나하나 살펴보며 고래가 아니라는 걸 확인한 뒤 마지못해 쌍안경을 내려놓는다. 우리는 전시품들을 살펴본다. 거대한 회색고래 모형을 보면서 전혀 없는 것보다는 낫다고 애써 내 마음을 달랜다. 한 모형에는 여러 개의 문이 달려 있는데 하나씩 열어보면 뇌와 위, 웅크린 작은 태아가 들어 있다. 마치 잠을 자는 것처럼 보인다. 맥스가 몹시 즐거워한다. 하지만 나는 살짝 거북하다.

맥스가 너무 어려서 제대로 기억하지 못하더라도 고래와 함께하는 여정이 어떤 식으로든 남아서 아이에게 힘을 주기를 바란다. 우리가 함께하는 삶은 처음부터 순탄치 않았고 이곳저곳을 많이 떠돌아야 했다. 나는 그 과정을 모험으로 표현해 왔고, 우리는 강한 유대감을 형성해 서로의 생각을 곧잘 읽었지만, 맥스가 세상에서 자기 자리를 찾는 모습을 조금이나마 보고 싶었다. 호스텔에 갇혀 지냈으니 이왕이면 광활하고 거친 세상이었으면 좋겠다. 플라스틱 고래는 내가 마음에 그렸던 게 아니다.

하지만 맥스가 카로와 함께 바다 동굴 모형으로 뛰어 들어가는 걸 지켜보면서, 아이가 회색고래 모형과 우리가 석호에서 노래를 불러준 고래들을 연결 짓고 있다는 걸 깨닫는다. 맥스는 외부세계와 더불어 자신의 내면세계도 탐험하고 있다. 그동안 나는 남몰래 아쉬움을 삼키며 바다를 바라본다. 따개비를 달고 다니는 내 바다 괴물들은 어디 있을까?

맙소사, 어쩌면 우리는 이주 전체를 놓쳤는지도 모른다.

나는 북쪽으로 더 올라가면 나오는 포인트· 피에드라스 블랑카스(Point Piedras Blancas)의 웨인 페리먼(Wayne Perryman)에게 전화를 걸어 회색고래가 보이는지 묻는다. 그는 국립해양대기청 NOAA의 남서부 수산과학센터(Southwest Fisheries Science Center)에서 근무하는 해양생물학자였고, 아니나 다를까 전날 어미와 새끼 세 쌍을 발견했다고 했다.

그는 고래들이 북극에서 먹이를 더 오래 먹기 위해, 새끼를 낳은 석호는 더 일찍 떠나고 남쪽으로는 더 늦게 출발한다고 말한다.

고래들이 더 일찍 북쪽으로 향하는 바람에 그들을 놓친 게 틀림없다. 기후변화는 그들의 일정뿐 아니라 우리의 일정도 엉망으로 만들고 있다. 그들을 따라잡으려면 서둘러야 한다.

웨인은 개체 수 조사는 그 개체의 건강 상태를 평가하는 데 매우 중요하고, 새끼의 숫자는 북극의 먹이 섭취 구역을 덮고 있는 해빙과 관련이 있다고 말한다. 바닥에 사는 작은 절지동물, 즉 단각류는 고래들이 좋아하는 먹이인데 물이 따뜻해질수록 줄어든다. 암컷들은 특정 임신 단계에서 필요한 최소한의 무게에 도달하지 못하면 임신을 유지할 수 없다. 웨인에 따르면, 고래들은 이주 경로를 따라가는 내내 먹이를 섭취하면서 다른 식량원도 시험해 본다. 일부는 북극에서 겨울을 난다.

그들의 선택은 바다에서 근본적인 변화가 일어나고 있음을 암시하며, 그들을 지표종으로 만든다. 지표종은 대기의 유독 물질을 흡수하고 대기오염을 관찰하는 데 유용한 이끼류처럼, 일반적으로 독특한 환경에서 산다. 그런 의미에서 지구를 위아래로 돌아다니는 회색고래는 모든 지표의 어머니일 것이다.

카로와 맥스가 해저 전시장 반대편에서 다시 나타나 자동차에 관해 이야기한다. 그는 교대근무를 마치고 우리를 호텔까지 데려다준다.

"카로한테 큰 차가 있대, 엄마." 맥스가 나를 설득하듯 말한다. 우리는 여기에 오려고 버스를 탔다가 수 킬로미터 떨어진 주유소에서 내려야 했다. 그래서 주유를 하던 친절한 커플의 차를 얻어 타고 왔다. 나는 카로에게 오후에 뭘 할 건지 묻는다.

"방사선 촬영을 잡아놨어요, 유방암 때문에." 그가 대답한다. 고마운 마음이 더 깊어진다. 그는 시간과 에너지를 아끼지 않고 맥스와 놀아줬다. 연안의 세이지 관목림을 굽이굽이 지나는 동안, 그가 자기는 파란색 거대한 분수를 뿜으며 지나가지 않으면 고래를 찾지 못한다고 털어놓는다. 나는 차에서 내리기 전에 그를 안아주며 작별 인사를 한다.

"여기에 모래 더 많이, 엄마." 맥스가 오후 내내 나를 부려 먹으며 모래성을 짓는다. 내일 우리는 몬터레이(Monterey)행 기차를 타고 북쪽으로 가서 고래를 만날 것이다. 하지만 맥스가 모래를 제자리에 밀어 넣으며 더 흥미로운 제안을 한다.

"우리가 고래들을 따라잡아야 해, 엄마. 내가 보트를 만들어 줄게, 알았지?"

'코스트 스타라이트' 열차가 북쪽을 향해 빠르게 달린다. 기차 치고는 낭만적인 이름이다. 서핑하거나 수영하는 사람들, 해안 별장들과 물고기처럼 반짝거리는 캠핑카들이 여기저기 흩어져 있는 꿈 같은 여정이다. 이따금 모래 언덕 뒤에서 바다가 불쑥 나타났다가 어른거리는 한 줄기 빛으로 사라진다. 나는 꼬마 기관차 토마스와 친구들 장난감 세트, 그리고 종이와 펜을 꺼낸다. 긴 여정을 위한 나만의 무기다.

"그림 그려줘, 엄마." 맥스가 말한다. "헬리콥터 할래." 나는 원 안에 큰 H를 그려 넣고 조그만 헬리콥터 해럴드를 착륙시킨다. "두두두두두." 두 살배기 꼬마를 데리고, 정해진 일정도 없이, 매일 밤 다른 침대에서 자며 여행을 한다고 했을 때, 친구들이 하던 걱정이 떠오른다. 하지만 맥스는 이동하는 것에 매우 만족한다. 그런 점은 나와 똑같다.

이주 경로에 있는 다음 목적지에 도착하니 초조해진다. 기차에서 내려서 버스와 택시를 갈아타는 복잡한 환승을 거치고 나면 어두워져서야 에어비앤비 숙소에 도착할 것이다. 몬터레이 베이(Monterey Bay)에 접근하는 고래들도 불길한 예감을 느낄 만한 이유가 있다.

그들이 매년 지나가는 길을 4분의 1쯤 따라가다 보면 이곳에서 대륙붕이 몬터레이 해저 협곡(Monterey Submarine Canyon)으로 뚝 떨어진다. 그랜드캐니언이라는 지질학적 경이로움에 견줄 만한 규모다. 최상위 포식자 범고래들이 심해에 매복해 공격하기에도 완벽한 장소다. 이 독특한 흑백의 사냥꾼들은 회색고래 성체의 절반만 한 덩치를 가졌지만 크고 작은 무리를 지어 사냥함으로써 우위를 차지하고 새끼들을 먹이로 삼는다. 깊은 바다 덕에 밑에서 은밀히 접근할 수 있다. 일부 똑똑한 회색고래들은 해안가를 고집하지만, 나머지는 새끼의 목숨을 담보로 협곡을 건넌다. 서두르는 걸까, 아니면 그냥 잘 몰라서 그러는 걸까?

범고래들의 전략은 새끼를 어미에게서 떼어내어 익사시키는 것이다. 나는 영국에서 미리 전화를 걸어 유명한 고래목 동물 전문가이자 고래관광선 선장인 낸시 블랙(Nancy Black)과 대화를 나누었다. 그는 관광객들이 이 장면을 목격하는 순간을 가장 중요하게 여긴다고 말했다.

바하에서 맥스가 새끼 고래들을 쓰다듬었던 기억이 생생하다 보니, 우리는 그 장면을 목격하지 않았으면 좋겠다는 생각이 들었다. 어두운 형체들이 새끼들에게 다가오는 모습은 생각만 해도 손바닥에 땀이 난다. 공격 장면을 보게 된다면 내가 뭐라고 말할지 모르겠다. 하지만 이것은 고래의 여정에서 매우 중요한 단계이기 때문에 피할 수는 없다.

"엄마, 유아차. 가방도. 이건 여기." 몬터레이역에서 맥스가 내게 짐을 버스에 실으라고 명령했다. "똑똑하네, 우리 엄마, 참 잘했어요." 맥스가 커다란 배낭을 들어 올려 버스에 싣는 내게 격려하듯 말한다. 우리는 바다의 질감이 살아 있고 빛줄기가 잿빛 구름을 묵직하게 가로지르는, 앤설 애덤스의 사진 속으로 곧장 달려 나간다. 굽은 버드나무들이 초록색 가지를 드리운다. "저 나무들은 머리카락이 기네." 맥스가 말한다.

저녁이 되어서야 시사이드(Seaside)에 있는 에어비앤비 숙소에 도착한다. 집주인은 싱글맘 테리와 그의 딸 가비다. 맥스는 작은 강아지 벨라에게 마음을 빼앗긴다. "나는 여행하는 개, 루퍼스야." 그가 말한다. 맥스가 네발로 기며 따라다니자 벨라가 당황하며 짖는다. 고단한 일정이 끝났으니 푹 자야 하지만, 나는 잠자리에 누워서 맥스가 숨 쉬는 걸 바라보며 밤새 깨어 있다.

우리는 분주한 일요일 아침에 피셔맨스 워프(Fisherman's Wharf)를 찾아가 판자길 위에 있는 관광객과 갈매기 무리에 합류한다. 저 앞에 시 울프(Sea Wolf)라는 불길한 이름이 보이고, 누가 봐도 낸시 선장이 확실한 여자가 위엄 있는 모습으로 키를 잡고 있다. 우리가 파도를 타고 달리는 동안, 바람은 시근거리고 맥스는 행복한 비명을 지른다.

북위 33° 46′ 6″ → 36° 46′ 59″   서경 118° 20′ 57″ → 서경 -121° 50′ 3″

몇 분 뒤 나는 보트 옆으로 가서 속에 있던 걸 게워낸다. 뱃멀미 때문인지 두려움 때문인지 모르겠다. 어떤 여자가 내 등을 쓸어준다. 나는 비틀거리며 맥스를 앞세워 선실로 들어간다. 선원 하나가 나가라고 하는 소리가 들리지만 당장 어디에 눕지 않으면 나는 죽고 맥스는 바다에 빠질 것이다. 나는 빈 테이블과 벤치를 찾아서 최대한 빨리 평평하게 눕는다. 그리고 맥스를 가슴 위로 잡아당겨서 두 팔로 감싸 안고 테이블 상판과 벤치 사이에 몸을 고정한다.

"피곤해, 엄마?" 맥스가 묻더니 고분고분 잠이 든다. 스피커에서 낸시 선장이 뒤처진 회색고래를 몇 마리 볼 수도 있겠다고 말한다. 뭐, 볼 수는 없더라도 여기에 있다니까. 나는 바닥에 토하고 잠이 든다.

항구에 돌아가서야 정신을 차린 나는 맥스를 깨운다. 다른 승객들이 범고래도 없었고 소름끼치는 일도 없었다고 알려준다. 혹등고래 어미와 새끼 한 쌍이 나타나 모두를 기쁘게 했다. 하지만 회색고래는 보이지 않았다. 우리는 계속해서 그들을 따라가야 한다.

보트에서 내리니 땅은 계속 울렁거려도 마음이 놓인다. 낸시 선장은 부두의 거대한 범고래 모양 풍향계 밑에 서 있다. 그와 몇 초만 대화를 나눠봐도 범고래에 인생을 걸 만큼 열정이 대단하다는 걸 알 수 있다. 그는 수십 년 동안 여기서 범고래를 연구했고, 그들에 관해서라면 백과사전 수준으로 꿰고 있다. 그가 말하길 범고래는 나이 많은 암컷, 대체로 할머니가 이끄는 모계 중심 사회를 이루며 살아가고 지능이 대단히 좋다고 한다.

범고래의 생태형은 대양성(offshore), 정주성(resident), 이동성(transient), 이렇게 세 가지로 나뉜다. 대양성 범고래는 상어와 큰 물고기를 잡아먹는다. 정주성 범고래는 물고기만 잡아먹고 보통 돌고래나 바다표범들과는 평화롭게 어울려 지낸다. 이동성 범고래는 바다표범, 돌고래, 고래 같은 해양 포유동물을 잡아먹는다. 이들은 회색고래를 가로채기 위해 심해 협곡을 정찰한다. 낸시 선장은 그들이 청각과 반향정위(反響定位)* 만으로 회색고래를 찾는다고 생각한다.

"범고래 몇 마리가 우리를 따라오다가 갑자기 회색고래 어미와 새끼를 포위할 거예요. 우리가 발견하기도 전에 말이에요." 범고래는 최대 25마리까지 모이지만, 낸시 선장의 목격담에 따르면 노련한 암컷 네다섯 마리가 모든 일을 해치운다. "정말 많이 들이받아요. 아주 잔인하죠. 슬프지만, 고래와 고래의 싸움을 보는 건 놀라운 경험이기도 해요." 낸시는 보통 최상위 포식자인 범고래들이 이긴다고 말한다.

"매번 이기는 게 아닌가요?"

"매번은 아니에요. 회색고래 중에 20퍼센트는 도망친다고 할 수 있죠." 그는 회색고래들이 평소보다 두 배 이상 빠른 시속 20킬로미터로 달리는 걸 보았다. 범고래들은 그들을 필사적으로 저지하며 파상공격을 퍼붓지만, 얕은 물로 도망치면 공격을 포기할 것이다.

1998년 고래관광선 선장인 리처드 터눌로(Richard Ternullo)는 범고래 다섯 마리가 회색고래 어미와 새끼를 둘러싸고 있는 걸 발견했다. 어미가 돌아누우니 새끼가 그 위로 올라가 범고래가 접근할 수 없도록 지느러미 사이에 숨었다.¹ 내가 걱정했던 범고래들은 내 머릿속에만 있지만, 나도 오늘 보트에서 맥스를 그런 식으로 안았다. 리처드는 어미와 새끼가 몸을 뒤집고 동시에 숨을 쉰 뒤에 다시 원래 위치로 돌아오며 반복하는 모습을 지켜봤다. 새끼가 공격을 당했지만 심각한 상처를

• 소리나 초음파를 내어서 돌아오는 메아리로 자신과 상대의 위치를 파악하는 방법-옮긴이

입지는 않았다. 어미는 고래관광선 선체를 보호막으로 삼았고, 결국 몇 시간 뒤 범고래들이 먼저 포기했다.

나는 오늘 공격을 보지 못해서 기쁘다고 말한다.

"자연스러운 일이에요." 낸시가 말한다. "우리는 소를 먹잖아요, 안 그래요?"

"저는 채식주의자인데요."

나는 편의상 내가 먹은 고래고기에 대해 전혀 언급하지 않고 있다. 나는 범고래들과 공모하고 있고, 그들 역시 위협받고 있다. 최상위 포식자는 먹이사슬에서 축적되는 유해 물질에 취약하고, 북태평양의 워싱턴주와 브리티시컬럼비아주 근처를 돌아다니는 범고래들은 체내 유해 물질 농도에서 최고치를 기록했다.² 폴리염화비페닐(polychlorinated biphenyls), 즉 PCBs는 전자 기기 생산에 사용되다가 1980년대에 강한 독성을 이유로 금지되었으며, 조직검사를 통해 호르몬을 교란하고 암을 유발한다는 게 밝혀졌다. PCBs는 또한 생식기능에 영향을 주고 면역체계를 억제한다.³

"맞아요, 우리도 범고래들에게 채식주의자가 되라고 계속 말하고는 있어요." 낸시가 거짓 한숨을 내쉰다. "걔들도 먹여 살려야 할 가족과 자식들이 있으니까요." 그의 뒤에서 맥스가 선글라스를 내리고 부두에 있는 균열을 보려고 애를 쓴다.

"몬터레이를 통과하는 회색고래들에게 조언을 한다면 뭐라고 하시겠어요?" 내가 묻는다. 의외의 질문으로 허를 찌르는 건 내 직업적 습관이다. 낸시는 범고래들의 대변인이라고 해도 손색이 없어 보인다. 실수로 비밀을 몇 개 흘릴지도 모른다.

낸시가 웃는다. "보트 근처에 머무르라고 하겠죠." 지름길로 가는 건 어린 회색고래들이다. 낸시는 그들이 범고래의 존재를 모를 수도 있다고 생각한다. 나이와 경험이 많은 회색고래들은 긴 우회로를 선택하고 소음을 만들지 않으며 수면 위로도 거의 올라가지 않는다. "우리는 그걸 스노클링이라고 불러요." 그가 말한다. "회색고래들은 웬만하면 눈에 띄지 않게 몰래 빠져나가려고 해요."

나는 눈에 띄지 않는 방법을 잘 안다. 어릴 때 배운 최고의 기술 중 하나인데 유용하다. BBC에서 일할 때는 몇 년에 한 번씩 전직 해병대원들에게 적대적 환경에 대한 교육을 받아야 했다. 분쟁 지역이나 위험한 곳에서 일하는 직원에게는 의무 사항이었다. 우리는 총격과 지뢰를 피하는 법을 배웠다. 그리고 연기가 나는 자동차 잔해나 칠흑 같은 어둠 속에 누워 있는 배우들을 상대로 응급처치를 연습하고, 마지막에는 늘 습격이나 납치를 당했다.

납치는 정말 끔찍했다. 나는 그 주 내내 두려움에 떨었다. 그리고 그들에게 협조해야 했다. 그들은 겁주는 방법을 알았고 나는 '그만!'이라고 외칠 수 없었다. 하지만 천식 환자라고 말하면 청테이프로 등에 커다란 X를 붙여줬는데, 어릴 때부터 심한 천식 발작은 없었지만 나를 좀 살살 다뤄주기를 바라는 마음에 그렇게 했다.

어느 날, 우리는 복잡한 경로를 따라가서 가상의 민병대 사령관을 인터뷰하라는 임무를 받았다. 산울타리가 둘러쳐진 길을 덜컹거리며 달려가는데, 복면을 쓴 사람들이 뛰어 내려와 지프차를 에워쌌다. 그들은 우리에게 눈가리개를 씌우고 어디론가 데려가더니 총 같은 것으로 등을 거칠게 떠밀며 몇 시간 동안 바닥에 무릎을 꿇고 앉아 있게 했다. 우리는 다른 사람들에 비해 친절한 편이었던 보초병과 축구 이야기를 하고 담배를 나눠 피우며 친해지려고 애썼고, 절호의 기회를 맞이했다. 그런데 그때 제일 악랄한 놈이 돌아오는 바람에 우리는 가짜 총살을 당하기 전 각자 목숨을 구걸해야 했고, 생존 가능성을 높일 방법에 관해 이야기했다.

그전에 우리는 한 강의에서 선택받는 한 사람이 되거나, 첫 번째로 끌려가서 처형되지 않도록 특징 없는 사람이 되는 방법을 주제로 다루었다. 나는 속으로 웃으며 우쭐했다. 내가 이미 잘 아는 분야라 식은 죽 먹기였다. 사실 내가 너무 특징이 없다 보니, 그들이 차량을 기습해 모두의 눈을 가리고 비틀거리는 사람들 틈에 밀어 넣을 때도 나는 기침을 하고 손을 흔들며 나도 거기 있다는 걸 알려야 했다. 나는 지프차 뒤에 서서 모든 상황을 지켜보고 있었다.

그것은 기자로서 유용한 면이었다. 내가 깜짝 놀랄 만한 질문을 불쑥 던지는 방식에 뭔가가 있는 모양이었다. 인터뷰 대상자들은 웃으며 원래 의도보다 더 솔직하게 대답하거나 말할 생각이 없었던 것까지 대답하곤 했다.

2006년 가을, 샌프란시스코에서 미국지구물리학회(American Geo-physical Union, AGU)의 추계학술대회가 열렸다. 나는 학회장 밖에 있는 주차장에 세 시간 가까이 서 있었다. 안에는 앨 고어가 있었다. 그는 기후변화에 대해 연설하면서 과학자들에게 행동을 촉구하고 있었다. 그러면서 대중과 더 단호하고 활기차게 소통해 달라고 부탁했다. 박수 세례가 쏟아졌다.

문제는, 그가 미국 방송사들을 비롯한 모든 언론과의 접촉을 거절했다는 것이었다. 일절 인터뷰에 응하지 않았다. 나는 그가 뒷문을 통해 주차장으로 몰래 빠져나갈지도 모른다고 생각했다. 날이 추웠지만 그를 놓칠까 봐 외투를 가지러 안에 들어갈 수 없었다. 주차장에 있는 사람은 보안 요원뿐이었다. 그가 들고 있던 송수신 겸용 무전기에서는 이따금 알아들을 수 없는 정보가 흘러나왔다.

"따뜻한 실내로 들어가는 게 어때요?" 한동안 나를 지켜보던 보안 요원이 말했다.

"앨 고어가 이쪽으로 나올 수 있어서 기다리는 중이에요."

우리는 그의 아이들에 대해 이야기를 나누었다. 아들은 대학에 갈 예정이라고 했다. 나는 몇 시간 전만 해도 희망과 결연함을 느꼈지만, 지금은 춥고 바보가 된 기분이었다. 주차장에서 뭔가 재밌는 일이 벌어질 거라고 생각하는 사람은 아무도 없었다. 나는 한숨을 쉬고 안으로 들어갈 채비를 했다.

그런데 그때 보안 요원이 기침을 했다. 내가 힐끗 올려다보니, 그가 나를 쳐다보며 주차장 맞은편에 있는 옆문을 가리켰다. 나는 그쪽으로 걸어가다가 앨 고어가 뛰다시피 이끌려 나오는 길목에 내가 서 있는 걸 알아챘다. 나는 뛸 듯이 기뻐하며 그를 향해 미소를 지었다.

"안녕하세요! BBC 월드 서비스 라디오에서 나왔는데요, 몇 가지 여쭤봐도 되겠습니까?" 앨 고어의 경호원이 나를 떼어놓았지만, 나는 당황해 벌겋게 달아오른 그의 얼굴에 기어이 마이크를 갖다 댔다.

"인터뷰 안 합니다. 이만 가볼게요."

"누가 당신 말을 정말 듣기는 합니까?" 우리는 주차장을 가로질러 성큼성큼 걸어갔고, 나는 그가 도발을 참지 못하기를 바라며 물었다. 그가 멈춰 서서 눈을 굴리더니 입을 열었다. 먹혀들었다! 너무 흥분한 나머지 미니디스크 레코더를 누르는 걸 잊어서 첫 번째 답변은 놓치고 말았다. 나는 굳어진 손가락으로 더듬거리며 녹음 버튼을 눌렀다. 그는 우리가 역사상 유례없는 기후 위기에 직면했다고 말했다. 나는 그 말을 간신히 알아들었다. 그리고 그 메시지를 전달하기가 왜 이렇게 어려운지 물었다. 그는 과학과 대중문화의 간극, 그리고 과학자들이 사용하는 전문 용어를 대다수가 이해하지 못하는 현실에 대해 이야기했다.

"우리 인류가 지금 지구에 미치고 있는 영향이 너무도 막대하기 때문에, 우리의 미래에 대해 현명한 결정을 내릴 수 있도록 드러난 진실을 전달하는 게 어느 때보다 중요하겠죠. 가봐야겠네요." 그가 몸을 접어 차 안으로 들어갔다.

"대선에 다시 출마하실 건가요?" 내가 물었다. 차 문이 쾅 닫혔다.

그날 밤 앨 고어의 목소리는 내 위성 전화를 거쳐서 바다 건너 런던으로, 월드 서비스 뉴스룸에 있는 동료들에게로 전해졌다. 그의 목소리가 기후변화를 저녁 뉴스의 세 줄짜리 표제로 전달했다. 그것은 더 많은 곳으로 퍼져나가기를 갈망했고, 전 세계 수백만 명의 청취자들에게 도달했다. 나는 아주 오랜만에 기분 좋게 잠들었다.

2003년 나이저 삼각주(Niger Delta). 나는 대화를 원하지 않는 또 다른 남자, 셸 나이지리아의 상무이사 크리스 핀레이슨(Chris Finlayson)에게 마이크를 들이대고 있었다. 그는 돌아서서 가버리려고 했다.

"당신과 이야기하려고 여기서 며칠을 기다렸어요." 그를 막아서며 내가 말했다. 나는 혼자 항공편을 이용해 삼각주를 찾아왔다. 그는 엄선한 기자들을 대동하고 전용기에서 막 내려오던 참이었다. 그날 아침 나는 포트하커트(Port Harcourt)의 숨 막히는 교통체증을 뚫고 오느라 전쟁을 치렀다. 오토바이 택시와 자동차, 버스가 한 뼘의 공간을 두고 보행자들과 경쟁했다. 빛나는 검은색 차가 무장한 남자들이 탄 오토바이의 호위 속에서, 경적을 울리며 군중을 뚫고 나타났다. 사람들은 모두 황급히 흩어졌다.

"석유 회사 임원들의 자녀들을 학교까지 호위하는 거예요." 내 옆에 서 있던 남자가 설명했다. 석유 회사 직원들이 납치되고 있었다. 그들의 자녀들도 위험했겠지만 좀 과해 보이기는 했다. 잠시 뒤에 한 여자가 내가 가여웠는지 어디로 가는지 묻고는 정원 초과인 버스에 나를 밀어 넣고서 자리를 내주라고 고함을 질렀다.

나는 지역사회 활동가인 대니얼과 함께 작은 모터보트를 타고 삼각주의 작은 만과 마을을 돌아다니며 일주일을 보냈다. 그러면서 사람들이 가스 연소, 기름 유출, 산업 쓰레기 투기로 유발된 오염에 대해 하는 말을 들었다. 한 활동가는 자신을 위해 기도해 달라고 부탁했다.

며칠 뒤 나는 크리스 핀레이슨을 만났다. 그는 괴롭힘을 당하고 있다는 활동가들의 증언으로 곤욕을 치르고 있었다. 무장한 보안 요원들이 차량을 막아서고 건물을 감시하는 모습을 보니 마음이 초조해졌다. 크리스는 빨리 가고 싶어 했고 나도 마찬가지였다. 그가 양복을 입은 모습이 섹시해 보였다.

"당신과 얘기하려고 며칠을 기다렸어요." 내가 다시 한번 말했다.

그가 알았다며 몇 분을 내줬다. 그는 셸 나이지리아가 지역사회와 길고 복잡한 관계를 맺어왔으며 그들을 지원해 왔다고 말했다. 지나칠 정도로 엄청난 금액이라고 했다. 목소리에 짜증과 지루함이 섞여 있었다.

마을 주위에서는 석유를 추출해 엄청난 부를 거두는데, 정작 자신은 가난에 갇혀 있는 사람들의 분노를 이해하는지 그에게 물었다.

그는 좌절감은 이해할 수 있으나 그 문제를 다루는 건 기본적으로 셸의 책임이 아니라고 말했다. 석유산업이 모두에게 일자리를 제공할 수는 없었다. "우리가 세금을 납부하고 사용료를 지불하면, 정부는 해당 지역에 발전 기금을 충분히 지원해야 해요." 그의 말처럼 민주주의는 이곳에 들어온 지 4년밖에 되지 않은 새로운 개념이었고, 나는 그 사실을 잊지 말아야 했다. 그는 점차 나아질 거라 믿는다고 말했다.

나는 그가 떠나는 모습을 지켜봤다.

겁 없이 홀로 나이저 삼각주를 헤집고 다니던 젊은 여인이 누군지 이제는 모르겠다. 영향력 있는 남자들의 길목에 서서 그들에게 도전하고, 자신이 변화를 만들어낼 수 있다고 믿었으며, 선의를 위해 일한다고 생각하던 여자. 하지만 그는 분명히 어딘가에 있고, 나는 그를 찾아내야 한다.

회색고래들이 그 모든 일을 겪은 뒤에도 다시 배우고 일어설 수 있다면 나도 틀림없이 그럴 수 있다. 그들은 겉보기에 조용하고 두드러지지 않는다. 혹등고래처럼 관광객들 앞에서 물 위로 뛰어오르거나 꼬리를 내리치며 화려한 동작을 과시하지 않는다. 대형 고래들의 상징적인 명성이나 아름다움, 또는 범고래의 매력적인 제복과 무시무시한 명성도 없다. 그들은 쉽게 간과된다. 그들은 그저 가장 긴 거리를 이동하는 포유동물 중 하나로 조용히 살아가고 있다.

맥스는 꼭대기에 범고래 풍향계가 달린 기둥 주위를 빙빙 돌며 뛰어다닌다. 그러다 어지러운지 넘어져서는 바닥에 앉아 두 눈을 꽉 감는다.

"이것 봐, 엄마, 나 눈 뒤에 숨었어." 그가 외친다. 나는 피식 웃다가 금세 멈춘다. 낸시 선장이 1992년에 범고래가 회색고래를 공격하는 걸 처음 봤을 때만 해도 거의 전대미문의 사건이었다고 말했기 때문이다. 그 이후로 그 현상은 꾸준히 증가해 왔다.

"그걸 어떻게 하는지 다시 배워야 했을 거예요." 그가 말한다. 범고래는 아흔 살까지 살기 때문에 일부 나이 든 암컷들이 오래전에 회색고래를 사냥하던 방법을 기억했다가, 어린 고래들에게 가르쳐 주었을 수도 있다. 인간과 범고래, 그리고 벨루가와 일각고래(narwhal) 같은 몇몇 소형 고래들만이 폐경기를 겪는 것으로 알려져 있다. 그 이유는 진화의 수수께끼였지만, 범고래 할머니들이 여기서 지혜와 경험을 쏟아내며 그 해답을 설명하고 있는지도 모른다. 그들은 더는 번식하지 않기 때문에 온 가족의 이익을 위해 사냥을 할 수 있다.[4] 낸시는 회색고래들이 상업적 포경으로 떼죽음을 당하면서 범고래들도 다른 식량원을 찾아야 했다고 생각한다. 지금은 회색고래들이 법의 보호를 받아서 2만여 마리로 늘어났고, 범고래들도 다시 사냥에 나서고 있다.

"범고래들도 사냥에 능숙해졌어요." 낸시가 말한다. "처음 봤을 때는 새끼 한 마리 잡는 데 여섯 시간이나 걸렸어요. 이제는 30~40분이면 끝나더라고요."

오늘 내가 뱃멀미에 시달리는 동안 발견된 혹등고래도 수염고래다. 관찰된 바에 따르면 그들은 범고래에게 공격을 당하는 다른 혹등고래들을 도우러 갈 뿐 아니라 다른 종을 돕기도 한다. 지난여름 몬터레이 베이에서 이동성 범고래 열 마리가 회색고래 새끼를 어미에게서 떼어내려고 했다. 드물지 않은 일이었다.

인상적이었던 건 혹등고래 두 마리의 존재였는데, 그 근처에 머물면서 최대한 소란을 피우며 겁을 주려는 듯 보였다. 범고래들이 기진맥진한 새끼를 붙잡고 숨을 쉬지 못하도록 반복해서 뒤집었다. 그러자 혹등고래들이 가까이 다가가 부상의 위험을 무릅쓰며 새끼와 범고래 사이에 끼어들기도 하고 첨벙거리기도 하고 헐떡이는 코끼리처럼 크고 날카로운 소리를 내며 울부짖기도 했다. 그 소식이 낸시에게 전해졌다. 그는 알리사 슐먼-재니거와 함께 보트를 타고 그 근처에 가서 일곱 시간을 머무르며 관찰했다. 그들이 도착하자마자 새끼 고래는 죽고 어미는 떠났지만, 혹등고래들은 그곳에 남아 있다가 다른 성체들과 합류했다. 그리고 새끼의 사체를 먹고 있는 범고래들을 공격했다.

"울부짖고, 물을 내뿜고, 꼬리를 휘두르고, 빙글빙글 돌고, 머리를 추켜들었어요." 낸시가 말했다. "혹등고래들은 이루 말할 수 없이 고통스러워 보였어요." 알리사가 말했다.

혹등고래가 이런 행동을 하는 이유는 밝혀지지 않았지만, 그들을 이타적인 구조자로 보고 싶은 게 솔직한 마음이다. 한 예로 어떤 혹등고래는 웨들(Weddell) 바다표범을 가슴에 태워서 안전하게 데리고 다니기도 했다. 낸시와 알리사를 비롯한 과학자들에 따르면, 혹등고래는 어떤 동물이 공격을 당하는지 몰라도 범고래의 음성에 반응할 수 있고, 일단 근처에 있으면 동족을 보호하듯 '지나치게' 방어적으로 행동한다.[5]

쿡제도(Cook Islands)에서 고래 연구 프로젝트를 진행 중이던 해양생물학자 난 하우저(Nan Hauser)는 혹등고래의 이상한 행동을 아주 가까이에서 목격했다. 어느 날 그가 밝고 푸른 바다에서 스노클링을 하고 있는데, 혹등고래 한 마리가 그를 향해 미끄러지듯 다가왔다. 녀석은 푸른 바다와 대비되는 하얀 배를 뒤집고 오더니 원래 방향으로 우아하게 돌아서 난과 마주 보며 눈을 맞췄다. 난은 우둘투둘한 턱을 쓰다듬고 누더기가 된 꼬리 끝을 만졌다. 녀석이 그를 살살 밀기 시작하더니 물 밖으로 들어 올리고는 거대한 가슴지느러미 밑에 넣으려고 했다. 난은 자신이 죽을 거라고 생각했다. 하지만 커다란 범상어가 근처에 있는 걸 보고 혹등고래가 자신을 보호하기 위해 밀었다고 확신하게 되었다. 하지만 난은 동물의 행동을 의인화하는 걸 믿지 않는다. "과학계의 좋지 않은 관행이에요." 그가 언젠가 말했다.[6]

대부분의 과학자들은 정말 동물과 더 친해지고 싶다면 인간의 특성을 투영하기보다 그들만의 방식으로 그들을 이해해야 하며, 특히 인간과 같은 감정과 의도를 가졌다고 단정 짓지 않도록 조심해야 한다고 주장한다. 하지만 그날 일어난 일은 과학적으로 설명할 수 있는 한계까지 난을 밀어붙였다. 그는 다른 사람이 촬영 영상도 없이 그런 이야기를 했다면, 자신도 믿지 않았을 거라고 말했다. 하지만 그에게는 영상이 있었다.

나는 의인화를 별로 좋아하지 않는다. 우리는 감정[7], 기억, 언어, 사회를 가진 유일한 동물이 아니다. 이 사실을 인정하는 건 의인화가 아니다. 고래가 연민을 느끼거나 친절할 수 있다고 믿는 건 내게 별로 어려운 일이 아니다. 내 눈에는 혹등고래들과 이빨을 가진 포식자 사이에서 일어나는 일이 육지에서 일어나는 일과 무척 비슷해 보인다. 어떤 사람들은 단지 눈에 띄었다는 이유만으로 누군가를 괴롭힌다. 마찬가지로 어떤 사람들은 같은 이유로 별안간 나타나서 도움을 주고 상황을 바꿀 것이다.

하지만 어린 시절의 나는 그들이 정말 누구이고 뭐가 필요한지를 잊은 채 내 생각에 정확히 부합하기를 기대하다가 곤경에 빠지곤 했다. 우호적이든 무섭든, 크든 작든, 인간이 아닌 자연이 우리와 건강하게 공존하려면 우리가 그린 캐리커처에서 벗어나 그 자체로 자유롭게 존재해야 한다. 나는 이것을 브램블과 함께하며 아주 힘들게 배웠다.

맥스는 가만히 서서 뭔가에 열심히 집중하고 있다. 나는 저 표정이 무슨 의미인지 안다. 낸시는 만약 북극에서 나타나는 변화들로 회색고래의 수가 급락하면, 범고래들에게도 문제가 생길 거라고 말하고 있다.

"응가." 맥스가 알린다. 내가 나설 차례다. 낸시는 다음 관광객들과 바다로 나가고, 나는 맥스를 세워놓은 채로 기저귀를 간다. 지금까지 100번은 해본 터라 몇 초 만에 끝낸다. 적당한 쓰레기통이 보이지 않아서 냄새나는 기저귀 뭉치를 일단 배낭에 집어넣고 우리는 기념품 가게에 들어간다. 맥스가 플라스틱으로 만든 범고래 열쇠고리를 집어 든다.

"도로 갖다 놓으세요." 내가 말한다. 그리고 맥스가 장난감 바다거북, 수달, 늘어나는 문어를 집을 때마다 반복한다. 가게에 진열된 플라스틱이 몬터레이의 해양생물만큼 다양하다.

"고래도 응가해, 엄마?" 맥스가 고무 혹등고래의 꼬리 끝을 들여다보며 묻는다. 나는 그렇다고 대답한 뒤에 그 응가를 먹은 작은 해초가 다른 동물들의 먹이가 되어주고 우리가 마시는 산소도 만드는 거라고 설명한다. 맥스가 아연실색하며 나를 쳐다본다. "응가를 먹어?" 우리는 부둣가를 돌아보고 노점에서 감자튀김을 먹는다. 이곳은 존 스타인벡의 나라다. 나는 트롤리버스를 타고 통조림 공장 골목을 지나면서 스타인벡이 쓴 정어리 통조림 공장의 '시와 악취'를 상상해 보려고 하지만, 그것은 이미 사라진 지 오래다.

이튿날 우리는 아침 기차를 타기로 되어 있었고 집주인 테리가 태워다 주기로 했다. 나는 부엌에서 아침으로 먹을 토스트를 만든다. 맥스는 여행견 루퍼스로 변신해서 접시에 있는 토스트를 입으로 집어 먹고 컵에 담긴 물을 핥아 마신다. 나는 일정을 추가하기 위해 알래스카 항공에 전화한다.

"오늘 배로우로 가는 항공편이 있나요?" 나는 공항 직원에게 묻는다. 맥스가 나를 향해 짖으며 토스트를 온 사방에 뱉어놓는 바람에 뭐라고 대답하는지 들리지 않는다.

"쉬잇." 나는 말한다. "그런 건 도움이 안 돼."

"네?" 수화기 너머에서 직원이 말한다.

내가 두 살배기 아이와 이야기하고 있었다고 설명하는 동안, 맥스가 물컵으로 식탁 여기저기를 두드린다. "쉿." 맥스가 큰 소리로 말한다. 나는 가까스로 전화기를 붙들고 행주로 물을 닦으면서 운항 시간을 받아 적는다.

"엄마한테는 그렇게 말해도 되지만 다른 사람한테 그러면 안 돼." 나는 맥스에게 말한다. 알래스카 항공 직원이 웃는다.

나는 전화를 끊고 나서야 날짜를 잘못 예약했고 기차를 타러 가기 전에 다시 전화해서 항공편을 취소해야 한다는 걸 깨닫는다. 테리의 차가 스타인벡이 자란 살리나스 계곡(Salinas Valley)을 지난다. 그곳은 미국의 샐러드 그릇(America's Salad Bowl)이라고 불려왔으며, 캘리포니아에서 가장 중요한 농업 지역 중 하나다. 유통기한이 지난 브로콜리에서 나는 악취가 차 안으로 스며든다. 동쪽과 서쪽은 산악 지대다. 저 골짜기 바닥은 한때 좁은 내해(內海)였다.

나는 하늘을 올려다보며 고래들이 우리 위로 지나가는 모습을 상상하다가 다이빙을 할 때처럼 현기증을 느낀다. 그러다 테리에게 고래들이 여기서 헤엄친 적이 있었는지 묻는다. 역사 선생님인 테리가 스타인벡이 쓴 『에덴의 동쪽(East of Eden)』을 언급하며 그의 아버지가 계곡을 따라 80킬로미터 아래에 우물을 팠던 일에 대해 말해준다. 처음에는 표토와 자갈이 나왔다. 그다음에는 하얀 바다 모래와 조개껍데기, 고래

뼈가 잔뜩 나왔다.

고대의 고래들이 이곳에 있었다.

회색고래의 이동 경로를 따라가는, 우리의 다음 목적지는 오리건 주의 디포 베이(Depoe Bay)다. 거기서 유명한 생물학자이자 고래관광 가이드인 캐리 뉴웰(Carrie Newell)을 만날 예정인데, 그가 낸시 선장만큼 회색고래에 대해 빠삭하기를 바란다. 맥스가 승강장으로 미끄러져 들어오는 기차를 보고 신이 나서 폴짝폴짝 뛴다. 올버니로 가는 2층 야간 열차다. 우리는 1층 침대칸을 찾아간다. 양 끝에 있는 좌석을 펼치면 침대가 된다. 공간이 충분해서 접힌 유아차와 카시트, 배낭을 옆에 둘 수 있다. 기차가 철도 건널목을 빠르게 지나가며 벨을 울리자, 맥스가 창문으로 달려간다.

"건너가는 거다, 기차도 좋고 건너가는 것도 좋아." 맥스가 소리친다. 덜컹대는 이 침대칸이 오늘과 오늘 밤, 그리고 내일까지 우리의 우주가 되어줄 것이다.

"우리가 고래를 따라잡을 거야, 엄마, 진짜 좋겠다!"

우리는 기차의 배 속에서 잠을 잔다. 나는 맥스와 마주 보고 누워 어둠 속에서 덜컹대고 흔들리며 마치 태어날 준비가 된 것처럼 머리부터 돌린다. 내 아들이 옆에 있다.

우리는 범고래를 앞질렀다. 하지만 바하에서 쓰다듬었던 고래들은? 그들이 무사히 가고 있는지는 알 도리가 없다. 제발 그들이 우리와 함께 북쪽으로 이동하고 있기를 밤새 빌어본다.

우트키아빅　　　　：　　　　내 이름,
　　　　　　　　　　　　　도린 칼레악

북위 71° 17′ 26″　　서경 156° 47′ 19″

"기후변화를 취재하는 기자들은 매년 특정 시기에 찾아와서 여기 사람들이 얼음 구멍으로 빠지거나 뗏장집이 절벽 아래로 떨어지는 모습을 촬영하려고 해요. 그 사람들은 북부 사람들에게 뭔가 생생하고 아슬아슬한 걸 얻어내길 좋아하죠." 나는 리처드 글렌(Richard Glenn)의 우트키아빅 사무실에서 핀잔을 듣는 기분이었다.

지리학을 전공한 리처드는 알래스카토착민청구합의법 ANCSA에 따라 1971년에 설립된 토지 소유 조합 중 하나인 북극슬로프지역법인(Arctic Slope Regional Corporation, ASRC)에서 일했다. 주 정부와 토착민이 최초로 체결한 실질적 법안이었다. 법인들은 약 18만 제곱킬로미터의 토지와 9억 6,300만 달러를 받았다. 이것은 토착민들에게 자기 결정권을 부여했다. 또한 토착민이라는 명칭의 타당성, 즉 토지나 지역에 대한 현지인의 생득권을 부정했다.

ANCSA는 토착민의 토지청구권을 인정하면서 주와 연방, 석유 회사의 이익을 충족시키기 위한 절충안이었다. 청구권 합의는 석유 추출을 계속할 수 있다는 뜻이었다. 애서배스카 원주민(Athabascan)이 사는 내륙 마을인 스티븐스 빌리지(Stevens Village)는 법원을 통해 토지청구권이 명확해질 때까지 송유관 설치를 중단하라는 명령을 받은 지역 중 하나였다.¹ 그 지역이 미국 경제에 중요해지면서 자원 개발은 자본주의 체제의 제재를 받게 되었고, 연방 정부는 법인이라는 구조를 통해 지역사회의 권리를 주주들에게 나눠줬다. 이전까지 그 지역은 그곳을 훼손하지 않는 한 누구든 사용할 수 있는 용익물권(用益物權)*이었다. 이제는 법적 소유권하에서 이윤의 창출과 생계 보호라는 경쟁적인 개발 목표를 달성해야 했다.

나는 몇 주 전부터 리처드를 인터뷰하고 싶었지만, 그가 너무 바빴다. 그는 나이프를 뜻하는 포경선단 사비크(Savik)의 공동 선장을 맡아 바다에 나가 있었다. 그는 정치인이며 자칭 '다수의 학위'를 가진 빙하 전문 과학자이기도 했다. 그의 어머니는 이누피아트 원주민이었고 아버지는 네브래스카(Nebraska)주 출신이었다. 그는 우트키아빅과 캘리포니아에서 자랐다. 그래서 그런지 파카와 비니를 착용하고 스노모빌을 탄 모습뿐 아니라 빳빳한 흰색 셔츠를 입고 사무실에 있는 모습도 편안해 보였다. 나는 초조한 마음으로 카메라를 설치하고 녹음 버튼을 제대로 눌렀는지 재차 확인했다. 리처드는 자리에 앉아 나를 지켜봤는데, 그의 침묵은 손목시계를 쳐다보는 것만큼 긴장감을 효과적으로 조성했다.

"우리 같은 사람들은 벼랑 끝에서 살아요, 늘 그렇게 살아왔어요." 리처드는 이누피아트 조상들이 현재 마을이 있는 위치에서 24킬로미

• 다른 사람의 부동산으로 이익을 얻을 수 있는 제한적인 물권-옮긴이

터 떨어진 곳에 살았을 때도 그 지역은 침식되고 있었다고 말했다. 프루도 베이를 비롯한 해안 평야 지역에는 리처드의 선조들, 즉 고대인들뿐 아니라 이누피아트가 시신을 매장하기 전인 20세기 초에 죽은 사람들의 유해도 있는데, 인간의 유해는 보통 그들이 죽은 주거지 위에 남겨졌다. 그때와 달리 지금의 지역사회에는 툰드라에 지어진 뗏장집, 가죽 천막, 얼음 저장고뿐 아니라 전선과 주택, 폐수를 분해하는 커다란 개방형 폐수처리장도 있다. 그래서 이동하기가 더 힘들고 비싸다.

리처드는 단호함이 기저에 흐르는 점잖은 목소리를 가졌다. 그의 존재감과 엄청난 지적 능력이 방 안을 가득 채웠다. 그에게는 생각할 시간이 필요하지 않았다. 목소리의 높낮이와 속도도 일정했고 표정에도 변화가 없었다. 이전에도 이 모든 내용을 여러 번 설명해야 했고, 같은 말을 반복해야 하는 상황을 그다지 좋아하지 않는다는 게 그의 태도에서 묻어났다. 그는 워싱턴에서 열린 의회 청문회에 참석해, 북극 내륙의 국립 야생동물 보호구역에서의 석유 탐사를 지지하는 증언을 했다.

"우리는 두 세계를 최대한 활용하는 동시에 두 세계에서 최고가 되고자 노력해요. 마치 두 개의 직업을 가진 것처럼 이누피아트와 현대 세계에서 좋은 사람이 되려고 애쓰죠. 두 가지 언어를 사용하는 것처럼 말이에요."

"여기에는 다른 산업이 없어요." 그가 말했다. 지방 정부는 석유로 수입을 얻었다. 학교와 보건소는 석유로 재정적인 지원을 받았다. 지역사회 안에 다양한 의견이 있지만, 그는 개인적으로 그 지역의 석유와 가스 추출을 옹호하게 되었다고 말했다. 땅이 신성시되고 순록 떼가 번성하듯 석유 추출도 가능한 일이었다. 나는 평소에 배운 대로 그의 말에 고개를 끄덕였다. 이렇게 하면 인터뷰 대상을 방해하지 않고, 이야기가 흥미롭다는 걸 확인시켜 주면서 계속 말하게 할 수 있다. 그러나 고개를 끄덕이며 리처드에게는 그럴 필요가 없다고 생각했다.

나는 그가 잠시 말을 멈춘 틈을 타서 언젠가 해빙이 전부 사라질 거라는 원로들의 예측에 대해 어떻게 생각하는지 물었다.

"그런 얘기는 들어본 적 없어요." 그가 단호히 말했다. 그리고 계속해서 고착빙의 일부가 떨어져 나와 사비크 단원들을 싣고 바다로 떠내려갔던 일에 대해 설명했다. 그는 그것을 기후변화의 탓으로 돌리지 않았다.

"나도 몇 년 전에 떠내려가서 헬리콥터로 구조됐어요. 나는 그게 지구 온난화 문제라고 보지 않아요. 그날 벌어지고 있었던 일에 충분히 주의를 기울이지 않았을 뿐이에요. 해빙, 해류, 바람, 기온, 균열에 나타나는 모든 변화를 기록하는 게 우리 일이에요. 여기 있는 우리는 안전할까요, 아닐까요?" 그는 해빙이 점점 얇아지는 현상을 비롯해 그들이 목격하고 있는 변화가 한 방향으로 흘러가는 게 아니라 쉽게 변하는 진동 패턴의 일부이기를 바랐다. 그가 진실의 방향을 가리키는 과학이라는 손가락이 때로는 조금씩 어긋나기도 한다고 말했다. 그는 피카루약(piqaluyak), 즉 다년빙을 사랑했다. 두께가 두꺼워서 사냥하기에도 안성맞춤인데다 맑고 깨끗하고 신선한 물을 무한정 얻을 수 있는 원천이기 때문이다.

나는 그곳이 너무 아름다워서 계속 머무르고 싶었다고 말했다.

"너무 고요한 곳이다 보니 뭔가 영구적인 것 위에 있다고 착각해서 안심할 수 있어요." 그가 대답했다. "바다에 나가서 캠프를 만들 때는 그 모습 그대로 영원하기를 바라지만 그럴 수 없어요. 삶의 모든 게 그렇듯 실제로는 불가능하니까 바로 이동할 수 있도록 준비하는 게 좋겠죠."

리처드는 가끔은 기후변화보다 MTV가 청소년들에게 하는 짓이 더 두렵다고 말했다. 문화의 변화, 언어 상실, 자존감 손상, 사회적 문제, 약물 남용과 자살. "이들 모두 우리 모두와 닿아 있어요. 가을이 10월 10일에 시작하는지, 10월 12일에 시작하는지, 여름에 잔디가 좀 더 푸를지, 빙하가 80킬로미터 떨어져 있는지, 110킬로미터 떨어져 있는지. 그런 것들도 중요하지만, 다른 것들도 중요하잖아요."

리처드가 업무에 복귀해야 해서 더는 시간이 없었다.

나는 북극성 거리로 걸어가면서 리처드가 한 말을 곱씹어 보았다. 그가 제슬리와 위 세대들이 내 앞에서 툭툭 내뱉던, 얼음 없는 바다에 대해 들어보지 못했다는 게 놀라웠다. 리처드는 정말 기후변화보다 MTV를 더 걱정하는 걸까? 문화 상실로 인한 황폐화는 부인할 수 없는 사실이었다. 사람들이 스스로 목숨을 끊고 있으니 당연히 그 문제가 더 우선이었다. 나는 리처드가 석유 탐사를 대놓고 옹호했다는 사실을 상기했다. 그의 말처럼 이곳에는 다른 산업이 없었고 농업은 불가능했다.

나는 1990년대 후반에 지역 경제부 기자로 일하면서 제대로 된 기획 기사를 처음 썼다. 에식스(Essex)의 상징적인 자동차 공장인 포드 대거넘에서 일어난 실직 사태와 비공인 파업에 관한 내용이었다. 공장 출입구 밖에 있던 사람들의 얼굴이 아직도 잊히지 않는다. 내가 1999년 4월에 석유 회사 브리티시 퍼트롤리엄의 회장 존 브라운(John Browne)에게 던진 첫 번째 질문은 아르코를 인수하고 일자리를 삭감한 일에 관한 것이었다. 문제는 간단했다. 사람들은 일자리가 필요했다. 하지만 해결 과정은 복잡했다. 이곳 알래스카에서는 주요 고용주인 석유 회사들이 어마어마한 영향력과 힘을 가질 수밖에 없었기 때문이다. 그리고 리처드는 자살, 자존감 손상, 문화 손실을 강조했다. 모든 측면에서 기후

이야기와 통하지 않는가? 인간의 모든 의미와 존재를 정의하고, 그것을 소유하고, 이누피아트가 땅과 언어와 맺고 있는 관계를 깨뜨리고, 모든 대상과 장소를 활용하려는 지배적 문화의 욕망에 맞서 투쟁해 온 방식이 말이다.

나는 리처드에게 하고 싶은 질문이 많았지만, 반이 사람들을 심문하는 짓은 그만하라고 귀가 따갑도록 이야기했었다. 갈등 회피라는 의미를 가진 파아칵타우타닉(paaqłaktautaiññiq)라는 이누피아트어가 있었다. 그것은 깊이 간직되어 온 가치였다. 역사적으로 인간은 생존을 보장하기 위해 협력에 의존했다. 협력이 아니면 곧 죽음이었다. 사람들은 포용력을 기르고 어려운 감정을 억눌렀다. 까다롭게 구는 건 적절한 행동이 아니었고, 방문객이라서 더 그랬다. 하지만 리처드와 대화를 나눈 뒤 왠지 모르게 중요한 걸 놓쳤다는 느낌을 떨쳐낼 수 없었다.

얼어붙은 바다를 내다보니 빛이 더 환히 비추는 듯했다. 나는 빌리의 스노모빌 뒷자리에서 함께한 긴 여정이 그리웠다. 이누피아트어를 하는 사냥꾼들의 목소리가 그리웠고, 그들이 날씨를 지켜보는 모습이 그리웠고, 바닷소리와 고래가 내뱉는 한숨과 그들이 돌아눕는 모습이 그리웠다. 다년빙을 가지러 가던 것도 그리웠고 신선한 물맛도 그리웠다. 반이나 빌리가 내게 뭔가를 설명하거나 내 안부를 확인할 때마다 고개를 돌려 그들을 찾았던 것 또한 그리웠다.

나는 생각할 틈 없이 사냥에만 열중하다가, 없어지지 않을 인후통과 함께 일상으로 돌아왔다. 줄리아의 집에 도착해서 커피를 타가지고 식탁에 앉았지만 편히 쉬지 못하고, 수시로 일어나 하늘이 무슨 이야기라도 할 것처럼 창밖을 쳐다봤다. 내 런던 생활에 대해서도 생각했다. 도시와 콘크리트, 통근, 기획 회의, 컴퓨터 화면, 그곳에 어울리려고 차려

입었던 정장, 상사들에게 잘 보이려고 애썼던 시간. 그 모든 게 무의미하게 느껴졌다. 나는 그저 칼레악 선단과 함께 해빙으로 돌아가고 싶었다.

나는 뇌조의 울음소리를 잘 흉내 낸다. 작고 통통한 뇌조는 겨울에는 흰색이고 여름에는 갈색 반점이 생겼다. 입을 크게 벌리고 목 뒤에서 공기를 억지로 밀어내면 으르렁대듯 딱딱거리는 소리를 재현할 수 있다. 아주 만족스러운 소음이다. 나는 어릴 때 그 소리 내는 걸 좋아했다. 엄마는 몹시 짜증스러워했다. 언젠가 그 소리가 사냥꾼에게 좋은 인상을 주는 데 유용하게 쓰일 줄 누가 알았겠는가?

빌리는 가족 사냥터인 칼레악 캠프에 있다 보면 수 킬로미터 내에 인간이라고는 자기 자신뿐일 때가 종종 있다고 말했다.

"나와 별뿐이에요. 평화롭고 고요하죠." 툰드라는 이누피아트가 길고 풍요로운 여름을 보내러 오는 곳이었다. 매년 시기별로 툿툿(tuttut)*이라고 부르는 순록, 니글리치(niġlich)**라고 부르는 거위, 아카르깃(aqargit)이라고 부르는 뇌조가 풍부했다. 줄리아는 날씨가 바뀌는 바람에 다시 해빙에 나가지 못할 수도 있다며, 단원 몇 명이 거위 사냥을 계획하고 있다고 말했다.

"누가 가는데요?" 내가 물었다.

"일라이랑 빌리, 그리고 몇 명 더 가겠지."

"저도 가도 될까요?"

줄리아가 어깨를 으쓱했다. "일단 두고 봅시다."

- 　순록이라는 의미로 단수형은 툿투(tuttu)-옮긴이
- * 　거위라는 의미로 단수형은 니글릭(nigliq)-옮긴이

나는 쑥스러워서 바로 물어보지 못하고 서성거렸다. 뒤에 남겨질 생각에 점점 더 불안해졌고, 현관 입구인 카니트착에서 신발 소리가 들려올 때마다 가슴이 울렁거렸다. 나는 이제 캐나다 북부로 가서, 그곳 사람들이 기후에 대해 뭐라고 하는지 알아봐야 할 때라고 마음을 다잡았다. 이어서 인터넷으로 항공편을 검색했지만, 일정표를 보자마자 컴퓨터를 꺼버리고 밖으로 나가 눈길을 배회했다. 나는 거위 사냥이 내륙의 기후변화에 대해 들을 수 있는 절호의 기회라고 판단했다.

다시 문화유산센터에 조각을 하러 다녔다. 페리가 밀도가 높고 무거워서 조각하기 힘든 고래 뼛조각을 주었다. 더딘 속도로 완성한 고래 조각은 전신을 상세히 묘사하기보다는 갑골문처럼 고래를 연상시키는 쪽에 더 가까웠다. 나는 그 조각을 줄리아에게 주었고, 그는 그것을 곧장 귀중한 물건을 진열하는 유리 찬장에 넣었다.

어느 아침, 내가 커피 잔에 코를 대고 향을 들이마시는데 빌리가 들어왔다.

"헤이, 어디 있었어요?" 그가 말했다. "코빼기도 안 비치고. 우리는 칼레악 캠프에 갈 거예요. 일라이랑 레오도요. 같이 갈래요?"

"아, 글쎄요." 나는 심드렁하게 말하려고 애썼다.

그가 어깨를 으쓱하더니 돌아섰다. 줄리아가 의아한 표정으로 나를 빤히 쳐다봤다.

"지금 말이에요? 갈게요, 조금만 기다려요." 나는 방으로 뛰어가 야외 장비와 카메라를 챙겼다. 줄리아와 빌리가 웃는 소리가 들렸다.

"두 시간 뒤에 출발할 거예요." 그가 소리쳤다.

나는 바람으로부터 안전한 빌리의 뒷자리에 올라탔다. 그곳이 얼마나 추운지 잊고 있었다. 이번 풍경은 잔디가 없다는 것만 빼면 눈 덮인 풋볼 경기장처럼 좀 더 알아보기 쉬운 흰색이었다. 설원이 끝도 없이 이어졌다. 우트키아빅은 지평선 위로 들쭉날쭉 솟은 회색 얼룩처럼 보이다가, 눈만 남기고 사라졌다. 빌리는 아버지에게 야영지로 가는 길을 배웠다면서 약간 다른 흰색을 가리켰다. 내 눈에는 모든 풍경이 다 치명적으로 보였다.

칼레악 캠프에는 오두막이 있었는데, 커다란 방 벽을 따라 침상이 놓여 있어서 열 명은 잘 수 있었다. 줄리아의 큰아들 레오가 먼저 와 있었다. 우리는 침상을 하나씩 선택했다. 북극의 별이 봄의 어스름 속으로 사라졌다. 툰드라가 모습을 드러내면서 설원 곳곳에 은은한 초록색 상처가 벌어졌다. 나와 일라이는 카드놀이를 했다. 빌리는 야영지 주변을 분주히 돌아다니며 화장실로 사용하는 똥통을 처리했다. 도움은 필요 없다고 했다. 스노모빌의 굉음이 들렸다. 이튿날이 되자 그가 모두 떠나야 한다고 말했다. 밤새 그 지역을 확인했는데 상황이 좋지 않은 모양이었다.

"지금 돌아가지 않으면 이쪽 강가에 갇힐 거예요." 그가 설명했다. "물이 빠르게 차오르고 있어요. 영상 4도가 넘어요. 며칠이 아니라 몇 시간 안에 눈이 녹을 거예요." 그는 웃음기 없는 얼굴로 차분히 말했고, 우리 셋은 그의 한마디 한마디에 귀를 기울였다. 그는 일라이에게 부모님께 초단파 무전을 해서 어떤 상황인지 전해달라고 부탁했다. 강 건너편에서 거위를 사냥하면 마을로 돌아갈 수 있을 것이다. 야영을 해야 한다는 의미였다.

일라이가 구조 기지에 연락해 통신수에게 상황을 설명했다. "저희는 오늘 밤 돌아갈 수도 있어요. 눈이 단단해지려면 자정 이후여야 할 것 같아요. 여기는 눈이 너무 물러요." 그가 같은 말을 되풀이했다. "자

북위 71° 17′ 26″ 서경 156° 47′ 19″

정에 우야갈릭(Uyágalik)으로 떠날 거예요." 구조 기지에 있는 누군가가 잡음 속에서 뭐라고 답했다. 줄리아와 제슬리가 답을 하지 않자 통신수가 일라이가 연락했다는 메시지를 전해주겠다고 말했다.

몇 시간 뒤 무전기에서 제슬리가 부르는 소리가 들렸다.

"우리는 이제 집에 왔어."

"아빠, 저희는 오늘 밤에 돌아갈 거예요, 우야갈릭이 있는 북쪽으로 갈 것 같아요." 일라이가 말했다. "여기는 눈이 엄청나게 녹고 있어요." 무전기가 치지직거려서 제슬리의 대답이 들리지 않았다. 일라이가 다시 말했다. "조금만 더 추워질 때까지 기다렸다가 출발할게요. 여기는 눈이 너무 물러요. 오늘 밤에 우야갈릭으로 갈 거예요."

"알았다, 오버." 제슬리가 말했다. '몸 조심해'라든지 '무사히 지내'라든지 하는 대화는 없었다. 흥분하는 사람도 없었다. 내게는 눈이 휘둥그레질 만큼 가슴 떨리는 일이었지만, 칼레악 단원들에게는 그저 사냥을 하며 살아가는 방식일 뿐이었다.

우리는 떠나기 전에 밤이 오기를 기다렸다. 레오는 우트키아빅으로 곧장 돌아가기로 결정했다. 날이 점점 추워졌고, 깜깜하지 않아도 위협적일 정도로 어두웠다. 희고 너른 강줄기가 초록의 툰드라를 가로지르는 강가에 도착하자, 빌리와 일라이가 속도를 올렸다. 강은 아직 건널 만했다. 얇은 얼음층이 아직 남아 있어서 쌓인 눈을 떠받치고 있었는데, 그 밑에 물이 있는지는 알 수 없었다. 빌리가 스노모빌 뒷자리에 나를 태우고 선두로 나섰다. 우리는 한 차례 굉음과 함께 강을 건넜다. 그리고 일라이를 확인하기 위해 스노모빌을 돌려세웠다. 그런데 그가 강 건너 초록색 둑까지 거의 다다른 순간, 스노모빌 뒷부분이 빠져버렸다.

"내가 갈게." 빌리가 외쳤다. 그는 나를 내려놓고 내가 지켜보는 가운데 온 길을 되돌아가더니, 짐 꾸러미에서 밧줄을 꺼내어 양쪽 스노모빌에 묶고 일라이를 꺼냈다. 나는 나중에야 비로소 빌리가 없었더라면 상황이 얼마나 달라졌을지, 나와 일라이가 그에게 얼마나 의지하는지, 내가 얼마나 안전하다고 느끼는지를 깨달았다.

거위가 모여 있는 우야갈릭에는 오두막이 없었다. 우리는 캠프를 구축하고 텐트 안에 일렬로 누워 잠을 잤다. 바람이 심해서 새들이 날지 못하는 날이면 우리는 피노클이나 러미라는 카드놀이를 했는데, 나도 가끔씩 이겼다. 그런 와중에도 카드놀이를 하고 별다른 일 없이 사람들과 어울리며 즐겁게 지내는 데 능숙해졌다. 어휘도 늘었다. 일리빈(Illiviñ)은 네 차례다. 리키니(Iiqinii)는 무섭다. 앗추(Atchu)는 모른다. 날라인(Nalaiñ)은 진정해라. 아타(Atta)는 조용히 해라. 아타이(Attai)는 예쁘다. 나는 더 많이 배우고 싶었다.

캐나다 이누이트의 언어인 이눅티툿(Inuktitut)은 근본적으로 나와 다른 세계관을 가지고 있다고 읽었다. 그곳의 아이들은 동물을 분류하지 않고 말하는 법을 배우며 자란다. '바다표범'이나 '곰' 같은 총칭은 없었다. 각 동물은 고유한 이름으로 불린다. 북극 곤들메기, 하프 바다표범, 어린 고리무늬물범, 북극곰. 해양 포유동물을 뜻하는 '숨 쉬는 자들(Breathers)'과 육상동물을 뜻하는 '걷는 자들(Those That Walk)'은 있었다. 하지만 인간과 동물의 삶을 구별하지 않았고, '그것(It)'을 뜻하는 단어도 없었다.[2] 삶이 평등하다는 의미였다. 나는 이누피아트어도 그런지 알고 싶었다.

빌리는 일라이에게 날이 너무 따뜻해져서 거위와 순록이 그 지역을 거쳐가지 않을까 봐 걱정이라고 말했다. 내가 멀리 런던에서 여기까지 온 것도 그것 때문이었다. 빌리는 느긋하게 삶에 대해 사색했고, 그의 사고 중심에 변화가 있었다. 하지만 나는 그를 촬영하지 않았다. 그런 것들을 전부 포기하다시피 했다. 이제는 취재를 위해서가 아니라 내가 원해서 그곳에 있었다.

바람이 잦아들자 빌리가 거위를 찾기 위해 야영지를 떠났다. 나는 일라이와 함께 그의 할아버지가 만든 은신처로 갔다. 우리는 귓속말을 하며 기다렸다.

"재잘거리는 소리가 들릴 거예요." 그가 말했다. "그러면 녀석들을 찾아야 해요. 어디든 있을 수 있으니 소리의 방향을 잘 읽어봐요. 바람을 따라오고 있으면 소리가 훨씬 더 가깝게 들릴 거예요."

"아무것도 안 들리는데요."

"모자를 쓰고 있으니까 그렇죠." 그가 웃었다.

"알아요, 춥잖아요."

일라이와 빌리는 은신처에서 며칠을 기다렸다. 우리는 카드놀이를 하고 잠을 잤다.

"당신이 코 고는 소리를 녹음해야겠어요." 내가 우스갯소리를 했다.

"당신은 코를 골지 않더군요." 빌리가 말했다. "살아 있는지 궁금하게 말이에요." 그는 제슬리처럼 낮은 목소리로 피식 웃었다.

"내가 아이라처럼 시끄러웠으면 좋겠어요? 그쪽이 선택해요." 나는 말했다.

"나우미, 나우미." 빌리가 고개를 저으며 말했다.

우리는 욱픽(ukpik)이라고 부르는 흰올빼미를 보았다. 얼룩덜룩한 덩어리가 눈 덮인 툰드라에서 공중으로 날아오르는 것 같았다. 그리고 저 멀리에 짧고 굵은 목에 흰 솜털을 두른 어린 툿투(tuttu) 한 마리가 막대기 같은 다리로 서 있었다. 구두점처럼 까만 얼굴이 하얀 눈과 대비되었다. 순록이 아니라 니글릭(nigliq), 즉 거위를 사냥하는 시기였다. 그래서 우리는 새끼가 뭔가 잘못되었다는 걸 감지하고 깜짝 놀라 달아날 때까지 지켜봤다. 사냥에 관한 규정은 동물의 번식 주기에 맞춰 엄격히 적용되었다. 1980년대에 유진 브라우어의 선친 해리가 꿈에서 고래의 이야기를 듣고, 계절별로 사냥을 제한하는 방안을 검토했다는 내용을 어디선가 읽었다.

해리는 몸이 너무 안 좋아 앵커리지의 병원에 있었다. 포경 시즌이라 단원들은 해빙에 나가 있었다. 해리는 전기 작가 캐런 브루스터(Karen Brewster)에게 자기가 '죽어 있는' 동안[3] 북극고래 새끼가 다가왔다고 말했다. 그리고 새끼 고래가 사냥이 벌어지고 있는 해빙 아래로 자신을 어떻게 데려갔는지 설명했다. 새끼 고래는 자기 엄마가 어떻게 궁지에 몰려서 갇혔으며, '그들이 어떻게 다치고 고통받았는지' 말했다.[4] 그리고 해리의 두 아들을 포함한 사냥꾼들의 얼굴을 가리켰다. 새끼 고래는 자기 몸이 어디에 저장되고 있는지 말했다.

해리는 2주 반 동안 병원에 있었다. 그는 의식을 되찾고 나서 자신이 본 것과 고래가 말해준 것 전부를 유진에게 이야기했다. 유진은 새끼 고래가 지목한 사냥꾼이 녀석을 통째로 얼음 저장고에 넣은 걸 비롯해 모든 내용이 맞아떨어진다는 걸 확인했다. 새끼가 있는 어미는 사냥하면 안 되었다. 해리는 새끼들이 대부분 5월 이후에 태어나므로 이제부터 봄철 고래 사냥의 기한은 5월 27일이 될 거라고 유진에게 말했다.

해리의 세상에서 고래들은 영혼을 가지고 있고 그들의 몸은 인간 사회 전체를 담고 있었다. 그래서 그가 꿈에서 고래의 이야기를 들은 것이다.

빌리는 내 상태를 끊임없이 확인했다. "알라파?" 내가 춥지는 않은지, 배고프지는 않은지, 피곤하지는 않은지. 한번은 소총 앞에 누워서 총신을 정면으로 촬영하는데 그가 불쑥 나타나서 나무랐다. "그게 언제 발사될 줄 알고 그래요." 내가 사냥을 돕고 싶어 하니까 그가 자기 총을 빌려줬다. 총구를 조심스럽게 조준하고 방아쇠를 당기자 몸이 뒤로 훅 날아갔다.

일라이가 맞춰보라고 눈 뭉치를 던져줬다. 이번에는 용케 넘어지지 않았지만, 표적을 놓치고 말았다. 그러자 빌리가 총을 회수해 갔다.

그가 거위 한 마리를 쐈다. 거위는 바로 죽지 않고 날개를 휘적거리며 떨어지더니 바닥에 누워 힘없이 펄럭거렸고, 운 좋은 동료들은 꽥꽥거리며 멀어지다가 점차 희미해졌다. 빌리는 거위는 거들떠보지도 않고 하늘만 뚫어지게 응시했다. 나는 거위가 서서히 죽어가는 걸 가만히 지켜볼 수 없어서 가까이 다가가 눈을 똑바로 쳐다봤다.

"미안해." 나는 거위에게 말했다. "고맙다." 나는 이렇게 덧붙이며 고래들의 헌신에 대해 생각했다. 아무래도 그 방법을 거위에게도 적용해야 할 것 같았다. 어떻게 죽이지? 어릴 때는 상처 입은 쥐, 토끼, 병아리 같은 동물을 매번 아빠에게 데려가 뒤처리를 맡겼었다. 하지만 거기에는 아빠가 없었다. 거위의 목을 잡았는데 너무 말랑말랑해서 차마 부러뜨릴 수 없었다. 나는 거위의 목을 반으로 접었다. 거위는 여전히 거친 숨을 몰아쉬고 있었다. 나는 녀석이 숨을 쉬지 못하도록 구부러진 목을 꽉 잡고 무릎으로 몸을 눌렀다. 한참이 걸렸다.

빌리는 어릴 때 덫으로 나그네쥐를 잡았다고 했다. 그리고 흰올빼미를 키우는 과학자들에게 먹이로 팔았다. 그는 줄과 막대를 이용한 사냥법을 설명해 주었다. 그의 말을 완전히 이해할 수는 없었지만, 나그네쥐 이야기가 흥미로웠다.

"절벽에서 뛰어내려서 자살하는 애들이잖아요, 그렇죠?"

"절벽에서 뛰어내리다니, 나우미. 나그네쥐는 안 그래요."

나는 빌리가 제대로 된 절벽에 가본 적이 없는 게 분명하다고 생각했다. "정말이에요, TV에서 봤어요. 그냥 뛰어내린다니까요."

그는 어깨를 으쓱하더니 더는 언쟁을 이어가지 않았다. 물론 그의 말이 옳았다. 나는 나중에서야 디즈니 영화 제작자들이 〈하얀 황야(White Wilderness)〉에서 끔찍한 장면을 연출해 나그네쥐들의 주기적인 집단 자살에 대한 괴담을 퍼뜨렸다는 이야기를 읽었다.[5] 나그네쥐들이 개체 수가 급증해 먹이를 찾아 이주하는 과정에서, 강을 헤엄쳐 건너다 물에 빠져 죽는 경우가 더러 있기는 하다. 하지만 1958년에 제작자들은 그 정도로는 관객들을 극장으로 끌어들이기에 역부족이라고 생각했다.

그들은 매니토바(Manitoba)주의 이누이트 아이들에게 나그네쥐를 사들였고 앨버타(Alberta)주로 데려가서 눈 덮인 회전판 위를 달리는 모습을 촬영했다. 그런 뒤 카메라를 올려다보는 각도의 앙각(仰角)으로 설치하고 나그네쥐들을 절벽 밑으로 던졌다.[6] 작은 설치류들이 보란 듯 바다에 몸을 던지는 동안, 내레이터는 나그네쥐의 동기와 사고 과정을 인간의 언어로 자신 있게 읊었다. "그들은 편협한 사고 때문에 집착의 희생양이 되었다. 움직여! 계속 움직이라고!"[7]

일라이가 고래들에게 불러준 노래를 다시 해달라고 요청했고, 나는 그때와 달리 한 관객을 의식하며 요청을 받아들였다. 노래가 끝난 뒤에도 빌리기 한참을 쳐다보길래 나는 텐트로 들어가 숨어버렸다. 그리고 깜빡 잠이 들었는데, 텐트 바로 밖에서 긴 으르렁 소리가 들렸다. 곰이다! 나는 비명을 지르며 벌떡 일어나 텐트 출입구로 허둥지둥 달려갔지만, 그것은 일라이의 트림 소리였다. 일라이는 눈물이 날 정도로 웃으며 내가 텐트에서 뛰쳐나올 때 표정을 흉내 냈다. 그는 계속 키득거리며 사냥을 나갔고, 나는 빌리와 단둘이 텐트에 남아서 카드놀이를 했다. 그가 팔꿈치를 받치고 누워서 카드를 돌렸다. 나는 마지막 카드를 내려놓는 그의 과장된 몸짓에 움찔했다.

"당신은 너무 쉽게 놀라요." 그가 나를 사냥감처럼 뜯어보며 말했다. 내 이런 반응은 예상치 못한 접촉이나 소리에 대한 어린 시절의 반사작용과 수년간 브램블의 반응을 추측하는 버릇에서 비롯된 것이었다. 내 딴에는 억누르려고 애썼지만 이 남자는 너무 고요해서 모든 걸 알아차렸다. 나는 그의 시선을 느끼며 카드를 뚫어지게 쳐다봤다. 그러다 그와 눈을 마주쳤다. 그의 까만 눈이 추위를 뚫고 지구의 창자 속만큼 뜨겁게 타올랐다. "가끔 밤에 당신이 만들어 준 고래를 들여다봐요." 그가 천천히 말했다. "그러면 당신이 생각나더군요." 나는 그의 곁에 앉아서 어느 밤에 나를 생각하는 그의 모습을 그려봤다. 그의 침묵에 용기를 얻은 나는 참지 못하고 몸을 숙여 입을 맞췄다. 그의 반응은 느리고 신중했다. 그는 서두르는 법이 없었고, 자신의 힘을 함부로 드러내지 않았다.

그때 저 멀리서 스노모빌이 윙윙거리는 소리가 들렸다. 굉음이 점점 더 가까워지더니 일라이가 나타났다. 빌리는 뒤로 물러나 말없이 나를 주시했다. 나는 휘청이는 다리로 일라이를 맞으러 나갔다. 이래도 괜찮은 건지 염려스러웠다. 일라이가 우리 사이에서 잠들어서 일단 안심했지만, 나는 느리고 고르게 변하는 빌리의 숨소리를 들으며 그와 보조를 맞추다가 함께 잠들었다.

"여기서 사냥을 나간 백인은 당신이 처음이에요." 우트키아빅으로 출발하기 전에 빌리가 말했었다. 짐 상자에 새가 서른 마리쯤 들어 있었다. 일라이가 빌리의 엄마인 줄리아와 단원들, 친척들, 그리고 사냥해 줄 사람이 없는 노인들을 위한 거라고 설명했다. 빌리는 처음에는 선뜻 내게 운전대를 맡겨놓고는 스노모빌을 잠시 멈추더니 겁을 내며 떨어지는 척했다. 나는 뒷자리로 옮겨가 그를 감싸 안고 등에 머리를 기댔다.

우리는 예상보다 다섯 시간 정도 늦게 북극성 거리에 도착했다. 줄리아는 걱정스러운 마음에 24시간 근무 중인 구조 기지에 연락했고, 툰드라에 있는 사냥꾼한테 무전을 쳐서 우리를 봤는지 물어봐 달라고 부탁해 놓은 상태였다. 나는 도린 칼레악이라는 이름으로 수색구조자 명단에 올라 있었다. 그들이 먼저 제안한 일이었다. 내 기억에 그보다 더 행복했던 순간은 없었던 것 같다.

빌리는 나누크 스트리트(Nanook Street), 즉 북극곰 거리(Polar Bear Street)에 있는 작은 집에 살았다. 그것도 상당히 큰 오두막이었지만, 바로 옆에 있는 모친의 집이 너무 커서 상대적으로 왜소해 보였다. 그의 집은 줄리아네 집에서 30분 거리로, 문화유산센터를 지나서 얼어붙은 석호와 광활하게 펼쳐진 하얀 바다를 좌우에 끼고서는 길고 좁은 육로를 따라 쭉 걸어갔다. 나는 여기서 일부러 천천히 걸으며 부츠로 눈을 뽀드득 밟는 소리와 밝고 광활한 하늘을 한껏 즐겼다. 빌리의 집이 가까워질수록 걸음이 빨라지고 내면은 점점 더 환해졌다.

나는 아그빅 거리(Agvik Street)에 있는 은행에서 좌회전한 뒤 바로 우회전해서, 갈색과 흰색 지붕을 얹은 아담한 진저브레드 하우스 같은 샘앤리스 차이니즈 식당과 교회를 지났다. 그 근처에 공항이 있어서 비행기가 이착륙할 때 갑작스러운 충격음이 발생하기도 했다. 그것은 내게 남은 시간이 한정적이라는 걸 상기시켜 주었다. 그의 현관문 앞에 도착할 때쯤 근처 기상관측소에서 띄우는 거대한 관측용 헬륨 풍선이 가끔 보이기도 했다. 열두 시간 간격으로 띄우는 그 풍선은 또 하루가 지나갔다는 걸 점잖게 알려주듯, 서서히 멀어지다가 점이 되어 사라졌다.

빌리의 집에 들어가려면 카니트착을 통과해야 했는데, 발을 굴러 부츠에 묻은 눈만 겨우 털어낼 수 있을 정도로 비좁은 공간이었다. 현관문은 늘 열려 있었고, 그가 집 안에 깨어 있을 때는 중문도 열려 있었다. 그렇지 않더라도 열쇠가 있어서 괜찮았다. 주로 밖에서 생활하다 보니 집에는 기본적인 것들만 갖춰져 있었다.

집 안으로 들어가면 우측에 스토브와 작은 냉장고가 있었다. 안쪽 문을 열고 들어가면 작은 화장실이 있었다. 욕실이 따로 없어서 빌리는 샤워하고 싶을 때 엄마 집으로 갔다. 커다란 찬장 위에는 텔레비전과 라디오가 나란히 있었다. 텔레비전 위에 놓인 장식품은 내가 조각한 작은 고래뿐이었다. 현관 좌측에는 큰 창으로 빛이 환히 들어오는 탁자가 있었는데, 빌리가 살짝 걷어둔 암적색 커튼 사이로 햇살이 물밀듯 쏟아져 들어오고 미세한 먼지들이 풀풀 날렸다. 그는 의자에 앉아 있거나 현관에서 나를 맞이하거나 청바지에 스웨터 차림으로 탁자 뒤 침대에 누워 한 손으로 머리를 받치고 발목을 꼬고 있었다. 담배 연기가 손가락에서 말려 올라와 햇살 속에서 먼지와 함께 춤을 추었다. 그가 정말 거기서 나를 기다리고 있다는 것, 그 사실을 견고한 현실로 받아들이려면 늘 시간이 필요했다.

옷을 몇 겹씩 껴입고 밖에서 상당히 긴 시간을 보내다가 그가 평범한 실내복을 입은 모습, 특히 양말 신은 모습을 보면 이상한 친밀감이 느껴졌다. 그의 집에는 거리를 둘 만한 공간이 없었다. 우리는 TV를 보고 싶으면 침대에 앉았다. 나는 자랑스레 그와 외출해서 들뜬 마음으로 샘앤리스에 가거나 그가 오븐에 데운 헝그리맨 냉동식품을 나누어 먹곤 했다. 사냥과 다르게 모든 게 너무 평범했지만, 나는 그곳에만 머물고 싶었다. 물론 걱정도 되었다. 그래서 그에게 나는 떠날 거고 당신에게 상처를 주고 싶지 않다고 말했다.

그가 어깨를 으쓱했다. "내 걱정은 하지 말아요."

이튿날 아침, 우리는 굴뚝에서 들려오는 새들의 지저귐과 뭔가를 긁는 소리에 잠에서 깼다. "성가신 흰멧새들이네요." 그는 반바지 차림으로 의자에 올라서서 빗자루를 환기구에 찔러 넣더니 덜커덕거리며 휘저었다. 흰멧새들은 미국 남부에서 겨울을 보내다가 매년 여름이면 북쪽으로 날아왔다. 나처럼 최근에 빌리의 지붕으로 돌아온 그들은 그의 곁에 있어서 기쁘다는 듯 소리를 질러댔다. 나는 그가 걱정되었다.

"손님 도둑 같으니라고." 줄리아가 북극성 거리까지 나를 바래다준 그에게 말했다. 나는 죄책감을 느끼며 일을 하러 갔다. 그날 오후, 나와 줄리아와 일라이는 부엌에서 거위털을 뽑고 있었다. 나는 줄리아의 지시에 따라 거위들의 가죽을 뜯어서 벗겨냈다. 그는 내가 툰드라에서 연락하는 걸 잊어버린 일을 얼추 용서해 주었다.

"우리 런던 딸." 그가 말했다. "이건 모래주머니야. 이것 봐! 배 속에 들어 있는 나뭇잎은 너 줘야겠다." 그가 풀처럼 보이는 뭔가를 꺼내 들고 웃었다. 칼레악 사람들은 내가 채식주의자로 사는 걸 금방 포기하게 만들어 놓고서 툭하면 그걸 가지고 놀렸다.

"그냥 헹구기만 하면 돼요." 일라이가 말했다. "돈 주고 살 필요 없어요. 그건 공짜니까."

"고마워요, 툰드라에서 구한 것 치고 제법 괜찮네요." 그가 스투악 팍에서 샐러드를 얼마에 사 왔느냐고 물었다. 나는 가격을 보기 무서워서 그냥 계산원이 달라는 대로 주었다고 말했다. 사실 최근에는 샐러드를 사지 않았다. 맛이 너무 싱겁게 느껴지기 시작해서다.

"이건 내 니글릭 수프." 줄리아가 입술을 핥으며 죽은 거위의 목을 들어 올렸다.

"니글릭." 일라이가 사냥할 때처럼 새된 목소리로 외쳤다. "해봐요, 도린." 그가 말했다.

"누굴루굴루굴룩." 나는 그와 함께 은신처에 있으면서 실력이 꽤 늘었다고 생각했다. 한번은 머리 위로 지나가던 거위 한 마리가 대답하는 것 같았다. 하지만 줄리아와 일라이는 폭소를 터뜨렸다. 나는 누구의 흉내가 더 낫느냐고 따져 물었다.

"하나는 런던에서 온 것처럼 들리고 하나는 배로우에서 온 것처럼 들리네요." 줄리아가 재치 있게 말했다. 그는 자신의 이누피아트 이름인 싱아가울룩(Singaaġauluk)을 내게 주었다. 그리고 칼레악 선단의 작업용 재킷도 한 벌 주었는데, 앞에는 그의 이름이자 이제 내 이름이기도 한 싱아가울룩과 고래 꼬리가 수놓아져 있고, 뒤에는 선단이 가장 최근에 잡은 어획물의 길이인 15미터 67센티미터가 적혀 있었다.

내가 그 재킷을 자랑스레 걸치고 구조 기지에서 빌리와 카드놀이를 하며 많은 시간을 보내는 동안, 사냥꾼들은 그곳을 들락날락하며 당구도 치고 무전기도 확인했다. 누군가 실종되면 자원봉사자들이 수색에 나섰다. 한번은 빌리가 누군가를 찾는다고 눈 속에서 너무 오래 헤매다가 동상 치료를 받아야 했다고 했다. 구조 기지를 필름에 담고 싶은 마음은 굴뚝같았지만, 감히 물어볼 수 없었다. 여자는 나뿐인데 괜히 밀어붙였다가 쫓겨날까 봐 걱정되었다.

우리는 자주 도시 이곳저곳을 걸어 다녔다. 빌리는 어릴 때 사고를 당한 자갈 채취장을 보여줬다. 그는 바이크 스턴트를 하고 있었다. "에빌 나이벨처럼 말이에요." 그가 말했다. 그는 여전히 절뚝거렸는데, 다친 다리의 종아리에는 거의 뼈만 남아 있었다. 처음 봤을 때는 충격적이었지만 곧 익숙해졌다. 나는 그와 함께 있을 때 차분하고 평화로웠다. 이런 내 모습은 나도 처음이었다.

우리는 그의 누나 집에 갔다. 그의 누나는 반의 파트너였고, 우리는 다 같이 농구를 보았다. 그의 가족을 만나서 좋았지만, 넓고 아름다운 집에 있다 보면 마음이 편치 않았다. 누나는 이런 집에서 사는데 빌리는 왜 그렇게 좁아터진 집에서 사는 걸까? 하지만 누구 하나 개의치 않는 듯했다. 빌리는 프루도 베이 유전에서 잠깐 일할 때 힘들었다면서, 관리자들이 못되게 굴기도 하고 일이 너무 고된 데다 집을 떠나 있어야 해서 싫었다고 했다. 그는 목수로 일하며 건물도 지었다. 모든 주민이 북극슬로프지역법인 ASRC에서 정기 배당금을 받기는 했지만, 그가 정확히 어떻게 뭘 먹고 살았는지는 확실하지 않았다. 물론 그는 생계형 사냥꾼이었다. 그런 척만 하는 게 아니었다.

이누피아트어는 빌리의 모국어였고, 갈수록 듣기 어려워지고 있었다. 한번은 내가 도로 표지판에 있는 단어의 발음과 뜻을 물어봤는데, 그는 아무 말도 하지 못했다. 그는 한동안 학교보다 사냥을 더 많이 다녀서 헷갈린다고 중얼거렸다. 나는 그의 인생이 쉽지 않았고, 어쩌면 쉬웠던 적이 한 번도 없었다는 걸 깨닫기 시작했다. 그가 초등학교에 입학한 1970년대부터는 자국어를 쓴다는 이유로 아이들을 체벌하지 않았다. 하지만 나는 유치원에서 경험했던 따분함, 강압, 굴욕감, 두려움을 기억했다. 내 경우 외국어를 배운 적은 없었지만, 청력에 문제가 있어서 상황을 제대로 이해하지 못하는 경우가 종종 있었다. 사냥과 땅과 집을 모국어로 설명하는 가족을 관찰하고 흉내 내고 학습하던 아이가 다른 언어와 다른 문화의 방식들을 배워야 했던 상황은 혼란 그 이상이었다.

그의 이누피아트 이름은 우비우악(Uvyuaq)이었다. 철자로 어떻게 써? 뜻은 뭐야? 나는 질문을 쏟아붓다가 그가 자세히 설명하지 않아서 그만뒀다. 대신 그가 만든 보트가 리드 가장자리에 놓여 있는 모습을 찍은 사진을 보여줬다. 그가 카메라 뷰파인더 안에 있는 작은 보트를 유심히 들여다봤다.

"그 사진은 크게 현상할 거야." 나는 말했다. "그래서 액자에 넣으려고." 나는 그와 줄리아의 도움을 받아서 사진에 '우비우암 우미알리앙아(Uvyuam Umialiaŋŋa)'라는 제목을 붙였다. 번역하면 '우비우악이 만든 보트'라는 뜻이다.

우리가 처음 만나고 몇 주 동안 빌리는 그 보트를 만들었는데, 아버지한테 기술을 배웠다고 했다. 그는 우미악을 만들기 위해 책을 읽을 필요가 없었다. 아버지가 그의 책이었다. 나는 빌리가 해빙, 구름, 해류, 기온, 바람, 지형, 고래를 읽는 모습을 봐왔다. 모두를 지켜보니, 그는 늘 무전기를 통해 모든 변화를 알리고 정보를 공유하고 모든 단원을 단합시켜서 안전을 지키고 사냥의 성공률을 높였다. 그는 최고의 두뇌였다.

우리가 얼어붙은 하얀 우주에서 고래와 거위를 사냥했던 며칠 동안, 그곳의 풍경과 그를 향한 내 감정이 뒤얽혔다. 그에게 해빙과 광활한 툰드라는 불가분한 존재였다. 그곳은 그의 집이자 일부였고, 그 역시 그곳의 일부였다.

빌리는 글을 읽을 필요가 없었다. 세상을 읽을 수 있었으니까.

나로서는 달리 갈 곳이 없었다. 그와 사랑에 빠지는 것 말고는 할 수 있는 일이 없었다.

디포 베이에서　　: 저 멀리서 고래들이
산후안 제도로　　　폭풍우를 뚫으며
　　　　　　　　　　　　나아간다

북위 44° 48′ 30″ → 48° 32′ 6″　서경 124° 3′ 47″ → 123° 01′ 51″

전화벨 소리가 잠을 깨운다. 모텔 창문 밖에는 폭우가 내린다. 나는 더듬거리며 수화기를 찾는다.

"오늘은 배가 뜨지 않을 거예요." 낯선 목소리가 말한다. 심지어 나는 아직 아무 말도 하지 않았다. 누구지? 내가 여기 있는 건 아무도 모른다. 목소리는 이어서 해안 경비대의 명령이라며 너울이 너무 심하다고 말한다. 고래관광은 없을 것이다. 그러고 나서야 목소리는 프런트라고 밝히면서 모리스는 시간이 될 테니 박물관에 가보라고 알려준다.

"모리스요?" 나는 말한다. "박물관?"

반쯤 뜬 눈으로 보니 맥스가 대변으로 가득 찬 기저귀를 벗고 있다. 목소리는 이제 들리지 않는다. 나는 잠에서 깨어 대변을 처리하고, 목소리가 알려준 정보가 스며들게 내버려 둔다. 기분이 잿빛처럼 우중충하다. 우리는 아침으로 잿빛 오트밀을 먹는다. 밖으로 나가니 회색 비와 회색 하늘, 회색 빌딩이 보인다. 빌어먹을 회색고래는 모텔 밖 화단에 있는 커다란 플라스틱 조형물뿐이다. 나는 몇 사람에게 잘못된 안내를 받고 고개를 숙인 채 비를 맞으며, 존재하지도 않는 버스 정류장을 향해 걷는다.

"저거 '버스'야, 엄마?" 맥스가 유아차의 비닐 커버 밑에서 말한다. 앞쪽 아스팔트에 적힌 커다란 글자를 가리키는 모습이 꼭 작은 그릇에 들어 있는 금붕어 같다. 정말 '버스'라고 적혀 있다. 단순한 추측일 수 있지만, 맥스가 이 여정에서 글자를 읽는 법을 배운다면 나는 비판에 맞설 명분을 하나 더 갖게 된다. 바로 그때, 으르렁대는 소리와 함께 디포 베이행 버스가 나타난다. 버스는 우리와 정류장을 지나치면서 도로에 있는 물웅덩이에서 물보라를 일으켜 나를 흠뻑 적신다. 다음 버스는 세 시간 뒤에나 있다.

이번 일정은 전체 여정에서 계획하기가 제일 힘들었다. 저지에서 전화로 여행 일정을 짤 때, 디포 베이 상공회의소의 키티는 '여보세요'를 듣자마자 나를 알아봤다. 디포 베이는 이동 경로의 3분의 1지점이다. 날씨가 좋으면 오리건주에서 회색고래가 가장 잘 보이는 장소 중 하나일 테지만, 고래관광을 할 수 없게 되었으니 맥스를 즐겁게 해줄 다른 방법을 모색해야 한다. 설상가상으로 우리가 만나기로 했던 생물학자는 급한 일이 있어서 자리를 비웠다며, 사과 메일을 보내왔다.

너무 피곤하다. 우리는 어젯밤 석양이 질 무렵에 도착했고 곧장 나이 비치(Nye Beach)로 달려가 파도를 맞으며 놀았다. 그리고 어느 카페에 들어가서 채식 버거와 칩, 그리고 맥스를 위한 매리언베리 파이를 주문해 저녁을 먹었다. 그곳은 삼삼오오 테이블에 둘러앉아 즐거워하는 사람들로 가득했다. 대화를 나눌 어른이 없다는 사실에 진한 외로움이 밀려왔다. 맥스가 디저트를 뒤적이는 동안, 나는 마치 다른 종을 관찰하듯 사람들의 얼굴을 둘러봤다.

"더 필요한 건 없으세요?" 웨이트리스가 나타났다. 그의 따뜻한 목소리에 순간적으로 말문이 막혔다.

맥스가 그를 올려다보며 심각한 표정으로 고개를 끄덕이더니 잠시 뜸을 들이다 말했다. "고래가 필요해요."

"음, 누가 배가 고픈 모양이네요." 그는 우리의 접시를 가져가며 말했다. 내가 피식 웃자, 맥스도 농담이라는 걸 깨닫고 아이스크림이 묻은 얼굴로 활짝 웃었다. 이런 순간들, 특히 최고의 순간들을 잘 아는 사람과 공유할 수 없다는 사실은 때로 힘겨운 시기보다도 더 나를 아프게 한다. 하지만 나는 나 자신에게 단호히 말한다. 회색고래 어미와 새끼가 둘이서 그 모든 일을 해냈으니 우리도 할 수 있다고.

고래를 너무 오랫동안 보지 못해서 그런지 그들이 내 상상력의 산물인 것 같다. 하지만 빗물이 노면을 두드리는 동안 또 다른 버스 정류장에 가서 앉아 있으니 이 여정이 결코 꿈처럼 느껴지지 않는다. 나는 고래들을 쫓아다니면서 그들이 신비롭다기보다 몹시 현실적인 존재라는 걸 깨달아가고 있다. 그들이 해안 경로를 따라 위험한 조류와 폭풍우를 헤치며 길을 찾아가는 방법을 설명하는 이론이 몇 가지 있다.

한 가지 이론은 뛰어난 청력으로 해안의 파도 소리와 해초 군락지를 드나드는 생물들의 소리를 따라간다는 것이다. 몇몇 과학자들은 그들이 별이나 주요 지형지물을 이용하며 절벽이나 해변을 찾기 위해 물 밖으로 고개를 내민다고 주장한다. 대안이 되는 또 다른 이론은 그들이 뇌에 있는 자철석이나 산화철의 미립자로 자성의 윤곽선을 감지해, 지구 자기장의 안내를 받는다고 설명한다. 그들이 해저의 지형이나 등고선으로 길을 찾는다고 주장하는 과학자들도 있다.

또한 그들은 이동 중에 개체나 무리가 뒤처지면 멈추고 기다렸다가 다 같이 움직이면서 서로를 돕는 모습을 보인다.' 그리고 다른 고래들이 따라올 수 있도록 화학적 흔적, 일종의 냄새를 남기는 것으로 추정된다. 이런 방법들은 내게 도움이 되지 않는다. 나는 미국 철도여객공사인 암트랙과 버스 시간표에 의지하고 있기 때문이다.

마침내 버스에 올라서 내다본 디포 베이는 빗속에서도 아름답다. '고래, 해양생물, 상어 박물관(Whale, Sealife and Shark Museum)'이라고 적힌 커다란 표지판이 보인다. 비를 피해 그 건물 안으로 들어가니 한 남자가 인사를 건네며 자신을 모리스라고 소개한다. 전화 목소리가 말한 바로 그였다. 나는 모리스에게 서부 해안을 따라 올라가는 회색고래를 쫓고 있는데, 상황이 여의치 않다고 말한다.

"그렇다면, 에이허브(Ahub) 선장이시군요." 그가 말한다.

"그 사람은 고래들을 죽이지 않았나요?" 10대 때 《모비딕(Moby Dick or, the Whale)》을 읽는다고 덤볐다가 끈기가 없어 완주하지 못했던 기억이 어렴풋이 난다.

맥스가 선박용 둥근 창에 머리를 들이밀고 전시된 수중 생물들을 구경한다. 불가사리 모형이 다양한 크기의 조개와 나선형 껍질이 붙어 있는 가짜 바위에 누워 있다. 라벨을 여기저기 붙여 놓은 해변에 있는 것 같다. 나와 맥스는 회색고래와 범고래 모형들이 마치 친구처럼 나란히 매달려 있는 전시관으로 이동한다.

회색고래 새끼들이 이 구간을 무사히 통과하려면 어미들이 약아야 한다고 모리스가 말한다.

"고래들이 해변으로 밀려와서 오도 가도 못할까 봐 걱정하는 사람들이 매년 전화를 해요." 그가 설명하길 성체들은 범고래들이 부서지는 파도 속에서 새끼들을 찾지 못하도록 그들을 쇄파에 감춘다고 한다. "음향 장벽이에요. 작은 새끼고래들은 보이지 않죠." 모리스가 말한다. "어미들이 포식자들보다 한 수 위랍니다."

나는 출산한 지 열두 시간 만에 퇴원했다. 원래는 아일랜드에서 아이를 낳을 계획이었는데, 나를 친자식처럼 대해주는 이모와 이모부가 거기 계셨기 때문이었다. 파벨은 아이를 만날 수 있도록 내가 런던에 머물기를 원했지만, 그렇다고 계속 셋방에 살 수도 없었고 몇 년 동안 대출금을 감당할 수도 없었다. 저지로 돌아가면 최근 전입자라서 출산할 때부터 의료비를 내야 했다. 하지만 이마저도 아기가 일찍 나오는 바람에 탁상공론이 되고 말았다.

파벨은 출산 후 잠시 병원에 얼굴을 비추더니 이튿날 커다란 꽃다발을 들고 돌아왔고, 내가 뒤에서 꽃다발을 어색하게 들고 있는 동안 맥스를 앉힌 카시트를 꺼냈다. 우리는 그의 집으로 갔다. 그리고 그는 명확한 이유도 없이 무작정 내일 밤에 묵을 곳을 찾아보라고 했다. 하지만 이튿날 아침에 나는 맥스의 피부색이 이상하다는 걸 발견했다. 아이는 거의 먹지도 않았다. 내가 조산사와 전화 상담을 하며 우려되는 점들을 설명하는 동안, 파벨은 황갈색 사자 머리를 하고 방 안을 성큼성큼 걸어 다녔다. 내가 그곳에 머물게 해달라고 강요하듯 변명을 늘어놓자 그가 말했다.

"그래 봤자 소용없어." 그가 으르렁거리듯 말했다.

"목소리에 힘이 너무 없으시네요." 수화기 너머에서 상담원이 말했다. 그리고 내일 조산사가 방문할 거라고 했다. 나는 일단 우리가 있을 만한 주소를 알려주고 나서 휴가 중인 한 친구에게 문자를 보냈다.

친구는 자기 집에서 하룻밤 지내라며 흔쾌히 허락해 주었다. 파벨이 우리를 그곳으로 태워다 주었다. 나는 여태 공복이라는 걸 깨닫고 그에게 피자가게 앞에 세워달라고 부탁했다. 그는 말없이 테이크아웃 전문점 앞에 차를 세웠다. 나는 그 뒤로 아무 말도 하지 않았다. 그날 저녁에 친구 집에서 맥스에게 젖을 먹이려고 애쓰고 있는데, 캐나다에 사는 남동생이 전화해서 출산을 축하해 주었다. 나는 아기의 피부색을 정확히 설명하기가 어렵다고 말했다. 원래 적록색맹이라서 몇 가지 색은 잘 알아보지 못했다.

"그냥 뭔가 잘못된 것 같아." 나는 말했다.

"응급실에 가봐." 그가 말했다. "지금 당장." 우리는 곧바로 입원했고 집중치료실에서 일주일을 보냈다. 황달이 심해서 몇 시간 간격으로 혈액검사를 했다. 친절한 나이지리아 출신 간호사가 한밤중에 하는 모유 수유의 고통을 알려주며 나를 격려했다.

파벨이 방문했다. 나는 이제 우리도 부모가 되었으니 다르게 행동해야 한다고 말했다. 그는 자기 집을 떠나 빈집에 들어간 내 잘못이라고 했다. 그리고 병실에서 나가려는 듯 돌아서서 이중문을 밀어젖혔다. 나는 그에게 가지 말라고 사정하며 미안하다고, 전부 내 잘못이라고 빌었다. 일주일 뒤 나는 맥스를 데리고 퇴원했다. 그리고 파벨의 집으로 돌아갔다. 며칠 뒤 그는 휴가를 떠났다.

나는 빈집에서 아기를 품에 안고 벽에 기대어 빌리의 우미악 사진이 든 액자를 마주 보았다. 파벨은 내게 받은 사본을 침실문 옆에 있는 계단 맨 꼭대기의 작은 계단참에 걸어뒀다. 나는 다가오는 총빙을 피해 달아나려던, 그때 푸른 밤 안에 놓여 있던 그 배를 가만히 바라봤다.

등 뒤에서 합판이 딸깍하는 소리를 냈다. 놀랍게도 그것은 문처럼 열렸고, 다락방처럼 보이는 곳으로 계단이 이어져 있었다. 파벨은 그곳에 대해 한 번도 말한 적이 없었다. 비밀의 방. 나는 곧 그의 추악한 진실을 마주할 것처럼 몸을 떨었다. 맥스가 태어난 지 겨우 하루밖에 안 되었는데 우리를 내보내려고 했던 이유를 비롯해 그 모든 걸 설명할 무언가. 마치 푸른 수염의 사나이˙가 가지고 있었던 비밀의 방처럼. 나는 여전히 그 자리에서 기다리고 있는 빌리의 보트를 돌아봤다. 그 사진은 떠나야 한다고, 총빙이 다가왔을 때처럼 꺼져버리라고 경고하고 있었다. 하지만 나는 알아야 했다.

나는 맥스를 안고서 얕은 숨을 쉬며 한 걸음 한 걸음 조심스레 계단을 올랐다. 다락방은 서늘하고 텅 비어 있었으며, 저 끝에 상자가 무더기로 쌓여 있었다. 벌써 바보가 된 기분이었다. 나는 몇 걸음 떨어진 곳에서 내용물을 유심히 살펴봤다. 상자 안에는 파벨의 것으로 보이는 작품들이 깔끔하게 보관되어 있었다.

나는 숨을 내쉬고 다락방에서 나와 감춰진 문을 굳게 닫았다. 그리고 상상력을 확실히 통제하지 않고 파벨에 대해 자꾸 없는 이야기를 지어내다가는 모든 걸 망칠 거라며 나 자신을 꾸짖었다. 그것은 솜씨 좋게 디자인한 공간 절약형 출입문일 뿐이었다. 파벨은 아버지가 된다는 사실에 내가 잘 모르는 어려운 감정들을 느꼈을 것이다. 나는 집을 깨끗이 치우고 욕실을 문질러 닦았다. 이렇게 하면 그가 돌아와서 좋아할 테고, 나와 함께 있는 것도 좋아할 것이다.

그것은 내 착각이었다. 파벨은 휴가에서 돌아와 주말에 떠나라고 말했다. 나는 맥스에게 아무런 문제가 없다는 확답을 의사들에게 듣지

• 냉혹한 살인마의 이야기를 다룬 프랑스 설화-옮긴이

못한 상태였고, 이대로 움직이는 건 현명하지 않은 생각이라고 반박했다. 파벨은 아일랜드에도 병원이 있다고 말했다.

나는 아빠에게 전화해 이리로 와서 나와 함께 연락선을 타줄 수 있는지 물었다. 아빠는 즉시 비행기표를 끊었다. 아빠가 파벨의 현관문을 두드렸을 때 나는 목말을 타던 어린아이로 돌아갔다. 나는 그것을 탈출이라고 생각하지 않았다. 마치 다른 누군가에 의해 완벽히 계획된 일 같았다.

"이건 말이죠." 모리스가 불길한 목소리로 말한다. "영화 〈죠스(Jaws)〉에 나온 실제 주인공이에요." 그는 면도날처럼 날카로운 이빨이 턱뼈에 꽉 들어찬 상어 머리를 받침대에서 들어 올린다. 그리고 백상아리만큼 거대하거나 사진발이 잘 받지는 않지만, 그보다 더 무시무시한 황소상어라고 설명한다. 모리스의 열정은 놀랍게도 상어처럼 내 다리를 물고 있는 맥스뿐 아니라 내게도 영향을 준다. 박물관은 세심하게 관리되고 있다. 근처 진열함의 라벨을 보니 그 안에 있는 건 6,500만 년 된 공룡알 화석들이었다. 저 알들이 부화할 날을 기다리고 있을 때 회색고래의 조상들은 뭘 하고 있었을까?

유전학자들은 고대 회색고래와 현대 회색고래의 뼈에서 추출한 게놈(genome)을 비교했다. 오래된 뼈에서 확인한 유전적 다양성은 한때 바다에 약 9만 6,000마리의 회색고래가 있었다는 사실을 알려준다.[2,3] 동부의 회색고래는 지금보다 적어도 세 배 이상 많았을 것으로 생각된다. 몇 가지 유전적 표지(genetic marker)의 낮은 다양성은 근친교배가 있었음을 시사하고, 회색고래의 개체 수가 적은 생존자 풀에서 회복되었음을 알려준다. 연구자들은 유전자를 통해 개체 수가 언제 줄어들었는지도 알 수 있다. 찰스 스캠몬도 자기가 이런 종들에 아주 핵심적인 증거를 남길 거라고는 생각하지 못했을 것이다. 먹이 부족과 포식자의 증가, 그리고 그가 살았던 시대의 포경꾼들이 회색고래 수를 급격히 감소시킨 원인이었을 수 있다. 현재의 줄어든 유전자 풀은 변화에 대한 그들의 적응력을 떨어뜨릴 수 있다.

완성된 회색고래 가계도에는 유전적 유사성이 나타난다. 이는 기후가 따뜻하고 해빙이 얇았던 후기 플라이스토세(Pleistocene)와 홀로세(Holocene)에 그들이 북극해를 거쳐 대서양과 태평양 사이를 이주했다는 걸 시사한다. 수 세기 전에 멸종된 대서양의 유령 집단(ghost population)•은 몇십만 년에서 5만 년 전의 화석을 통해 아직도 우리에게 말을 건다. 회색고래의 뼈는 스웨덴과 영국에서 발견되었다. 현재의 모델들은 회색고래의 활동 범위와 분포 양상이 극지방으로 이동할 테고, 대서양에도 다시 분포할 수 있다고 예측한다.4

최근 몇 년 동안 이스라엘과 스페인, 나미비아(Namibia) 해안에서 회색고래들이 발견되었다. 2021년, 모로코 해안에서 목격된 어린 고래는 나폴리와 로마, 제노바를 거쳐 프랑스 남부 해안으로 헤엄쳐 갔는데, 고대의 분만장들을 지나간 것일 수 있다. 회색고래들의 고향인 대서양은 번잡한 항로들과 소음, 석유 탐사, 시추, 산업형 조업으로 예전과 완전히 달라졌다. 해수면이 상승하면 먹이를 공급하는 얕은 서식지가 늘어날 수 있지만, 해양 산성화와 온난화가 먹이를 대량 살상하지 않은 경우에만 가능하다.

나는 화석이 들려주는 노래처럼 회색고래들이 회복력과 인내력,

• 유전체 정보로만 존재하는 보이지 않는 집단-옮긴이

적응력, 그 이상을 모두 갖춰주기를 바란다. 그렇다면 맥스는? 변화가 눈사태처럼 가속도를 붙이며 덮쳐오는 미래에 맥스는 어떻게 살아가야 할까? 맥스를 위해 뭘 빌어줄 수 있을까? 어둠이 드리워지는 순간마다 고래와 그들의 노래가 그를 둘러싼 온 바다를 채워줬으면 좋겠다.

나는 칠흑 같은 어둠 속에서 깨어났다. 맥스는 4개월 된 아주 작은 아기였다. 나는 잠든 아이를 침대에서 카시트로 옮겼다. 파벨은 법원을 협박했고, 태어난 지 하루밖에 안 된 아픈 아이를 데리고 떠나라고 요구했던 집으로, 다시 돌아가라고 내게 명령했다. 그는 내가 런던으로 즉시 돌아올 것과 50퍼센트의 양육권을 원했다. 그는 통화를 할 때도 맥스가 뭘 먹고 뭘 입는지는 묻지 않고 불평만 늘어놓았다.

"하지만 모유를 먹여야 해." 내가 말했다. 나는 아기 옷도 대부분 얻어서 입힌다고 말했다.

그에게 돌아가야 할까? 나는 변호사 세 명에게 물었다. 첫 번째 변호사는 내가 이모 부부와 머무르고 있는 아일랜드에 있었다. 두 번째는 대학 친구들이 있는 영국 북부에 있었고, 세 번째는 저지에서 제공해준 최고의 가정법 변호사였다. 맥스가 태어나고 파벨이 집을 떠나라고 말한 뒤 처음 며칠은 런던에 있는 한 변호사와 이야기를 했었다.

"아이를 데리고 저지로 가면…." 그가 말했다. "유괴 혐의로 고발당할 수도 있어요." 나는 런던 변호사에게 다시 전화하지 않았다. 그리고 그의 말을 마음 저편으로 밀어 넣었다. 하지만 그것은 어둠 속에 떨어지는 작은 은색 핀처럼 거기에 남아 있었다.

세 명의 변호사는 '음'이나 '아' 같은 추임새를 간간이 넣었다. 그러더니 갑자기 셋 다 같은 조언을 했다. 내가 자란 고향으로 돌아가라는 것이었다. 저지의 변호사는 내가 거기서 더 강해질 거라고 했다. 더럼(Durham)의 변호사 역시 내가 저지로 곧 가고 싶어질지도 모른다고 했다. 아일랜드의 변호사는 파벨이 나와 맥스를 거리로 내쫓을 테니 잘 생각해 보라고 했다. 파벨이 또 한 번 돌아오라는 전화 메시지를 남기자 두려움이 엄습해 왔다.

그날 저녁 나는 이른 아침에 출발하는 항공편을 예약하고 그에게 이메일로 행선지를 알렸다. 그리고 새벽에 떠났다. 나는 신중히 선택하고 내달렸다. 뒤돌아보지 않았다. 어린 시절 브램블이 깜짝 놀라거나 갑자기 달아나는 모습을 관찰했던 시간들이 진가를 발휘했다. 나는 저지에 도착한 당일, 변호사 사무실에 가서 체류 허가를 신청했다.

구름 사이로 밝은 하늘이 빼꼼히 비친다. 나와 맥스는 바다를 보기 위해 모리스의 박물관을 서둘러 빠져나간다. 공기가 따듯하고 습하다. 그러다 재차 폭우가 쏟아지는 바람에 우리는 근처 카페로 뛰어든다. 클라이드 람드와가 '꽤 훌륭한 수제 차우더'와 감자튀김, 브라우니를 내어준다. 그러면서 자신은 은퇴했고 그곳은 딸이 운영하는 카페라고 말한다. 트리니다드에서 자란 그는 10대에 배를 타고 칠레로 건너가서 접시를 닦았다. 10년 뒤에는 사우디아라비아에서 브라질로 가는 대형 선박에서 이를 운항하는 기관사로 일했다.

"공짜로 세상을 구경하고 싶었거든." 그가 말한다. "손님은? 여기서 뭘 하고 계신가?"

"우리는 회색고래의 이주를 따라가요." 맥스가 말한다. 나와 클라이드 모두 잠시 멍해진다. "나는 고래다!" 맥스는 이렇게 외치고 양 볼을 불룩하게 부풀리더니 긴 숨을 내쉰다.

"그렇구나." 클라이드가 말한다. "자, 이 고래는 뭘 먹고 싶을까?"

"고래들은 차우더를 좋아해요." 나는 이렇게 말하며 이번 기회에 맥스에게 감자튀김과 오트밀, 땅콩버터 말고 다른 음식을 먹여보려고 한다. "가끔, 차우더를 다 먹고 나면…." 나는 클라이드를 향해 힘주어 말한다. "브라우니를 얻기도 한답니다."

맥스가 의심스러운 눈빛으로 쳐다본다. 클라이드는 큰 소리로 맞장구를 치며, 카페에 자주 오는 고래들도 항상 차우더를 먼저 먹은 다음 브라우니를 먹는다고 강조한다.

한 부부가 들어온다. 그들은 자리에 앉으며 내게 60번째 결혼기념일을 축하하는 중이라고 말한다. 내가 축하 인사를 건네니 남자가 결혼한 지 얼마나 되었냐고 묻는다. 내가 혼자 아이를 키우고 있다고 밝히자 그들은 외계인이라도 발견한 것처럼 눈을 깜박거린다. "걱정하지 말아요." 그가 말한다. "다음에는 임자를 만날 테니까."

나는 '고맙지만 맥스가 내 임자라고' 속으로 말한다.

여자가 우리를 한참 동안 뚫어지게 쳐다본다. "변화를 만드는 유형이네요."

"네?"

"아들 말이에요, 패턴을 깨는 사람이라고요." 무슨 말이지? "두고 보면 알게 될 거예요." 여자가 말한다. 이상하다. 전에도 이런 이야기를 들었는데 어디였는지 기억나지 않는다.

밖을 보니 바다가 온통 잿빛으로 그늘져 있다. 하늘은 여전히 비를 뿌리고 있다. 우리는 모텔로 돌아가기 위해 버스를 탄다. 우리가 그곳을 떠나는 동안 은빛 줄무늬가 바다를 가로지르고 맥스는 내 무릎 위에서 잠이 든다. 나는 맥스를 침대에 눕혀놓는다. 꿈속에서 말을 하는지

입을 씰룩거리는 맥스의 모습을 바라보며 이튿날 일찍 출발할 수 있도록 짐을 미리 싸둔다.

나는 관공서 특유의 녹색 카펫 타일이 깔린 방 안의 플라스틱 의자에 앉아서, 저지 왕립법원의 가족 연락 담당관인 롤라와 마주 보고 있었다. 롤라는 윤기가 흐르는 까만 머리카락과 해변에서 태운 듯한 피부를 가지고 있었다.

"조랑말의 성별이 뭐였나요?" 롤라의 임무는 내가 좋은 엄마가 될 수 있는지를 면밀히 확인하는 것이었는데, 파벨이 그렇지 않다고 말했기 때문이었다. 그는 내게 양육을 맡길 수 없는 이유를 목록으로 작성해 그 진술서를 법원에 제출했다.

첫 번째 심리를 앞두고 나는 조상님들께 도움을 청했다. 일단 이모의 옷장을 급히 뒤져서 저지 할머니의 소용돌이 무늬 검은색 망토를 빌렸다. 그리고 맥스를 안고서 증조부가 집을 지었던 조그만 어촌 마을을 걸었다. 나는 망토를 두른 채 우리를 지켜달라고 기도했다. 그 답으로 저지섬은 심리일 아침에 푹 젖은 오트밀 같은 회색 안개를 갖다줬다. 비행기들은 착륙하지 못했다. 파벨은 개트윅(Gatwick) 공항에 발이 묶이고 말았다.

두 번째 심리를 위해 파벨은 증언을 영상으로 준비했다. 그는 내가 영국과 사법 관할권이 다른 저지로 갔다며 나를 유괴 혐의로 고발했고, 롤라가 대신 진술서를 제출했다. 파벨은 나처럼 조사를 받지 않았다. 나도 그에 대해 열다섯 장 분량의 진술서를 썼지만, 그들은 내가 기자라서 '이야기'를 꾸며낸 거라고 말했다. 대기실에서 기다리는데 롤라의 동료가 그랬다.

롤라의 맞은편에 앉아 있으니 껍질을 벗겨 쪼개놓은 귤이 된 기분이었다. 5개월 된 맥스는 바로 옆 바닥에 앉아 기어갈 준비를 하고 있었다. 나는 장난감을 가져오는 걸 잊었다는 사실을 깨달았다. 아주 좋은 엄마로는 보이지 않을 게 분명했다. 나는 롤라의 질문을 들으며 그의 입만 빤히 쳐다봤다. 다음 말이 입술을 떠날 때 음파가 빛을 따라잡기 전에 먼저 무슨 내용인지 읽어서 충격을 덜고 싶었다. 그러느라 정작 맥스는 보지 못했다. 발바닥이 아팠다. 나는 공포나 충격을 늘 발로 느낀다. 혹시라도 내 두 발이 출입문 쪽으로 움직일까 봐 바닥을 단단히 딛고 발을 주시했다. 롤라는 다른 말을 하지 않았다. 조랑말의 성별이 뭐였냐고? 나는 대답해야 했다.

"암컷이요."

롤라가 의자에서 자세를 고쳐 앉았다. 맥스가 발을 끌며 그의 뒤로 기어갔다. 그는 뭔가를 결심한 듯 빈 쓰레기통을 향해 천천히 기어가고 있었다.

"암컷이군요." 그가 거듭 말했다. "파벨이 왜 이런 글을 썼는지 아세요?"

나는 아무런 대답도 하지 않았다. 맥스가 쓰레기통 앞에 도착했다. 그리고 그것을 집어 들더니 머리에 뒤집어썼다. 롤라는 아랑곳하지 않고 파벨의 진술서를 계속 읽어 내려갔다. 거기에는 내가 가족 소유의 말과 기이한 관계를 맺었다는 비난이 적혀 있었다. 말을 돌보기만 한 게 아니라 벌을 주고 성적 만족을 위해 이용했다는 내용이었다. 그는 내가 자기방어를 할 수 없는 동물을 통제하며 흥분을 느꼈다고 주장했다.

나는 파벨이 밤늦게 화가 나서, 혹은 술에 취해서 컴퓨터 자판을 두드리는 모습을 상상했다. 브램블이 수컷이었다면 롤라가 어떤 질문을 했을지 궁금했다. 그가 나를 쳐다보며 기다리고 있었다. 나는 무슨 말이든 해야 했다. 설명해야 했다. 하지만 방법이 떠오르지 않았다.

"조랑말이 하나 있었어요." 나는 조용히 말했다. "브램블이라고 불렀죠. 녀석은 내 어린 시절에서 아주 큰 부분을 차지했어요." 그다음 더 작은 목소리로 말했다. "그리고 죽었어요."

롤라가 헛기침을 했다. 나는 맥스를 쳐다보며 이 일에 뭐가 걸려 있는지를 상기했다. "브램블을 타면서 오르가슴을 느꼈어요, 한 두어 번쯤…. 우리는 10년간 녀석을 키웠어요. 그때는 어려서 그게 뭔지도 몰랐다고요. 파벨과 내밀한 순간에 했던 얘기예요." 자, 주사위는 던져졌다. 그는 이대로 나를, 어리둥절한 표정의 어린아이와 나락으로 떨어진, 소위 어른인 나 모두를 심판할 수 있었다.

"그러니까 파벨이 그 정보를 듣고 사회적으로 수용될 수 없는 얘기로 바꿨다는 건가요?"

"완전히 다른 얘기로 바꿔놨어요." 나는 재빨리 말했다. 롤라가 이해하지 못한 걸까?

"왜 그랬는지 아세요?" 롤라는 동물을 학대하는 사람들이 아이를 학대할 확률도 더 높다는 연구 결과를 설명했다. "파벨은 당신이 아이를 돌보기에 적합한지를 의심하고 있어요."

나는 파벨이 친구들과 함께 고양이를 고문한 적이 있다고 했던 걸 기억해 냈다. "애들이랑 고양이를 뭐처럼 다뤘는데…. 그 악기를 뭐라고 부르지?" 그가 양손을 뗐다 붙였다 했다.

"아코디언?"

"맞아."

나는 어린 파벨이 비명을 지르며 온몸을 비틀고 구부리는 고양이를 움켜쥐고 있는 모습을 상상했다.

"결국에는 도망갔어." 그가 말했다.

나는 그의 입술이 움직이는 걸 바라보며, '이 남자는 상처받았지만 사랑으로 치유될 것'이라고 생각했다. 그리고 섹스와 점진적으로 드러난 폭력성에 대해 생각했다. 나는 고상한 척한다고, 미숙하다고, 불감증이라고 비난하며 깔보는 그의 권위적인 태도에 짓눌려 묵인하는 법을 배웠고 나를 잃어버렸다. 나는 욕지기가 났고, 과연 나를 다시 믿을 수 있을지 의심스러웠다. 맥스가 머리에 썼던 쓰레기통을 벗더니 깔깔대며 그것을 바닥에 굴렸다. 나는 머릿속으로 우리 둘 주위에 철조망을 둘러쳐서 아무도 들어오지 못하게 만들었다.

롤라가 세 번째 법원 심리가 열리기 전에 가정 방문을 할 거라고 알려왔다. 우리는 부모님 집에 머물고 있었다. 나는 잠을 거의 이루지 못했다. 내게는 맥스도 있었고 틈틈이 해야 할 일도 있었고 낮잠을 자려고만 하면 깨우는 엄마도 있었다. 그러지 말라고 해도 엄마는 매번 잊어버렸고, 우리는 엄마의 일상을 휘저어 놓았다. 어느 오후, 엄마가 현관에 들어서다 부엌에서 파스타를 만드는 나를 발견하고는 불쾌한 표정으로 빤히 쳐다봤다. 엄마는 같이 수다를 떨거나 맥스와 시간을 보내거나 한쪽 팔을 어깨에 둘러주면 다시 차분해졌다. 하지만 오늘 맥스는 배가 고파서 까칠했고, 나는 잔뜩 지쳐서 시무룩했다.

"오셨어요." 이 말이 내가 할 수 있는 전부였다. 내가 두 사람을 다 돌볼 수는 없었다. 엄마는 말없이 접시를 부딪치며 요란한 소리를 냈다. 나는 머릿속으로, 조리 없이 맥스에게 먹일 수 있는 음식들을 떠올린 뒤 최대한 빨리 파스타를 만들어줬다.

"난 사라져 버려야겠어." 엄마가 현관문 밖으로 성큼성큼 걸어 나갔다. 아빠가 뒤쫓아가서 두 손을 흔들며 만류했다. 나도 부엌을 나갔다. 어릴 때 보던 엄마의 모습이었다. 지금은 기억까지 잃어가고 있어서 더 안 좋은 상황이었고, 나도 아이가 있다 보니 심기를 건드리지 않기가 쉽지 않았다.

나는 롤라의 방문이 걱정되었다. 부모님은 소파에 앉아 있었다. 롤라가 인터뷰를 시작하기 위해 의자에 앉았다.

"나는 할머니야." 엄마가 반복해서 말했다. 그리고 두 눈을 빛내며 맥스를 무릎에 앉혔다. 엄마는 아픈 덕에 손자와 사랑에 빠질 시간을 충분히 가질 수 있었다. "이제는 네가…." 엄마가 다정히 속삭였다. "모든 걸 바꿀 유일한 사람이야, 그렇지?" 맥스가 엄마를 진지하게 바라보며 얼굴로 손을 뻗었다.

나는 롤라가 부모님과 따로 이야기를 나눌 수 있도록 산책을 나섰다. 낡은 농장 건물들이 아름다워 보였고 화강암은 태양 아래 환히 빛났으며 나무들은 꽃을 활짝 피웠다. 그들의 대화가 끝난 뒤, 나는 맥스를 허리께에 얹고 2층 온실에 만들어 놓은 놀이방으로 롤라를 안내했다. 유리 밖으로 우뚝 솟은 거대한 밤나무와 들판을 가로지르는 오솔길이 보였다.

롤라가 주변을 둘러봤다. 아기 침대 위로 햇살이 비치고 바닥에는 장난감이 널려 있었다. 한 친구가 보내준 것들이었는데, 그중에는 말린 콩과 반짝이는 천 조각을 가득 채운 플라스틱 병도 있었다. 롤라가 집에서 만든 딸랑이를 자세히 살펴봤다. "감각을 자극하는 장난감을 몇 가지 만드셨네요."

나는 자갈이 깔린 마당에 주차된 롤라의 차를 내려다봤다. 차 위에 서핑보드가 실려 있었다. 나는 롤라가 파도를 타는 모습을 상상했다.

그는 온실 밖으로 나가더니 철커덩거리며 철제 계단을 내려갔다. 나는 그를 뒤따라갔다. "맥스한테 아빠를 찾아주는 일은 그만하셔도 될 것 같네요." 그가 말했다. "본인의 인생을 살아야죠." 말투는 전문적이고 간결했지만, 거기에 담긴 의미는 그렇지 않았다. 나는 혼란스러웠다. 그가 작별 인사를 하고 차에 올라탔다. 나는 손을 흔들었다.

방금 뭐라고 한 거지? 나 혼자서도 충분하다고 생각하는 걸까? 저 여자도 내 편인가? 그의 차가 도로를 따라 멀어져갔다. 괜찮을 줄 알았는데, 온실로 돌아가서 맥스와 함께 의자에 앉으려고 하니 다리 힘이 먼저 풀려버렸다.

이튿날 새벽 4시에 알람이 울린다. 올버니역으로 돌아가는 버스가 30분 후에 출발한다. 뉴포트에 잡은 방을 둘러보는 사이에 이른 아침의 흥분이 시들해지기 시작한다. 여행에 대한 절망감이 스며들고 피곤함이 밀려온다. 고래들은 벌써 일어나서 헤엄치고 있을 것이다. 나는 그들을 쫓아가야 한다. 내가 계속 움직이면 무엇도 우리를 붙잡지 못할 것이다.

우리를 올버니에서 여기로 데려다준 버스 기사가 오늘 아침 교대 근무를 한다며, 모텔 앞으로 태우러 오겠다고 했다. 그가 약속을 지켜준 덕에 우리는 어둠 속에서 버스 정류장까지 걸어가는 수고를 덜었고, 나는 고마운 마음에 요금보다 팁을 더 많이 낸다. 버스에는 검은 실루엣의 승객이 한 명 더 있다. 이런 곳에서 대중교통을 이용할 수 있다니, 다행이다.

"엄청 멋진 버스다, 엄마." 맥스가 카시트에 앉으며 말한다. 올버니역에 도착해서도 여전히 어둡다. 시애틀행 기차를 타려면 세 시간을 더

기다려야 한다. 우리는 화물 열차가 검은색에서 천천히 청회색으로 바뀌었다가 노란색으로 선명해지는 과정을 지켜본다. 한 남자가 나타나 대기실로 이어지는 정문을 연다. 그를 따라 들어가 보니 대기실 안도 바깥처럼 춥다. 나는 구부러진 나무 벤치에 앉고, 맥스는 내 무릎에 앉는다. 혼자 웅크리고 있는 게 아니라 누구라도 끌어안고 있으니 이상해 보이지는 않을 것이다. 이런 곳에 아이를 데려와서 더 이상해 보이려나? 롤라가 지금 내 모습을 본다면 뭐라고 할지 모르겠다. 역장이 역사 안에 애 딸린 부랑자가 있다고 보고하고 있을지도 모른다. 나는 자세를 바르게 고쳐 앉고, 맥스의 재잘거림이 상상 속 감시자들의 관심을 끌지 않도록 쉿 하고 속삭인다. 머리도 좀 빗고 신발에 묻은 모래도 닦을 걸 그랬다. 내 속이 문드러지든 말든 맥스는 기차 구경에만 빠져 있다.

어쩌면 내가 아이를 돌볼 만큼 민감하거나 강하지 않은 건지도 모른다. 어쩌면 이 여정은 그저 책임감과 단순하고 고된 일상에서 도망치기 위한 것일 수도 있다. 사람들은 대개 거실과 장난감, 동네 공원 정도로 만족한다. 나도 내가 더 쉽게 기뻐하고 위험은 덜 감수하면서 상실감을 덜 느꼈으면 좋겠다. 나는 갈팡질팡하면서도 아들에게 충분히 괜찮은 엄마가 될 수만 있다면, 내 모든 걸 아낌없이 내려놓겠다고 강렬한 햇빛에 맹세한다.

우리의 다음 목적지인 퓨젓사운드(Puget Sound) 북부 해역은 연구자들이 에어하트(Earhart)*라고 부르는 암컷 회색고래가 자주 나타나는 곳이다. 내가 기차역에 앉아 있는 동안, 에어하트는 근처 어딘가에서 진흙에 코를 묻고 있을 것이다. 에어하트는 사운더스(Sounders)라고 불리는

• 여성 최초로 대서양 단독 횡단비행에 성공한 미국인 비행사의 이름에서 따온 명칭-옮긴이

고래 무리의 창시자로, 해안가에서 새로운 식량원인 쏙(ghost shrimp)을 발견했다.

해양생물학자 존 칼람보키디스(John Calambokidis)는 1990년에 에어하트를 최초로 발견했고 그 뒤를 따라오는 고래들을 관찰했다. 그해 봄에 에어하트와 고래들은 베링해와 축치해로 이동하기 전에 조간대(潮間帶)에서 진흙탕을 빨아들이고 쏙을 걸러내며 3개월 정도를 보냈다. 고래들에게는 위험한 작전인데, 가끔 심해에서 2킬로미터씩 벗어났다가 방향이나 타이밍을 잘못 잡으면 썰물에 쉽게 발이 묶일 수 있기 때문이다. 내수는 더 복잡한 데다 진흙의 독성 수준도 더 높을 수 있다. 하지만 이 구역을 알고 있는 동물들은 식량원이 부족한 비상시에 일종의 푸드 뱅크처럼 이용할 수 있다.

모든 개척자가 같은 걸 보는 건 아니며, 그것이 그들을 개척자로 만든다. 때로는 그저 길을 잃은 것처럼 보일지도 모른다. 이야기를 바꾸고 싶다면 나도 에어하트처럼 위험을 감수해야 할 것이다.

"안아줘." 맥스가 무릎 위에서 꼼지락대며 보챈다. "우리 엄마." 그리고 자기 뺨을 내 뺨에 기댄다. 지구가 그날 아침의 첫 햇살을 향해 살짝 자전한다. 맥스는 내가 실패라고 여기는 것에 동요하지 않고 나보다 더 나를 믿는다. 그리고 나는 그 기대에 맞춰 성장하고 있다. 도대체 실패라는 게 무엇인가? 그것은 나 혼자만의 판단일 뿐이다. 저 멀리서 고래들이 폭풍우를 뚫으며 나아가고 있다. 그들을 따라가는 건 두 번, 세 번, 네 번, 다섯 번의 기회, 아니 내가 믿는 만큼 기회가 있다는 걸 배우는 과정이다.

맥스가 부적 향유고래 조각을 내 얼굴 앞에 들이밀더니 노래를 부르며 이른 아침의 태양을 응원한다. 그는 메시지를 전하는 중이다.

"고래들아, 우리가 너희를 찾으러 간다."

"아침을 먹어야 한다면 저기에 사이드킥이라는 카페가 있어요." 역장이 창밖을 가리킨다. "커피가 맛있어요." 사이드킥에서 크루아상을 주문하는데 나보다 더 큰 회전식 케이크 받침대가 보인다.

"엄마, 레몬 케이크 먹어도 돼?" 맥스가 위풍당당한 자태로 천천히 회전하는 샛노란 대형 창조물의 모습을 유심히 쳐다보고 있다.

"일단 크루아상부터 다 먹어야지, 맥심."

"다 먹었어, 엄마." 맥스가 이 말을 세 번 반복하는 동안 목소리가 점점 더 커지고 울먹임도 심해진다.

지금은 싸울 기분이 아니다. "맥스는 사랑스럽지?"

"응."

"맥스는 똑똑하지?"'

"응."

"맥스는 마시멜로지?"

"아니야."

나는 맥스의 미소와 긴 행복의 순간을 누린다. 맥스가 이 정도로 충분하다면 나는 충분하고도 남는다. 우리는 사방이 벽으로 둘러싸인 호스텔과 파벨로부터 멀리 떨어져 있고, 아침으로 케이크를 먹고 있다.

오늘 밤에는 해안가에 있는 아나코테스(Anacortes)까지 가볼 생각이다. 그곳은 바다로 나가는 발판이자 산후안 제도(San Juan Islands)로 들어가는 관문이 되어줄 것이다. 거기서부터는 연락선을 타고, 이주하는 회색고래들을 찾아 바다를 샅샅이 뒤지며 캐나다로 갈 계획이다. 시간이 빠듯해서 시애틀행 기차에서 내리자마자 택시를 타고 버스 터미널에 가야 한다. 우리는 아나코테스행 버스가 연석을 떠나기 직전에 겨우 도착해서 버스를 탄다. 맥스가 피곤한지 몸부림을 친다. 맥스가 카시트에 앉고 나서야 우리 둘 다 안심하며 곯아떨어진다.

태평양 연안을 따라 북쪽으로 올라갈수록 토양은 얕아지고 사람들은 바다에 더 많이 의존한다. 여름이면 생명체를 지탱하는 플랑크톤 떼가 대규모로 널리 퍼지는데, 육지에는 그에 상응할 만한 게 없다. 토착 고래잡이들의 터전인 이곳에서 고래들은 인간의 문화를 형성하고 그것을 등에 실어 날랐다.

나는 이 지역의 마카(Makah) 원주민 고래잡이들에 대해 읽으면서 그들이 사냥 전에 회색고래를 흉내 내곤 했다는 사실을 알게 되었다. 그들은 깊은 물 속으로 뛰어들어 최대한 오래 잠수했다. 그리고 수면으로 올라와 바닷물을 한입 가득 내뿜으며 고래처럼 소리를 냈다. 1920년대 다부진 잠수부들은 대부분 자신을 가장 깊은 곳까지 밀어 넣다가 귀에서 피가 흘러나오기도 했다고 한다.[5] 이 이야기는 고래의 세계로 들어가기 위해 잠수할 때 우리 몸이 어떻게 망가지기 시작하는지, 그리고 고래가 된다는 게 뭔지를 이해하는 것과 에어하트의 도전을 직면하는 게 거의 불가능하다는 사실을 내게 상기시킨다. 우리는 결코 그들의 깊이를 가늠하지 못할 것이다.

"일어나, 엄마, 일어날 시간이야." 맥스가 내 얼굴에 자기 얼굴을 바짝 들이민다. 정박지의 불빛이 고양이처럼 커튼 위를 느리게 지나가면서 우리의 얼굴을 토닥여 잠을 깨웠다. 나는 나가는 길에 호텔 프런트 직원에게 회색고래에 관해 묻는다. 그가 지금 이 주변에는 하나도 없지만, 에버렛(Everett)에서 보트를 타고 남쪽으로 80킬로미터 정도 이동한 사람들은 사운더스를 구경하고 있다고 무심히 말한다.

고래를 또 놓치다니 믿을 수가 없다.

우리는 아침을 먹기 위해 연락선 터미널의 인파를 헤치며 팬케이크 카페를 찾는다. 오늘은 산후안 제도에서 가장 큰 산후안섬의 프라이데이 하버(Friday Harbor)에 갈 예정이다. 특별한 이유는 없고 그냥 금요일이라서 들르는 것이다. 맥스가 평소와 달리 곧 폭발할 것처럼 짜증을 낸다.

연락선이 바다 위를 순항하는 동안 우리는 미국 본토를 향해 손을 흔든다. 로사리오 해협(Rosario Strait)과 로페즈 사운드(Lopez Sound)를 통과하는 길은 정말 환상적이다. 평평하고 잔잔한 푸른색 바다 위에 화려한 숲으로 우거진 섬들이 여기저기 흩어져 있다. 맥스가 휘청거리며 갑판 위를 뛰어다닌다. 나는 태클을 하려는 럭비 선수처럼 무릎을 구부리고 두 팔을 활짝 펼친 채로 주위를 빙빙 돌면서, 맥스를 붙잡을 준비를 한다.

나는 특별히 예약한 친환경 게스트하우스에서 만끽할 휴식을 기대하고 있다. 프라이데이 하버 해안가에서 버스를 타고 숙소에 도착하니 몸 안의 세포 하나하나가 일시에 가벼워진다. 이끼로 뒤덮인 정원 안에 장인이 지었다는 게스트하우스가 있다. 마룻바닥이 환영 인사를 건네듯 삐걱거린다. 방 안에 들어가니 사방으로 뻗은 라벤더의 초록색과 보라색 물결이 창밖에 출렁이고 그 주위를 주황색 실크 커튼이 액자처럼 둘러싸고 있다. 저 멀리에 어둡고 울퉁불퉁한 숲이 있다. 맥스가 자는 동안 나는 창문 옆 바닥에 앉아서 보라색과 초록색 평화를 느낀다.

다음 목적지인 밴쿠버섬(Vancouver Island)으로 가는 연락선이 아침 일찍 출발한다. 우리는 아침으로 먹을 브리오슈 롤을 데우기 위해 일찌감치 부엌으로 내려간다. 새들이 큰 소리로 지저귀고 야광 라이크라

(lycra)를 입은 여자가 접시를 닦고 있다. 맥스가 아장아장 걸어 들어가자 여자가 신기한 듯 웃는다. 그는 싱크대에서 머그잔을 헹구느라 물을 튀기며, 남자친구와 카약을 타러 갈 준비를 하고 있다고 말한다.

"둘이 온 거예요?" 여자가 묻는다.

"네."

"멋지네요. 저도 혼자 아이 넷을 키우고 있어요."

'넷이라고?! 네 아이를 도대체 어떻게 먹여 살리는 걸까?'

"무슨 일을 하시는데요?" 내가 묻는다. 그는 정신과 의사라고 대답한다. "셋은 제가 낳았고, 하나는 입양했어요." 마약 중독자였던 생모가 아들을 받아달라고 부탁했다고 한다.

내 사연을 속으로 짐작해 보고 있는 것 같아서 그에게 말한다. "저는 아이랑 가정 법원을 거쳤어요." 나는 의자에 앉아서 창밖을 내다보며 롤을 먹고 있는 맥스를 향해, 고개를 까딱한다.

"힘든 일이죠."

나는 화제를 바꾼다. "회색고래의 이주 경로를 따라가고 있는데, 어딨는지 찾을 수가 없네요." 나는 웃어 보이고 싶지만 씁쓸한 미소만 나온다. "여기 정말 멋지지 않아요? 딱 하룻밤 잤는데 이사 오고 싶더라고요."

"여기서 다시 시작하는 건 어때요?"

"음, 그러기에는 나이가 너무 많아요. 벌써 마흔인걸요."

그는 마흔 살에 남편과 헤어지고 이 섬에 왔다고 한다. 그는 조울증이었다. 이혼 후 그의 친구들은 남편의 편을 들었다고 한다.

"남편이 나르시시스트였나요?" 내가 묻는다.

"네, 맞아요. 통제욕 문제도 심했어요. 그쪽은요?"

"저도 마찬가지예요. 그러니까, 제 생각에는 그랬던 것 같아요." 파벨에 대해 더는 자세히 생각하고 싶지 않다. 이제 그는 거의 빠질 뻔했던 늪처럼 느껴진다.

"친절한 사람들은 친절한 사람들을 찾아요." 그가 말한다. "저도 친절한 사람들을 찾고 있어요." 그리고 잠시 멈춘다. "그리고 그 사람들과 잠을 자죠."

창밖으로 잘생긴 남자가 보인다. 그는 자동차 위에 카약을 고정한 줄을 조정하고 주변을 둘러본다. 여자가 유리창 너머로 손을 흔든다. 그가 들어와 맥스와 하이파이브를 한다. 여자는 남자와 함께 나가다가 문 앞에서 고개를 돌리더니 윙크를 하며 명함을 건넨다. "집이 커서 방이 남아요. 뭔가를 준비하거나 시작할 때 와서 지내요."

나는 밖에서 노닥거리는 두 사람을 쳐다보지 않으려고 애쓴다. 그들은 웃으며 차에 올라탄다. 친절한 사람들, 친절한 사람들, 나는 맥스를 데리고 나갈 준비를 하면서 머릿속으로 몇 번이고 반복한다. 나도 언젠가 라이크라를 입고 웃을 수 있을지 궁금해진다.

버스를 타기에는 너무 이른 시간이라 우리는 택시를 타고 프라이데이 하버로 돌아가서 밴쿠버섬의 시드니(Sidney)로 가는 배를 탄다. 거기서 우리는 국경을 통과해 캐나다로 들어갈 것이다. 고래들은 정치적 경계를 신경 쓰지 않고 넘나들 테지만, 나는 이럴 때마다 초조하다. 가방에 손을 넣고 법률 서류가 들어 있는 플라스틱 소재의 지갑을 만지작거린다. 잠시 뒤 다시 가방을 뒤지며 서류가 잘 있는지를 확인하고 이번에는 아예 꺼내 들었다. 국경 관리자들은 혼자 아이를 키우는 나를 매번 의심스럽게 쳐다보며, 아이와 함께 여행하도록 허가받았다는 증거를 보여달라고 요구한다.

우리는 시드니에서 여권 대기 행렬에 합류한다. 우리 차례가 되자 출입국 관리소 직원이 내 서류를 가져가서 꼼꼼히 살펴본다. 맨 위에 '저지 왕립법원'이라고 적혀 있다. 가끔 사람들이 내가 저지라는 지명을 꾸며냈다고 생각할까 봐 걱정된다. 저지는 영국도, 프랑스도 아닌 작은 섬이라 많은 사람들에게 생소한 곳이다. 직원이 시간을 끈다. 목 뒤로 위산이 역류한다.

재판이 진행되는 동안 나는 한 여성 보호시설에 머물렀다. 파벨이 섬에 있을지도 모르는 상황에서 부모님 집에 있고 싶지 않았고, 시설 직원이 심리 중에 맥스를 돌봐줄 사람도 구해줬다. 그곳은 은은한 색으로 칠해진 커다란 집이었다. 집 안에는 높은 천장과 널찍한 욕실, 고풍스러운 가구, 호화로운 부엌이 갖춰져 있었다. 자선단체에 기부되기 전에는 굉장히 부유한 사람이 살았던 게 틀림없다.

거기에는 항상 오밤중에도 대화를 나눌 수 있는 사람이 있었고, 그날 밤은 욜란타가 교대 근무를 하고 있었다. 욜란타는 웃음기 없는 표정으로 가벼운 폴란드식 억양을 썼고 직설적이었으며 대체로 사무적이었다. 그를 보면 외과 의사가 떠올랐다. 평소 나는 젖을 먹이다가 맥스가 졸기 시작하면 잠을 자러 갔다. 하지만 그날 밤에는 이야기할 상대가 필요했고 욜란타는 믿을 만한 사람이었다. 나는 침대에서 나와 어둠 속에서 카펫이 깔린 넓은 계단을 천천히 걸어 내려간 뒤 사무실 문을 두드렸다. 그리고 무거운 커튼처럼 수치심을 두르고서 욜란타에게 섹스에 대해 말하기 시작했다.

우리 가족은 섹스에 관해 이야기하지 않았다. 내가 열일곱 살이었을 때, 휴가에서 돌아온 엄마가 어느 남자아이의 품에서 옷을 다 입은 채로 잠든 나를 발견했다. 엄마는 사뮈엘 베케트의 책을 읽어보라고 한 무더기를 주면서 그를 내보냈다. 그러고는 내게 남자는 다 나쁘다며 버스가 흔들리기만 해도 발기가 된다고 넌더리를 쳤다.

"너희 아빠는 다른 남자들과 다르단다, 도린." 엄마가 얼마 후 해명했다. 나는 그 말을 곧이곧대로 받아들였을 뿐, 엄마의 의중을 완전히 이해하지는 못했다. 진짜 섹스를 하게 되었을 때도 그 이상의 대화는 하지 못했다. 그렇다 보니 제대로 된 대화는 이번이 처음이었다. 나는 파벨과의 섹스에 대해 말하면서 얼마나 그와 가까워지고 싶었고 보호받는 기분을 느끼고 싶었고 그에게 속하고 싶었는지를 이야기했다. 그는 추운 북부에서 태어났다고 했고, 나는 그 말 한마디에 젤리처럼 말랑말랑해지고 말았다.

"이게 바로 순록의 고삐를 잡았던 손이야." 그가 어릴 때 썰매를 끌었던 이야기를 하면서 내 반응을 보더니 웃으며 말했다. 그는 자칭 반체제 인사였다. 나는 정치적으로 박해받는 용감한 사람들을 인터뷰했고, 그중 한 사람의 품에 안겼다. 그는 자유와 진리를 위해 고통받는 게 어떤 의미인지를 이해하는 남자였다. 그는 최악의 상황을 겪어왔고, 뭐가 최선인지 잘 알았다. 그의 의견이 더 나았기 때문에 내 의견은 이제 필요하지 않았다.

"누군가의 손길이 너무 간절하겠지." 그가 속삭였다. "그러면서도 두려울 거야." 그는 내 취약한 면을 감지했다. 나는 자석에 달라붙은 쇳조각 같았다. 그는 잠자리에서 최면을 걸듯 부드러운 말투로 말했다. "너는 내 작은 소녀, 단단한 음부야. 그냥 도망가게 두지 않아." 욜란타에게 속마음을 털어놓자 순종에 대한 수치심이 유독한 구름처럼 피어올랐다. 목이 메어서 말을 할 수가 없었다. 나는 나에 대한 비난을 허락했고, 그를 도왔고, 그를 위해 변명했고, 나 자신을 기꺼이 저버렸다. 그러면서도 그는 아주 점잖게 굴었다. 나는 그가 달라질 줄 알았다.

"내가 너무 바보 같아요."

욜란타가 다 안다는 듯 고개를 끄덕였다. "그런 사람들은 좀처럼 변하지 않아요. 하지만 도린, 다른 사람이 뭘 하든 당신은 변할 수 있어요. 이미 변했고요. 여기서는 당신이 승자예요."

나는 파벨이 법정에 진술한 브램블과 관련된 혐의에 대해 말했다.

"글쎄요, 그분과 제가 살았던 동구권에서는 말과의 성교가 아주 흔한 주제인걸요." 욜란타가 따분하다는 듯 말했다. "예카테리나 대제 덕분이죠." 두 뺨이 화끈거렸다. 나는 내가 당황한 줄로만 알았는데 목구멍에서 타는 듯한 분노가 느껴졌다. '브램블에게서 손 떼.' 나는 속으로 파벨에게 말했다. '바보 등신 같은 포르노를 가지고 내 머릿속에서 썩 꺼져버려.' 이렇게 생각하니 마음이 한결 가벼워졌다.

아무도 없는 고요함 속에 있으니 욜란타와 함께하는 시간이 내 삶에 슬며시 얹어진, 나만을 위한 작은 선물처럼 느껴졌다. 상황을 재정비하고 어둠이 제풀에 물러갈 때까지 기다리기 위한 시간이었다.

"사람들은 나 말고 맥스만 곁에 두고 싶어 하는 것 같아요." 나는 속삭였다. "내가 사라지기를 바라나 봐요." 대낮에는 차마 이런 말을 할 수 없었다. 밝은 낮에는 멀쩡히 웃으며 잘 지냈다.

"당신이 그 애를 아홉 달 동안 품었잖아요, 도린." 욜란타가 말했다. "맥스는 당신 아이예요."

나는 위층으로 올라갔다. 우리의 대화는 밤 앞에서 무릎을 꿇었다. 수치심과 왜곡이 어둠 속으로 흩어졌다. 나는 맥스가 있는 내 방으로 돌아갔다. 우리는 한 침대를 썼다. 맥스가 아기 침대에서 자는 걸 원하지 않았고, 나 역시 마찬가지였다. 침대는 포근하고 부드럽고 안전했다. 나는 맥스의 얼굴에 뽀뽀 세례를 퍼부었다. 그전까지는 뽀뽀를 너무 많이 하면 뭔가 잘못된 것 같고 걱정스러워서 애정을 억눌렀었다. 나는 미지의 세계로 소리 없이 도약했고, 나 자신을 다시 믿기로 했다. 나는 맥스와 그의 옆자리를 당당히 차지했다.

세 번째 심리에서 롤라의 보고서는 언급되지 않았다. 파벨도 나타나지 않았다. 그는 두 번째 진술서를 법원에 보내어 내가 맥스를 위해 체류 허가를 받는 것에 동의했다. 심리가 끝나기까지 6개월이 걸렸고 저축한 돈도 전부 써버렸다. 나는 직업도 없고 돈도 없고 집도 없었지만 내 아이와 함께 살 수 있게 되었다.

캐나다 출입국 관리소 직원이 맥스의 반응을 보려는 듯 이름을 부르며 인사한다. 맥스는 인사는 건너뛰고 본론부터 말한다.

"우리는 회색고래를 찾으러 보트를 탈 거예요." 맥스가 말한다. 남자가 눈썹을 치켜올린다. 나는 바통을 이어받아 회색고래의 이주를 빠르고 상세하게 설명하며 더 이상의 질문을 피하려고 애쓴다.

그가 나와 맥스를 차례대로 쳐다보는데 작은 목소리가 끼어든다.

"고래들은 차우더와 브라우니를 먹어요. 그리고 나서 응가해요."

직원이 즐거운 방문이 되기를 빌어주고 손을 흔들어 우리를 통과시킨다. 우리는 트왓슨(Tsawwassen)으로 가는 연락선을 타기 위해 또다시 전속력으로 달린다. 조지아 해협(Strait of Georgia)을 반쯤 건너는데 혹등고래가 가까이 떠올라 꼬리를 흔든다. 몇백 명의 사람들이 창가로 몰려들면서 선내는 열광의 도가니가 된다. 나는 혹등고래를 향해 무심히 고개를 까딱한다. 회색고래를 위해 아껴두는 중이다.

밴쿠버 중심부로 가는 스카이트레인에서 맥스가 맨 앞에 앉겠다고 고집을 부린 덕에 우리는 날아가듯 시내로 간다. 가방 몇 개와 카시트는 유스호스텔에 버린다. 여행은 갈수록 쉬워지고, 모든 일상에서 벗어나 우리만의 리듬을 찾으며, 북쪽으로 갈수록 세상이 더 친근해지는 느낌이다. 나는 이제 여행 초반에 철갑을 두르고 의심 가득한 눈으로 주변을 살피던 그 여자가 아니다.

우리는 해변에서 배로 사용할 나뭇가지를 모으며 논다. 그리고 어둑한 잔물결 위에서 북적이고 있는 아쿠아버스를 향해 부교(浮橋)를 따라 걸어간다. 사람들이 패들보드를 타고 지나간다. 내 몸이 무중력 상태로 반짝이는 느낌이다. 아쿠아버스에 올라타는데 맥스가 내 손을 잡는다. 모든 고통과 고난, 두려움과 분노가 바닷물을 가로지르며 춤추듯 멀어진다.

우트키아빅 : 사운딩

북위 71° 17′ 26″ 서경 156° 47′ 19″

세드나(Sedna)는 바다의 어머니다. 그는 바다 동물을 보호하고 모든 이누이트 원주민에게 식량을 제공한다. 그의 이야기는 그린란드부터 북아메리카 중부 지역까지 전해지며 지역에 따라 다르다. 알래스카 북서부에서 그는 해저에 살며 바다 동물의 영혼을 램프 그릇에 보관하는 여자다.[1]

내게 세드나를 처음 알려준 사람은 당시 그린란드의 외무부 장관이었던 알레카 해먼드(Aleqa Hammond)였다. 그의 설명에 따르면 세드나는 원래 이누이트 여신이었고 심해의 어머니라는 뜻의 사수마 아르나(Sassuma Arnaa)라고도 불렸다.[2] 몇몇 이야기에서는 식용 물고기라는 뜻의 네리비크(Nerrivik)다.[3] 남편을 원하지 않는 여자라는 뜻의 우이니구마수이투크(Uinigumasuittuq)이거나[4] 저 아래에 있는 여자라는 뜻의 타카날루크 아르날루크(Takanaluk Arnaluk)이기도 하다.[5]

세드나는 아름다운 여인이었지만 남자들의 구애를 모두 거절했다. 어릴 때 누나부트의 나틸리가아르주크(Nattiligaarjuk), 즉 커미티 베이(Committee Bay)에 살았던 피타 이르닉(Piita Irniq)의 이야기에서[6] 세드나는 눌리아주크(Nuliajuk)라고 불렸다. 눌리아주크는 개와 사랑에 빠져서 많은 아이를 낳았다. 그들은 전 세계로 퍼져나가서 이누이트, 백인인 콰블루나아트(Qablunaat), 흑인인 콰르누크투트(Qarnuktut), 이트킬릭(Itqilik), 치페와이언(Chipewyan), 중국인, 일본인이 되었다.

    1880년대 배핀섬(Baffin Island)에서 전해지는 설화를 비롯해 몇몇 이야기에서는 해빙을 건너온 바닷새가 남자로 둔갑해 세드나를 유혹했다.[7] 남자로 변신한 풀머갈매기는 안락한 삶을 약속하며 그를 유인했다.[8] 하지만 새들의 섬에서 물고기를 먹으며 물고기 껍질로 만든 천막에서 사는 건 녹록지 않았다. 세드나가 슬픈 노래를 부르자 그의 아버지가 찾아와 새 남편을 죽였다. 그들은 배를 타고 도망쳤고 다른 새들이 날개로 거대한 폭풍우를 일으키며 쫓아왔다. 아버지는 살아남기 위해 세드나를 배 밖으로 던졌다. 세드나가 배에 매달리자 그는 칼을 꺼내어 딸을 떨어뜨리기 위해 손가락 끝마디를 잘랐다. 잘린 손가락은 바다에 떨어져 고래가 되고 손톱은 고래수염이 되었지만, 세드나는 끈덕지게 매달렸다. 아버지는 손가락 두 번째 마디와 세 번째 마디까지 차례로 잘라버렸고, 잘린 손가락들은 바다표범과 바다코끼리 같은 해양생물이 되었다.

    세드나는 지금 바다 밑바닥에 살고 있고, 동물이 사냥꾼에 의해 죽임을 당하면 그들의 영혼은 세드나에게 돌아간다. 세드나는 그들에게 새 육신을 줄 수 있다. 하지만 누구든 사냥의 금기를 어기거나 적절한 의식과 존중 없이 동물을 죽이면 이에 분노한 세드나가 영혼을 바다 밑에 붙잡아 두고 바다 위에는 기근을 불러온다. 그럴 때는 주술사가 그를 찾아가야 한다.[9]

온 하늘에 울려 퍼질 만큼 요란한 북소리가 곧장 심장을 파고들었다. 댄서들은 지느러미를 달고 있었다. 그들은 위팔을 몸에 딱 붙인 뒤에 손가락을 가지런히 모으고 손목에 힘을 뺀 상태로 아래팔을 흔들면서 골격을 변형시켰다. 그리고 무릎을 살짝 구부린 채로 몸을 이리저리 휘두르며 보이지 않는 물살의 흐름을 따라 동시에 움직였다. 긴 노랫말이 동물의 새된 울음소리에 끊겼다.

포인트 배로우 사람을 의미하는 누부크(Nuvuk)에서 딴 이름, 누부크미우트(Nuvukmiut) 댄스팀의 팀원들이 이팔룩 롤러스케이트장의 체육관에 모여 있었다. 팀의 리더인 제프리가 촬영을 허락해 주었다. 나는 방해하고 싶지 않아서 뒤에 앉아 있었다. 메아리가 울리는 체육관에 있으니 초등학교 때 들었던 댄스 수업이 떠올랐다. 나는 따끔거리는 빨간색 타이즈를 입고 어설프게 뛰어다니는 게 불편하고 쑥스러웠다.

하지만 북소리가 시작되자 건물은 머릿속에서 지워져 버렸다.

댄서들은 머리를 빳빳하게 세우고 마치 물속에 있는 것처럼 움직였다. 그들이 음악 속에 뛰어들어 흐르듯 움직이는 동안, 그들의 팔다리와 등의 곡선은 다른 동물처럼 보였다. 동작과 목소리가 어우러졌다. 희고 널찍한 북이 파도를 타듯 일렬로 흔들렸다. 그 모습을 보고 나니 내면에서 변화가 느껴졌다. 이전에는 내면의 뭔가가 답답하고 미리 정해진 것처럼 느껴졌다면, 이제는 형체 없이 움직이는 공간처럼 느껴졌다.

줄리아의 막내아들 JJ가 춤을 추기 위해 일어났다. 그는 수줍으면서도 당당해 보였다. 그가 발을 구르고 쭈그리고 앉고 팔다리를 마구 흔들었다. 그의 아들인 꼬마 제슬리 3세가 손가락을 입에 물고 아빠에게 달려왔다. JJ는 배 위에서 손 그늘로 햇볕을 가리고 수평선을 살피며 고래를 찾는 사냥꾼이었다. 그는 노를 저었다. 이어서 두 팔을 이용해 고래들이 사방에서 곡선을 그리며 수면으로 올라오는 모습을 보여줬다. 고래 한 마리가 배 바로 옆으로 다가왔다. 그는 잠시 고래가 되어 솟구쳤다. 그리고 다시 사냥꾼으로 돌아와 작살을 깊이 찔러 넣었다.

노래 막바지에 여자들이 아리가(arigaa), 즉 '좋다'라고 외치며 힘을 북돋웠다. 그들은 이누피아트어를 중얼거리며, 카메라를 들고 쭈그려 앉아 있는 나를 가리키고 웃었다. 작은 아기부터 노인까지 모든 연령층이 모여 있었다. 몇몇은 모자 달린 옷을 입고 있었고 몇몇은 칼레악 선단의 작업용 재킷을 입고 있었다.

"아이 야 야 야 야." 앞줄에 있는 남자들이 가죽 북을 두드렸다. 느리고 가벼운 리듬이었다. 그들은 북채를 밑에서 위로 올리며 북 가장자리를 가볍게 때렸다. 그러다 가죽을 두드리자 북이 큰 소리로 울리기 시작했다. 그 소리는 심장박동처럼 빠르게 뛰다가 다급해졌다. 추격이었다. 그들은 북을 들어 올려 힘차게 두드렸다. 팽팽한 가죽이 공기를 채웠다. 그 위로 목소리가 흩어졌다. 그 공간은 이제 리듬에 맞춰 재주를 넘고 발을 구르는 남자들로 가득 찼다. 제슬리 3세는 중간에 가만히 서서 그 모습을 빤히 쳐다봤다.

그들의 조상들의 목소리도 이랬을까? 오래전에 살았던 사람들은 우리가 목격하고 있는 변화를 어떻게 생각할까? 그들의 지혜가 필요했다. 현재는 엉망진창이었고 미래는 너무 불길했다. 이곳 사람들이 동물로 변했다가 다시 인간의 형상으로 돌아올 수 있었다는, 참으로 신비로운 시절과 과거의 얼굴들을 생각하면 위로가 되었다. 나는 그 시절, 서양 문화가 모든 것에 이름을 붙이고 모든 걸 식민지화하고 분류하고 군림하지 않았던 시절이 다시 돌아오기를 바랐다. 그들이 부르는 노랫말을 이해할 수는 없었지만, 모두 한마음이라는 건 알 수 있었다. 가벼운 농담과 수다도 알아들었다. 그것은 공동체, 인간이 아닌 세상과 나누는 대화, 주고받는 것에 관한 노래였다.

댄서들이 얼굴에서 땀을 닦아냈다. 쪼그려 앉는 자세가 많은 격렬한 운동이었다. 사냥철을 위해 이런 식으로 체력을 유지하나 싶었다. 그리고 다음 노래를 부르다가 중간에 갑자기 '니글리키글리키글리크'라고 외치고는 거위처럼 온 바닥을 쪼기 시작했다. 마지막에는 지상에 묶인 것처럼 날개를 뒤로 펼쳤다.

빌리가 체육관으로 들어와 나를 찾았다. 사람들은 같이 하자며 그를 불렀다.

"빌리! 너도 들어와, '얼른.'" 로다 이모가 소리쳤다. 그는 다시 밖으로 나갔다. 뭐가 그를 막아섰는지 모르겠다. 그가 춤추는 모습을 보았다면 좋았을 것이다.

고래 가죽과 번들거리는 분홍빛 지방으로 이뤄진 막딱을 식초에 절여 먹기도 했는데, 그 음식은 내가 제일 좋아하는 간식이 되었다. 아무리 먹어도 질리지 않아서 줄 때마다 게걸스럽게 받아먹었다. 그때는 알아차리지 못했다. 내가 인내를 배우고 있다는 것, 그리고 점점 더 둥글고 무거워지고 있다는 걸 말이다. 지구의 중력이 당기는 힘이 나를 더 꽁꽁 묶어서 그곳에 꽉 붙들려 있는 느낌이었다.

"내가 다시 돌아오면 어떻게 할 거야?" 나는 빌리에게 물었다.

"아마도 당신과 결혼하겠지." 그가 말했다.

그런 생각을 한다는 것만으로도 내가 바보처럼 느껴졌다. 하지만 나는 그 생각을 정말 많이 하고 있었다. 그의 대답이 겨우 '아마도'였다는 게 마음에 들지 않았다.

"내가 여기 계속 살면서, 왜 있잖아, 사냥하는 것도 배우고, 또, 결혼도 하고 그러면 어떨 것 같아?" 나는 전화로 엄마에게 물었다.

"너야 아주 재밌겠지." 나를 보기 힘들어질 뿐 아니라 다시 볼 수 없을 수도 있는데, 엄마는 대수롭지 않은 듯 망설임 없이 말했다. 나는 엄마가 놀라는 소리를 들어본 적이 없다. 열네 살 때 삭발을 하고 집에 갔을 때도 마찬가지였다. "걔가 나를 아주 제대로 단련시켰다니까." 엄마는 언젠가 말했다. 내가 결혼을 생각 중인 사냥꾼이 방 하나짜리 오두막에서 산다는 말은 하지 않았다. 그는 가진 게 거의 없었지만, 수치화할 수 없는 다른 면들에서는 부유했다.

나와 빌리는 마치 미래를 함께할 사람들처럼 대화를 나누었다. 그는 빙판길 운전에 대해 알려줬고, 순록이 툰드라를 가로질러 이주하는 걸 보러 가자고 했다. 야영지에서는 조심해야 하지만 순록 떼가 질주하는 모습을 보니 정말 장관이었다. 그는 여름에 너무 더워서 열을 식혀야 할 때 한 번씩 얼음 저장고로 내려간다고 했다. 얼음 저장고는 영구동토층(永久凍土層)•을 깊게 파내어 만든 구덩이였고 사다리로 오르내렸으며 한 가족이 겨울을 나는 데 필요한 고기를 넉넉히 저장할 수 있을 만큼 컸다. 빌리가 그 안에 앉아서, 땅의 기운을 빌려 체온을 재조정하는 모습이 인상 깊게 남았다.

내가 갑자기 진지해지거나 대화 주제가 일이나 기후, 또는 내가 떠나야 한다는 사실로 바뀌면, 그는 생각을 멈추라고 말하곤 했다. "계속 그런 식으로 살다가는 동맥류가 생길 거야." 그가 라디오를 켰다. 스티

• 1년 내내 영하로 항상 얼어 있는 땅인 영구 동토가 존재하는 층-옮긴이

북위 71° 17' 26" 서경 156° 47' 19"

비 닉스가 방에 불이 났다는 내용의 노래를 불렀다. 빌리가 내 손을 잡았다.

우리는 뒤엉키듯 앉아 서로를 들이마시곤 했다. 그가 내 이름을 반복해서 부를 때마다 나는 나라는 존재에 좀 더 깊이 불려가는 느낌이었다. 우리의 손가락은 어느 것이 누구의 것인지를 느낄 수 없을 때까지 뒤엉켜 있었다.

"내 아이가 거기 있는 거야?" 어느 아침 그가 내 배를 쳐다보면서 말했다. "똑똑할 거야. 엄마를 닮을 테니까." 그는 서랍에서 조카들이 학교에서 찍은 사진을 몇 장 꺼내더니 내 앞에 자랑스럽게 펼쳐 보였다. 그 모습이 나를 아프게 했다. 나는 우리 아이들이 어떤 모습일지 궁금했다. 빌리는 아름다운 남자였다.

그가 차분해 보이는 여성에게 나를 소개했다. 그의 어머니였다. 군인이었던 아버지는 몇 년 전에 돌아가셨다. 빌리는 어머니의 곁에 있을 때면 긴장하며 예의 바르게 행동했고, 나 역시 마찬가지였다. 코가 정말 우아하게 생겼다는 걸 제외하면 두 사람은 닮은 점이 거의 없었다. 그의 어머니는 검고 곱슬곱슬한 머리와 길쭉한 얼굴을 가지고 있고, 빌리는 칠흑같이 까만 직모와 둥근 얼굴을 가지고 있었다. 어머니의 옆에 있기만 해도 그는 어린 소년처럼 보였.

마음이 좀 열렸는지 그의 어머니가 예전에 눈올빼미를 키웠다고 말했다. "반려동물로 아주 그만이야. 조용하거든." 그의 어머니가 눈을 뚫고 좀 떨어진 마을 끝으로 가서 야생 올빼미를 찾아보자고 제안했다. 빌리가 우편함 위에 근엄하게 앉아 있는 올빼미를 가리켰다. 녀석이 우리를 날카롭게 노려보는데, 빌리의 어머니가 나를 예리하게 관찰하던 눈빛과 언뜻 비슷해 보였다.

고래를 얻은 단원들은 각자 배를 가지고 해안으로 돌아와 아푸가우티(Apugauti)라고 부르는 마을 잔치를 열었다. 나는 어느 가족의 잔치 준비를 도와주고 잔치가 끝난 뒤에 수백 명이 사용한 접시도 닦았다. 여자들은 근육질에 만능인 자신들의 손에 비해 가늘고 쓸모없는 내 손을 보며 웃었다. "일을 많이 안 해본 손이네."

"빌리랑은 어떻게 돼가요?" 거의 만난 적이 없는 어느 단원의 여자친구가 사람들 틈에서 나타났다.

나는 잘 모르겠다고 말했다.

"그건 배로우의 방식이 아니에요." 그가 말했다. "우리는 그런 식으로 하지 않아요."

나는 무슨 뜻인지 물었다. 그는 백인과 이누피아트 사이에서 태어난 혼혈이었다. 나도 모르게 몇 가지 금기를 깼을 수도 있지만, 그는 자세히 설명해 주지 않았다. 설거지를 끝내고 나니 마을에 어떤 말이 오가는지 궁금했다. 사람들은 가볍게 술을 마시며 즐기고 있었다. 잔치 분위기는 느긋했다. 빌리도 와서 같이 술을 마셨으면 하고 바라던 참이었다. 포경선장의 아내가 작은 캔에 든 맥주와 고래 심장 한 조각을 먹어보라고 건넸다. 고기가 질겨서 잘게 씹기가 힘들었다. 그것은 전체의 일부로서 온전함에 관한 메시지를 전달했다. 나는 그것을 삼키고 가만히 앉아 있었다. 내가 삼킨 고래의 심장은 별 아래 유순한 골리앗들이 헤엄치는 깊고 평화로운 바다 밑으로 나를 데려갔다.

빌리는 결국 나타나지 않았다. 그 후로도 며칠 동안 보이지 않았다. 그러다 줄리아의 집에 불쑥 나타나서는 파티에 다녀왔다고 했다. 도대체 누구랑 얼마나 오래 술을 마신 거지? 왜 저러는 걸까? 이래서 손바닥만 한 집에서 어렵게 사는 건가?

"취해 있을 때 누가 내 신발을 가져갔어." 그가 속상해하며 말했다. 영하의 날씨에 술 취한 사람의 신발을 훔쳐갔다고 하니 더 야속하게 느껴졌다. 나는 줄리아와 함께 살면서 보호받았기에, 빌리가 일상에서 겪는 위험한 일들을 완전히 이해할 수 없었다. 그런데 며칠 뒤 남루한 옷차림의 한 남자가 비틀거리며 그의 오두막에 들어왔다.

"빌리를 만나러 왔는데." 그가 혀 꼬부라진 소리로 말했다. "괜찮지?" 그것은 질문이 아니었다. 나는 그 자리를 떠났다. 더는 그 문제를 못 본 척할 수 없었다.

"내가 여기서 살면 술 끊을래?" 나는 빌리에게 물었다. "그랬으면 좋겠어."

"그건 어려울 것 같은데."

내가 원했던 대답이 아니었다. 확답이 필요했다. 빌리는 사냥만 나가면 길을 잘 찾았다. 하지만 마을로 돌아오면 길을 잃었고, 나는 그를 찾느라 애썼다.

고래들이 사라졌다. 사냥도 끝났다. 거기서 몇 달을 지내느라 지원금도 바닥났지만, 줄리아가 방세를 내지 말고 그냥 지내라고 했다. 나는 출국일을 최대한 미루고 연차 휴가를 모조리 끌어다 썼다. 사냥철이 끝날 무렵 줄리아가 이를 기념하기 위해 파티를 열었다. 집이 사람들로 가득 찼다. 빌리도 오기로 했지만 몇 시간이 지나도 나타나지 않았다. 목구멍 어딘가에서 침울함이 희미하게 느껴졌다. 빌리는 어디에 있는 걸까? 그를 필요로 하는 마음이 폐와 심장을 짓눌렀다. 나는 슬그머니 집을 빠져나와 북극곰 거리를 걷다가 나도 모르게 빌리가 준 열쇠를 가지고 오두막을 찾아갔고 그의 침대에서 잠들었다.

"당신이 가지 못하게 여권을 숨겨야겠어." 그가 출국 일주일 전에 말했다. "그런데 왜 다시 돌아가려는 거야?" 그가 여기서 일자리를 찾아보라고 제안했다. "비서 일 같은 거 말이야." 빌리는 나를 잘 몰랐고, 생각해 보니 나도 그를 사랑할 뿐이지 그에 대해 아는 건 거의 없었다. 그는 친절했고 나를 놀라게 하지 않았다. 나는 눈부신 극한의 환경에서 목숨을 다른 사람에게 기대어야 하는 상황을 어린 시절 이후 아주 오랜만에 경험했다. 나는 그의 곁에서 안전함을 느꼈다. 빌리의 연민은 그를 돋보이게 했고 오래 묵은 상처들을 치유해 주었다.

비행기는 사흘 뒤 출발할 예정이었다. 나는 그곳에 정착한 내 모습을 그려봤다. 빌리는 목수로 일하면서 아주 아름다운 우미악을 만들었다. 우리는 아기를 가졌다. 이곳 교과서에서는 성 역할을 명확히 구분할 테니 아들이라면 자라면서 날씨와 해빙의 형성 단계, 배의 구조, 작살, 고래의 생리와 해체에 대한 모든 걸 배울 것이다. 그리고 딸이라면 음식 준비와 가죽을 다루는 방법, 묵룩과 옷과 배를 꿰매는 방법을 배울 것이다. 만약 딸이 원한다면 칼레악 캠프에서 아버지에게 사냥꾼이 되는 법도 배울 것이다. 빌리는 육지와 해빙에서, 인내와 온화함으로 딸을 가르치는 최고의 아버지가 될 것이다. 우리 딸은 총과 도축용 칼, 작살 뒤에 자신의 체중과 의도를 싣는 법을 배울 것이다. 내 모습은 잘 그려지지 않았다. 하지만 빌리가 술 마시는 모습은 금세 떠올랐다.

해빙이 사라지고 있었다. 사냥의 위험성은 커지고 있었다. 폭풍에 맞서 완충작용을 해주는 얼음이 사라지면서 육지가 침식되고 있었다. 그 모든 게 공포 영화처럼 서서히 펼쳐졌다.

빌리가 짐 싸는 걸 도와줬다. 그가 침대에 말없이 앉아 내 물건을 정리하는 동안, 나는 장비를 꼼꼼히 가방에 챙겨 넣었다.

북위 71° 17′ 26″ 서경 156° 47′ 19″

"저건 통관에 걸릴 텐데." 그가 줄리아한테 받은 고래수염 조각을 가리키며 말했다. "그 위에 그림을 그리면 수공예품이 될 거야." 그리고 못을 갖다줬다. 나는 그 위에 고래 꼬리를 대충 그렸다. "잘 그리는데." 그가 말했다. "내다 팔면 밥벌이는 할 수 있겠어." 나는 씁쓸하게 웃으며 백인 여자가 이누피아트 시내에서, 고래를 소재로 만든 작품을 파는 게 가능할지 모르겠다고 말했다.

우리는 밤새 들러붙어 있었다. 아침이 왔는데도 우리는 서로를 놓아주지 않고 지붕을 들쑤시는 새들을 모르는 척하며 커튼을 닫아놓은 채로 낮이 들어오지 못하게 했다.

자동차 경적이 울리는 순간, 시간은 마침내 우리를 굴복시켰다. 빌리는 음주운전으로 면허가 정지되어서 줄리아가 나를 공항에 태워다 주었다. 우트키아빅의 작은 공항 안에 있는 탑승 수속대에서 한 남자가 소총 모양의 가방을 컨베이어 벨트에 올려놓았다. 줄리아가 나를 잡아당기더니 한참을 끌어안았고, 그동안 나는 소매로 두 눈을 톡톡 두드리며 눈물을 훔쳤다.

"이제는 내가 네 이누피아트 엄마다. 앞으로 계속 연락하는 게 좋을 거야."

빌리는 아무리 친밀한 사이여도 공개적인 작별 인사는 감당하기 어려웠는지 차려 자세로 어색하게 서 있었다.

"15년이 걸리더라도, 아니면 잠깐 들르더라도, 다시 돌아와야 해." 그가 말했다.

그가 애원하고 있는 건지, 아니면 정말 아무렇지도 않은 척하고 있는 건지 알 수가 없었다. 그는 마치 사냥하듯 침묵 속에서 나를 조심스럽게 지켜봤다. 내가 보안 검색대를 지나는 동안, 그의 새까만 눈과 굳어진 몸이 밀려드는 인파 속에 점점 더 작아졌다. 탑승구를 향해 걸어가면서도 여전히 그의 시선을 느낄 수 있었다. 뒤를 돌아보니 내가 이미 저 위로 멀리 날아가 버린 것처럼 그의 눈이 아련함으로 가득 차 있었다. 나는 잠시 눈을 감았다. 그리고 다시 눈을 뜨니 활주로와 비행기가 보였다. 옷에 남은 빌리의 체취가 나를 위로했다.

줄리아는 전화로 내가 떠난 뒤에도 내가 계속 보인다고 했다. 한번은 내가 얼어붙은 석호의 가장자리를 따라 걸어가는 걸 봤다고 했다. 내가 늘 북극곰 거리로 걸어가던 그 길이었다.

"도린이네! 여기서 아직도 뭐 하는 거지?" 그런데 차를 세우고 가까이에서 보니 내가 아니라 '그냥 다른 타니크'였다고 했다.

나도 비슷한 일이 있었다. 경유지인 캐나다 공항에서였다. 안경 쓴 남자가 내게 다가왔다. 그는 빌리보다 키가 컸고 옅은 갈색 얼굴에 야구모자를 뒤가 아니라 앞으로 쓰고 있었다. 그리고 술에 취해 비틀거렸다. 그는 가까이 다가와 빌리와 같은 눈으로 나를 빤히 쳐다봤다.

"사랑해." 그가 말했다.

나는 빌리가 아닌, 술 취한 낯선 남자를 바라봤다. 그러다 소리 없이 입술 모양으로 '나도 사랑해'라고 말했다. 그리고 돌아서서 도망치듯 출국장을 빠져나갔다. 말도 안 된다는 건 알지만 누군가가 찾아온 것 같은, 누군가가 부르고 있는 것 같은 느낌을 떨쳐낼 수 없었다.

나는 에드먼턴(Edmonton)에 사는 이모와 사촌들의 집에 잠깐 들렀다. 엄마의 언니 중 한 명인 캐시 이모는 큰 키에 날씬하고 우아하다. 그 주말에 찍은 사진 속에서 나는 통통한 모습으로 웃으며 사촌들과 그들의 아이들, 그리고 강아지와 함께 앉아 있다. 캐시 이모가 큰딸이 쓰던 작고 조용한 방을 내어줬다.

이모는 퍼스트 네이션(First Nation)*에서 간호사로 일했을 때 많은 아이들이 학습 장애를 유발하는 태아 알코올 증후군(Foetal Alcohol Syndrome, FAS)을 가지고 있었다고 말했다. 나는 퍼스트 네이션의 노숙자들을 많이 보았다. 거리를 걸을 때마다 내 얼굴에는 부당함에 대한 불만이 그대로 묻어났다. 이곳에 사는 '에스키모'나 '토착민'이 쓰는 말에는 우트키아빅 친구들과 달리 자부심이 묻어나지 않았다. 내가 백인이라는 사실을 자각했고, 분열된 문화의 이쪽 편에 있는 게 부끄러웠다. 여태껏 마주치지 못한 현실이었다.

나는 얼음과 고래를 찾으러 가서 여전히 육지와 이어져 있는 사냥꾼들과 건강한 동행을 했다. 나와 함께 지낸 가족은 술뿐 아니라 술과 병리적으로 결합된 모든 걸 거부했다. 술 마시는 사람은 거의 보지 못했다. 날이 너무 추워서 술은 주로 실내에서 마셨다. 빌리도 내가 술을 가까이하지 못하게 했다.

나는 직접 사 온 이누피아트어 학습용 테이프를 들으며 사물과 사람, 장소에 이름을 부여하는 행위에 대해 생각했다. 나는 줄리아의 이름을 받은 걸 영광스럽게 여겼고, 빌리의 이누피아트 이름인 우비우악을 발음할 때 나는 소리를 사랑했다. 하지만 그는 그 이름을 사용하고 싶어 하지 않았고, '배로우'라고 불렸던 곳에 살았다.

배로우라는 지명은 영국 해군성의 존 배로우 경(Sir John Barrow)이라는 탐험가에게서 따왔는데, 사실 그는 그곳에 가본 적도 없었다. 서양이 가지고 있었던 온갖 종류의 오해와 야망, 낭만적인 생각이 이누

---

* 자체 정부, 문화, 언어, 영토를 가지고 있는 캐나다의 독립된 원주민 집단-옮긴이

피아트의 고향인 그곳에 투영되었다. 나중에야 우트키아빅이라는 원래 이름을 되찾은 배로우에서는 무슨 일이 있었던 걸까? 이누피아트어도 못하고 모든 게 영어인 곳을 돌아다니는 내가 가끔은 사기꾼처럼 느껴졌다. 나도 어쩔 수가 없었다.

런던으로 돌아온 나는 가지고 있던 옷이 전부 작아질 정도로 살이 쪘고 땅콩버터와 치즈만 먹고 살았다. 샐러드와 채소는 피했고 도시의 소음에 질색했다. 과거의 삶은 나와 맞지 않았다. 나는 친구들에게 고민을 털어놓았다. 몇몇은 들어줬고, 몇몇은 웃었다. 영국 남자와 결혼한 일본인 동료는 외국인과의 관계에서 생겨날 어려움을 현실적으로 생각해 보라며, 그만 잊으라고 조언했다. 아이를 낳은 후에 일이 틀어져서 돌아오고 싶어지면 어쩔 거야? 그는 너무 복잡해질 거라고 했다.

빌리는 잘 지내고 있다고 했다. 점심시간에 내게 전화를 걸곤 했다. 그는 숙련공으로 일하면서 목수 자리가 나오기를 기다리고 있었다. 모두가 서로를 선단의 일원처럼 보살폈다.

"독립기념일에 한 게임들이 정말 재밌었는데 당신이 놓쳐서 아쉬워." 그는 금요일에 일당을 받아서 배를 타러 나갔다. "이제는 열심히 일할 때가 됐어." 그의 생일이 다가오고 있었다. 나는 우트키아빅 당국에 전화해서 벌금을 대신 내면 빌리가 면허증을 돌려받고 일을 나갈 수 있는지 문의했다. 그들은 벌금은 본인이 내야 한다며 거절했고, 나는 그에게 보트에 넣을 기름 한 통 값을 보냈다. 그가 전화해서 친척들과 바다에 나가서 함께 시간을 보냈다고 말했다. 그리고 그의 조카에게서 이메일이 왔다. 거기에는 빌리의 메시지가 담겨 있었다. '당신이 정말 그리워, 도런.'

북위 71° 17′ 26″   서경 156° 47′ 19″

"그냥 지금 비행기표를 사서 갈까 봐. 런던에도 사냥할 만한 게 있어?" 그가 전화로 물었다. 나는 잠시 다람쥐와 비둘기를 떠올렸다가 아무것도 없다고 말했다. 그가 큰 소리로 웃었다. 그의 말이 농담이었다는 사실을 깨닫고 나서도 나는 런던이 그에게 무엇을 줄지, 내가 그에게 무엇을 줄 수 있을지 확신할 수 없었다.

"도시에서 살고 싶어?" 나는 물었다.

제슬리와 줄리아를 따라 시애틀에 다녀갔을 때도 그는 집으로 돌아가서 기뻤다고 시인했다. 한번은 그가 취했는지 혀가 잔뜩 꼬여서는 무방비로 전화했다.

"사랑해." 그가 말했다. 그 말을 한 건 그때가 처음이었다.

나는 울음소리를 들려주고 싶지 않아서 곧장 전화를 끊었다. 왜 그 말을 하려면 꼭 취해야 하는 걸까? 그리고 한참이 지났다. 그가 폐렴 때문에 앵커리지로 이송되었다는 사실을 줄리아가 이메일로 알려줬다. 나는 아침에 눈을 뜨자마자 그 소식을 접하고 병원에 전화할 수 있을 때까지 기다렸다.

"잠시만요." 간호사가 말했다.

나는 한참을 기다렸다.

그리고 다시 수화기를 집어 드는 소리가 들렸다.

"도린?"

"어떻게 된 거야?" 갑자기 화가 치밀어 올랐다. "몸을 잘 챙겼어야지."

"당신 목소리를 들으니 다시 낫고 싶어지는걸."

뒤통수에서 통증이 느껴졌다. 방이 빙빙 도는 것 같고 수화기는 뱀장어처럼 미끈미끈했다. 나는 수화기를 놓칠까 봐 꽉 붙들었다. 그리고 빌리에게 모두가 당신을 그리워하고 있을 테니 어서 나으라고 말했다.

내가 우트키아빅에 가서 해로운 흔적을 남긴 오염원처럼 느껴졌다. 내가 그를 속이고 있는 걸까? 그는 이미 자신의 문화를 서서히 말려 죽이려는 시도에 상처받았다. 나는 그가 퇴원할 때까지 기다렸다. 그리고 전화를 걸었다.

"안 될 것 같아, 빌리." 나는 말했다. "나는 못 돌아가."

"그래." 빌리가 말했다. "보고 싶어."

나는 그에게 전화를 걸지도 않고 받지도 않았다. 그저 전화기를 바라보다가 전화벨이 멈추면 머리를 감싸안았다. 그 후로는 그에게서 전화가 오지 않았다.

직장으로 돌아간 나는 이전에 통과하지 못했던 자신감이라는 장애물을 통과해 진행자 자리를 꿰찼다.

"진짜 실력을 감추고 있었군." 상사가 말했다. 나는 그린란드에 가서 북극 자원 쟁탈전에 대해 취재하고 내게 세드나 이야기를 해줬던 알레카 해먼드를 인터뷰했다. 그리고 일주일 동안 하루에 한 번씩 회의론을 배제한 기후 관련 기사를 보냈다. 모든 게 순조로웠다.

런던으로 돌아간 나는 고래를 사냥하는 가족과 인터뷰한 내용을 보냈다. 하지만 다음 날 출근해서 그 내용이 방송되지 않고 편집된 걸 확인했다.

"그 사람들은 기후변화를 목격한 증인이에요." 나는 항의했다. "우리는 그 사람들 이야기를 절대 듣지 않아요. 중요한 얘기라고요." 여기서 내가 모르는 일이 일어나고 있었나? 지배적인 관점이 생긴 건가?

월드 서비스 뉴스룸에서 일했던 초창기가 기억났다. 그때 나는 북

아일랜드에 있는 군부대를 '영국군(British army)'보다는 간단하게 '군(army)'으로 언급하는 게 BBC의 관행이라는 걸 배웠다. 나는 내가 태어나기 훨씬 전에 돌아가신 아일랜드 할아버지를 떠올렸다. 할아버지는 1919년 아일랜드 독립전쟁에 아일랜드공화국군(Irish Republican Army, IRA)으로 참전해 영국군에 맞서 싸운 공로로 훈장을 받았다. 과거에 압제자, 식민지 지배자로 여겨지던 사람들의 관점으로 방송하는 손녀를 보면, 할아버지 기분이 어떨지 궁금했다.

정치적 관점이 하나의 단어 또는 그것의 부재에서 산출될 수 있다면, 이 경우에 그 단어는 '영국(British)'이다. 그렇다면 나는 다른 어떤 패러다임으로 방송할 수 있을까?

"당신도 에스키모의 영혼의 순례자인가 뭔가, 그런 건 아니죠?" 어느 날 밤에 공동 진행자가 말했다. 나는 방송을 준비하며 그에게 얼음 위에서 하는 사냥에 대해 말하던 중이었다.

"지금은 이누피아트나 이누이트라고 해요, 에스키모는…" 나는 설명을 시작했다.

하지만 그는 이미 돌아앉아 요약본을 읽고 있었다.

나는 우트키아빅에 대해 더는 이야기하지 않았다. 사라지고 있는 다년빙, 몹시도 그리운 칼레악 가족, 그리고 빌리, 그와 함께 있지 않다는 사실이 점점 더 견디기 힘들어졌다.

줄리아가 포인트 호프에 사는 친척을 통해 흑백 그림을 보내줬다. 나는 그것을 방 안에 걸어놓았다. 북극고래가 헤엄치고 있고 그 위에서 한 이누피아트가 배를 몰고 있는 그림이었다. 고래 배 속에는 또 다른 남자가 들어 있었다. 이누피아트의 요나는 어린 시절에 보았던 절망한 요나와 달랐다. 그는 가죽 북을 두드리며 춤을 추고 있었다.

　나는 리드 끝에 놓인 빌리의 우미악 사진을 크게 뽑아서 액자에 넣은 뒤 그림과 나란히 걸었다. 푸른 빛 속에서 그 배는 사람들을 데리고 바다를 건너 현세를 벗어나는 마지막 여행을 기다리는 듯, 온 세상을 바라봤다. 나는 이누피아트어 제목인 '우비우암 우미알리앙아'에 영어 제목을 덧붙였다. '내가 너를 데려가리(I Will Carry You)'.

글레이셔 베이 : 우트키아빅의 빙하는 내 안에 있다

~~~

북위 58° 27′ 3″   서경 135° 49′ 21″

배가 힘차게 뱃고동을 울리며 출발한다. 마침내 공해다. 몇 주간 기차와 버스를 갈아타는 사이 언뜻언뜻 보다가, 이주의 마지막 단계를 위해 회색고래 무리에 합류하는 중이다. 나와 맥스가 손을 흔들자 부둣가에 늘어서 있는 사람들도 손을 흔들어 준다. 밴쿠버가 스카이라인을 따라 펼쳐지다가 저 멀리 사라진다.

우리는 알래스카로 향한다. 맥스와 함께 호화 유람선 노르웨지안 선의 발코니에 서 있으니 살짝 부끄러워진다. 공해에서 대충 끝내려는 생각은 아니다. 비용도 우리의 예산을 훨씬 웃도는 수준이다. 꼭대기 갑판에는 출렁이는 수영장도 있다. 하지만 원래 타려고 했던 알래스카 해양고속의 연락선은 운항하지 않았고, 결국 저지의 은행가들이 읽는 고급 잡지에 여행 관련 기사를 쓸 거라는 말로 저렴한 표를 얻었다.

나는 선실에서 지도를 가지고 이동 경로를 살펴본다. 우리는 퍼즐 같은 섬들을 굽이굽이 지나며 케치칸(Ketchikan), 주노(Juneau), 스캐그

웨이(Skagway), 글레이셔 베이(Glacier Bay)에 차례로 정박한다. 가끔 바다에 고래 꼬리가 나타나는데, 좋은 징조가 분명하다. 우리 배는 거칠고 바위투성이인 바깥쪽 해안에서 멀리 떨어진, 잔잔하고 안전한 해협 안쪽에서 머물 것이다. 우리는 7일 안에 휘티어(Whittier)에 도착할 것이다. 조각조각 흩어진 섬들을 세어보지만, 너무 많은데다 맥스의 머리가 시야를 가로막고 있어서 쉽지 않다. 맥스가 내게 기어올라 반대쪽 페이지에 있는 수상 비행기 사진을 손바닥으로 때린다.

"비행기, 나는 비행기가 좋아. 이 발은 뭐야?" 맥스가 플로트를 가리킨다.

"그게 있어서 물 위에 착륙할 수 있는 거야."

맥스가 처음 알게 된 운송 수단을 신기한 듯 쳐다본다.

우리는 잠에서 깨어 발코니 문을 통해 어두운 바다를 내다본다. 2층으로 올라가니 발리 출신 웨이트리스 아유가 메이플 시럽을 얹은 팬케이크를 테이블로 갖다준다. 네팔과 필리핀, 인도에서 온 직원들도 있다. 아유는 1년에 아홉 달은 아이를 맡기고 배에서 일한다. 그는 맥스에게서 눈을 떼지 못한다. 아유가 가져온 오렌지 주스가 담긴 긴 유리잔을 사이에 두고 두 사람은 서로를 멍한 눈으로 쳐다본다. 아유는 스카이프로 가족과 꾸준히 연락한다고 말한다. 그의 목소리가 경쾌하다. 그의 사랑이 시간과 공간을 넘어 이렇게 멀리까지 닿으려면 얼마나 가늘게 늘어나야 하는 걸까?

입맛이 없어서 창밖을 내다보는데 짙은 회색의 작은 등지느러미가 사방에서 물살을 가르는 게 보인다. 너무 빨리 나타났다 사라져서 상상인 줄 알았다. 나는 아유에게 팁을 후하게 남기고 맥스와 함께 서둘러 방으로 내려간다. 발코니로 나가니 흰 줄무늬가 있는 몸이 수면으로 올라오는 게 보인다.

"고래야, 엄마, 고래!" 맥스가 소리친다. 나는 인터넷을 검색해 유람선 주위에서 놀고 있는 무리가 돌고래 중에서 가장 빠른 돌곱등어(Dall's porpoises)라는 사실을 알아낸다. 갑판 여기저기에 흩어져 있는 TV 화면에 우리의 좌표가 늘 표시된다. 그래도 마냥 신난다. 우리는 카펫 위를 돌아다니고 유리 승강기를 오르내린다. 수영장 수칙을 확인해 보니 배변 훈련이 된 아이들만 들어갈 수 있다. 이 사실을 말하자마자 맥스가 기저귀를 벗기 시작한다. 나는 아이를 가장 가까운 화장실에 밀어 넣고 배를 타는 사흘 동안 실수하면 안 된다고 설명한다.

그러다 고래가 발견되었다는 소문을 듣고 정보를 얻기 위해 목격자를 찾아가 이야기를 듣는다. 검은색 고래가 흰 무늬 꼬리를 뿜내며 몇 차례 뛰어올랐다고 한다. 그가 팔을 휘두르며 고래가 솟아오르는 모습을 시연한다. 실망감에 맥이 쭉 빠진다. 회색고래가 아니라 혹등고래다.

이튿날 우리는 첫 번째 기항지인 케치칸에 도착한다. 이 도시는 처음에 피싱 캠프로 만들어졌고 지금은 세계 연어의 수도로 알려져 있다. 나는 고래가 없는 관광에 돈을 쓰고 싶지 않아서 맥스와 함께 주변을 돌아본다. 그러다 파르나소스 서점에서 《해양협회 회색고래 안내서(The Oceanic Society Field Guide to the Gray Whale)》라는 도감을 발견한다. 책을 만지기만 해도 그들에게 가까워지는 느낌이다.

우리는 계속해서 길을 따라 걷다가 한데 모여 밀치락달치락하는 요트 돛대들을 다리 위에서 내려다본 다음, 우연히 발견한 구세군 중고 상점에 들러 이것저것 살펴본다. 맥스는 요란한 엘모 노트북을 열어보고, 나는 그것을 다시 선반에 올려놓자고 설득한다. 선실로 가져갈 수는 없다. 맥스와 물물 교환을 하려고, 경적이 울리는 플라스틱 기차와 에치어스케치(Etch A Sketch)에 나무로 된 통나무집 세트까지 추가한다. 맥스는 여전히 갈팡질팡하며 노트북을 꽉 붙들고 있다. 나는 여기 사람들은 나무로 집을 만들 수 있다며 열심히 설명한다.

결국 맥스는 도끼를 휘두르는 서부 개척자와 그의 충직한 플라스틱 사냥개에 흔들려 제안을 받아들인다. 맥스가 새로 얻은 장난감을 한가득 안고 으스대며 가게를 나간다. 좋은 거래였는지 잘 모르겠다. 어떤 사람이 나를 멈춰 세우고 길을 묻는다. 그들은 내 억양을 듣더니 케치칸 사람인 줄 알았다고 한다. 이제는 나와 맥스 둘 다 즐겁게 거리를 활보한다.

나는 종일 회색고래를 멀리했지만, 그날 밤에 다시 새 책을 뒤적이며 실마리를 찾아본다. 완만하게 올라간 입꼬리. 지혜로운 눈. 유니콘을 찾는 기분이다. 유람선 안내 책자에서는 회색고래에 관한 언급을 전혀 찾아볼 수 없다. 단순하게 생각하면, 고래들이 매년 서부 해안을 오르내리는 건 명백한 사실이므로 그들과 거의 같은 시기에 서부 해안을 따라 올라가면 어딘가에서 만날 수 있을 것이다. 나는 바다와 수평선을 수천 번 살피며 분수와 얼룩진 몸을 찾아봤다. 그러나 그들의 부재만을 확인했을 뿐이다. 실망감이 딱딱하고 무겁게 느껴지는 뭔가로 몸 안에 축적되었다.

그들은 사람들과 거대한 배들을 피해 더 멀리에 있는 게 틀림없다. 그렇다면 또 어디에 있을까? 그렇게 영리한 동물들이 자신들에게 가장 큰 피해를 주는 자들 앞에 알아서 나타날 거라고 생각하다니, 내가 너무 어리석었다.

세인트헬리어에 있는 호틀리언스라는 담배 연기 자욱한 클럽에서 사람들이 너바나의 〈컴 애즈 유 아(Come as You Are)〉에 맞춰 춤을 추고 있었다. 열일곱 살이었던 나는 녹색 괴물 세 잔에 인사불성이 되었다. 내가 지켜보는 앞에서 바텐더가 사과주 반과 라거 반에 파란색 볼스 리큐어를 몇 잔 더하자 신기하게도 전체가 늪처럼 보이는 녹색으로 변했다. 자전거를 타고 집에 가는데 세상이 살포시 뒤집혔다. 나는 자전거를 탄 채로 도로에 등을 대고 누워 공중에서 페달을 밟았다.

마침내 낡은 돼지우리에 있는 브램블의 거처에 도착했지만, 녀석은 나를 올려다보지 않았다. 브램블은 예전보다 작고 여위었어도 여전히 동화처럼 아름다웠다. 나는 그 옆에 있던 톱밥 위에 웅크리고 누웠다가 취기에 그만 실수를 하고 말았다. 따뜻한 기운이 청바지를 천천히 적시는가 싶더니 다시 추워지기 시작했다. 나는 잠을 설쳤고, 밤새 브램블을 어루만졌다. 어둠 속에서 녀석이 갑자기 두 발을 거칠게 흔드는데 워낙 가까이 있어서 까딱하면 발굽에 차일 뻔했다.

몇 주 전 들판에서 발견했을 때 녀석은 누워 있었는데 나를 보더니 힝 하고 울기만 할 뿐 일어나지 못했다. 나는 브램블을 10년 가까이 돌봤다. 하지만 A레벨을 시작하면서 학교와 시험 때문에 침대에서 일어나는 것도 힘들어 어디에도 신경을 쓸 수가 없었다. 술도 많이 마셨다. 그래도 브램블에게 먹일 물은 거의 매일 양동이로 몇 번씩 날라줬다. 한번은 나 대신 브램블을 타고 달려줄 반 친구를 하나 구했다. 하지만 브램블은 친구를 길바닥에 내동댕이쳤고, 그 애는 한 달 동안 팔에 팔걸이 붕대를 하고 다녀야 했다. 지역신문에 '조랑말 대여' 광고를 내보기도 했다. 하지만 배신자의 제안에 응하는 사람은 없었다.

수의사가 칼을 이용해 브램블의 발바닥에 구멍을 냈다. "이게 도움이 될 거예요." 녀석은 한 번 더 방치된 사이에 봄풀을 잔뜩 먹었다. 그래서 처음 만났을 때 있었던 제엽염이 재발했다. 발굽 앞쪽이 뜨거웠다. "압력이 빠져나와서 그래요." 수의사가 말했다. 발굽에서 베이지색 물질이 흘러나왔다. 냄새는 귀청이 터질 듯한 소음 같았다. 처음에는 달콤할 정도로 기분 좋게 콧구멍으로 들어왔지만, 깊은 음역에 울려 퍼지고 나서는 뭔가 원초적인 악취를 가지고 다시 올라왔다. 각질로 둘러싸인 브램블의 발 조직은 혈관에 흐르는 과잉 영양분과 수분을 수용할 만큼 부풀지 못했다. 조직이 멍든 과일처럼 무너졌다. 녀석은 몹시 괴로워했다.

그때부터 나는 수의사가 말한 것들을 그대로 실천했다. 녀석을 걷게 하려고 노력했고, 대장장이를 불러서 특수 신발을 맞춰달라고 부탁했다. 뜨겁게 달궈진 철을 발굽에 끼우니, 브램블이 몸을 흔들며 비틀거리다가 궁둥이를 바닥에 대고 기대앉았다. 평소 좋아하는 먹이에 진통제를 한 봉지씩 섞어서 주었지만, 아무것도 먹지 않았다.

내가 이 상황을 바로잡을 수 없다는 것, 일자리를 얻고 돈을 벌어서 브램블이 치료받을 수 있게 영국으로 보내는 건 불가능하다는 사실을 받아들이기까지 오랜 시간이 걸렸다. 밤이면 나는 침대에 누워 녀석이 기적적으로 회복했다는 내용의 기사가 〈말과 조랑말(Horse and Pony)〉이라는 잡지에 실리는 상상을 했다. 하지만 그러기에는 이미 너무 늦었다. 이번만큼은 브램블도 달아나지 못했다.

"그만 끝내줘야 해." 엄마가 말했다. 엄마가 틀리기를 바랐지만 더는 두고 볼 수가 없었다. 나는 수의사에게 전화했다. 부모님은 휴가차 배를 타고 프랑스에 갔다. 나는 브램블의 목을 감싸 안고 동이 트는 걸 지켜봤다.

수의사가 아침 일찍 찾아왔다. 그는 혹시라도 브램블이 돼지우리를 부수고 도망칠까 봐 녀석을 꽉 붙들려고 했다. 하지만 내가 손대지 못하게 했다.

"얼마나 키웠니?"

"몰라요, 한 9년 됐을걸요." 나는 멍한 상태로 중얼거렸다.

"저런."

나는 양손으로 브램블의 머리를 잡았다. 수의사가 진정제와 치사량의 근이완제를 주사했다. 목 근육이 두꺼워서 뚫으려면 힘껏 찔러야 했다. 브램블이 벌떡 일어나는 바람에 가는 핏줄기가 톱밥 위로 뿜어져 나왔다. 며칠 만에 일어나 몸을 떨고 있었다. 우리는 눈을 감았다. 다리에 힘이 빠지는지 브램블은 서서히 허물어졌다. 나는 쓰러지는 녀석의 머리를 감싸 안고 같이 주저앉았다.

수의사가 근육의 반응을 확인하기 위해 눈 가운데에 있는 파란 동공을 손가락으로 찔렀다. 나는 브램블의 얼굴을 감싸고 몸을 웅크리며 등으로 그를 막았다. 그리고 녀석을 쓰다듬으며 끔찍한 마지막 접촉을 지워내려고 애썼다. 나는 브램블의 윗눈꺼풀과 눈썹, 빛나는 볼을 어루만졌다. 그다음은 벨벳 같은 입술과 코. 이어서 턱과 콧구멍 주위에 난 뻣뻣한 털을 쓸어줬다. 마지막으로 몸과 욕창, 다리, 완벽한 원형의 발을 어루만졌다.

화물차가 마당에서 기다리고 있었다.

"그만 안으로 들어가렴." 수의사가 말했다.

그들은 분명히 브램블을 밧줄로 묶어서 화물차 뒤 칸으로 끌고 갔을 것이다. 나는 집 밖으로 뛰쳐나가 자갈에 남은 흔적을 따라 달렸다. 그렇게 8킬로미터 떨어진 세인트헬리어까지 뛰어갔고, 인파가 끊임없이 밀려드는 시내 중심가의 벤치에 앉아 울었다. 날이 어두워지면서 나는 집 반대 방향으로 걷기 시작했고, 해안을 돌아 세인트캐서린 베이(St. Catherine's Bay)에 도착했다. 이어서 바람을 뚫으며 방파제를 따라 소름 끼치는 끝을 향해 걸었다. 그곳에는 잿빛 파도가 부서지고 붕장어들이 사는 새까만 바위들이 있었다. 나는 물이 되고 싶었다.

음악 소리인가? 아니면 철책에 부는 바람? 나와 조시는 가끔 폐낚시 도구에서 떨어진 반짝이는 조각을 찾으러 동네 어부들의 쉼터에 갔었다. 그런데 그중 한 곳에서 젊은 남자들이 장작불을 피워놓고 둘러앉아 기타를 치고 있었다. 그들은 강한 스코틀랜드 억양으로 같이 놀자고 부르더니 무슨 일이 있냐고 물었다. 나는 조랑말이 죽었다고 중얼거렸다. 그들은 아무것도 묻지 않고 말보로를 나누어 주었다. 브램블은 고통에서 벗어나 자유로워졌다. 그리고 브램블의 죽음은 나를 표류하게 하고 자유롭게도 했다.

"떠나." 브램블의 목소리가 들렸다. "도움을 요청해, 안 그러면 다음은 네 차례가 될 거야." 나는 그때 내가 떠날 거라는 걸 알았다. 한 남자가 담뱃갑 조각에 전화번호를 적어 주었다. 나는 조용히 앉아 무릎을 안고서 새벽까지 그곳에 있었다. 브램블이 죽은 날이 지나갈 때까지.

"브램블은 내 책임이기도 했어." 몇 달 후에 엄마가 말했다. 엄마는 열심히 노력하고 있었다. 엄마가 목청을 가다듬었다. "너는 그저 어린아이였을 뿐이야." 내 잘못이라는 걸 알았기에 고통이나 죄책감이 조금도 덜어지지 않았다. 브램블의 사랑은 내 것이었고 나는 온전히 녀석의 것이었다. 내가 눈을 뜬 감든, 브램블은 항상 거기서 나를 쳐다보며 두 번 다시 다른 생명을 책임지면 안 된다는 걸 상기시켰다. 나는 살아 있는 모든 것과 거리를 두어야 한다.

나는 회색고래에 관한 책을 조심스럽게 닫아서 침대 옆에 내려놓고 내 옆에 잠들어 있는 맥스를 바라본다. 맥스는 내 일부나 마찬가지다. 맥스를 향한 사랑에는 부족함에 대한 두려움이 함께한다. 나는 맥스를 내 예전 삶에 끼워 맞출 수 없다는 걸 깨닫는다. 뭔가가 잘못될까 봐 두려워서 나는 내 모든 걸 맥스에게 바쳐야 했다. 하지만 이제는 균형을 잡을 수 있다. 갑자기 고래를 보지 않아도 충분히 만족스러울 것 같은 기분이 든다. 내 안의 과학자는 저 도감이 신중한 관찰과 연구를 통해 작성되었다는 걸 알고 있다. 저 책 덕분에 고래들을 이해하고 그들의 존재에 감사할 수 있다. 고래가 존재한다는 것만으로 충분하다. 그들을 보지 못하더라도, 인간의 방해에서 벗어나 다른 어딘가에서 그저 고래로 자유롭게 존재한다는 것만으로 기쁘다.

우리는 알래스카주의 주도인 주노에 도착한다. 스무 명 정도 되는 일행이 작은 배에 올라탄다. 우리의 가이드 에밀리는 틀링기트(Tlingit) 혈통이다. 틀링기트는 '파도의 사람들(people of the tides)'로 번역된다. 그들은 태곳적부터 고래와 함께 살아왔고 고래를 먹는 걸 엄격히 금했다.[1]

"창조 신화에서 사람들은 동물에서 인간으로 변했다가 다시 동물로 돌아가요." 에밀리가 말한다. 그가 말하는 모든 문장이 계속해서 황홀하게 빛난다. 그는 긴 머리카락과 바닷속에 있는 뭔가의 우아함을 가지고 있다.

맥스도 넋을 빼앗긴다. "혹등고래에 대해서 말하는 거야, 엄마?"

우리 꼬마 과학자가 너무 많은 걸 습득하고 있다. 육지가 지척에 있고, 바닷물은 너무 잔잔해서 고체처럼 보인다. 베이 안에 혹등고래와 범고래가 바글거린다. 에밀리가 이런 '정주성' 범고래들은 물고기를 잡아먹고, 다른 고래들과 어울리며 평화롭게 살아간다고 말한다. 회색고래 새끼들을 뒤에서 공격하는 몬테레이 심해의 '이동성' 범고래와 매우 다르다. 버스만 한 혹등고래들이 바로 옆에서 장난을 치며 논다.

"저기 봐, 아기 범고래야, 엄마!"

맥스의 관찰력에 에밀리가 만족스러운 미소를 짓는다. 그가 다가오자 맥스가 그의 손을 잡으려고 손을 뻗는다.

"저기 어미 고래도 있네." 에밀리가 맥스에게 말한다. 어미와 새끼 범고래가 함께 수면 위로 뛰어오르자 흑백 정장에서 은빛 물방울이 후두둑 떨어진다. 그들의 몸은 리듬을 맞추고, 그들의 아름다움은 단 한 번의 들숨과 함께 수면 위로 날카롭게 증류된다.

그때, 성체 범고래가 배를 향해 곧장 다가온다.

등지느러미가 조용히 바닷물을 가르며 우리를 향한다. 새까만 색이 다른 색을 전부 빨아들인다. 느닷없이 나타난 전령은 모든 걸 집어삼킬 준비가 되어 있다. 내가 수면보다 훨씬 높은 갑판 위에 있는데도 등지느러미 끝이 가슴 높이에 닿는다. 난간에 바짝 붙으니 긴 몸통이 의도를 가지고 움직이는 게 보인다. 나는 회색고래 새끼의 무력함을 상상한다. 범고래의 이동 경로가 너무 정확해서 내가 표적이 된 기분이다. 범고래가 다가오는 동안 나는 보트 위로 붕 떠서 나를 내려다본다. 범고래의 머리는 수십 미터 거리에서 수면을 부수고, 나는 원시적인 공포에 얼어붙는다. 범고래가 우리를 들이받을까?

찰나가 길어지며 빙글빙글 돈다. 기억들이 충돌한다. 닫아두었던 순간들. 나는 소녀로서, 그리고 여자로서 두려움에 얼어붙는다.

저 위에서 나는 세 사람, 에밀리와 맥스와 나를 본다. 이빨 달린 어뢰들이 새끼를 향해 돌진해도 회색고래 어미는 얼어붙지 않는다. 어미는 새끼를 몸에 바짝 붙이고 '움직인다'. 내가 맥스의 손을 잡고 피할까

북위 58° 27′ 3″ 서경 135° 49′ 21″

하는데, 범고래는 부딪치기 직전에 보트 밑으로 쑥 들어가 버린다. 낸시 선장이 범고래가 얼마나 똑똑한지 말해줬던 기억이 난다. 놀이를 하는 걸까? 어쩌면 관광객들을 놀라게 하는 걸 즐기는지도 모른다. 낯선 지적 존재는 수면을 거의 어지럽히지 않고 미끄러지듯 멀어진다. 나는 두 팔을 흔들고 허공에 주먹을 휘두르고 펄쩍펄쩍 뛰면서 범고래를 몰아낸다. 맥스가 깔깔거리며 웃더니 나를 따라 한다.

엄마는 병이 악화되기 1년쯤 전에 나를 만나러 런던에 왔다. 우리에 관해 이야기하고 싶다고 했다. 우리는 터키 레스토랑에 갔다. 엄마는 실크 태피터(taffeta)로 된 분홍색 상의를 입었고, 나도 엄마를 위해 제일 좋아하는 줄무늬 캐시미어 스웨터를 신경 써서 차려입었다. 올라 카일리에서 파격 할인할 때 산 것이었다. 우리에게 자매냐고 묻는 웨이터를 향해 엄마가 활짝 웃었다. 엄마는 고개를 뒤로 젖히며 웃었지만, 칠흑같이 까만 머리카락과 완벽한 피부, 주변의 모든 사람과 대화를 나누는 에너지는 여전했고 늘 스무 살은 젊어 보였다. 엄마가 고등어를 먹기 시작했다.

"맛있네요." 엄마는 지나가던 웨이터에게 이렇게 소리치더니 기대감에 찬 눈으로 나를 바라봤다. "자, 그럼." 웨이터가 웃으며 말했다.

나는 초조한 마음으로 레드 와인을 시켰다.

"저도 같은 걸로 할게요." 좀처럼 술을 마시는 일이 없는 엄마가 말했다.

솔직히 말해서 우리는 너무 달랐고, 그것은 누구의 잘못도 아니었다. 그래도 괜찮았다.

"나는 엄마처럼 책과 연극을 잘 알지 못해요." 내가 말했다. "그런 대화를 하다 보면 내 자신이 바보처럼 느껴지고 실망스러워요."

엄마가 포크를 내려놓고 내 말을 곱씹더니 플랫브레드를 찢어 접시에 올려놓았다. 나는 포크로 무사카(moussaka)*를 퍼먹는 데 집중했다.

"너는 과학에 빠지면서부터 내가 이해할 수 있는 범위를 벗어났어." 엄마가 먼 곳을 바라봤다. 웨이터가 즉시 엄마 옆에 나타났다. "뭐 필요한 게 있으신가요?"

엄마가 고개를 젓더니 그에게 어디서 왔냐고 물었다. 두 사람은 내가 무사카를 다 먹을 때까지 터키와 아일랜드에 관해 이야기했다.

엄마가 다시 나를 쳐다봤다. "네가 많이 걱정됐어, 도린."

'이제 시작이군.' 나는 엄마를 향해 눈을 가늘게 뜨고 부루퉁한 표정을 짓지 않으려고 애썼다. 내가 10대 때 쓰던 방어 수단이었다. "실은 나를 본 게 아니라, 엄마의 두려움을 투사한 거잖아요. 젠장!" 와인이 입에서 흘러나와 스웨터에 묻었다.

"욕설은 어휘가 부족하다는 증거야, 도린." 엄마가 말했다.

"나는 원래 엿같이 말해요." 나는 냅킨으로 얼룩을 두드리며 쏘아붙였다. "엄마도 '나를' 망할 년이라고 불렀잖아요, 기억 안 나요?" 이성적인 어른 흉내는 3초 만에 끝났다. 나는 화장실에 가서 스웨터에 묻은 얼룩을 씻어내고 얼굴에 물을 끼얹은 뒤 세면대를 붙잡고 심호흡을 했다. 그리고 다시 내 자리로 돌아가서 엄마와 말없이 품위 있게 식사를 이어갔다.

"죄송해요." 나는 말했다. '내가 나여서' 미안하다고 말하고 싶었다. 그 가게는 디저트가 맛있으니 디저트를 먹으면 도움이 될 것 같았

---

* 고기와 채소를 볶아서 화이트소스를 얹어 구운 그리스 전통 음식-옮긴이

다. 내가 손을 들고 웨이터들을 향해 미소 지었지만, 그들은 알아차리지 못했다.

"모두가 최선을 다한단다, 도린." 엄마가 아주 대단한 사람처럼 말했다. 그리고 빵으로 접시에 남은 고등어 즙을 조심스럽게 닦았다.

"계산서를 달라고 할까요?" 내가 말했다. 설교나 듣자고 디저트를 먹을 수는 없었다.

우리는 버스 정류장으로 걸어갔고, 엄마는 저녁 시간에 떼 지어 몰려다니는 사람들을 바라보며 무척 즐거운 표정을 지었다. 나는 엄마가 행복해하는 모습을 지켜보는 게 좋았지만, 정말 행복한지는 알 수 없었다.

"있잖니, 도린, 여기 오기 전에 집 안을 둘러보는데 말이야." 엄마가 말했다. "예쁜 건 전부 네가 가져온 것들이더라." 나는 출장을 다녀올 때마다 선물을 가져갔다. 가나에서는 무지개 유리구슬, 부르키나파소에서는 박하 향이 나는 줄무늬 플라스틱 찻주전자, 요르단에서는 아랍어 스크래블(scrabble), 프라하에서는 유리로 만든 바다 풍경. 엄마에게 세상을 갖다주고 싶었다. 나는 밤거리를 걷다가 엄마의 손을 잡았다.

집으로 돌아간 나는 엄마에게 침대를 내주고 바로 옆 바닥에 쿠션을 깔았다. 그러다 겁에 질린 어린아이의 무시무시한 비명에 잠에서 깼다. 엄마는 얼굴을 찡그렸지만, 여전히 자고 있었다. 엄마는 늘 세상모르고 잤다고 말하곤 했다.

나는 엄마 옆으로 올라가 그의 이마를 어루만졌다. "이제 안전해요." 나는 속삭였다. "내가 여기 있을게요." 나는 밤새 엄마를 껴안고 잤다. 그의 과거에서 어떤 유령들이 찾아오든, 나를 지나갈 수 없을 것이다. 나중에 엄마는 우리의 대화 덕에 '우리 사이에 있던 괴물 중 많은 수가 달아났다'고 내게 썼다. 하지만 그때쯤 나는 그날 밤 비명을 지른 여자가 다른 괴물들, 그보다 나이가 많은 괴물들에게 괴롭힘을 당했다는 걸 비로소 알게 되었다.

그다음 런던을 방문했을 때 엄마는 어느 지하철역에서 내리는지 거듭 물었고, 우리가 전날 어떤 대화를 나누었는지, 방금 무슨 말을 했는지, 그리고 지금 무슨 말을 하고 있는지도 잊어버렸다. 엄마는 머릿속에 있던 고급 가구와 참고 자료들을 하나씩 도난당하고 있었다.

"엄마가 나를 떠나고 있는 느낌이에요." 나는 말했다.

엄마는 웃었다. "나는 잊어버리고 싶어." 병이 악화되는 몇 년 동안 그는 거듭해서 단호하게 말했다. 그리고 소망을 이루었다. 엄마는 늘 닿을 수 없는 사람이었고, 이제는 영원히 닿을 수 없게 되었다.

나와 맥스는 에밀리에게 작별 인사를 하고 배에서 내린다. 나는 맥스가 갑판에서 부두로 뛰어내릴 수 있게 손을 잡아준다. 맥스가 나를 잡아당기더니 판자 위를 달린다.

"내가 이겼다!" 그가 육지에 도착해 외친다. 내게는 아들이 있다. 나는 그 아이를 행복하게 하고, 그 아이도 나를 행복하게 한다. 이미 나와 엄마가 가졌던 것보다 훨씬 더 많은 걸 가지고 있다. 나와 맥스, 우리는 운이 좋다.

다음 기항지는 스캐그웨이이고, 틀링기트어로 '아름다운 여인'이라는 뜻이다.

"저것 봐, 엄마." 맥스가 시내로 걸어가다가 양파 모양 돔이 달린 길모퉁이 가게를 가리키며 말한다. 가게 안에는 알래스카풍의 마트료시카 인형이 진열되어 있다. 채색이 정교한 인형 하나에 마음이 끌린다. 인형의 겉면에는 털옷을 입은 이누이트 여자가 미소 띤 얼굴로 카약 안에서 노를 젓고, 그 앞에는 어린 여자아이가 큰 분홍빛 연어를 붙잡고 앉아 있다. 주변 바다에는 바다표범과 물고기가 노닐고 있다. 나 역시 내 카누를 젓고 있다는 뿌듯함에 그 여자를 바라보며 미소를 지어준다. 여자 안에는 순록을 타고 툰드라를 가로지르는 남자가 있고, 남자 안에는 활과 화살을 든 소년이 사향(麝香)소[牛] 틈에 서 있다. 그리고 그 안에 또 다른 소녀가 커다란 물고기를 들고 있고, 맨 마지막에는 아주 작은 허스키가 있다. 비싼 인형이지만 여자의 비취색 파카 앞이 살짝 갈라져 있어서 계산대 직원이 가격을 좀 깎아준다. 그가 인형을 박엽지(薄葉紙)에 조심히 싸는 동안, 나는 우리 가족이 그 인형처럼 성장하기를 기원한다. 우리는 얼마 안 가서 털실로 만든 시베리안 허스키 모자를 발견한다. 나는 모자를 점원에게 건넨 뒤 다시 돌려받자마자 오매불망 바라보던 맥스의 머리에 씌워준다.

"정말 멋지다, 맥스, 진짜 허스키 같아!" 나는 맥스의 손을 잡으려고 팔을 뻗는다.

그러자 맥스가 내 손을 깨문다. "나 맥스 아니야, 엄마, 루퍼스야." 그러면서 으르렁거린다.

골드러시(gold rush)의 망령들이 보이기 시작한다. 자유로운 고액 대출을 홍보하는 돈의 제왕 킬라(Keelar the Money King)의 간판. 여행용 가방, 사금 채취용 접시, 곡괭이.' 우리는 길게 늘어선 통나무집들을 지나간다. 교회 안에 아주 작은 사람들이 눈을 헤치며 힘겹게 올라온 흔적을 표현한 그림이 있다. 화이트 패스(White Pass)에 있는 산을 오르려다 목숨을 잃은 사람들을 추모하기 위한 것이다.

마을 도서관에서 전단과 신문을 한 무더기 쌓아놓고 뒤지는데, 1897년 12월 31일에 발행된 〈스캐그웨이 신문(Skagway News)〉 사본이 시선을 사로잡는다. 위험한 북부를 여행하는 여성들을 위한 엄중하고 실용적인 안내문이다. 그 내용이 나를 과거로 내던진다.

'여성들이 클론다이크(Klondike)에 가기로 마음을 먹었기 때문에 말리려고 해도 소용없다.' 이 글을 쓴 애니 홀 스트롱(Annie Hall Strong)은 경고한다. '여자는 한다면 하니까, 당신은 믿어도 좋다.'

그리고 이렇게 말을 이어간다. '연약한 여성들은 여행에 나설 자격이 없다. 무조건 실패할 것이다.' 그리고 강인한 여성들에게 여행 필수품 목록을 알려준다.

좋은 드레스 한 벌
두꺼운 모직 반코트와 블루머(bloomers)• 한 벌
여름옷과 블루머 한 벌
블루머 위에 입을 두꺼운 즈크(duck)•• 나 데님으로 된 짧은 치마 세 벌
겨울 속옷 세 벌
방한 장갑 두 켤레
실내화 한 켤레
밑창이 두꺼운 운동화 한 켤레
펠트 부츠 한 켤레
긴 양말 한 켤레
두꺼운 고무장화 한 켤레
아이스 크리퍼 한 쌍…

• 밑단에 고무줄을 넣어 잡아 매도록 한 여성용 바지의 종류-옮긴이
•• 무명실 등으로 두껍게 짠 직물-옮긴이

북위 58° 27′ 3″ 서경 135° 49′ 21″

목록은 계속 이어진다. 그가 필수 식량으로 초콜릿을 넣어줘서 기쁘다. 1896년에서 1990년까지 1,000명 이상의 여성들이 칠쿠트(Chilkoot) 또는 화이트 패스를 건넜다. 애니 홀 스트롱은 자신이 '급성 클론디시티스(acute Klondicitis)'라고 불렀던 병에 걸렸다.

나는 잠시 상상 속에서 클론다이크로 향하는 길목에 들어선 용감무쌍한 여성 개척자가 되어본다. 그 순간 내 고어텍스와 유람선, 그리고 산길을 힘겹게 오르던 사람들이 떠오른다. 나는 두 번 다시는 어떤 것에 대해서도 불평하지 않기로 다짐한다. 우리가 바하 이후로 회색고래를 본 적이 없다는 사실에 대해서도.

"엄마, 가자." 루퍼스가 출입문을 향해 기어가고 있다. 나는 좀 더 머물면서 여성 토착민들에 대해 읽고 싶었다. 그들의 눈에는 개척자들이 어떻게 보였을까? 일부 토착민들은 보급품을 운반하거나 길을 안내하는 일을 얻었지만, 골드러시는 그들의 강과 숲에 장기적인 손상을 입혔다. 주로 회귀하는 연어를 잡아먹었던 수렵 채집인 핸(Han) 원주민은 백인이 들어온 뒤 폐허로 변한 사냥터와 낚시터를 목격했고 보호구역으로 옮겨졌다. 세상이 끝난 듯한 기분이었을 것이다.

아이들의 놀이터에서 밖을 내다보면 산봉우리와 몰리 월시(Mollie Walsh)의 흉상이 보인다. 그는 산길을 혼자 걸어가 요리를 할 수 있는 천막을 설치하고, 그곳을 지나는 금에 미친 사람들에게 가정식을 제공했다. 이 이야기는 비극으로 끝난다. 그는 결혼한 뒤 남편을 떠났고, 어린 아들을 데리고 다른 남자와 살림을 차렸다. 그런데 전 남편이 몰리를 추적하기 시작했다. 남편은 이미 주취와 살해 위협으로 한 번 체포되었는데, 몰리는 고소를 취하하는 치명적인 실수를 저지르고 말았다. 그는 몰리를 찾아서 총으로 쏴 죽인다. 몰리가 뒤돌아보지 않고 자신의 길을 계속 갔더라면, 도망쳤더라면 좋았을 것이다.

놀이터에서 들을 만한 이야기는 아니지만, 당시 스캐그웨이는 극한의 시대에 탄생했다. 또한 이 이야기는 남성들이 여성들의 이야기를 입맛에 맞게 쓰고 그들의 운명을 마음대로 결정하는 일이 얼마나 빈번했는지를 상기시켜 준다. 저지의 여성 보호시설에서 만난 가정폭력 피해 여성들이 어떻게 지내고 있는지, 다시 자기 삶을 책임지고 있는지 궁금하다. 나는 맥스를 바라본다. 그는 숲을 테마로 한 미끄럼틀의 사다리를 오르고 있다. 나는 다른 종류의 남자로 자라날 한 소년의 엄마다.

이튿날 아침 우리는 빙하에 둘러싸인 채로 잠에서 깨어난다. 갑판으로 나가보니 우리 주위로 빙하가 파노라마 엽서처럼 펼쳐져 있다. 기름기가 많아 보이는 초록빛 바닷물에 얼음덩어리가 떠다닌다. 죽은 듯 고요하지만, 우리 배가 수면에 비치는 빙하와 그 뒤에 있는 산을 종횡으로 흔들고 있다. 갈매기들이 공중에서 날카로운 소리를 내며 미끄러지듯 지나간다. 바닷물이 뱃전을 때리며 촉, 촉, 촉 하고 말한다. 배 밑에서는 엽서가 춥, 춥, 춥 하며 재배열된다.

맥스가 토마스와 친구들을 흉내 내며 갑판 위를 깔깔거리고 뛰어다닌다. "엄마는 클라라벨이야." 맥스가 소리친다. 자기 뒤를 따라오라는 명령이다.

나는 맥스를 따라 뛰면서 닷새 동안 기저귀를 차지 않고도 아무런 사고가 없었다는 사실을 깨닫는다. 어려운 일이 아니었다. 수영을 시켜준다고 약속하면 알아서 배변 훈련을 했다. 타고난 물의 아이가 분명했다. 사람들이 해양 감시원의 이야기를 듣기 위해 밑에서 나오고 있다. 그는 하이킹 광고에 등장하는 건강미 넘치고 야외 활동에 최적화된 사람처럼 보인다. 나는 정보를 좀 얻을 요량으로 그에게 슬그머니 다가간다.

북위 58° 27′ 3″ 서경 135° 49′ 21″

"틀링기트 사람들은 빙하의 변화를 인지한 최초의 목격자였어요." 그가 말한다. 지난 1500만 년 동안 빙하에 눈이 쌓이고 녹는 전진과 후퇴가 두세 번 있었다. 가장 최근에 있었던 빙하기의 결빙기와 해빙기는 겨우 몇백만 년 전으로, 고래가 진화해 온 5000만 년 역사의 마지막 시기이며, 이때 바다의 풍요로움을 촉진하는 환경이 조성되었다. 여름철 동물성 플랑크톤 떼는 오늘날 우리가 알고 있는 대형 고래들을 위한 환경을 만들어줬다. 지질 연대에 일어난 일들에 대해 듣고 있으면 마음에 위안이 된다. 우리는 바늘구멍만큼 작아져도 상관없다. 산으로 둘러싸인 빙원은 인자한 친척 어르신처럼 어리석은 인간의 활동을 지켜본다. 우리는 세상을 떠날 테고, 그들은 숨을 들이쉬고 내쉬면서 계속 지구를 빚을 것이다.

하지만 맥스를 보니 궁금해진다. 북극은 알아볼 수 없을 정도로 변하고 있다. 이 빙하들은 이곳에 얼마나 더 머물까? 전 세계에 있는 빙하는 대부분 해수면 상승에 이바지하며 후퇴하고 있다. 맥스는 일생에 걸쳐 어떤 세상을 보게 될까? 맥스가 나이 든 모습을 상상하고 싶지 않다. 그저 이 순간 안전한 곳에서 맥스와 함께하는 여행을 계속하고 싶을 뿐이다.

"가장 극적인 변화는 지난 500년 안에 나타났어요." 해양 감시원이 말한다. 훈나 틀링기트 원주민(Huna Tlingit)은 어린 싯카 가문비나무와 장년기 하천이 있는 글레이셔 베이 입구에서 연어를 잡고 베리를 따며 그 현상을 관찰했다. 틀링기트 원주민이 소빙하기(小氷河期)에 카누에서 지켜본 빙하는 달리는 개만큼 빠르게 다가왔다고 그는 설명한다. 나는 빙하와 그들이 가진 힘, 우리를 둘러싼 얼음의 무게를 재평가한다. "틀링기트 원주민은 이곳의 매우 중요한 동반자였습니다. 그들에게 이곳은 조상 때부터 특별한 인연이 있는 장소이고요." 그가 말하는 동안, 작은 빙하 조각이 글레이셔 베이 끝에서 떨어져 나와 물속에 풍덩 들어간다. 승객들이 카메라를 준비하고 일제히 난간으로 움직인다.

"빙하가 전진한 뒤에 우리가 알고 있는 가장 빠른 후퇴가 시작되었습니다." 그가 설명을 이어간다. 또 다른 얼음 조각이 앞에서 굴러떨어지기 시작한다. 나는 그 모습을 촬영하기 위해 사람들과 함께 뛰어간다. 얼음 조각이 바다로 추락한다.

우리는 쿡(Cook) 선장과 밴쿠버(Vancouver) 선장이 배를 끌고 어떻게 여기까지 왔는지에 대해 듣는다. 그 후 1879년에 스코틀랜드 출신 박물학자인 존 뮤어(John Muir)가 들어오면서 많은 이들에게 글레이셔 베이가 알려졌는데, 해양 감시원의 표현에 따르면 그는 몇몇 틀링기트 사람들에게 길 안내를 '강요했다'고 한다. 뮤어는 자신이 사랑하는 요세미티 계곡(Yosemite Valley)이 오래전 빙하에 의해 깎여서 생긴 거라고 믿었다. 그의 방문을 계기로 과학자와 관광객이 잇따라 방문하기 시작했다.

해양 감시원은 연극 내레이터처럼 백인 남성이 대부분인 등장인물들을 소개하며, 마치 예측 가능하고 계획적인 해피엔딩인 것처럼 이야기한다. 나는 문득 내가 듣고 있는 게 빙하에 관한 이야기가 아니라는 걸 깨닫는다. 인간의 탐험과 과학적 발견, 제국 건설, 식민지화의 역사에 관한 이야기다. 인간은 틀링기트처럼 땅을 집으로 여기거나 사랑과 존중으로 대하지 않는다. 그들은 땅을 분류하고 소유하고 남용하고 파괴한다. 이제는 빙하가 그다지 우호적으로 보이지 않는다. 화가 나서 물건을 집어 던지는 것 같다.

해양 감시원이 눈이 한곳에 계속 쌓여서 아랫부분이 얼음으로 다져지는 과정을 알려준다. 빙하는 눈이 얼마나 많이 쌓이는지에 따라 얇아져서 후퇴하거나 두꺼워져서 전진한다. 빙하는 계곡을 밀고 내려가면서 바위를 쓸어간다.

맥스는 갑판에서 장난감 기차를 가지고 사람들의 다리 사이를 조용히 기어 다니며 놀고 있다. 몇몇은 못마땅한 표정을 짓기도 하지만, 대부분은 무시한다. 아이를 데리고 여행을 하려면 아이의 안전을 확인하고 기분을 살피면서 상황을 끊임없이 저울질해야 한다. 보트 반대편에서 또 다른 빙하가 분리되자 사람들이 그쪽으로 우르르 몰려간다. 나도 맥스를 안아 들고 따라간다. 우리는 운동 경기를 지켜보는 관중처럼 미끄러지고 깨지고 변성암처럼 잘게 부서지는 빙하를 넋 놓고 지켜본다.

기름져 보이는 만 안쪽 물에는 민물과 소금물이 섞여 있다고 한다. 해양 감시원은 기후변화라든지, 북극과 북극에 사는 인간과 그 외의 생물들이 해양 온난화에 얼마나 취약한지에 대해서는 언급하지 않는다. 우리의 하루를 망치고 싶지 않은 모양이다.

글레이셔 베이에 사는 혹등고래들은 차가운 물이 필요하다. 몸집이 커지고 먹이가 제한적이면 위험부담도 크다. 2013년에 블롭(Blob)으로 알려진 해양 열파(marine heatwave)가 알래스카에서 멕시코까지 광범위하게 발생했다. 그것은 6년간 지속되면서 크릴새우와 고래를 죽였다. 물이 차가워져야 활동성이 저하되는 물고기들은 잠들지 못하고 적은 먹이를 두고 경쟁했다. 혹등고래를 비롯한 고래들은 해안 가까이에서 먹이를 먹다가 게잡이 통발과 낚싯줄에 유례없이 많이 걸렸다. 새끼들은 살아남지 못했고 그 사체가 알래스카와 브리티시컬럼비아(British Columbia) 해변으로 밀려왔다. 무엇보다도 수온 상승과 관련된 여러 가지 이유로 그들이 먹을 만한 게 아무것도 없었다.[2]

나만 이 배에서 격리복을 입은 것 같다. 우리는 좁은 소비지상주의의 거품 안에 갇혀서 가벼운 호기심으로 세상의 종말을 촬영하려는 건지도 모른다. 과학자들이 수십 년 동안 우리에게 말해온 것에 대응하려면 인간의 행동 변화는 더딘 만큼 강력해야 할 것이다. 몸이 무겁고 피곤하다. 나는 3년 전에 맥스를 임신하고 나서 처음으로 생리를 했다. 화가 난 건 빙하가 아니라 바로 나다.

  배가 다시 북쪽으로 힘차게 나아가고 있다. 어쨌든 빙하는 먼 것보다 가까운 게 좋다. 이주 경로를 따라 북쪽으로 이동하면서 우리는 우트키아빅에 가까워지고 있다. 그곳에서 나는 빙하와 공허함, 치열함과 가까워졌고 흰 설원에 완전히 압도되었다. 나는 그 안에서 살면서 그것을 호흡하고 그것을 마셨다. 우트키아빅의 빙하는 내 안에 있다.

우트키아빅으로 돌아가다 : 내가 여전히 사랑하고 있다는 걸

북위 71° 17′ 26″   서경 56° 47′ 19″

맥스가 이를 드러내고 두 팔을 휘두르며 나를 향해 맹렬히 덤벼든다.

"아가, 잠깐, 비행기 안에서는 모두 안전벨트를 하는 거야. 엄마가 이것만 채워줄게."

맥스가 고막을 찢는 듯한 비명과 고함을 지르며 나를 물려고 한다. "아니야, 엄마. 니-니. 제발, 내리기 싫어. '더 갈래.'"

우리는 이번 여정의 목적지 가운데 끝에서 두 번째이자 가장 북쪽에 있는 우트키아빅으로 향하고 있다. 비행기 안은 만석이다. 선실 안은 시원하지만, 등에서 땀이 줄줄 흐르고 있다. 맥스의 공격을 막아내며, 꼬마 악당을 안심시키려고 애쓰며 흘깃 둘러보니 주위에 온통 남자들뿐이다. 정도만 다르지 모두 거칠어 보인다. 무거운 작업용 부츠, 청바지, 바짝 깎은 머리, 문신이 새겨진 울퉁불퉁한 근육. 모두가 쥐 죽은 듯 조용하다. 체크무늬 셔츠를 입은 한 남자가 뭐라고 중얼거리지만, 몇 줄 뒤에 있는 데다 맥스의 고함에 묻혀 들리지 않는다.

비행기가 활주로를 달리다 이륙한다. 잠시 뒤 맥스가 곤히 잠들고 내 심장박동수는 정상으로 돌아온다. 비행기로 가면 우트키아빅까지 금방이다. 그 사이에 프루도 베이 유전을 잠깐 경유했다. 그래서 비행기 안이 남자들로 꽉 찬 것이다. 나는 줄지어 지나가는 유전 근로자들에게 이륙할 때 소란을 피운 것에 대해 사과한다. 대부분은 고개를 끄덕이거나 무시하고 가던 길을 간다. 하지만 체크무늬 셔츠를 입은 남자는 멈춰 선다. 나는 좌석에 꾹 눌러앉으며 항의가 날아올 것에 대비한다.

"비행기 안에 있는 남자들은 다 그렇게 느꼈을 거예요." 그가 빙긋 웃으며 말한다. 갑자기 나는 낯선 사람들이 아닌 집에 가고 싶은 소년들에게 둘러싸인다. 맥스도 긴장해서 그런 반응을 보였을 것이다.

보안 검색대를 통과하자마자 환하게 웃고 있는 제슬리가 보인다. 나도 모르게 자꾸만 웃음이 난다. 7년 만이다. 줄리아는 일 때문에 내일까지 집을 비워야 해서 그가 혼자 우리를 데리러 왔다.

"겨우 나흘?" 서부 해안을 반쯤 올라가서 전화했더니 줄리아가 화를 내듯 말했다. "시간을 그 정도밖에 못 내?" 나는 회색고래의 이주 일정과 한 달로 제한된 여행 기간을 고려해서 최대한 길게 잡은 거라고 최선을 다해 설명했다.

제슬리가 나를 품에 꼭 껴안아 준다. "안녕, 네가 맥스구나. 나랑 우리 집에 갈래?" 그가 맥스와 악수를 하려고 몸을 한껏 숙인다. 엄밀히 말하면, 이번 구간은 근처에 있는 줄리아의 고향, 포인트 호프로 가야 했다. 포인트 호프에서 회색고래의 개체 수를 세기 때문이다. 하지만 두 곳을 모두 가볼 형편은 안 되고, 우트키아빅을 그냥 지나칠 수도 없었다. 나는 공항 밖으로 걸어 나가서 그 일대의 공기를 힘껏 들이 마셔본다. 왜 더 일찍 오지 않았을까? 나는 내 탄소 발자국(carbon footprint)

북위 71° 17′ 26″ 서경 56° 47′ 19″

이 걱정되어서 휴가 때 비행기를 타지 않으려고 노력했다. 빌리도 걱정되었다. 우리의 관계에 대한 슬픔은 결코 가시지 않았다.

제슬리가 우리를 북극성 거리에 있는 집으로 데려간다. 약간 어지러우면서 살짝 흥분도 된다. 나는 마치 처음 온 사람처럼 모든 걸 주의 깊게 살펴본다. 도로는 비포장이다. 영구 동토층에 뭐든 덮어놓으면 열이 오르고 녹아서 그 위에 있는 건 모조리 집어삼키기 때문이다. 나는 기둥 위에 지은 조립식 가옥, 그리고 모터보트, 스노모빌, 우미악, 트럭, 고래 뼈와 바다코끼리 상아가 이리저리 흩어져 있는 마당을 눈에 담는다. 말뚝 울타리도 없고, 통제적이지도 않다.

북극성 거리에 있는 집에서 제슬리가 헤이즐넛 커피를 만들고 맥스에게 세일러 보이 크래커를 준 다음, 최근 이웃 동네에서 보고된 사스콰치(sasquatch), 즉 빅풋(bigfoot)•에 대한 목격담들을 알려준다. 그리고 내가 처음 방문했을 때처럼 이누쿠시가우랏(iñuquḷḷigaurat)이라는 소인(小人)들이 눈 속에서 길 잃은 사람을 구해준 이야기도 해준다. 화이트아웃에 갇힌 사냥꾼이 불빛을 발견해 그것을 향해 걸어갔고, 거기서 만난 소인이 자신들의 발자국을 따라가면 집으로 돌아갈 수 있을 거라고 알려줬다는 그런 내용이다.

갑자기 제슬리가 아기를 보러 가자고 한다. 옆집에 사는 JJ와 그의 아내 릴리언이 제사라는 여자아이를 새 식구로 맞이했다.

부고도 있었다. 내게는 친구나 다름없었던 일라이가 2년 전에 애리조나에서 교통사고로 세상을 떠났다. 제슬리가 아들의 시신을 확인하러 갔던 날에 대해 이야기한다. 제슬리는 장신에 건장한 남자였다.

• 북미나 캐나다에서 목격된다는 털 많은 거인이라는 뜻의 미확인 동물-옮긴이

그런 그가 한때는 일라이와 그의 부드러운 목소리를 품고 있었던, 일라이로서 웃고 꿈꿨던 시신을 내려다보는 모습이 잘 그려지지 않는다. 나와 맥스는 일라이의 방에서 잠을 청한다.

이튿날 일어나 보니 줄리아가 돌아와 있다. 이제 나는 방세를 내는 손님이 아니라 런던에 살아서 오랫동안 보지 못한 딸이다. 우리는 정신없이 수다를 떤다. 줄리아는 부엌에서 자꾸만 돌아보며 눈썹을 치켜 올리거나 웃거나 내게 뭔가를 알려준다. 그는 맥스에게 오트밀을 만들어주고 트럭을 태워주겠다고 약속한다. 우리는 차를 몰고 가게에 간다. 맥스가 널찍한 통로를 따라 달려간다.

그다음에는 빌리와 카드놀이를 하곤 했던 수색구조기지로 그를 찾으러 간다. 그에게 전화해서 우트키아빅에 간다고 말할까 고민했지만 결국에는 하지 못했다. 괜히 기대하게 할까 봐 두려웠고, 너무 오랜만이라 무슨 말을 해야 할지도 떠오르지 않았다. 이번에는 나도 수색구조기지의 문을 이용할 수 없다. 여자는 보통 들어가지 않는 데다, 맥스를 데리고는 더더욱 들어갈 수 없다. 줄리아가 그 앞에 차를 세우고 차창을 내린다.

"빌리 칼레악?" 줄리아가 입구에 있는 한 남자에게 소리친다. 그가 안으로 들어가더니 다시 나와서 고개를 젓는다. 줄리아는 일하러 가고, 나는 도서관에 가서 맥스가 다른 아이들과 함께 노는 모습을 지켜본다. 올빼미, 여우, 곰, 고래. 북극에 사는 동물들의 모형이다. 집이었다면 가축 농장의 동물 장난감을 가지고 놀았겠지만, 여기서는 야생동물을 가지고 논다. 놀이터에는 섬유 유리로 만든 바다코끼리도 있다. 우리는 릴리언과 네 아이를 데리고 놀이터에 간다. 아기 제사는 릴리언의 파카 모자 안에 잠들어 있다. 첫째는 케이틀린이라는 여자아이이고 둘째, 셋

째는 남자아이들이다.

나와 케이틀린은 줄리아네 집 앞에 있는 눈밭에서 장난감 자동차를 가지고 놀곤 했다. 내가 떠날 때 케이틀린이 줄리아에게 이제 빌리와 나는 어떻게 만나냐고, 내가 사는 곳까지 걸어가려면 얼마나 걸리냐고 물었던 게 기억난다. 그때 케이틀린은 일곱 살이었다. 그는 숨이 멎을 만큼 아름다운 10대이자 농구부 에이스로 자랐다.

"여기서 몇 년 동안 살아도 돼, 엄마?" 맥스가 화물차 모양의 정글짐에서 사다리를 타고 내려가며 묻는다. 그는 남자아이 중 하나의 무릎에 앉아 바다코끼리 미끄럼틀을 타고 내려간다. 그러라고 말하고 싶다. 내가 왜 다른 곳에서도 행복할 수 있다고 생각했는지 모르겠다. 나는 릴리언과 온갖 이야기를 나눈다. 엄마로 살아가는 것, 일과 육아를 곡예하듯 병행하는 것, 지난번 방문 때 있었던 일, 그리고 빌리에 대해. 그는 릴리언의 남편과 가장 가까운 친구 사이다.

"남편이 오해했던 것 같아요." 릴리언이 말한다. "두 분이 실제보다 더 진지한 사이라고 생각했나 봐요."

"오해한 거 아니에요." 나는 내 마음을 이곳에 남겨둔 채 그의 마음을 가지고 떠났던 그때를 떠올린다.

놀이터에서도 해빙이 보이는데, 여전히 해안가에 바짝 붙어 있다. 우리에게는 안 좋은 소식이다. 이러면 보트가 뜨지 않는다. 고래관광도 할 수 없다. 몇 번의 깊은 한숨. 우리는 해빙을 가로지르는 바위들을 휙휙 스치며 지나간다. 집으로 돌아가니 빌리가 나를 보러 들렀었다고 줄리아가 말한다. 속이 메스껍기도 하고 초조하기도 하고 흥분되기도 하고, 정확히 어떤 느낌인지 모르겠다.

나는 내가 이곳에 있는 표면적인 이유인 회색고래에 집중하기로 하고, 지역 야생동물관리청에 전화한다. 그곳의 전문가 중 하나인 빌리 애덤스(Billy Adams)가 전화를 받는다. 그는 무척 친절하게 응대하면서 우리가 떠나기 전날에 데리러 갈 테니 그때 회색고래에 대해 이야기를 나누자고 제안한다. 북극고래들이 먹이를 먹는 장소로, 회색고래들이 점점 다가오고 있다는 그의 말에 살짝 기운이 난다. 그는 해빙에 가려서 안 보일 뿐이지 그들이 지금 저기에 있다고 말한다. 그에게 혹시 비행기를 빌릴 수 있는지 묻는다. 물론 내 은행 대출금 잔액으로 빌리려는 건 아니다.

나는 휴대전화로 이메일을 확인한다. 수신 상태가 좋지 않아서 전화를 걸 수는 없지만, 줄리아네 와이파이에 연결할 수는 있다. 우리의 다음 목적지이자 최종 목적지인 코디액섬 안의 찾을 수 있는 모든 선장에게 급히 이메일을 보냈었다. 그들은 시즌을 놓쳐서 보트를 따로 빌려야 한다는 답을 보내왔다. 나는 비용이 얼마인지 묻는 답장을 보낸다. 이어서 코디액 고래축제의 주요 관계자로 보이는 여성에게 이메일을 보내고, 한 인터넷 커뮤니티에도 우리의 여정을 설명하는 게시물을 올린다. '저희가 고래를 찾도록 도와주실 분 어디 없을까요?' 나는 이렇게 적어본다.

나와 줄리아는 서로를 마지막으로 본 이후로 우리 삶에 일어난 일들에 대해 밤늦게까지 대화를 나눈다.

"넌 강인한 여자야." 줄리아가 말한다. 이튿날 그는 근처 마을에 일이 있어서 또 1박 2일 일정으로 급히 떠난다. 나와 맥스는 릴리언과 하루를 보내고 저녁에는 시외에 있는 구 해군북극연구소 NARL의 앤 옌센(Anne Jensen)과 글렌 시핸의 집에서 피자를 먹는다. 글렌은 내게 우트키아빅의 문을 처음 열어주고 첫날에 과학자의 오두막을 빌려주고는, 이튿날 바로 내보내서 지역사회로 들어가는 길을 찾게 해준 사람이었다.

"네가 그걸 원할 줄 알았어." 맥스가 거실을 탐험하다가 그 집에 사는 고양이의 거대한 회색 털 뭉치에 관심을 보이자 글렌이 말한다.

앤과 글렌은 둘 다 젊은 고고학자였을 때 만났다. 앤은 우트키아빅 남쪽에 있는 왈락파 베이(Walakpa Bay)라는 해안 지역에서의 연구로 여기저기서 주목을 받았다. 그가 이끄는 팀은 지역 사람들에게 중요한 연구를 하고 있다. 그 지역 곳곳의 이름 없는 무덤에서 이누피아트 조상들의 유골이 자주 발견된다. 언젠가 해변에 수색구조 헬기가 착륙했을 때 앤은 땅을 파고 있었다. 그러자 한 가족은 사람들이 구멍을 뚫고 말뚝을 박으려던 어느 지역에 어린아이의 무덤이 존재할 수 있다고 말했다. 그곳을 확인해야 했다. 4000년 전부터 지금까지 왈락파에서는 끊임없이 야영과 낚시, 사냥을 해왔지만 이제 그 흔적이 사라지고 있다. 녹아내리고 침식하는 중이다. 앤의 발굴은 북극해가 해변을 깎아내는 동안 시간을 거슬러 완주해야 하는 레이스다.

앤과 글렌은 지역 및 국제 정치, 역사, 진화와 지질학적 연대를 망라한 지식을 가지고 있다. 그래서 나는 그들이 기후변화를 총체적으로 이해할 수 있는 관점을 가졌을 거라고 기대할 수밖에 없다. 최근 그들은 연안 개발, 해상 운송, 기후변화에 대한 서양식 협의의 맹공격으로, 이누피아트의 참여가 요구되는 현상에 대해 썼다.[1] 노스슬로프 주민들은 중요한 논의에서 자신들의 자리를 지키기 위해 엄청난 노력을 계속해야 했다. 그 과정이 문화적·경제적으로 중요한 활동들을 방해하면서 그들은 생계형 사냥에 들이던 시간을 희생해야 했다. 결국 해당 기관들은 마치 지역 사람들이 아무런 말도 하지 않은 것처럼 절차를 진행했다.

글렌은 당시 연안 활동을 담당했던 미국광물관리국(US Minerals Management Service, MMS)을 상대로 반대 시위가 열린 일에 대해 말한다. 'MMS는 귀가 없다'가 하나의 슬로건이었다. 이누피아트의 대변인들은 다양한 활동을 통한 노력에 대해 수년간 증언했지만, 그들의 이야기는 늘 관련 기사의 인용구에만 쓰였다. "기관과 단체들은 공청회를 이용해 뭐든 해보려는 시도를 모조리 좌절시켰어요." 글렌이 말한다.

우리는 내 여정에 관한 이야기를 시작한다.

"회색고래들이 더 북쪽에 있는 북극고래가 먹이를 먹는 곳으로 오고 있어요." 나는 흥미로운 사실을 공유할 수 있어서 기쁘다.

"돌아가는 길일 수도 있죠." 글렌이 말한다. "원래 먹이를 먹던 곳으로 말이에요." 앤과 글렌은 지나친 단순화를 하지 않는다. 공신력 있는 두 정보원은 집에서도 지름길을 택하지 않는다. 그것은 기자 시절 월드 서비스 뉴스룸에서 배운 내 좌우명이기도 하다. 그들의 지식은 1차 증거인 물리적인 흔적과 데이터만을 근거로 한다.

두 사람이 베링해협 중간에 있는 두 개의 섬, 디오메드(Diomede)에 대해 말해준다. 하나는 미국령이고 다른 하나는 러시아령이다. 소련이 무너지기 전까지만 해도, 미국의 이누피아트는 디오메드에서 러시아의 축치 반도(Chukchi Peninsula)에 있는 유픽 원주민에게 필수품을 전달할 수 있었다. 그들은 어둠 속에서 조용히 우미악을 타고 노를 저으며 역사적인 교역로를 따라 바다를 건넜다. 바다표범 가죽으로 만든 공예품은 소련의 레이더에 잡히지 않았고, 관리들은 전통 복장으로 사람을 구별하지 못했다. 어두운 밤을 틈타 보이지 않게 지원해 주었다고 하니 마음이 뜨거워진다. 이 사절단의 대담함과 단순한 기발함, 그리고 중앙

집권화된 권력을 무시하는 태도가 내게는 아주 특별한 능력으로 다가온다. 이누이트 고래잡이들 사이의 연대감은 정치적·지리적 분열도 손쉽게 뛰어넘는 듯하다.

글렌의 말에 따르면, 소련이 무너지면서 러시아에 사는 유픽 공동체의 경제적 안전망도 사라져버렸다. 노스슬로프 자치구 구청장이 유픽 공동체가 사는 지역 중 한 곳으로 공수할, 발전기 한 대를 마련했다. 사냥은 이제 생존에 필수적이었다. 자치구 관계자들은 젊은 시절에 회색고래를 사냥했던 유픽 공동체 노인을 추코트카(Chukotka)에서 미국으로 이송해 백내장 수술을 받을 수 있도록 해주기도 했다. 노인은 시력을 회복해 어린 세대에게 회색고래 사냥법을 가르칠 수 있었다.

크레이그 조지는 냉전 기간이었던 1988년 10월, 우트키아빅의 회색고래들이 불가능에 가까웠던 국제간 동맹을 어떻게 구축했는지 알려줬다. 돌파구 작전(Operation Breakthrough)은 굶어 죽어가는 회색고래 세 마리를 구조하기 위한 노력이었다. 로이 아마오각(Roy Ahmaogak)이라는 사냥꾼이 얼음 구멍에 꼼짝없이 갇힌 회색고래들을 발견하고 생물학자들에게 연락했다. 그 일은 전 세계 언론을 광분하게 했다. 크레이그의 사무실에는 전화가 하루에도 수백 통씩 빗발쳤다. 밤마다 해빙에 갇힌 고래들의 모습이 TV 화면에 나왔다.

미국 국무부가 소련에 도움을 요청했고 모스크바에서 쇄빙선 두 대를 보냈다. 이누피아트 사냥꾼들은 소련 선박들이 해빙을 뚫고 지나가며 만든 물길에 숨구멍을 냈다. 그렇게 해서 세 마리의 고래 중 두 마리는 어느 정도까지 빠져나올 수 있었다. 작전 비용은 100만 달러를 훌쩍 넘겼고, 많은 사람들의 박수와 비난을 함께 받았다. 쇠약해진 동물들이 살아남을 수 있을지 장담할 수 없었지만, 이 사건은 전 세계 사람들이 고래들에 대해 얼마나 강한 감정을 느끼는지, 그리고 이 소중한 해양동물들이 어떻게 원수들마저 화해시킬 수 있는지 보여줬다.

글렌이 마을로 가는 길까지 우리를 태워다 준다. 나는 도대체 여기서 내가 어떤 식으로 쓰일 수 있을지 모르겠지만, 뭐든 할 만한 일을 찾아봐 달라고 부탁한다. 그는 아마 어렵겠지만 생각을 좀 해보겠다고 말한다. 우리는 일찍 잠자리에 든다. 내일 아침에 야생동물관리청의 빌리 애덤스와 만나기로 했기 때문이다.

"엄마, 니-니." 맥스는 몇 초 만에 곯아떨어진다. 나는 꼼지락거리며 빠져나와 이메일을 확인한다. 코디액 고래축제의 조직위원인 셰릴에게 쌍안경을 빌려줄 수 있다는 답장이 왔고, 코디액 커뮤니티에 게시한 글에도 반응이 있다. 한 아이 엄마가 이메일을 보내왔다. '고래를 찾겠다고 장담할 수 없지만, 아이들을 데리고 해변에 가서 한번 찾아볼 수는 있다'는 내용이다. 나는 두 사람에게 답장을 보낸다. 절망의 소리보다는 희망의 소리를 내려고 애쓰는 '회색고래들을 위해 행운을 빌어달라'고 적는다. 나는 휴대전화를 테이블 옆에 내려놓고 맥스 옆에 자리 잡는다. 잠에 빠져드는 동안 내 마음은 고래가 아닌 빌리를 찾아 헤맨다. 내 빌리. 그의 까만 눈동자, 내 손가락과 뒤엉킨 그의 손가락.

빌리, 나 여기 있어. 당신을 만나려고 여기까지 왔어. 시간이 많지 않아. 당신은 언제 오는 거야? 빌리, 우리는 어떻게 해야 할까?

이튿날 나와 맥스는 일찍 일어나 준비를 마치고 빌리 애덤스를 기다린다. 트럭 한 대가 JJ와 릴리언의 집 앞에 멈춰 선다. 나는 누군지 보려고 밖으로 나간다. 시동은 켜져 있는데 운전자가 보이지 않는다. 날이 쌀쌀해서 몇 분 있다가 다시 집으로 들어간다. 재촉하는 것처럼 보일까 봐 45분 정도 기다렸다가 관리청 사무실에 전화한다. 비서가 받는다. 그는 빌리 애덤스가 이날 포인트 호프로 가는 비행기를 전세 냈다고 말한다. 그리고 예정대로 우리를 데리러 왔는데 우리가 코빼기도 보이지 않았다고 한다. 그의 말이 잠시 이해가 되지 않는다.

그 트럭. 어디에도 보이지 않던 운전자. 그 사람이었던 게 틀림없다. 간발의 차로 그를 놓친 것이다. 나는 작은 목소리로 비서에게 고맙다고 말한다.

나는 해빙 위로, 내가 찾던 회색고래 위로 날아오르는 우리의 모습을 그려본다. 거의 다 왔는데. 소파 위에 잔뜩 웅크린 채로 소매로 얼굴을 묻고 숨죽여 흐느낀다. 고래나 쫓아다니면서 뭐 하는 거지? 내가 빌어먹을 닥터 두리틀이라도 된다고 생각한 거야? 나는 맥스에게 우리와 회색고래가 연결되어 있다는 걸 보여주고 싶었는데, 연결은커녕 형편없이 계획만 있을 뿐이다. 더는 못하겠다. 그냥 집에 가고 싶다. 지금 집에 가든지, 아니면 여기서 평생 살든지.

"엄마, 왜 그래?" 맥스가 돌고래 퍼즐을 놔두고 나를 살핀다. 그리고 내 어깨에 손을 얹는다. "걱정하지 마, 엄마, 기분이 금방 나아질 거야, 다 괜찮을 거야." 맥스가 단호하게 말한다. 나는 맥스의 자신감에 놀라고 두 살배기 아이의 보살핌을 받고 있다는 걸 부끄러워하며 마음을 어느 정도 추스른다.

비행기에서 막 내린 줄리아가 들어온다. 그리고 내 얼굴을 쳐다본다. "괜찮니?"

"괜찮아요." 나는 눈을 닦아낸다. "출장은 어떠셨어요?"

줄리아가 울화가 치미는 듯 한숨을 쉰다. "괜찮다고? 그래서 그렇게 눈이 새빨간 거야?"

"그냥… 고래 때문에요. 이렇게 멀리까지 왔는데." 나는 맥스를 가리키며 말한다. 줄리아의 얼굴은 아무 말도 하지 않는다. 나는 눈길을 돌리고 몸을 떨며 긴 숨을 들이마신다. "그냥 그 사람을 볼 수 있을 줄 알았어요." 나는 바닥을 내려다보며 처량하게 말한다.

"그 사람?"

"그들이요. 그러니까, 고래들 말이에요."

우리는 줄리아와 하루를 보내기로 한다. 회색고래는 마음 뒤편에 미뤄둔다. 칼레악 가족이 우리를 위해 테라스에서 바비큐 파티를 열고 최상급 연어를 요리해 준다. 릴리언의 아이들이 맥스에게 장난감 스노모빌을 보여준다. 우리는 케이틀린의 보라색 스니커즈 운동화를 감탄하며 바라본다.

"엄마, 우리도 농구화 사자." 맥스가 말한다.

"어머, 귀여워라." 릴리언이 말한다. "케이틀린의 농구화가 마음에 드니?" 그리고 내게 말한다. "맥스가 좋아하는 걸 찾은 것 같은데요." 내 생각에는 우리 둘 다 좋아하는 걸 한곳에서 한꺼번에 찾은 것 같다. 줄리아가 내게 그랬듯이 맥스에게 이누피아트 이름을 지어준다. 나는 줄리아의 이름을 물려받았고, 맥스는 제슬리의 이름인 아쿳축(Akootchook)을 물려받았다. 맥스에게 이누피아트 할머니가 생겼다. 나는 이누피아트 엄마를 바라봤다. 정말 멋진 일이다. 이것으로 충분하다. 그래야 한다.

우리는 식사 자리를 천천히 정리한다. 빌리는 여태 나타나지 않는다. 나는 내 선택지를 생각해 본다. 줄리아에게 같이 찾아보자고 할 수도 없고, 예전처럼 그의 오두막에서 기다릴 수도 없다.

소파와 분홍색 카펫이 있는 거실은 여전히 넉넉한 품으로 나를 부드럽게 안아준다. 줄리아가 유리 찬장을 열자 내가 조각해 준 고래가 선반에 놓여 있는 게 보인다. 뼛조각이 단단해서 조각하기 어려웠지만 고래가 내게 와줘서 뿌듯했었다. 줄리아가 뭔가를 꺼내나 싶더니 북극고래의 고막을 선물한다. "널 위한 거야." 그가 말한다.

나는 안쪽 테두리에 굵은 주름이 잡힌, 커다란 개오지 조개껍데기 같은 뼈를 두 손에 묵직하게 받쳐 든다. 중이를 보호하듯 감싸는 고막이다. 그것을 내 손에 들고 있다는 사실이 믿기지 않는다. 그것은 사슴과 비슷한 고래의 조상에게서 물려받은 구조물이다. 영역에 따라 두꺼워지고 나눠지는 방식이 물속의 울림을 극대화하는 데 도움을 준다. 나는 그것을 귀에 갖다 대고 속삭임 속에서 메시지를 찾는다. 가장 깊은 바다가 나를 감싼다. 할 말이 도무지 떠오르지 않아서 고맙다는 말만 되풀이한다. 고막을 가지고는 세관을 통과하지 못할 것이다. 허가가 필요할 것 같아서 줄리아에게 마지못해 다시 건네며 대신 맡아달라고 부탁한다.

"만나서 반가웠어." 그가 말한다. "다음에는 더 오래 있다가 가, 알았지?"

나와 맥스, 줄리아가 각자의 방에서 자려고 누웠는데 전화벨이 울린다. 나는 누가 왜 전화를 했는지 바로 알아차린다.

제슬리가 전화를 받는다. "천천히 말해 봐, 뭐라고 하는지 모르겠으니까…. 이미 자러 들어갔는데." 옆집에서 케이틀린이 전화한 모양이다. 빌리가 아이의 부모를 만나고 있다는 걸 나는 바로 알아차린다. 케이틀린은 우리가 함께 있던 모습을 기억했고, 늘 함께라고 생각했다. 나는 눈을 질끈 감는다. 왜 이렇게 늦은 걸까? 가봐야 하나? 맥스도 데려갈까? 빌리가 취해 있으면? 맥스를 데려갈 수도 없고, 여기에 혼자 둘 수도 없어. 빌리를 만나야 해. 못 가겠어. 머릿속에서 맥박이 바다의 조약돌처럼 너무 시끄럽게 울려서 제슬리가 뭐라고 하는지 잘 들리지 않는다.

"응, 너희 아카(aaka)도 자러 갔어. 그래, 잘 자렴." 그가 말한다. 아카는 할머니인 줄리아를 의미한다. 케이틀린이 분명하다. 제슬리는 방문을 두드려 나를 깨우지 않는다. 방 안이 갑자기 너무 춥다. 나는 떨고 있다. 일어나야겠다. 일어나고 있는 건가? 내가 내 몸 안에 있는 것 같지 않다. 촉감이 아닌 냄새로 내가 땀을 흘리고 있다는 걸 알아차린다. 움직일 수가 없다. 심장이 말굽처럼 쿵쿵거린다.

나는 작별 인사를 할 수 없다.

우리는 늦잠을 잔다. 내가 알람을 잘못 맞춰놓은 게 틀림없다. 앵커리지행 비행기를 타려면 한 시간 안에 공항까지 가야 한다. 내가 배낭에 옷가지를 밀어 넣는 동안 줄리아는 맥스에게 옷을 입힌다.

"어젯밤에 케이틀린이 네게 전화했더라." 제슬리가 말한다. "빌리가 옆집에 가 있었나 봐. 그래서 전화하기에는 너무 늦었다고 말해줬어." 간밤에 빌리는 릴리언과 JJ의 집을 떠나서 북극곰 거리로 돌아가며 내게서 멀어져 갔다.

줄리아가 출국장 앞에서 맥스를 안아준다. 맥스는 웃으며 자기의 이누피아트 이름을 구호처럼 외친다. "아쿳축, 아쿳축." 두 사람이 얼굴을 맞대고 미소 짓는 모습을 사진으로 남긴다. 공항 검색대를 지나가는데, 6년 전 이곳에서 나를 진지하게 바라보던 빌리의 얼굴이 잠시 떠오른다.

나는 두 번째로 우트키아빅을 떠난다. 칼레악 가족은 혼란과 절망에 빠져 있던 나를 다시 한번 다정히 품어줬다. 나는 이곳과 이곳에서 겪은 일을 통해 새 사람으로 거듭났었다. 나는 맥스의 손을 잡고 비행기를 향해 줄지어 가는 사람들을 따라간다. 그리고 숨을 조금씩 내뱉으며 바닷속을 헤엄치는 회색고래들을 생각한다.

이번에 나와 빌리는 만날 운명이 아니었다. 맥스가 너무 어리다. 아직은 사냥을 나갈 수 없다. 이제 겨우 6년이 지났다. 그가 말했던 것처럼 나는 15년 뒤에 돌아올 것이다. 그때 그를 다시 만날 것이다. 고개를 들어 하늘에서 흰색을 볼 때마다, 해빙 위에서 함께했을 때 우리의 여정을 뒤덮던 하얀 하늘처럼 그가 거기에 있다. 파란 하늘에 빛나는 태양을 볼 때마다 해빙 위에서 보낸 북극의 환한 나날처럼 그가 거기에 있다. 별을 볼 때마다 칼레악 캠프에서 홀로 올려다봤던 별처럼 그가 거기에 있다. 저 위를 올려다보면 그가 늘 거기에 있다. 하늘이 우리 둘을 볼 수 있다는 걸 알기 때문이다.

내가 여전히 그를 사랑하고 있다는 걸 그도 분명히 알 것이다. 빌리와 그의 보트는 내가 죽는 날까지 거기에 있을 것이다. 마지막에는 나도 고래들과 함께 바다로 미끄러져 들어가고 싶다. 어쩌면 그때는 우리가 함께할 수 있을지 모른다. 나는 늘 우리가 나이 들어서 서로를 알아볼 그 순간을 상상했다.

코디액섬 : 안녕, '회색고래의 이주'야

북위 57° 47′ 24″ 서경 152° 24′ 26″

종착지인 코디액섬에 도착할 때까지 우리는 버스와 보트, 기차, 비행기를 타고 멕시코 서부 해안에서 미국과 캐나다, 알래스카 북극의 최북단 끝까지 회색고래를 쫓았다. 로스앤젤레스에서는 그들이 불과 며칠 전에 떠나고 없었다. 몬터레이에는 혹등고래만 있었다. 디포 베이에서는 폭풍우가 몰아쳐서 바다에 나가지 못했다. 시애틀과 밴쿠버 사이의 바다에서 혹등고래 한 마리. 밴쿠버에서 휘티어로 가는 보트에서 혹등고래와 범고래. 우트키아빅에서는 해빙이 너무 많아서 고래를 볼 수 없었고, 야생동물관리청에서 대여한 비행기를 간발의 차로 놓쳤다.

　우리는 마지막 기회인 알래스카만의 이 머나먼 섬에서 이번 여정의 마지막 이틀을 보낼 것이다. 승객이 꽉 들어찬 비행기가 낮게 웅얼거리고, 꾸밈없는 파란 바다에 제멋대로 뻗은 야생의 초록빛 코디액섬이 모습을 드러낸다. 고래들이 먹이활동을 할 수 있는 구석진 곳과 갈라진 틈이 연안에 많이 있다.

여기에 와서 그들을 찾는 건 우리가 처음도 아니고 유일하지도 않다. 매년 4월이면 이주하는 회색고래의 귀환을 축하하기 위해 현지인들과 전 세계의 생태관광객들이 모여든다. 우리는 두 달이나 늦었지만, 축제 조직위원인 셰릴이 아직 고래가 있다고 이메일로 장담했다. 물론 바다에 나가서 그들을 찾아볼 배가 있다면 말이다. 남아 있는 돈은 이틀 치 식비뿐이다. 배를 빌리려면 1,000달러는 내야 할 것이다. 불가능한 일이다.

작은 공항이 놀랄 만큼 많은 사람들로 북적인다. 긴 상자들이 컨베이어 벨트로 줄줄이 미끄러져 나온다. 사냥 장비와 낚시 용품이 잔뜩 들어 있는 것 같다. 아니면 비밀 무기나 살상 무기에 쓰일 부품이 가득 들어 있을지도. 비행기에서 읽은 안내서가 내 상상력을 채워줬다. 코디액섬은 주요 미군 기지의 본거지다. 이곳은 오래전부터 러시아와 미국의 전략적 전초 기지였다. 이곳에 미스터리가 있듯이 나도 내가 풀어야 할 작은 미스터리가 있다.

나는 이메일로 지시 사항을 전달받았다. '서로를 쫓아다니는 작은 여자아이 둘과 그 아이들을 쫓아다니는 엄마를 찾으세요, 그게 저일 겁니다.' 수학 교사인 알렉스가 고래를 볼 수 있는 해변과 절벽에 데려다주겠다고 제안했다. 나는 알렉스를 보자마자 한눈에 알아본다. 그는 정신없는 입국장 안에 태연히 서 있고, 아이들은 벤치에서 놀고 있다. 대화를 나눌 시간이 별로 없다. 북적이는 인파 속에서 맥스와 다섯 살 타티아나, 세 살 앨리신, 거기에 유아차와 카시트, 짐가방, 장난감까지 전부 알렉스의 미니밴으로 옮겨야 한다. 우리는 너나 할 것 없이 곧장 짐을 챙겨 들고 아이들을 인솔해서 주차장으로 간다. 안심이 된다. 이 여정이 마침내 잘 풀릴 거라는 징조가 틀림없다.

알렉스가 도심에서 좀 떨어진 언덕의 민박집에 우리를 내려준다. 창밖으로 석양 아래 빛나는 바다가 보인다. 하지만 무모하게 나갈 생각은 없다. 유명한 섬 주민인 알래스카불곰이 걱정되어서다. 큰곰(brown bear) 중에서 유달리 덩치가 큰 아종으로, 가끔 사람들을 공격하고 인간의 음식과 쓰레기를 좋아한다. 나와 맥스는 새끼 고래들이 맥스의 노랫소리를 듣고 보트로 다가왔던 일에 대해 이야기하다가 잠이 든다.

이튿날 아침 나는 지역 생물학자인 브리 위트벤(Bree Witteveen)과의 만남을 고대하며 일찍 일어난다. 그가 회색고래를 찾을 수 있는 곳에 대한 내부 정보를 알려주면 좋겠다. 나와 맥스는 약속 장소인 항구 옆 카페에 간다. 브리가 바다 공기를 가지고 출입문으로 들어온다. 그는 짧고 헝클어진 머리에 찢어진 청바지를 입고 있다. 나도 그처럼 살고 싶다.

"나는 혹등고래가 좋아요." 그가 나를 보자마자 불쑥 내뱉는다. 그러고는 회색고래는 카리스마가 부족하고 좀처럼 물 위로 뛰어오르지도 않고 공해에서는 대개 보트에서 멀리 떨어져 있다고 지적한다. 나는 회색고래의 상징인 인내심과 멕시코 석호에서 만난 어미와 새끼의 놀라운 장난기에 대해 이야기하며 충직하게 그들을 옹호한다. 다시 고래 이야기를 나누니 정말 신이 난다. 그들이 가까이 있는 느낌이다.

헤어지기 전에 브리가 귀한 정보를 알려준다. 내가 바다의 거인들에 대한 언쟁에서 그의 인정을 받았기를 바란다. 그가 산을 가로지르면 파사그샤크 비치(Pasagshak Beach)가 나온다고 말한다. 회색고래들이 포식자 범고래들, 브리의 표현을 인용하면 '얼간이들'을 피해 숨는 곳이다. 그는 바로 여기 항구에서 새끼 고래를 공격하는 범고래를 본 적도 있다. 어미가 형용할 수 없는 소리를 내고 있었다고 한다.

"최근에는 파사그샤크에서 파도에 뒹구는 청소년 회색고래를 봤어요." 그가 말한다. 해변을 뒹구는 새끼 고래라니! 맥스에게 한시라도 빨리 보여주고 싶고, 밴을 몰고 우리를 태우러 온 알렉스에게도 말하고 싶다. 우리는 아이들과 장난감, 옷가지를 싣고 가다가 먹을 걸 사기 위해 자바 플랫 카페에 잠깐 들른다. 맥스는 '일렉트릭 바나나 몽키 러브'라고 적힌 커다란 쿠키를 고른다. 우리는 만반의 준비를 한다.

브리가 알려준 대로 우리는 양쪽에 있는 절벽에 안겨 있어 넓고 안전한 파사그샤크 베이로 향한다. 산길을 빠져나온 뒤 해안을 향해 급커브를 돈다. 그리고 믿을 수 없는 광경을 마주한다. 눈앞이 온통 안개로 뒤덮여 있다. 이럴 수는 없다. 셰릴에게 빌린 쌍안경이 우스꽝스럽게 느껴진다. 모든 게 완벽한 것 같았는데.

우리는 바다 가까이 가서 가시성을 확인하기 위해 자갈길을 지나 모래사장으로 내려간다. 회색고래는커녕 바다도 보이지 않는다. 아이들은 고래의 노랫소리를 흉내 내며 그들을 불러오려고 한다. 나는 파도 소리가 나는 쪽으로 돌아선다. 안개가 내 마지막 희망을 삼켜버린다. 숨을 쉴 수 없을 만큼 마음이 아프다.

"갑시다." 알렉스가 살며시 말한다. 우리는 터덜터덜 돌아가서 밴을 타고 언덕을 굽이굽이 오르며 해안에서 멀어진다. 희미한 안개 위로 올라가니 불길한 표지판이 나타난다. '코디액 발사시설(Kodiak Launch Complex)에 오신 것을 환영합니다.' 지평선 위로 땅딸막한 회색 건물들이 서 있고, 도로 근처에는 거대한 위성 안테나가 있다. 코디액섬에서 기밀 등급이 가장 높은 장소 중 한 곳이 눈앞에 떡하니 서 있다. 거기서 미국 정부가 로켓을 발사하고 인공위성을 우주로 쏘아 올렸다고 알렉스가 말한다. 폴라리스(Polaris), 에리스(Aries), 아테나(Athena), 미노타우

르스(Minotaur)가 코디액에서 극궤도로 발사되었다. 그 기지를 지나가는 동안, 저기서 어떤 시험이 이뤄지고 그것이 고래에게 어떤 영향을 미치는지에 대해 우리가 정말 얼마나 아는지 궁금해진다.

나중에 알았는데, 우리가 방문한 후 극초음속 시험 미사일 발사가 실패로 끝났다. 미사일을 추진시키는 로켓이 발사 몇 초 뒤에 폭발했고, 그곳에 떨어진 것들 때문에 해변 몇 곳은 한동안 폐쇄해야 했다. 그 일은 일부 지역주민들을 경악하게 했다. 사람들이 해변에 가는 것조차 그렇게 위험했다면, 바다에는 뭐가 떨어졌을까?

밴 안에서 아이들이 하나둘 잠들고, 알렉스가 조용히 묻는다.

"왜 회색고래예요? 여긴 왜 왔어요?"

말문이 막힌다. 내가 이 바보 같은 추적에 들인 비용과 노력의 정당성을 증명하는 건 불가능하다. 그러다 입을 연다. 어차피 이보다 더 멍청하게 보일 수 없으니 말하는 편이 낫다. 나는 맥스가 어떻게 태어났고, 내가 고래들을 어떻게 소환했는지, 그들이 나를 어떻게 도와줬는지, 얼마나 고마움을 전하고 싶었는지 설명한다. 나는 두서없이 말을 이어가다 마침내 고래는 빌리에게 돌아가기 위한 핑계였음을 나 자신과 알렉스 앞에서 시인한다. 하지만 그를 다시 잃을까 봐 너무 두려워서 그러지 못했다.

"이번이 회색고래를 볼 마지막 기회예요. 우리가 그들을 쫓아 여기까지 왔고, 그들이 얼마나 강한지를 맥스에게 보여주고 싶어요."

알렉스는 내 이야기를 처음부터 끝까지 묵묵히 듣고는 한동안 말없이 운전만 한다.

"이 여정이 성공적이기를 진심으로 바랄게요." 마침내 그가 말한다. 우리는 시내 방향으로 달린다. "우리 조카아이 생일파티에 올래요?" 그가 묻는다.

나는 당황스러워서 말을 잇지 못한다. 나는 손이 많이 가는 처량한 방문객이었다. 맥스가 석양 속에서 알렉스의 친척들에 둘러싸여 정신없이 춤을 추는 사이 날이 저문다. 알렉스는 친척들에게 우리의 여정에 대해 설명하고, 나는 우스꽝스러운 기대를 하기 시작한다. '바다로 가서 '켜짐' 버튼을 누른다. 바닷물이 잔잔해진다. 내가 감탄할 수 있도록 고래들이 나타난다.'

"춤추자, 엄마!"

맥스가 춤을 추자고 하니 거절하기가 힘들다. 우리는 탑처럼 쌓아 올린 키 라임 컵케이크를 맛본 뒤 좀 더 춤을 춘다. 알렉스가 남편 크리스를 소개한다. 그는 바다에서 몇 주씩 지내며 세계적으로 유명한 알래스카 킹크랩을 잡는데, 정말 말도 안 되게 고되고 위험한 직업이다. 그렇게 엄청난 경험을 가진 사람을 마주하니, 고래들이 내 일정에 기꺼이 협조해 주기를 바랐던 내가 부끄럽다.

"회색고래를 보려고 이렇게 멀리까지 왔는데 아직 한 마리도 못 봤다고요? 말도 안 돼요!" 크리스가 소리친다. 이 바다 사나이는 자기가 무슨 말을 하는지 확실히 알고 있다. 알렉스는 크리스가 조업을 나갔다가 다쳐서 자기 상처를 직접 꿰맨 적이 있다고 말해줬다. 그는 자리를 옮겨가 전화 통화를 한다. 나는 고래에 대해 생각하지 않기로 결심하고, 생면부지인 나를 환영해 주는 지역 사람들을 둘러본다. 우리는 가족이 키우는 닭들을 구경한다.

그때 크리스가 다시 우리에게 다가온다. "계획이 있어요." 그 계획은 크리스의 오랜 친구 브라이언이 소유한 7.6미터짜리 보트의 모습으로 나타난다. 두 사람이 아버지의 날을 기념해 내일 즉석 넙치잡이 여행을 준비한 것이다. 알렉스와 두 딸, 맥스와 나도 같이 갈 거라고 크리스가 말한다. "가는 길에 회색고래가 먹이 먹는 곳을 살짝 우회할 거예요." 그가 덧붙인다. 회색고래 어미와 새끼들, 나와 맥스는 먹이 먹는 곳이라는 성배를 찾아서 수천 킬로미터를 여행했다. 이 남자는 바다의 여신 세드나와 직접 통화라도 하는 모양이다. 그리고 그는 내 편이다.

이튿날 일찍 어선들 사이에서 쌀쌀한 아침을 시작한다. '레이븐 2호(Raven II)'가 항구를 빠져나가는 동안 나는 선미에서 바다 구석구석을 강박적으로 살핀다. 크리스가 엔진을 최대 출력으로 작동시키고, 맥스는 그의 무릎에 앉아 선수에서 바람을 맞는다. 우리는 얼음장 같은 바람 속에서 코디액섬의 동쪽 끝에 있는 치니악곶(Cape Chiniak)을 빙 돌아간다. 나는 배의 측면을 꽉 잡는다. 손가락 관절이 눈부시게 하얗다.

세드나가 바닷새 남편에게서 도망치기 위해 뱃전을 손가락 끝으로 붙들었다는 이야기가 떠오른다. 그가 상처를 입은 채 절망 속에서 바다 밑으로 가라앉고 그의 손에서 고래들이 흘러나오는 모습을 상상해 본다. 고래 수천 마리가 해저를 휩쓸며 흙먼지를 일으켜 바다의 균형을 회복시켰다. 세드나가 그 위로 떨어지다 고래들의 후류에 휘말리는 사이, 그들은 위로 올라가 수면을 거칠게 찢으며 폭발하듯 공중으로 솟아오른다. 지면의 윤곽을 따라 천둥소리가 울리고, 그들이 남긴 빈자리를 메우기 위해 엄청난 양의 물이 몰려든다.

어선이 파도를 찰싹찰싹 내리치고, 나는 구겨진 검은색 누비이불 같은 바다를 응시한다. 물론 고래는 보이지 않는다. 그때 저 멀리 출렁이는 파도 사이로 거대한 검은 등 두 개가 올라오는 게 보인다. 물 밖으로 입을 쩍 벌린 듯 포효하는 절벽 가까이다.

북위 57° 47′ 24″ 서경 152° 24′ 26″

"저기에 당신이 찾는 고래가 있어요!" 크리스가 의기양양하게 외친다. 예의가 아니라는 건 알지만, 회색고래가 아니라 혹등고래라는 사실에 나는 실망감을 감추지 못한다. 어선은 남서쪽으로 방향을 틀어서 코디액섬과 우각(Ugak)의 작은 섬 사이에 있는 같은 이름의 우각 베이(Ugak Bay) 입구를 향해 이동한다. 우현으로 분수가 훅 뿜어져 나온다. 이번에도 혹등고래다. 그들이 물속으로 들어간 뒤에 나는 혹등고래뿐만이 아니라는 사실을 알아차린다. 공기가 정지한 것 같다.

그리 멀지 않은 곳에서 청회색의 구부러진 등 한 쌍이 슬며시 물 위로 떠오른다. 나는 입을 쩍 벌린 채로 숨을 참고서 방금 본 걸 머릿속에 영원히 각인시키려고 애쓴다. 다시 한번 그 주변을 살펴보지만 파도 말고는 아무것도 없다. 내 눈이 거짓말을 하는 건가? 어쩌면 신기루 같은 착각이었는지도 모른다.

몇 초 뒤, 또다시 분수가 뿜어져 나온다. 나는 재빨리 쌍안경을 들여다본다. 틀림없다. 따개비가 붙어 있는 회색고래들이 이곳에 있다. 그들이다. 정말 그들이다. 어미 회색고래와 청소년 회색고래가 혹등고래들과 함께 먹이를 먹고 있다. 하트 모양 분수가 특징인 얼룩덜룩한 회색고래들과 하얀 혹등고래들이 갑자기 온 사방에서 나타난다. 그들이 해냈다. 그들이 여기에 있다. 그들도 우리처럼 머나먼 멕시코에서 여기까지 왔다.

"고래 꼬리다." 맥스가 소리친다.

모두가 입을 모아 외친다.

"저기다!"

"저것 봐, 고래야!"

"저기야, 엄마, 저기!" 맥스가 다섯까지 세고 타티아나가 이어받아

서른아홉까지 세다가 그만 잊어버린다. 어선이 동쪽으로 춤을 추듯 천천히 나아가는 동안 회색고래들이 양쪽에서 우리를 호위한다. 배 밖으로 몸을 한껏 내밀고 있으니 떨어지지 않게 꽉 잡아야 한다. 소금기 때문에 눈이 따갑지만, 한순간도 놓치기 싫어서 애써 눈을 부릅뜬다. 그들이 해냈다는 것, 우리가 해냈다는 게 믿기지 않는다.

이것은 이주라는 아주 특별한 세계의 경이로움이다. 몸에 감각이 없고 말도 나오지 않는다. 물이 솟구치고 숨결이 물보라와 함께 공기를 깨뜨리는 가운데, 그들은 짝을 지어 구르듯 물살을 가르고 상상하기 힘든 거리와 난관을 헤치며 삶과 생존을 노래한다. 한때 그랬던 것처럼 바다는 어디든 이런 모습이어야 한다. 바글거리는 자연 공동체가 살아가는 곳, 가장 놀라운 생명과 여정, 생태의 터전.

나는 멕시코에서 처음 노래를 불러줬던 어미와 새끼가 그곳에 있다는 징조를 불러오려고 노력한다. 쌍안경으로 보니 한 암컷 성체가 90도 회전해 모로 누워서는 우리를 전체적으로 관망하고 있다. 암컷의 눈이 보인다. 녀석이 우리를 지켜보고 있다.

한 시간쯤 뒤, 크리스가 우리를 이끌고 천천히 돌아간다. 나는 볼이 아플 정도로 활짝 웃고 있다. 이번 여정 내내 고래들은 내게 정말 많은 친구를 데려다줬다. 내가 계속 손을 내밀기만 하면 도움을 받을 수 있는 세상을 보여줬다. 희망을 되돌려받는 경험을 할 수 있다면, 희망을 잃어보는 것도 해볼 만하다.

그날 저녁 우리는 크리스와 알렉스, 그들의 두 딸과 함께 보라색 분홍바늘꽃에 둘러싸인 절벽 꼭대기에 서서 바다를 바라보며 일렁이는 푸른빛에 흠뻑 젖어 든다.

"안녕, 회색고래의 이주야." 맥스가 말한다. 내가 그동안 만났던 모두에게 우리의 여정을 설명할 때마다 주문처럼 반복했던 말이다. "안녕, 고래들아." 맥스가 다정하게 말한다. "와줘서 고마워." 그리고 바다를 향해 손을 흔든다. 그러다 문득 내가 생각났는지 뒤를 돌아본다. "엄마, 고래들한테 인사하고 싶어?"

우리는 새벽 4시에 코디액을 떠난다. 케니코트 유람선의 갑판 위로 여명이 밝아오고, 나와 맥스는 차갑고 짭짤한 바람을 쐬며 걷는다. 우리는 게슴츠레한 눈으로 바다를 내다본다. 좌현 쪽 파도 사이로 어떤 형체들이 나타난다. 우리를 향해 곧장 다가오고 있는 것 같다. 이제 나는 아주 먼 곳에서도 그들을 알아볼 수 있다. 회색고래 한 쌍이다. 이번 여정을 시작할 때 만났던 어미와 새끼가 분명하다.

"저기 봐, 맥스!" 나는 그곳을 가리키며 외친다. 우리는 갑판 위에서 펄쩍펄쩍 뛰며 손을 흔든다. "네가 노래 불러줬던 고래들이 작별 인사를 하려고 우리를 따라왔어."

그게 아니면 달리 뭐라고 설명할 수 있을까?

그들이 유람선 옆으로 다가오더니 동시에 반짝이는 하트 모양 물보라를 내뿜는다. 숨이 턱 막힌다. 그리고 그들은 유람선 아래로 유유히 사라졌다.

집 : 우리는 고래들에게 노래를 불러줬다

회색고래와 함께한 여정이 끝나고 6년이 지난 어느 아침, 나는 줄리아에게 이메일 한 통을 받는다. 우리는 1년 가까이 통화를 못 했다. '도린, 가능한 한 빨리 전해야 할 얘기가 있어. 연락하렴.' 지금 알래스카는 너무 늦은 시각이다. 저녁까지 기다려야 한다. 나는 하루 종일 평소보다 살짝 높은 톤으로 말한다. 감기가 오려는 모양이다. 나는 아이들이 잠들자마자 줄리아에게 스카이프를 한다.

"일주일 전에 빌리를 묻어줬단다, 도린." 그가 말한다.

찰나에 나는 아무것도 아닌 게 된다. 움직임도, 소리도, 생각도 사라진다. 그러다 금세 현실로 돌아와 그 사실을 알게 된 순간에 갇혀버린다. 나는 꼼짝도 하지 않는다.

"맙소사." 나는 낮은 목소리로 말한다.

"제일 이상한 건…." 줄리아가 말한다. "죽기 이틀 전에 릴리언에게 네 사진을 문자로 보냈다는 거야. 마치 알았다는 듯이, 자기가 죽을 거라는 걸 정말 알았던 것처럼 말이야."

오른쪽 눈에서 굵은 눈물방울이 연달아 뚝뚝 떨어진다. 왼쪽 눈은 완전히 말라 있다. 통화가 지연된다. 무슨 말이든 해야 하지만 나는 이곳에 없다. 텅 비어버린 빌리의 오두막에 있다.

"고래는 찾았어요?" 나는 이제야 묻는다. "제가 고래 뼈로 만들어 준 작은 잉우툭이요, 아직 거기에 있던가요?"

"그 집에 누가 있었는지 모르겠어." 줄리아가 말한다. "다들 빌리를 못 봤다고 해서 그 애 가족이 경찰에 연락했고, 경찰이 가서 문을 따고 들어갔거든." 그는 문화유산센터에서 보안 요원으로 일하고 있었다. 1년 중 가장 어두운 1월 초였다. 그는 침대에서 가슴을 움켜쥔 채로 발견되었고, 일주일 뒤 세상을 떠났다. 같은 시기에 나는 그에 대해 쓰고 있었다.

그는 가슴 통증으로 병원을 찾았었다. 하지만 그들은 그를 집으로 돌려보냈다.

"맙소사." 나는 거듭 말한다. 내가 거기에 있었어야 했다. 그런 일이 생기지 않도록 막았어야 했다. 나는 그동안 내내 나 없이 살아 숨 쉬었을 그를 떠올린다.

"다시 볼 수 있을 거라고 생각했어요." 나는 말한다. "늘 거기에 있을 줄 알았는데."

"그 애는 항상 너에 대해 얘기했어, 도린." 줄리아가 말했다. "마지막까지 너에 대해 얘기하고 있었어."

빛이 짙은 구름을 통과하듯 스며드는 해빙 아래로 아그비지트가 모여들고 있다. 한 무리가 공해를 향해 움직인다. 그리고 수면으로 터져 나온다. 그 한가운데에 고래 한 마리가 헤엄치지 않고 물 흐르듯 떠가고 있다. 아그빅은 다른 고래들에게 떠받쳐지고 이끌려가며 마치 살아 있는 것처럼 움직인다. 나는 알래스카 잡지에 실린 북극고래의 장례에 대해 읽는다. 이제 빌리는 떠나고 없다. 나는 작별 인사를 하기 위해 다시 고래들에게 도움을 청한다.

아그비지트가 리드를 따라가며 사랑하는 동족의 시신을 공해로 운반한다. 행렬은 물과 공기가 만나는 곳에서 가쁜 숨을 쉬거나 큰 한숨을 토해낸다. 무리는 바짝 붙어서 가운데에 있는 동족을 육지에서 멀어지는 길로 살살 밀고 간다. 삶의 전투에서 깊은 상흔을 입은 시신은 아주 먼 곳까지 배웅을 받은 뒤 풀려난다.

고래들은 춤을 추다가 물속으로 들어가서는 빛이 희미해지고 모든 색이 검게 변하는 곳까지 내려간다. 그리고 음파 통로에서 그를 추모한다. 먼 대양분지 곳곳에서 작별을 고하는 노랫소리가 들려온다. 북극고래들은 수면으로 돌아가 시신을 마지막으로 따라간다. 그리고 그들은 노랫소리에 둘러싸인 채 어두운 물속을 선회하며 그에게서 멀어진다. 그의 시신은 마치 집을 향해 날아가듯 파도에 실려 천천히 미끄러지듯 나아간다. 빌리는 홀로 떠나지 않았다.

아이들이 식탁에 둘러앉아 팬케이크를 먹으며 빈정거리고 꽥꽥 소리를 질러댄다. 아이들은 단체로 대들며 아침으로 만들려던 오트밀을 거부했다.

"또야." 둘째 녀석이 한숨을 내쉬고 눈알을 굴리며 말했다.

맥스가 곧바로 아이들을 옹호하고 나섰다. "내가 팬케이크를 만들게."

"이 녀석은 말이야." 패트릭 삼촌이 지난번 아일랜드에 갔을 때 그의 무릎을 차지한 막내를 안고 내게 말했다. "너희 엄마 어렸을 때랑 똑같아."

"정말 그런 것 같아요." 사촌 샐리가 말했다. "작은 사장님 같다니까요." 어쩜 우리 아이들은 이렇게 사랑스럽고 똑 부러지고 시끌벅적한 데다 나를 조금도 무서워하지 않는지 정말 놀라울 따름이다. 우리 엄마와 디포 베이에서 만난 여자가 예견한 것처럼 맥스는 정말 변화를 만드는 사람일지도 모른다. 어쩌면 모든 아이들이 그런지도 모른다. 어쩌면 그때 그 고래들이 그랬을지도. 누가 알겠는가. 선반 위에 액막이 향유고래와 이누이트 마트료시카 인형 가족이 나란히 놓여 있다. 인형 가족과 우리가 다른 점은 중간에 허스키 대신 고양이 두 마리가 있다는 것이다.

나는 맥스와 수영을 하러 간다. 맥스는 열 살이고 키가 크며 다혈질이다. 나는 그가 물에서 생겨난 동물처럼 몸을 접고 펴면서 흘러가는 모습을 지켜본다. 동생들은 아직 어려서 수영을 할 줄 모른다. 나는 동생들 없이 둘만의 시간을 갖기 위해 맥스를 아침 수업에 보내지 않았다.

"나 봐요. 물속에서 수영할 거니까, 잠수하는 거 봐요!"

나는 맥스를 지켜본다. 그에게서 눈을 뗄 수 없다. 그가 즐거워하는 모습을 지켜보는 게 너무 행복하다.

나는 맥스를 학교에 데려다준 뒤 식탁에 앉아 첫 북극 여행에서 찍은 영상들을 살펴본다. 거기에서 기억을 떠올리는 데 도움을 줄 대화와 장면을 찾는다. 처음에는 이 테이프들을 잃어버린 줄 알았는데, 10년 넘게 상자 속에 숨겨져 있었다. 나는 리드 옆 해빙 위에 앉아 이 장면을 촬영하고 있었다. 흰색 화면이 까만 물길에 의해 대각선으로 나뉘어 있다. 리드를 내려다보니 물에 비친 하늘이 먼 불길의 연기 기둥처럼 보인다. 그것은 우리 위로 점점 넓어지다가 눈부신 설원에서 부드러운 회색의 다독임으로 흩어진다.

사냥 초반이다. 아직 고래는 없고, 벨루가도 없다. 캠프와 은신처는 고래의 시야를 차단하는 얼음 장벽이다. 나는 여러 가지 앵글을 시도하다가 단원들이 얼음 장벽 사이를 오가는 부츠를 찍기 위해 길 위에 카메라를 설치한다. 눈이 살짝 흩뿌려진 길이 반짝거리고 있다. 리프가 길을 따라 폴짝폴짝 뛰어가는, 작고 부스스한 참새에게 빵 부스러기를 던져준다.

"고래 새일 거예요." 그가 말한다. 도대체 저 밖에서 무슨 일이 벌어지고 있는 건지 궁금하다. 정말 대단한 기회주의자다. 고작 빵 부스러기 몇 개 얻으려고 육지에서 얼음 사막 위를 몇 킬로미터씩 날아오다니. 식량 안보는 내가 최근에 고민하고 있는 주제다.

"날씨가 화가 났어." 80년 전 노인이 어린 워런 마투미악에게 말했다. 새와 빵 부스러기를 바라보다 내가 엄지손가락을 물어뜯고 있다는 걸 깨닫는다. 이빨 자국이 남았다. 새가 폴짝거리며 시야 밖으로 사라진다. 해빙을 바라보며 고래 새를 생각하고 있는데 빌리의 목소리가 들린다.

"같이 갈래요?" 그가 묻는다. 화면에는 없지만 내 뒤에 서 있다. 그런데 마치 우리 집 부엌에서, 어깨 바로 뒤에서 말하는 것 같다. 흰색과 얼음과 고래가 있는 곳에서 나를 찾아온 것 같다.

"고래를 놓칠까 봐 못 가겠어요."

그는 뭔가를 가지러 시내에 다녀올 모양이다.

"텐트에 들어가서 좀 쉬어요." 그가 말한다.

나는 풍경에 집어 삼켜진 듯 완전히 넋이 나가서 쉴 생각도 못 하고 있었다. 그는 이 모든 상황을 지켜보며 이해하고 있었다. 나는 아직 그를 제대로 알아채지 못했지만, 그는 이미 나를 돌보고 있었다.

"그럴게요." 내가 말한다. "촬영 먼저 끝내고요."

그는 조용히 자리를 떠난다. 13년이 지나서 갑자기 눈물을 쏟아진다. 그에게 같이 가자고 말하고 싶다.

나는 줄리아와 그의 가족이 너무 보고 싶다. 나와 줄리아, 릴리언은 전화로 각자의 소식을 전한다. 나는 아이들 사진을 보낸다. 케이틀린은 야구로 장학금을 받았고, 제시는 무럭무럭 자라고 있다. 나는 줄리아의 부드러운 선율 같은 목소리와 리듬감 있는 말투를 가만히 듣는다. 그러면 저절로 마음이 차분해진다.

"12월인데 아직도 얼음이 없어." 그가 말한다. 해줄 말이 별로 없다. 지금은 2019년이고, 우리는 이런 상황이 닥칠 걸 이미 알고 있었다. "어제는 얼추 16도가 넘었어." 가을에는 북극고래가 거의 보이지 않았다. 11월 16일에 겨우 한 마리를 잡았는데, 모두의 기억에서 가장 늦은 기록이었다. 고래들은 이주 패턴을 바꾸고 있다.

이누피아트 노인들이 알고 있었듯, 바다가 알고 있었듯, 전 세계 기상 시스템이 알고 있었듯, 고래들이 알고 있었듯, 해빙은 없어졌다. 빌리가 없어졌다. 제슬리도 곧 없어질 것이다. 일라이, 반, 워런, 제프리도 없어졌다. 줄리아와 이야기를 하고 있는데, 빌리가 저기에 서서 나를 향해 웃다가 진지한 표정을 짓더니 어깨를 으쓱한다.

"돌아보니 말이야." 언젠가 아빠가 말했다. "관계가 끝났다는 게 중요한 게 아니라, 적어도 그런 관계가 있었다는 게 중요하더구나." 슬픔은 결국 삶 전체와 얽혀 있고, 그것은 곧 우리가 연결되어 있다는 뜻이다. 나는 죽음을 막을 수 없다. 가능한 한 열린 태도와 너그러운 마음으로 죽음과 내 삶을 마주할 수 있을 뿐이다.

어떤 사람들에게는 세상의 끝이 아주 오래전에 찾아왔다. 핸 원주민은 클론다이크 보호구역으로 강제 이주를 당했다. 19세기에는 전염병이 이누피아트 원주민을 덮쳤다. 회색고래 어미들은 새끼를 구하려고 싸우다가 죽기도 한다. 나는 꿈속에서 해리 브라우어에게 말을 건넸다는 북극고래를 떠올린다. 유빙에 갇혀 그 아래로 끌려간 사냥꾼 앙아, 그가 마지막 순간에 어떤 미소를 지었는지 떠올린다.

나와 빌리는 정말 짧은 시간을 함께했다. 내가 아는 그런 밤을 함께 보낸 적도 없다. 그저 밝은 곳에서 긴 낮을 보냈다. 우리가 활발히 연락을 주고받은 기간은 1년뿐이다. 하지만 그가 내게 보여준 온화함과 상냥함은 지금까지 만난 누구와도 비교할 수 없다.

저 멀리 툰드라에, 아니면 아그비글루악과 아그비지트, 회색고래들과 북극고래들이 만나는 바다 어딘가에 우리가 함께한 기억이 남아 있지 않을까.¹ 물 위에서 어우러지던 우리의 목소리가 고래의 머릿속 어딘가에 남아 있지 않을까.

내 손을 잡던 빌리의 넓고 바지런한 갈색 손을 지금도 선명히 떠올릴 수 있다.

"상황은 늘 변해." 그가 다정하게 말한다. "균열 조심하고 바로 움직일 준비를 해. 그리고 너무 많이 생각하지 마, 그러다 동맥류 걸려." 그의 말은 여전히 나를 미소 짓게 한다. "밖에서 정말 잘했어요, 도린." 그가 말한다. 나는 빌리에 대한 기억, 그리고 아주 잠깐 도린 칼레악으로 살면서 갈라진 세상 안으로 사랑이 쏟아져 들어오던 몇 달을 깊이 간직하고 있다.

거짓 균형을 인식하면서 기후에 대한 언론 보도가 점차 바뀌었다. 2018년, 영국의 방송통신규제기관 오프컴(Office of Communications, Ofcom)은 BBC의 국내 라디오 프로그램 〈투데이(Today)〉에서 기후 회의론자이자 전 영국 보수당 재무장관인 나이절 로슨(Lord Nigel Lawson) 경이 앨 고어의 인터뷰에 이어서 등장해 거짓 주장을 했는데도, 진행자가 충분한 이의 제기를 하지 않았다고 판단했다. 로슨은 지난 10년 동안 전 세계 기온이 낮아졌다고 주장하며 고어의 견해를 '매번 똑같은 구닥다리 허풍'이라며 일축했다. BBC는 편집 지침을 위반한 것에 대해 사과했고, 오프컴의 심의가 끝나고 얼마 지나지 않아서 운영진은 기후 보도에 관한 지침을 발표하며 '실수가 너무 빈번하다'고 인정했다.[2]

2020년 가을, 나는 일터로 돌아간다. 한 동료가 기후변화로 허리케인이 얼마나 심해질 수 있는지에 대한 기사의 균형을 위해 회의론자가 필요한지 묻는다. 나는 필요 없다고 딱 잘라 말하며 그들을 안심시킨다. 대화가 끝나고 마음이 무겁다. 단순한 일이어야 하지만, 현재 조직의 입장이 너무나 명확한데도 누구보다 선한 의도를 가진 사람들조차 종종 실수를 저지른다.

몇 주 뒤, 나는 언론대학의 옛 동기들과 점심을 먹는다. 처음에는 일 이야기만 하다가 누군가가 기상이변의 증가라는 주제를 꺼내자 대화가 기후변화로 이어진다. 강의를 함께 들었던 롭이 지금의 논쟁거리는 기후변화의 진위 여부가 아니라 그 원인이라고 말한다. 롭은 훌륭한 이야기꾼으로서 테이블 전체의 이목을 끌었지만, 누구도 반박하지 않는다. 나는 메뉴를 뚫어지게 쳐다본다. 타파스다. 최근에 직장에서 거의 똑같은 대화를 나누었다. 그런 일을 또 겪고 싶지 않다. 화장실에 가려고 일어서는데 뭔가가 나를 다시 끌어다 앉힌다.

30년 전 이사회실에서 열린 석유 회사의 임원 회의, 그리고 거대한 바다와 목소리를 내지 못하는 그곳의 모든 생명을 떠올린다. 나는 기후변화의 원인은 수년 전에 이미 과학적으로 정립된 내용이기 때문에 논의할 필요가 없다고 말한다. 그러자 롭이 이의를 제기한다. 내가 기후변화에 관한 정부 간 협의체 IPCC가 어떤 일을 하는지 설명하자 그는 마지못해 수긍한다.

"최신 정보는 나보다 네가 더 빠삭하겠지."

테이블 맞은편에서 몇 명이 고개를 끄덕인다.

변화는 늘 과정인 것 같다. 노력과 신중한 대화가 필요하고, 가끔은 아무런 일도 일어나지 않는 것처럼 느껴지기도 한다. 내 기억에 빙하는 눈치채지 못할 정도로 느리게 움직이기도 하고, 달리는 개처럼 빠르게 움직이기도 한다.

이제는 기후변화의 영향을 목격한 사람들이 적지 않다. 산불, 홍수, 폭염, 사상 최악의 폭풍우가 발생하고 있다. 전 세계에 있는 200개 이상의 주요 의학 잡지들은 공동으로 비상조치를 요구한다. 세계 지도자들이 탄소 배출을 절감하고, 기온 상승을 섭씨 1.5도 이하로 유지하고, 자연을 회복시키지 못한 게 '전 세계 인구의 건강에 가장 큰 위협'이라고 말한다.[3] TV에 출연해 눈물을 흘리는 과학자들도 있다.

"나는 아버지입니다." 누군가가 갈라진 목소리로 말한다. 아마존에서는 토착민인 산림 보호 운동가가 마을 인근에서 총상을 입고 사망한 채 발견된다.[4]

이제 기후는 쉬운 기삿거리다. 그것은 때로 사무실에서 내 유용함을 느끼게 해주고 기쁨을 준다. 숨 가쁜 하루가 저물고 아이들이 침대에 있을 때는 나를 울리기도 한다.

내가 이 책을 마무리하고 있었던 2021년에는 이주 경로를 따라 회색고래를 발견하는 일이 쉬웠을 것이다. 그들의 시신이 해변으로 떠밀려 왔기 때문이다. 2019년부터 급격한 자연 소멸이 시작되었다. 쇠약한 청소년과 성체들이 발견되었는데, 베링해에서 회색고래의 개체 수가 증가하면서 먹이가 부족해진 게 원인으로 추정된다.[5] 사운더스는 여전히 건재하다. 쏙이라는 새로운 식량원을 찾아낸 선구자 에어하트는 2017년 위드비섬(Whidbey Island)에서 보트에 치였다. 에어하트는 상처를 입었지만 회복한 것으로 보인다.

코로나 바이러스 유행에 따른 봉쇄 조치는 '인류 정지(anthropause)'라고 불려온 현상,[6] 즉 인간 활동의 감소로 이어졌다.[7] 바다에 대한 일시적이고 부분적인 탈식민지화. 이를 통해 과학자들은 이전보다 침해가 덜한 해저 세계의 소리, 그리고 그곳이 회복하는 소리를 들을 기회를 얻었다. 해양 포유동물들은 전과 다르게 행동하기 시작했고, 수십 년 동안 출몰하지 않았던 구역에서 발견되었다. 고래들 가운데에도 고요한 바다를 한 번도 경험해 보지 못한 세대가 있다고 연구자들은 말했다.

'우리가 음량을 낮추는 순간, 해양생물들은 즉각적이고 놀라운 반응을 보였다.' 이 연구를 이끌었던 카를로스 두아르테(Carlos Duarte)가 말했다. 수중 소음의 급격한 감소가 해저관측소에 기록되었다. 과학자들은 새로운 대화를 찾기 위해 음향 신호를 유심히 살핀 끝에 그중 일부는 두 번 다시 들을 수 없을지도 모른다는 사실을 알게 되었다. 우리는 점점 더 시끄러워지고 있고, 그들의 목소리는 점점 더 작아지고 있다. 몇몇 종들은 침묵을 지키고 있다.

'회색고래가 아득한 옛날부터 존재했다'는 건 화석을 통해 알 수 있다. 그들 역시 질문을 던진다. '모두가 알고 있는 질문이다. 그럼 이제 어떻게 하지?' 인간의 사고와 의도는 지구 생태계의 일부이며, 인간과 고래가 수천 년 동안 맞닥뜨려온 가장 강력한 변화의 동력원이자 장애물이다. 우리는 지구상에 존재하는 모든 생명, 그에 관한 이야기의 다음 장을 써 내려가고 있다.

뜨거운 어느 여름날, 나는 아이들을 학교와 유치원에 데려다주고 있다. 도로 위로 아지랑이가 피어오르고 배기가스가 짙게 깔려 있다. 나는 땀으로 흥건한 두 손으로 자전거 핸들을 잡고서, 영국의 기후가 변하고 있다는 영국 기상청의 발표에 대해 생각한다.[8] 신문에서 인용한 남자는 점점 더 따뜻해지고 습해지는 겨울, 갈수록 심해지는 여름 폭우, 잦아진 폭염에 대해 언급했다. 농부들은 밀 생산량이 3분의 1로 줄어들고, 영국은 곡물 수출국에서 곡물 수입국이 될 거라고 내다봤다.

우리 모두에게 무슨 일이 벌어지고 있는 걸까?

나는 무더위 속에서 자전거를 타며 회색고래가 사람들에게 알려준 인내심과 회복탄력성, 적응 능력을 생각한다. 그들의 도움으로 이누피아트 원주민과 유픽 원주민이 베링해를 뛰어넘어 관계를 구축하고, 미국과 소련 정부가 돌파구 작전을 통해 협력할 수 있었다는 사실을 생각한다. 얼룩덜룩하고 어두컴컴한 색이 수면 위로 떠오르듯 머릿속에 떠오른다. 나는 정면에 있는 수면을 응시하며 빛을 찾는다.

내 기억에 고래들은 희망이나 절망에 흔들리지 않고, 스트레스를 받지도 않는다. 그들은 삶과 매 숨을 있는 그대로 받아들인다. 그리고 끊임없이 움직인다. 혼자의 힘으로 어린 자식을 데리고 세상 끝까지 헤엄쳐 간다. 나는 그들의 눈과 그들의 숨, 나와 맥스가 1년 동안 어떻게 그들의 여정을 함께했는지 기억한다. 그들이 우리를 바라보고 우리의 목소리를 듣고 절망에 빠진 내가 우리의 이야기를 다시 써 내려갈 수 있게 도와줬다는 걸 기억한다.

"고래랑 같이 여행했던 거 기억나니?" 나는 나중에 집으로 돌아가 맥스에게 묻는다. "고래들이랑 얼마나 멀리까지 갔었는지 말이야."

뭔가를 열심히 그리고 있던 맥스가 연필을 들어 올리며 그림을 보여준다. 따개비를 붙이고 있어서 눈에 잘 띄지 않는, 호기심 가득한 눈의 혹등고래다. 맥스가 그린 회색고래 그림들은 냉장고와 벽에 도배되어 있다. 맥스의 방에는 공항에서 줄리아가 맥스를 안고 있는 사진과 멕시코에서 맥스가 새끼 고래를 쓰다듬는 사진이 붙어 있다.

"가끔 고래들이 헤엄치는 모습을 생각해요." 그가 말한다. "고래들이랑 같이 수영하는 걸 상상하는 게 좋아요."

이누피아트와 서양 산업화의 역사 속에서 고래들은 인간의 문화를 실어 날랐고, 어떤 의미에서는 내 삶도 실어 날랐다. 그들은 내 아들과 나를 새로운 시작으로 데려다줬다. 나는 여성이고 인간이며 동물이다. 나는 물속에서 아이를 낳았다. 우리는 고래들에게 노래를 불러줬다. 그들의 숨소리를 들었다. 바다의 소리를 들었다. 이 책은 내가 들었던 것들에 관한 이야기다.

작가의 말

이 책에 묘사된 관계와 사건은 내 경험과 기억을 토대로 솔직하게 쓴 것이다. 일부 인물의 이름과 외형 묘사 등의 세부 사항은 사실과 다르게 바꾸었다.

이누피아트 문화에 대해 더 공부하고 싶다면, 우트키아빅의 원주민 대학인 이시사크빅 칼리지(Ilisaġvik College)에서 시작해 보기를 추천한다. 이누피아트 학술부(Iñupiaq Studies Department)는 이누피아트의 역사와 가치, 전통, 지식을 포함하는 커리큘럼의 현지화를 목표로, 풀타임 및 파트타임 프로그램을 개발 및 제공한다. 대학 웹사이트에 접속하면 더 많은 정보를 얻을 수 있다.

https://www.ilisagvik.edu/we-are-ilisagvik/

and about what it means to be unapologetically Iñupiat at:

https://www.ilisagvik.edu/about-us/unapologetically-inupiaq/

감사의 말

이 책이 나올 수 있게 해준 여성들에게 감사의 말을 전하고 싶다. 처음 몇 페이지만 읽어보고 내가 확신을 갖게 도와준 제시카 울라드. 헌신해 주고 마음을 써준 로즈 토마셰브스카. 따뜻함과 경청으로 한껏 용기를 북돋아 준 밸러리 스테이커. 최종 원고를 신중히 검토해 준 샐리 하우와 매의 눈으로 세부 사항을 살펴준 조 굴렌.

칼레악 가족과 칼레악 선단, 특히 빌리 우비우악 칼레악, 줄리아 싱아가울룩 칼레악, 제슬리 아쿳축 칼레악, 릴리언 투이간 칼레악에게 쿠야낙팍, 모든 것에 감사하다.

도덕적·경제적으로 엄청난 지원을 해준 데이미언 르 바스, 라미타 나바이를 비롯한 왕립문학협회의 2021 자일스 세인트 오빈 어워드 심사위원들에게 감사하다. 재단 보조금을 아낌없이 지원해 준 작가협회와 최종 후보로 선정해 격려와 함께 재정적 도움을 준 에클스 센터 헤이 페스티벌 작가상에 감사하다. 다방면으로 변함없이 지지해 준 피에르 비커리, 그리고 가장 힘든 시기에 생계를 유지하도록 도와준 레일라 유수프와 영국기자연맹 특별기금의 모든 관계자에게 깊은 감사를 전한다.

바쁜 시간을 내어 인내와 너그러움으로 명확하게 설명해 준 전문가, 과학자, 학자분들에게 감사함을 전한다. 수많은 저서와 '헤엄치는 머리'의 J. 크레이그 조지 박사, 바바라 보덴혼 박사, 휴 브로디 교수, 글렌 시핸 박사, 앤 옌센 박사, 데비 달 에드워드슨과 조지 사간 에드워드슨, 에타 파탁 푸르니에, 제이슨 홀-스펜서 교수, 케이트 스태퍼드 박사, 알리사 슐먼-재니거, 수 무어 박사, 린다 웨일가르트 박사, 존 칼람보키디스, 프랭크 피시 박사, 할 화이트헤드 교수, 패트릭 호프 교수, 딕 러셀, 스벤 우티크 박사. 이 책에 있는 오류와 실수는 전부 내 책임이며, 과학적 발전에 따른 더 명확한 설명이나 최신 정보에 대한 업데이트는 언제든 환영이다.

그동안 적절한 피드백과 조언, 용기를 준 저자들과 독자들에게도 감사함을 전한다. 엘레나 코센티노, 존 W, 세라 오스틴, 스테프 픽스너, 캐리 그레이시, 주디스 키니, 엘레나 세이먼리스카, 페니 윈서, 케이트 벌스, 애나 비커리, 세라 데이비스, 안드레아 메이슨 박사, 다이안 셸던, 마리아 Y, 엠마 B, 마비스 걸리버, 조 제이컵. 그리고 골드스미스 대학의 블레이크 모리슨 교수, 에리카 와그너 박사, 톰 리 박사와 아르두 바킬. 그뿐만 아니라 골드스미스 아이솔레이팅 워크숍의 모든 회원들, 특히 크리스틴 마셜과 니키타 바크샤니에게 감사하다.

2006년 여정을 시작하게 해준 BBC 알렉산더 오나시스 지원금신탁의 모린 베브. 봉쇄 기간 동안 필요한 자료를 이용할 수 있게 도와준 스콧 폴라 연구소의 프랜시스 마시와 엘리너 피어스에게도 감사하다.

여성 보호시설과 호스텔, 푸드 뱅크의 존립을 가능하게 만드는 전 세계 모든 전문가들과 자원봉사자들 또한 빼놓을 수 없다.

내게 바다를 주고, 힘이 되어주고, 내가 원하는 걸 쓰는 게 중요하다면서 종이 위의 자유를 허락해 준 아빠에게 감사하다. 엄마와 언니,

남동생에게도 감사하다. 저지와 아일랜드, 캐나다에 있는 가족들의 사랑과 지지에 감사하다. 그리고 캐롤라이나 S-B, 콘월의 앤 T, 캐시 C, 바바라 B, 재키, 레베카를 비롯해 친절함과 관대함으로 나와 내 가족이 계속 살아갈 수 있게 도와준 친구들과 이웃들에게도 감사를 전한다.

미주

프롤로그: 다시 살아내는 법을 배우기 위하여

1. Sue E. Moore, Kate M. Wynne, Jaclyn C. Kinney and Jacqueline M. Grebmeier, 'Gray Whale Occurrence and Forage Southeast of Kodiak, Island, Alaska', *Marine Mammal Science*, 23:2 (February 2007), pp. 419-428.

로스앤젤레스: 세상은 잠시 기다려 줄 것이다

1. Neela Banerjee, Lisa Song and David Hasemyer, 'Exxon Believed Deep Dive into Climate Research Would Protect Its Business', *Inside Climate News*, 17 September 2015.
2. Neela Banerjee, Lisa Song and David Hasemyer, 'Exxon's Own Research Confirmed Fossil Fuels' Role in Global Warming Decades Ago', *Inside Climate News*, 16 September 2015.
3. M. B. Glaser, 'CO_2 "Greenhouse" Effect', Internal Briefing Material, Exxon Research and Engineering Company, 12 November 1982, pp. 1, 4, 5. Available via ClimateFiles.com.
4. Joseph M. Carlson, 'Internal Memo on the Greenhouse Effect', Exxon Spokesperson, 8 March 1988, pp. 2, 7. Available via ClimateFiles.com.
5. Geoffrey Supran and Naomi Oreskes, 'Assessing ExxonMobil's Climate Change Communications (1977-2014)', *Environmental Research Letters*, 12:8 (August 2017).
6. 'Testimony of Sharon Y. Eubanks, Former Director, US Department of Justice Tobacco Litigation Team, Before the Subcommittee on Civil Rights and Civil Liberties', p. 8. Available via Congress. gov.
7. Joe Walker, 'Draft Global Climate Science Communications Action Plan', American Petroleum Institute, 3 April 1988, pp. 5, 4. Available via ClimateFiles.com.
8. 'Understanding the #ExxonKnew Controversy', ExxonMobil.com, 10 February 2021.
9. Martin Hoffert, Written Testimony to Civil Rights and Civil Liberties Hearing on 'Examining the Oil Industry's Efforts to Suppress the Truth about Climate Change', p. 4. Available via Docs.house. gov.

우트키아빅: 북극고래의 노래

1. K. M. Stafford et al., 'Extreme Diversity in the Songs of Spitsbergen's Bowhead Whales', *Biology Letters*, 14:4 (April 2018).

2. 'Sea Ice Decline Intensifies', National Snow and Ice Data Center press release, 28 September 2005.
3. Melanie Phillips, 'Global Warming or Global Fraud?', *Daily Mail*, 28 April 2004.
4. David McKnight, 'A Change in the Climate? The Journalism of Opinion at News Corporation', *Journalism*, 11:6 (December 2010), abstract.
5. Phoebe Keane, 'How the Oil Industry Made Us Doubt Climate Change', BBC News, 20 September 2020. 'Episode 9: Deep Pockets: Useful Allies', *How They Made Us Doubt Everything*, BBC Radio 4, 6 August 2020.
6. Ted Koppel, 'Is Science for Sale?', ABC's *Nightline*, 24 February 1994. Available via Climatefiles.com.
7. 'Ripe for Change', *Guardian*, 30 June 2005.
8. Naomi Oreskes and Erik M. Conway, *Merchants of Doubt: How a Handful of Scientists Obscured the Truth on Issues from Tobacco Smoke to Global Warming* (London: Bloomsbury, 2010), p. 6.
9. 'Climate Basics. Climate Science. IPCC Fifth Assessment Report. Growing Certainty on the Human Role in Climate Change', Center for Climate and Energy Solutions website.
10. Ewen MacAskill, Patrick Wintour and Larry Elliott, 'G8: Hope for Africa but Gloom Over Climate', *Guardian*, 9 July 2005.
11. Karen Brewster (ed.), *The Whales, They Give Themselves: Conversations with Harry Brower, Sr.* (Fairbanks: University of Alaska Press, 2004), p. 41.
12. 같은 책.
13. Knut Bergslund (ed.), *Nunamiut Unipkaaŋich. Nunamiut Stories* (Barrow: North Slope Borough Iñupiat History Language and Culture Commission, 1987)
14. R. Fortuine, 'The Health of the Eskimos, as Portrayed in the Earliest Written Accounts', *Bulletin of the History of Medicine*, 55:2 (March-April 1971), p. 113.
15. 'Native Peoples' Concepts of Health and Illness', Native Voices: Timeline, National Library of Medicine website.
16. Robert J. Wolfe, 'Alaska's Great Sickness, 1900: An Epidemic of Measles and Influenza in a Virgin Soil Population', *Proceedings of the American Philosophical Society*, 126:2 (April 1982), p. 98.
17. Richard Gray, 'The Places that Escaped the Spanish Flu', BBC Future, 24 October 2018.
18. Anne Keenleyside, 'Euro-American Whaling in the Canadian Arctic: Its Effects on Eskimo health', *Arctic Anthropology*, 27:1 (1990), p. 11.
19. 바바라 보덴혼과 직접 인터뷰, 2021년 6월.
20. Harold Napoleon (ed. Eric Madsen), *Yuuyaraq: The Way of the Human Being* (Fairbanks: Alaska Native Knowledge Network, 1996), p. 11.
21. 같은 책.
22. 같은 책, pp. 2, 11, 14, 15.

23. Samuel Z. Klausner and Edward F. Foulks, *Eskimo Capitalists: Oil, Politics and Alcohol* (Totowa: Allanheld, Osumun, 1982), p. 115.
24. Barbara Bodenhorn, *Documenting Family Relationships in Changing Times*. Volume 1: *Family Portraits: Oral Histories; Sharing Networks* (120 pp). Volume 2: *Sources of Stress; Loss of Autonomy in Relation to Land and Animal Resources, the Court System, Education, Alcohol* (247 pp) (Barrow: North Slope Borough Iñupiat History Language and Culture Commission), p. 329.
25. E. Burch, 'Property Rights among the Eskimos of Northwest Alaska', paper delivered at the Fourth International Conference on Hunter and Gatherers, London School of Economics, 1986.
26. Johh H. Hamer and Jack Steinbring (eds), *Alcohol and Native Peoples of the North* (Washington DC: University Press of America, 1980), introduction.
27. Bodenhorn, *Documenting Family Relationships in Changing Times*, p. 316.
28. William R. Hunt, *Arctic Passage: The Turbulent History of the Land and People of the Bering Sea, 1697-1975* (New York: Charles Scribner's Sons, 1975).
29. Wendell H. Oswalt, *Eskimos and Explorers* (Novato: Chandler and Sharp, 1979), p. 293.
30. Bodenhorn, *Documenting Family Relationships in Changing Times*, p. 330.
31. 같은 책, p. 331. Hugh Brody, 'Indians on Skid Row: Alcohol in the Life of Urban Migrants', in Hamer and Steinbrig (eds), *Alcohol and Native Peoples of the North*, pp. 210-266.
32. 바바라 보덴혼과 직접 인터뷰, 2021년 3월.
33. Bodenhorn, *Documenting Family Relationships in Changing Times*, p. 317.
34. Captain C. L. Hooper, *Report of the Cruise of the US Revenue Steamer* Thomas Corwin, *in the Arctic Ocean, 1881* (Washington DC: Government Printing Office, 1884).
35. Robert Fortuine, *Chills and Fever: Health and Disease in the Early History of Alaska* (Fairbanks: University of Alaska Press, 1989), pp. 296-297.
36. Bodenhorn, *Documenting Family Relationships in Changing Times*, p. 318.
37. 같은 책.
38. 같은 책, p. 319.
39. 같은 책, p. 299.
40. 같은 책, p. 303.
41. 같은 책, p. 301.
42. 같은 책, p. 300.

라구나 오호 데 리에브레: 서로의 목소리를 듣는 순간

1. Dick Russell, *Eye of the Whale: Epic Passage from Baja to Siberia* (New York: Simon & Schuster, 2001), p. 46.

2. Erle S. Gardner, *Hunting the Desert Whale: Personal Adventures in Baja California* (New York: William Morrow & Company, 1960).
3. 'The Surprisingly Social Gray Whale', NPR, 13 July 2009. Transcript available at NPR.org.
4. Charles Siebert, 'Watching Whales Watching Us', *New York Times Magazine*, 8 July 2009.
5. Dmitri Toren et al., 'Gray Whale Transcriptome Reveals Longevityad Aptations Associated with DNA Repair, Autophagy and Ubiquitination', bioRxiv (1 September 2019), abstract. Published in *Aging Cell*, 19:7 (July 2020).
6. Quoted in Robert Sanders, 'Gray Whales Likely Survived the Ice Ages by Changing Their Diets', *Berkeley News*, 6 July 2011.

우트키아빅: 기다리는 방법

1. Tom Lowenstein, *Ancient Land: Sacred Whale: The Inuit Hunt and Its Rituals* (London: Bloomsbury, 1993), p. 148.
2. Glenn W. Sheehan, *In the Belly of the Whale: Trade and War in Eskimo Society* (Aurora: Alaska Anthropological Association, 1997), p. 20.
3. Anne M. Jensen, 'The Archaeology of North Alaska: Point Hope in Context', in Charles E. Hilton, Benjamin M. Auerbach and Libby W. Cowgill (eds), *The Foragers of Point Hope: The Biology and Archaeology of Humans on the Edge of the Alaskan Arctic* (Cambridge: Cambridge University Press, 2014), pp. 11-34.
4. Charles D. Brower, *Fifty Years Below Zero: A Lifetime of Adventure in the Far North* (London: Robert Hale, 1948), photo no. 14.
5. Hugh Brody, *The Other Side of Eden: Hunter-Gatherers, Farmers and the Shaping of the World* (London: Faber & Faber, 2001), p. 242.
6. 같은 책, pp. 246, 248.
7. Frank Darnell and Anton Hoem, *Taken to Extremes: Education in the Far North* (Oslo: Scandinavian University Press, 1996).
8. Angayuqaq O. Kawagley, *A Yupiaq Worldview: A Pathway to Ecology and Spirit* (Prospect Heights: Waveland Press, 1995).
9. Barbara Bodenhorn, *Documenting Family Relationships in Changing Times*. Volume 2: *Sources of Stress; Loss of Autonomy in Relation to Land and Animal Resources, the Court System, Education, Alcohol* (Barrow: North Slope Borough Iñupiat History Language and Culture Commission), p. 121.
10. 같은 책, p. 122.
11. 같은 책, p. 129.

12. Eben Hopson, 'Inupiq Education', in Ray Barnhardt (ed.), *Cross Cultural Issues in Alaskan Education* (Fairbanks: University of Alaska Fairbanks, 1977). Available at Alaskool.org.
13. Brody, *The Other Side of Eden*, p. 189.
14. Diane Hirshberg and Suzanne Sharp, 'Thirty Years Later: The Long-Term Effect of Boarding Schools on Alaska Natives and Their Communities', Institute of Social and Economic Research University of Alaska Anchorage report (September 2005), pp. 11, 12, 14.
15. Harold Napoleon interviewed in *History of the Iñupiat: Nipaa I\itqusipta/The Voice of Our Spirit* (by Rachel Naninaaq Edwardson [Iñupiaq], 2008). Available at ⟨https://vimeo.com/126341194⟩.
16. Jasmine Clark and Randy Hobson, 'PC(USA) Leaders Issue Apology to Native Americans, Alaska Natives, and Native Hawaiians', Presbyterian Church USA website, 9 February 2017.
17. Stephen E. Cotton, 'Alaska's "Molly Hootch Case": High Schools and the Village Voice', *Educational Research Quarterly*, 8:4 (1984). Available via Alaskool.org.
18. Bodenhorn, *Documenting Family Relationships in Changing Times*, vol. 2, p. 132.
19. 우트키아빅과 알래스카 전역의 학교 교육 상황은 복잡하다. 많은 다른 학교들에 다녔고 그 학교들에서 무슨 일이 일어났는지에 대한 기억과 관점이 매우 다르다.
20. Hirshberg and Sharp, 'Thirty Years Later', pp. 7, 8.
21. 'Message to Students of the North Slope Borough from Mayor Jeslie Kaleak', 'Impact of ANCSA in the Arctic Slope: Taking Control: Fact or Fiction? A Curriculum Unit Plan by Pat Aamodt' and 'Unit Reading: Taking Control-The Story of Self Determination in the Arctic by Bill Hess, North Slope Borough, 1993'. Available via Alaskool.org.
22. 'Health Alaskan Volume II: Strategies for Improved Health', Alaska Department of Health and Social Services Division of Public Health (November 2002), pp. 51, 49.
23. Bodenhorn, *Documenting Family Relationships in Changing Times*, p. 287.
24. Jana McAninch, 'Baseline Community Health Analysis Report', North Slope Borough Department of Health and Social Services (July 2012), p. 24.
25. Charles P. Wohlforth, *The Whale and the Supercomputer: On the Northern Front of Climate Change* (New York: North Point Press, 2004), p. 9.
26. 'Who we are. Alaska Operations. Alpine', ConocoPhillips Alaska website.
27. 'Nuiqsuit Subsistence Users Speak out Against Court Decision', Trustees for Alaska press release, 26 May 2015.
28. 'Sustainable Development. Environment. Air Quality', ConocoPhillips Alaska website.
29. Sabrina Shankman, 'Surrounded by Oil Fields, an Alaskan Village Fears for Its Health', *Inside Climate News*, 2 August 2018.
30. Rosemary Ahtuangaruak speech at Ken Salazar's public meeting on Outer Continental Shelf Energy Development, 14 April 2009. Available at ⟨https://www.youtube.com/watch?v=zRsjTuNMHY8⟩.

31. 로즈메리 안투안가루악과 직접 인터뷰, 2021년 6월 3일.
32. Vetta Stepanyan, 'The Danger of Industrialization, Air Pollution in Alaska's North Slope and Its Implications for the Community of Nuiqsut', Alaska Community Action on Toxics (1 February 2019).
33. Wei Yan et al., 'NO$_2$ Inhalation Promotes Alzheimer's Disease-like Progression: Cyclooxygenase-2-derived Prostaglandin E$_2$ Modulation and Monoacylglycerol Lipase Inhibition-Targeted Medication', *Scientific Reports*, 6 (1 March 2016).
34. Chen Xu et al., 'The Novel Relationship Between Urban Air Pollution and Epilepsy: A Time Series Study', *PLoS ONE*, 11:8 (29 August 2016).
35. Lesley Fleischman et al., 'Gasping for Breath: An Analysis of the Health Effects from Ozone Pollution from the Oil and Gas Industry', Clean Air Task Force (14 August 2016).
36. Noah Scovronick (lead author), 'Reducing Global Health Risks: Through Mitigation of Short-Lived Climate Pollutants', World Health Organization Climate and Clean Air Coalition scoping report, 2015.
37. 로즈메리 안투안가루악과 직접 인터뷰, 2021년 5월 15일.
38. 'Investigation into a Report of Increased Respiratory Illness in Nuiqsut due to Possible Exposure to Gas from the Repsol Gas Blowout and Smoke from the Alpine Fields Facility', State of Alaska Department of Health and Social Services (June 2012), p. 7.
39. 같은 책, p. 3.
40. Shankman, 'Surrounded by Oil Fields, an Alaskan Village Fears for Its Health'.

스캠몬 라구: 우리의 수중 세계로 아이가 찾아왔다

1. Jonathan Amos, 'Whaling's "Uncomfortable" Scientific Legacy', BBC News, 25 June 2017.
2. Lyndall Baker Landauer, *Scammon: Beyond the Lagoon-A Biography of Charles Melville Scammon* (Pasadena: Flying Cloud Press, 1986), p. 17.
3. Quotations in this chapter from Charles Melville Scammon, *The Marine Mammals of the North-Western Coast of North America, Described and Illustrated: Together with an Account of the American Whale-Fishery* (San Francisco: J. H. Carmany, 1874).
4. 'Commercial Fishers: Whaling', On the Water, Smithsonian National Museum of American History website.
5. Wesley Marx, '"The Scene of Slaughter was Exceedingly Picturesque"', *American Heritage*, 20:4 (June 1969).
6. Roy Chapman Andrews, *Whale Hunting with Gun and Camera: A Naturalist's Account of the Modern Shore-Whaling Industry, of Whales and their Habits, and of Hunting Experiences in Various*

Parts of the World (New York: D. Appleton and Company, 1916), chapter XV.

7. S. Elizabeth Alter, Eric Rynes and Stephen R. Palumbi, 'DNA Evidence for Historic Population Size and Past Ecosystem Impacts of Gray Whales', *PNAS*, 104:38 (18 September 2007), abstract.
8. Andrew J. Pershing et al., 'The Impact of Whaling on the Ocean Carbon Cycle: Why Bigger was Better', *PLoS ONE*, 5:8 (26 August 2010), abstract.
9. Nick Pyenson, *Spying on Whales: The Past, Present and Future of Earth's Most Awesome Creatures* (New York: Viking, 2018), pp. 205, 208.
10. Ralph Chami et al., 'Nature's Solution to Climate Change', *Finance & Development*, 56:4 (December 2019).

우트키아빅: 고래 눈

1. Kim Murphy, 'US-Japan Whale Feud Playing Out in Alaska', *Los Angeles Times*, 17 June 2002.
2. Mark Sweney, 'BBC Radio 4 Broke Accuracy Rules in Nigel Lawson Climate Change Interview', *Guardian*, 9 April 2018.
3. Fiona Harvey, 'BBC Coverage of IPCC Climate Report Criticised for Sceptics' Airtime', *Guardian*, 1 October 2013.
4. 'BBC Trust Review of Impartiality and Accuracy of the BBC's Coverage of Science', BBC Trust (July 2011), pp. 55, 66.
5. Dominic Ponsford, '"BBC News Sticking Two Fingers Up to Management" says Prof Behind Trust's Science Impartiality Report', *Press Gazette*, 26 March 2014.
6. Océane C. Salles et al., 'Strong Habit and Weak Genetic Effects Shape the Lifetime Reproductive Success in a Wild Clownfish Population', *Ecology Letters*, 23:2 (26 November 2019).
7. D. Laffoley et al., 'Evolving the Narrative for Protecting a Rapidly Changing Ocean, Post-COVID-19', *Aquatic Conservation: Marine and Freshwater Ecosystems*, 31:6 (25 November 2020).
8. Timothy Bralower and David Bice, 'Acidification: Effect on Plankton', Earth 103: Earth in the Future, Pennsylvania State University OER Initiative.
9. S. Uthicke, P. Momigliano and K. E. Fabricus, 'High Risk of Extinction of Benthic Foraminifera in This Century due to Ocean Acidification', *Scientific Reports*, 3 (May 2013), abstract.
10. Karen Brewster (ed.), *The Whales, They Give Themselves: Conversations with Harry Brower, Sr.* (Fairbanks: University of Alaska Press, 2004), p. 41.
11. J. E. Zeh et al., 'Current Population Size and Dynamics', in J. J. Burns, J. J. Montague and C. J. Cowles (eds), *Special Publication 2: The Bowhead Whale* (Lawrence, KA: Society for Marine Mammology, 1993).
12. Thomas F. Albert, 'The Influence of Harry Brower, Sr., an Iñupiaq Eskimo Hunter, on the

Bowhead Whale Research Program Conducted at the UIC-NARL Facility by the North Slope Borough', in D. W. Norton (ed.), *Fifty More Years Below Zero: Tributes and Meditations for the Naval Arctic Research Laboratory's First Half Century at Barrow* (Alberta: Arctic Institute of North America, 2001), p. 268.

13. Bill Streever, 'Science and Emotion, on Ice: The Role of Science on Alaska's North Slope', *Bioscience*, 52:2 (February 2002), p. 183.

코르테즈해: 두려움은 사랑만큼이나 압도적이다

1. Joe Roman, 'Of Whales and War', *San Francisco Chronicle*, 14 February 2008.
2. Shane Gero, Hal Whitehead and Luke Rendell, 'Individual, Unit and Vocal Clan Level Identity Cues in Sperm Whale Codas', *Royal Society Open Science*, 3:1 (1 January 2016), abstract.
3. 할 화이트헤드와 직접 인터뷰, 2021년 2월.
4. Debora Mackenzie, 'Seismic Surveys may Kill Giant Squid', *New Scientist*, 22 September 2004.
5. Bernd Würsig et al., 'Gray Whales Summering off Sakhalin Island, Far East Russia: July-October 1997. A Joint US-Russian Scientific Investigation', Sakhalin Marine Mammal Monitoring and Research Program final contract report for Sakhalin Energy Investment Company and Exxon Neftegas (3 February 1999).
6. Jeff Tollefson, 'Air Guns Used in Offshore Oil Exploration Can Kill Tiny Marine Life', *Nature*, 22:546 (June 2017), pp. 586-587.
7. J. Semmens et al., 'Are Seismic Surveys Putting Bivalve and Spiny Lobster Fisheries at Risk?', Oceanoise 2017 Conference Presentation, Vilanova i la Geltrú, Barcelona, Spain. Ryan D. Day et al., 'Assessing the Impact of Marine Seismic Surveys on Southeast Australian Scallop and Lobster Fisheries', FRDC final report (2016).
8. Linda S. Weilgart, 'A Brief Review of Known Effects of Noise on Marine Mammals', *International Journal of Comparative Psychology*, 20:2 (December 2007).
9. Marilyn E. Dahlheim, Dean H. Fisher and James D. Schempp, 'Sound Production by the Gray Whale and Ambient Noise Levels in Laguna San Ignacio, Baja California Sur, Mexico', in Mary L. Jones, Steve L. Swartz and Stephen Leatherwood (eds), *The Gray Whale: Eschrichtius Robustus* (New York: Academic Press, 1984), pp. 511-541.
10. Anne E. Simonis et al., 'Co-Occurrence of Beaked Whale Strandings and Naval Sonar in the Mariana Islands, Western Pacific', *Proceedings of the Royal Society B* (February 2020). Weilgart, 'A Brief Review of Known Effects of Noise on Marine Mammals'.
11. NOAA and US Department of the Navy, 'Joint Interim Report: Bahamas Marine Mammal Stranding Event of 15-16 March 2000' (Washington DC: US Department of Commerce, 2001).

12. 'Feature Sound: Acoustic Thermometry of Ocean Climate (ATOC), Discovery of Sound in the Sea website.

우트키아빅: 도망치는 습관을 포기해야 했다

1. J. C. George et al., 'Age and Growth Estimates of Bowhead Whales (Balaena Mysticetus) via Aspartic Acid Racemization', *Canadian Journal of Zoology*, 77:4 (January 1999), p. 576.
2. J. C. George and J. G. M. Thewissen (eds), *The Bowhead Whale: Balaena Mysticetus: Biology and Human Interactions* (London: Academic Press, 2021), p. 316.
3. J. C. George, S. E. Moore and J. G. M. Thewissen, 'Bowhead Whales: Recent Insights into Their Biology, Status, and Resilience', *Arctic Report Card 2020*, NOAA Arctic Program.
4. Maria V. Guarino et al., 'Sea-ice-free Arctic During the Last Interglacial Supports Fast Future Loss', *Nature Climate Change*, (10 August 2020), p. 932.
5. *Agviqsiugnikun. Whaling Standards for Barrow and Wainwright: Honoring the Learning of Our Young Whalers* (North Slope Borough School District, 2002). Prepared by Jana Pausauraq Harcharek.
6. 'Species Directory: Bowhead Whale', NOAA Fisheries website.
7. Kaj Birket-Smith, *The Eskimos* (London: Methuen, 1959), p. 100.
8. Aaron L. Crowell and Estelle Oozevaseuk, 'The St Lawrence Island Famine and Epidemic, 1878-80: A Yupik Narrative in Cultural and Historical Context', *Arctic Anthropology*, 43:1 (January 2006), pp. 1-19.
9. 크레이그 조지와 직접 인터뷰, 2021년 2월.
10. Barry Lopez, *Arctic Dreams: Imagination and Desire in a Northern Landscape* (New York: Scribner, 1986), p. 4.
11. 같은 책.

팔로스 베르데스에서 몬터레이 베이로: 고대의 고래들이 숨 쉬던 곳을 따라

1. Dick Russell, *Eye of the Whale: Epic Passage from Baja to Siberia* (New York: Island Press, 2001), pp. 242, 243.
2. Peter S. Ross et al., 'High PCB Concentrations in Free-Ranging Pacific Killer Whales, *Orcinus Orca*: Effects of Age, Sex and Dietary Preference', *Marine Pollution Bulletin*, 40:6 (June 2000).
3. 'Health Effects of PCBs', Learn about Polychlorinated Biphenyls (PCBs), United States Environmental Protection Agency website.
4. Lauren J. N. Brent et al., 'Ecological Knowledge, Leadership, and the Evolution of Menopause in Killer Whales', *Current Biology*, 25:6 (16 March 2015).

5. Robert L. Pitman et al., 'Humpback Whales Interfering with Mammal-eating Killer Whales Attack Other Species: Mobbing Behavior and Interspecific Altruism?', *Marine Mammal Science*, 33:1 (20 July 2016).
6. Nan Hauser, interviewed by Al Shapiro, 'How a Whale Saved a Marine Biologist from a Shark', *All Things Considered*, NPR, 12 January 2018. Transcript available at NPR.org.
7. For further reading on this, Frans de Waal, *Mama's Last Hug: Animal Emotions and What They Teach Us about Ourselves* (London: Granta, 2018).

우트키아빅: 내 이름, 도린 칼레악

1. E. W. Kenworthy, 'Judge Orders Hickel to Delay Permit for Alaska Pipeline, Road', *New York Times*, 2 April 1970.
2. Hugh Brody, *The Other Side of Eden: Hunter-Gatherers, Farmers and the Shaping of the World* (London: Faber & Faber, 2001), pp. 12, 14.
3. Karen Brewster (ed.), *The Whales, They Give Themselves: Conversations with Harry Brower, Sr.* (Fairbanks: University of Alaska Press, 2004), pp. 156-159.
4. 같은 책.
5. David Mikkelson, 'Did Disney Fake Lemming Suicide for the Nature Documentary "White Wilderness"?', Snopes.com, 27 February 1996.
6. Jenny Diski, *What I Don't Know about Animals* (London: Virago, 2010), p. 34.
7. Riley Woodford, 'Lemming Suicide Myth: Disney Film Faked Bogus Behaviour', Alaska Fish & Wildlife News, Alaska Department of Fish and Game, September 2003.

디포 베이에서 산후안 제도로: 저 멀리서 고래들이 폭풍우를 뚫으며 나아간다

1. Dick Russell, *Eye of the Whale: Epic Passage from Baja to Siberia* (New York: Simon & Schuster, 2001), p. 339.
2. S. Elizabeth Alter, Eric Rynes and Stephen R. Palumbi, 'DNA Evidence for Historic Population Size and Past Ecosystem Impacts of Gray Whales', *PNAS*, 104:38 (18 September 2007), abstract.
3. S. Elizabeth Alter, Seth D. Newsome and Stephen R. Palumbi, 'Pre-Whaling Genetic Diversity and Population Ecology in Eastern Pacific Gray Whales: Insights from Ancient DNA and Stable Isotopes', *PLoS ONE*, 7:5 (9 May 2012).
4. The City University of New York, 'Climate Change may Draw Gray Whale Back to Atlantic', Phys.org, 11 March 2015. S. Elizabeth Alter et al., 'Climate Impacts on Transocean Dispersal and Habitat in Gray Whales from the Pleistocene to 2100', *Molecular Ecology*, 24:7 (9 March 2015).

pp. 1510-1522.
5. Thomas T. Waterman, *The Whaling Equipment of the Makah Indians* (Seattle: The University, 1920), p. 38.

우트키아빅: 사운딩

1. Tom Lowenstein, *Ancient Land: Sacred Whale: The Inuit Hunt and Its Rituals* (London: Bloomsbury, 1993), p. 148.
2. 알레카 해먼드와 직접 인터뷰, 2007년 9월.
3. Knud Rasmussen and W. Worster, *Eskimo Folk-Tales: Collected by Knud Rasmussen* (London: Gyldendal, 1921), p. 113.
4. Piita Irniq, 'The story of Nuliajuk', History Hall, Origins, Canadian Museum of History.
5. John F. Fisher, 'An Analysis of the Central Eskimo Sedna Myth', *Temenos-Nordic Journal of Comparative Religion*, 11 (1975).
6. Irniq, 'The story of Nuliajuk'.
7. Rasmussen and Worster, *Eskimo Folk-Tales*, p. 113.
8. Franz Boas, *The Central Eskimo, Sixth Annual Report of the Bureau of Ethnology to the Secretary of the Smithsonian Institution, 1884-1885* (Washington, DC: Government Printing Office, 1888), pp. 583-585.
9. Edward M. Weyer, *The Eskimos: Their Environment and Folkways* (New Haven: Yale University Press, 1932), pp. 355-359.

글레이셔 베이: 우트키아빅의 빙하는 내 안에 있다

1. Ryan T. Jones, 'Running into Whales: The History of the North Pacific from below the Waves', *American Historical Review*, 118:2 (April 2013), p. 349.
2. 크레이그 조지와 직접 인터뷰, 2021년 2월.

우트키아빅으로 돌아가다: 내가 여전히 사랑하고 있다는 걸

1. Glenn W. Sheehan and Anne M. Jensen, 'Emergent Cooperation, or, Checkmate by Overwhelming Collaboration: Linear Feet of Reports, Endless Meetings', in Rebecca Pincus and Saleem H. Ali (eds), *Diplomacy on Ice: Energy and the Environment in the Arctic and Antarctic* (New Haven: Yale University Press, 2015).

집: 우리는 고래들에게 노래를 불러줬다

1. Kathleen M. Stafford et al., 'Gray Whale Calls Recorded Near Barrow, Alaska, throughout the Winter of 2003-04', *Arctic*, 60:2 (June 2007), pp. 167-172.
2. Leo Hickman, 'Exclusive: BBC Issues Internal Guidance on How to Report Climate Change', Carbon Brief, 7 September 2018.
3. Lukoye Atwoli et al., 'Call for Emergency Action to Limit Global Temperature Increases, Restore Biodiversity, and Protect Health', *The Lancet*, 398:10304 (11 September 2021), pp. 939-941.
4. 'Amazon Guardian, Indigenous Land Defender, Shot Dead in Brazil', Survival International, 1 April 2020.
5. Fredrik Christiansen et al., 'Poor Body Condition Associated with an Unusual Mortality Event in Gray Whales', *Marine Ecology Progress Series*, 658 (January 2021), pp. 237-252.
6. Christian Rutz et al., 'COVID-19 Lockdown Allows Researchers to Quantify the Effects of Human Activity on Wildlife', *Nature Ecology & Evolution*, 4 (22 June 2020), pp. 1156-1159.
7. Carlos M. Duarte et al., 'The Soundscape of the Anthropocene Ocean', *Science*, 371:6529 (5 February 2021).
8. Fiona Harvey, 'UK Facing Worst Wheat Harvest since 1980s, Says Farmers' Union', *The Guardian*, 17 August 2020.

사운딩
: 그곳에 회색고래가 있다

초판 1쇄 인쇄 2025년 6월 27일
초판 1쇄 발행 2025년 7월 16일

지은이 도린 커닝햄
펴낸이 박지혜

기획·편집 박지혜
디자인 강경신
제작 제이오

펴낸곳 ㈜멀리깊이
출판등록 2020년 6월 1일 제406-2020-000057호
주소 주소 경기도 파주시 회동길 37-20, 202호
전자우편 murly@murlybooks.co.kr
편집 070-4234-3241 **팩스** 031-935-0601
인스타그램 @murly_books

ISBN 979-11-91439-56-4   03840

• 이 책의 판권은 지은이와 ㈜멀리깊이에 있습니다.
  이 책 내용의 전부 또는 일부를 재사용하려면 반드시 양측의 서면 동의를 받아야 합니다.
• 잘못된 책은 구입하신 서점에서 교환해드립니다.